苗 Make Me High 系列

108課綱、全民英檢

學測英文字彙力
6000 PLUS+隨身讀

🎧 音檔

三民英語編輯小組 彙整

三民書局

序

英語 Make Me High 系列的理想在於超越，在於創新。
這是時代的精神，也是我們出版的動力；
這是教育的目的，也是我們進步的執著。

針對英語的全球化與未來的升學趨勢，
我們設計了一系列適合普高、技高學生的英語學習書籍。

面對英語，不會徬徨不再迷惘，學習的心徹底沸騰，
心情好 High！
實戰模擬，掌握先機知己知彼，百戰不殆決勝未來，
分數更 High！

選擇優質的英語學習書籍，才能激發學習的強烈動機；
興趣盎然便不會畏懼艱難，自信心要自己大聲說出來。
本書如良師指引循循善誘，如益友相互鼓勵攜手成長。
展書輕閱，你將發現……
學習英語原來也可以這麼 High！

使用説明 ▶▶▶

符號表

符號	意義
同	同義詞
反	反義詞
～	代替整個主單字
-	代替部分主單字
<>	該字義的相關搭配詞
( )	單字的相關補充資訊
💡	更多相關補充用法
__/__	不同語意的替換用法
__/__	相同語意的替換用法

略語表

1. adj. 形容詞
2. adv. 副詞
3. art. 冠詞
4. aux. 助動詞
5. conj. 連接詞
6. n. 名詞
   [C] 可數
   [U] 不可數
   [pl.] 複數形
   [sing.] 單數形
7. prep. 介系詞
8. pron. 代名詞
9. v. 動詞
10. usu. pl. 常用複數
11. usu. sing. 常用單數
12. abbr. 縮寫

圖片來源：Shutterstock

電子朗讀音檔下載方式

請先輸入網址或掃描 QR code 進入「三民・東大音檔網」。

https://elearning.sanmin.com.tw/Voice/

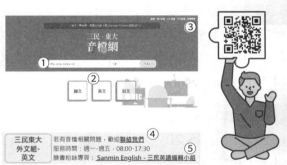

① 輸入本書書名即可找到音檔。請再依提示下載音檔。

② 也可點擊「英文」進入英文專區查找音檔後下載。

③ 若無法順利下載音檔,可至「常見問題」查看相關問題。

④ 若有音檔相關問題,請點擊「聯絡我們」,將盡快為你處理。

⑤ 更多英文新知都在臉書粉絲專頁。

部分音檔來源:https://soundoftext.com/

目次

序 i
使用説明 ii

基礎 (銜接國中內容，奠定實力基礎)
Level 1 Unit 1～40 .... 2~104
Level 2 Unit 1～40 .... 105~194

核心 (聚焦關鍵核心字彙、備戰學測)
Level 3 Unit 1～40 .... 196~292
Level 4 Unit 1～40 .... 293~383
Level 5-1 Unit 1～20 .... 384~433

進階 (掌握進階字彙，邁向滿級分)
Level 5-2 Unit 1～20 .... 436~487
Level 6 Unit 1～40 .... 488~582

單字索引 583

PLUS (實力延伸字彙，應戰各類考試)
PLUS Unit 1～10 .... 650~675

PLUS 單字索引 677

基礎

學習完一個回次後，
可以在該回次的☑打勾。
一起培養基礎英文字彙力吧！

Level 1

① ② ③ ④ ⑤ ⑥ ⑦ ⑧ ⑨ ⑩
⑪ ⑫ ⑬ ⑭ ⑮ ⑯ ⑰ ⑱ ⑲ ⑳
㉑ ㉒ ㉓ ㉔ ㉕ ㉖ ㉗ ㉘ ㉙ ㉚
㉛ ㉜ ㉝ ㉞ ㉟ ㊱ ㊲ ㊳ ㊴ ㊵

Level 2

① ② ③ ④ ⑤ ⑥ ⑦ ⑧ ⑨ ⑩
⑪ ⑫ ⑬ ⑭ ⑮ ⑯ ⑰ ⑱ ⑲ ⑳
㉑ ㉒ ㉓ ㉔ ㉕ ㉖ ㉗ ㉘ ㉙ ㉚
㉛ ㉜ ㉝ ㉞ ㉟ ㊱ ㊲ ㊳ ㊴ ㊵

Unit 1

1. **a** [ə] art. 一 (個)
   an [æn] art. 一 (個) (用於母音開頭的名詞前)

2. **become** [bɪˋkʌm] v. 成為 (became｜become｜becoming)
   💡 become of... …情況如何

3. **choose** [tʃuz] v. 選擇 <from>；選舉 <for, as> (chose｜chosen｜choosing)

4. **church** [tʃɝtʃ] n. [C] 教堂

5. **computer** [kəmˋpjutɚ] n. [C] 電腦

6. **fast** [fæst] adv. 快速地
   fast [fæst] adj. 快速的

7. **health** [hɛlθ] n. [U] 健康

8. **home** [hom] n. [C][U] 家
   💡 be/feel at home 感覺自在
   home [hom] adv. 回家；在家
   home [hom] v. 集中注意力於… <in on>
   home [hom] adj. 家庭的，家裡的；國內的

9. **knife** [naɪf] n. [C] 刀 (pl. knives)
   knife [naɪf] v. 用刀砍或刺 📖 stab

10. **later** [ˋletɚ] adv. 待會兒，稍後

11. **middle** [ˋmɪdl̩] adj. 中間的；中等的

middle [`mɪdl̩] n. [sing.] 中間
💡 in the middle of nowhere 杳無人煙之處

---

12. **not** [nɑt] adv. 不是；沒有

---

13. **over** [`ovɚ] prep. 在…上方；超過 反 under
over [`ovɚ] adv. 結束；從一地 (邊) 到另一地 (邊)

---

14. **person** [`pɝsn̩] n. [C] 人 (pl. people)
💡 in person 親自，直接

---

15. **place** [ples] n. [C] 地方；名次
💡 take the place of... 取代…
place [ples] v. 放置 同 put

---

16. **slow** [slo] adj. 緩慢的 反 quick, fast
slow [slo] v. 變慢 <down>
slow [slo] adv. 緩慢地 同 slowly

---

17. **talk** [tɔk] v. 說話 <to>；談論 <about>
talk [tɔk] n. [C] 交談 <with> 同 conversation

---

18. **television** [`tɛləˏvɪʒən] n. [C][U] 電視 (機) <on> (abbr. TV)

---

19. **the** [ðə] art. 這 (個)，那 (個)；這些，那些

---

20. **there** [ðɛr] adv. 在那裡，往那裡；有 (表示存在) (～ is, are, was, were 等)

---

21. **top** [tɑp] n. [C] 頂端；上衣
💡 on top of 除…之外還 (尤指令人不快的事)

top [tɑp] adj. 頂端的；最重要的，最成功的

top [tɑp] v. 放在⋯的上面 <with>；超過

22. **train** [tren] n. [C] 火車

train [tren] v. 訓練

trainer [ˋtrenɚ] n. [C] 教練

23. **turn** [tɝn] v. 轉彎；轉變 <into>

turn [tɝn] n. [C] 轉彎；順序

💡 take turns 輪流

24. **well** [wɛl] adv. 很好地

well [wɛl] adj. 健康的 (better | best)

well [wɛl] n. [C] 井

25. **woman** [ˋwumən] n. [C] 女人 (pl. women)

Unit 2

1. **angry** [ˋæŋgrɪ] adj. 生氣的 <at/with sb, at/about sth>
(angrier | angriest)

2. **baby** [ˋbebɪ] n. [C] 嬰兒

3. **back** [bæk] adv. 向後地；回到原處

back [bæk] n. [C] 背部；後面 反 front

💡 turn sb's back on... ⋯背棄⋯

back [bæk] v. 使後退；支持 <up>

back [bæk] adj. 後面的 反 front

4. **bug** [bʌg] n. [C] 小蟲子；(電腦應用程式中的) 缺陷
   bug [bʌg] v. 煩擾 (bugged | bugged | bugging)

5. **class** [klæs] n. [C] 班級；階級
   class [klæs] v. 把⋯分類 <as>

6. **clear** [klɪr] adj. 清楚的；清澈的
   clear [klɪr] v. 清理，清掃
   clear [klɪr] adv. 不靠近地

7. **dark** [dɑrk] adj. 黑暗的 反 light；(顏色) 深的 反 light, pale
   dark [dɑrk] n. [U] 黑暗
   🔮 in the dark 蒙在鼓裡，渾然不知

8. **first** [fɝst] n. [C] 第一個人或事
   first [fɝst] adv. 第一，首先
   first [fɝst] adj. 第一的，初步的
   🔮 in the first place 首先 | for the first time 第一次

9. **help** [hɛlp] v. 幫忙
   🔮 cannot help + V-ing = cannot help but + V 不得不⋯
   help [hɛlp] n. [U] 幫忙；[sing.] 幫手

10. **house** [haʊs] n. [C] 房子
    house [haʊz] v. 收容，為⋯提供空間

11. **job** [dʒɑb] n. [C] 工作

12. **light** [laɪt] n. [C] 燈；[U] 光
    light [laɪt] adj. 明亮的 反 dark；輕的 反 heavy

light [laɪt] v. 點燃 (lighted, lit | lighted, lit | lighting)

light [laɪt] adv. 輕裝地

13. **lot** [lɑt] n. [C] 許多；一塊地

14. **mind** [maɪnd] n. [U][C] 頭腦，心思

 💡 keep/bear sb/sth in mind 記住…

mind [maɪnd] v. 介意；注意

15. **near** [nɪr] prep. 在…附近

near [nɪr] adj. 接近的

near [nɪr] adv. 接近

near [nɪr] v. 接近

16. **right** [raɪt] adv. 向右地；正好，恰好

right [raɪt] adj. 右邊的；正確的 ⓢ correct ⓡ wrong

right [raɪt] n. [U] 右邊；正義

17. **sea** [si] n. [C][U] 海，海洋 ⓢ ocean

18. **see** [si] v. 看見；理解 (saw | seen | seeing)

 💡 see sb off 為…送行

19. **subject** [ˋsʌbdʒɪkt] n. [C] 主題；科目

20. **tell** [tɛl] v. 告訴；分辨 (told | told | telling)

 💡 tell sb/sth apart 分辨

21. **this** [ðɪs] pron. 這，這個

this [ðɪs] adj. 這，這個

this [ðɪs] adv. 這麼，如此

22. **tree** [tri] n. [C] 樹

23. **trip** [trɪp] n. [C] (短程的) 旅行
    trip [trɪp] v. 絆倒 <on, over>

24. **use** [juz] v. 使用，利用
    💡 used to 過去常做
    use [jus] n. [U] 使用 <in, out of>；[C] 用途

25. **weather** [ˋwɛðɚ] n. [U] 天氣
    💡 weather forecast 氣象預報 |
       be/feel under the weather 身體不適的
    weather [ˋwɛðɚ] v. 平安度過 (困境)；受到風雨侵蝕

Unit 3

1. **above** [əˋbʌv] prep. 在⋯之上 同 over 反 below
   💡 above all 最重要的是
   above [əˋbʌv] adv. 在上方 反 below
   above [əˋbʌv] adj. 上述的

2. **along** [əˋlɔŋ] prep. 沿著
   along [əˋlɔŋ] adv. 向前；帶著⋯一起
   💡 all along 一直，始終

3. **appear** [əˋpɪr] v. 出現，露面 反 disappear；似乎

4. **both** [boθ] pron. 兩者 <of>
   both [boθ] adv. 兩者

both [boθ] adj. 兩者的

---

5. **call** [kɔl] v. 打電話給；給…取名
   💡 call for sth 需要… | call sth off 取消…
   call [kɔl] n. [C] 打電話；叫喊

---

6. **cost** [kɔst] n. [C] 費用，價格；成本 (usu. pl.)
   💡 at all costs 不惜任何代價
   cost [kɔst] v. 花費；使付出代價 (cost | cost | costing)

---

7. **drive** [draɪv] v. 開車；迫使 (drove | driven | driving)
   drive [draɪv] n. [C] 駕車的路程；[U] 決心，魄力

---

8. **eat** [it] v. 吃 (ate | eaten | eating)

---

9. **he** [hi] pron. 他 (用於代替男人、男孩或雄性動物)
   him [hɪm] pron. 他 (用於代替男人、男孩或雄性動物)
   his [hɪz] pron. 他的 (用於代替男人、男孩或雄性動物)
   himself [hɪm`sɛlf] pron. 他自己，他本人

---

10. **nature** [`netʃɚ] n. [U][C] 大自然 (also Nature)；天性
    <by, in>

---

11. **north** [nɔrθ] n. [U] 北方 (also North) (abbr. N) (the ～)
    north [nɔrθ] adj. 北方的，北部的 (also North) (abbr. N)
    north [nɔrθ] adv. 向北 (also North) (abbr. N)

---

12. **now** [naʊ] adv. 此刻，現在
    💡 every now and then/again 偶爾
    now [naʊ] n. [U] 此刻，目前

---

13. **only** [`onlɪ] adv. 僅，只

💡 not only...but (also)... 不但…而且…

only [`onlɪ] adj. 唯一的，僅有的 (the ～)

only [`onlɪ] conj. 不過，只是 ⓢ except (that)

---

14. **park** [pɑrk] n. [C] 公園

    park [pɑrk] v. 停車

---

15. **small** [smɔl] adj. 小的，矮小的 ⓐ big；不重要的

    small [smɔl] n. [U] 後腰部

    small [smɔl] adv. 小，不大

---

16. **smell** [smɛl] n. [C] 氣味；[U] 嗅覺

    smell [smɛl] v. 發出…氣味；嗅，聞

---

17. **team** [tim] n. [C] 隊，組

    team [tim] v. 組成一隊，合作 <up>

---

18. **thing** [θɪŋ] n. [C] 東西；事情

    💡 for one thing 一方面

---

19. **through** [θru] prep. 通過；整個…之中

    through [θru] adv. 完成；完全地

---

20. **to** [tu] prep. (方向) 朝，向；(時間) 距，到

---

21. **type** [taɪp] n. [C] 類型 <of>；[U] 印刷字體

    type [taɪp] v. 打字

---

22. **want** [wɑnt] v. 想要

    want [wɑnt] n. [U] 缺少，不足

---

23. **warm** [wɔrm] adj. 暖和的；熱情的

warm [wɔrm] v. 使變暖和 <up>
💡 warm up 熱身;熱鬧起來

24. **wear** [wɛr] v. 穿戴著 ; 磨損 <away> (wore | worn | wearing)
💡 wear sth out 用壞…,磨損… | wear off 逐漸消失

25. **will** [wɪl] aux. 將要,將會
will [wɪl] n. [U][C] 意志;意願

Unit 4

1. **beautiful** [ˋbjutəfəl] adj. 美麗的

2. **behind** [bɪˋhaɪnd] prep. 在後面
behind [bɪˋhaɪnd] adv. (遺留) 在後面

3. **buy** [baɪ] v. 買,購買 ⊗ sell (bought | bought | buying)
💡 buy sb off 買通… | buy into sth 完全相信…
buy [baɪ] n. [sing.] (划算或不划算的) 買賣

4. **center** [ˋsɛntɚ] n. [C] 中央,中心點;(某一活動的) 中心
💡 in the center of sth 在…的中心

5. **change** [tʃendʒ] n. [C][U] 改變;零錢
💡 for a change 為了轉換氣氛
change [tʃendʒ] v. 改變;變成 <into, to>
💡 change sb's mind 改變主意
changeable [ˋtʃendʒəbl̩] adj. 善變的 ⊗ reliable

6. **clean** [klin] adj. 乾淨的；公正的，光明正大的 反 dirty
   clean [klin] v. 清理，打掃
   💡 clean sth out 把⋯完全掃除
   clean [klin] adv. 完全地，徹底地
   clean [klin] n. [sing.] 打掃，清掃

7. **deal** [dil] n. [C] 交易
   💡 no big deal 沒什麼了不起
   deal [dil] v. 處理 <with> 同 handle (dealt | dealt | dealing)

8. **deep** [dip] adj. 深的 反 shallow；深切的，強烈的
   deep [dip] adv. 深地，向下延伸地

9. **dry** [draɪ] adj. 乾的 ，乾燥的 反 wet ；枯燥的 (drier | driest)
   dry [draɪ] v. (使) 變乾

10. **fish** [fɪʃ] n. [C][U] 魚；魚肉 (pl. fish, fishes)
    💡 be like a fish out of water 不知所措
    fish [fɪʃ] v. 釣魚，捕魚 <for>；間接探聽 <for>

11. **good** [gʊd] adj. 好的，有益的 反 bad, poor；令人滿意的 (better | best)
    good [gʊd] adv. 很好地
    good [gʊd] n. [U] 好處，益處；正直的行為
    💡 it's no good + V-ing ⋯是沒有用的

12. **hard** [hɑrd] adj. 硬的 反 soft ；困難的 同 difficult 反 easy

💡 be hard on sb 對…苛刻的

hard [hɑrd] adv. 努力地；猛烈地

---

13. **however** [hauˋɛvɚ] adv. 然而，可是 同 nevertheless；無論如何 同 no matter how

---

14. **little** [ˋlɪtl̩] adj. 年幼的；很少的 (less, littler | least, littlest)

little [ˋlɪtl̩] adv. 稍微地

💡 little by little 逐漸地

little [ˋlɪtl̩] n. [sing.] 少量，少許

---

15. **of** [ɑv] prep. …的；離…

---

16. **paper** [ˋpepɚ] n. [U] 紙；[C] 報紙 同 newspaper

paper [ˋpepɚ] v. 用壁紙貼 同 wallpaper

---

17. **people** [ˋpipl̩] n. [pl.] 人；[C] 民族

people [ˋpipl̩] v. 居住於 <by, with> 同 inhabit

---

18. **poor** [pur] adj. 貧窮的 反 rich；粗劣的，不好的 反 good

---

19. **run** [rʌn] v. 跑步；(機器等) 運轉 (ran | run | running)

💡 run across sb 偶然遇到…

---

20. **study** [ˋstʌdɪ] n. [U] 學習；[C] 研究，調查 <on, into> (pl. studies)

study [ˋstʌdɪ] v. 學習；研究 (studied | studied | studying)

---

21. **way** [we] n. [C] 路，路線；方法

💡 by the way 順便一提 | give way 屈服，讓步

22. **week** [wik] n. [C] 週

23. **wide** [waɪd] adj. 寬大的 同 broad 反 narrow；(範圍、知識等) 廣大的
    wide [waɪd] adv. 大大地

24. **world** [wɜld] n. [sing.] 世界，地球 (the ～)

25. **writer** [`raɪtə] n. [C] 作者，作家 <of, on> 同 author

Unit 5

1. **ability** [ə`bɪlətɪ] n. [C][U] 能力，才能 (pl. abilities)

2. **airport** [`ɛr,port] n. [C] 機場

3. **art** [ɑrt] n. [U] 藝術 (作品)；美術

4. **at** [æt] prep. 在⋯地點；在⋯時刻

5. **blue** [blu] adj. 藍色的；憂鬱的 同 depressed
    blue [blu] n. [C][U] 藍色

6. **build** [bɪld] v. 蓋，建造 <of> (built | built | building)
    💡 build on sth 以⋯為基礎

7. **child** [tʃaɪld] n. [C] 兒童，小孩 (pl. children) 同 kid

8. **close** [kloz] adj. 接近的 <to>；親密的，親近的 (closer | closest)

close [kloz] adv. 靠近地 <to> 同 near
close [kloz] v. 關上；不營業，關門 同 shut 反 open
close [kloz] n. [sing.] 結尾，結束

9. **country** [`kʌntrɪ] n. [C] 國家；[U] 鄉下 (the ～) 同 countryside

10. **doctor** [`dɑktɚ] n. [C] 醫生 同 doc；博士

11. **door** [dor] n. [C] 門
🔮 shut the door on sth 使…成為不可能

12. **excellent** [`ɛkslənt] adj. 優秀的，傑出的

13. **explain** [ɪk`splen] v. 解釋，說明 <to>

14. **heart** [hɑrt] n. [C] 心臟；內心
🔮 break sb's heart 令…心碎

15. **in** [ɪn] prep. 在…之中，在…之內；在…期間
in [ɪn] adv. 朝裡面 反 out；在家裡 反 out
in [ɪn] adj. 流行的

16. **make** [mek] v. 製作；造成，引起 (made | made | making)
🔮 make it 成功 | make sth up 編造…

17. **need** [nid] v. 需要 同 require
need [nid] n. [U][sing.] 需要，需求；[pl.] 需要物 (～s)
🔮 meet/satisfy a need 滿足需求
need [nid] aux. 必須

needless [`nidlɪs] adj. 不必要的

---

18. **out** [aʊt] adv. 向外，外出 反 in
    💡 out of control 失去控制 | out of date 過時
    out [aʊt] prep. 向外
    out [aʊt] adj. 偏遠的；(產品) 上市的
    out [aʊt] n. [sing.] 藉口
    out [aʊt] v. 公開 (名人) 同性戀身分

---

19. **real** [`riəl] adj. 現實的，真實存在的；真的 反 fake

---

20. **road** [rod] n. [C] 道路，馬路

---

21. **show** [ʃo] v. 出示；顯示 (showed | showed, shown | showing)
    💡 show off 賣弄，炫耀 | show up 出現
    show [ʃo] n. [C] 戲劇，表演；展覽
    💡 on show 在展出 | show business = show biz 演藝圈

---

22. **soon** [sun] adv. 不久，很快
    💡 as soon as... 一…就… | as soon as possible 盡快 |
    sooner or later 遲早

---

23. **tea** [ti] n. [U][C] 茶

---

24. **very** [`vɛrɪ] adv. 非常，很

---

25. **white** [hwaɪt] adj. 白色的；(面色) 蒼白的
    white [hwaɪt] n. [U] 白色；[C] 白人 (also White)

---

1. **already** [ɔl`rɛdɪ] adv. 已經

2. **and** [ænd] conj. 和；然後，接著

3. **attack** [ə`tæk] n. [C] 攻擊 <on>；(疾病等) 突然發作
   💡 come under attack 遭受攻擊
   attack [ə`tæk] v. 攻擊；抨擊，批評

4. **away** [ə`we] adv. 去別處；離…多遠 <from>
   💡 right away 立刻

5. **between** [bə`twin] prep. 在…之間
   between [bə`twin] adv. 在…中間

6. **bread** [brɛd] n. [U] 麵包

7. **case** [kes] n. [C] 實例，案例；盒子
   💡 (just) in case 以防萬一 | in any case 無論如何
   case [kes] v. (為做壞事等) 探勘，探路

8. **cut** [kʌt] v. 切，割；減少 (cut | cut | cutting)
   💡 cut sth down 縮減… | cut sth off 切斷…；停止…
   cut [kʌt] n. [C] 傷口；削減

9. **different** [`dɪfərənt] adj. 不同的 <from, to> 反 similar

10. **dream** [drim] n. [C] 夢 <about>；夢想 <of>
    dream [drim] v. 夢見 <about>；夢想 <of, about>
    (dreamed, dreamt | dreamed, dreamt | dreaming)

11. **every** [ˋɛvrɪ] adj. 每個
    💡 every now and then/again 偶爾

12. **exercise** [ˋɛksəˏsaɪz] n. [U] 運動；[C] 習題，練習
    exercise [ˋɛksəˏsaɪz] v. 運動；運用

13. **experience** [ɪkˋspɪrɪəns] n. [U][C] 體驗，經驗 反 inexperience
    experience [ɪkˋspɪrɪəns] v. 體驗，經驗
    experienced [ɪkˋspɪrɪənst] adj. 有經驗的 <in>

14. **follow** [ˋfɑlo] v. 跟著，跟隨；跟隨而來
    💡 as follows 如下

15. **give** [gɪv] v. 給與，交給 <to> (gave | given | giving)
    💡 give up 放棄 | give in 讓步

16. **group** [grup] n. [C] 群體
    group [grup] v. (使) 分類 <together, round>

17. **hide** [haɪd] v. 把…藏起來 ; 隱瞞 (消息) <from> (hid | hidden | hiding)

18. **history** [ˋhɪstərɪ] n. [U] 歷史；歷史學

19. **mean** [min] v. 意思是 ; 有意，打算 (meant | meant | meaning)
    mean [min] adj. 卑鄙的；吝嗇的 同 stingy

20. **more** [mor] adj. 更多的 反 less
    more [mor] pron. 更多的事 反 less, fewer

more [mor] adv. 更多

💡 the more...the more... 越…就越…

21. **mother** [`mʌðə] n. [C] 母親

22. **red** [rɛd] adj. 紅色的；(臉等) 變紅的 (redder | reddest)
red [rɛd] n. [U][C] 紅色

23. **salt** [sɔlt] n. [U] 鹽
salt [sɔlt] v. 給…加鹽
salt [sɔlt] adj. 含鹽的

24. **student** [`stjudn̩t] n. [C] 學生

25. **who** [hu] pron. 誰

Unit 7

1. **bank** [bæŋk] n. [C] 銀行；河岸
bank [bæŋk] v. 把錢存入銀行 <with, at>
💡 bank on sb/sth 依賴…，指望…

2. **break** [brek] n. [C] 中斷；中間休息
break [brek] v. 破碎，弄斷；打破 (broke | broken | breaking)
💡 break down (車輛等) 故障 | break up with sb 與…分手

3. **check** [tʃɛk] v. 檢查 <for>；核實，得到資訊
💡 check in/into sth (在飯店等) 辦理入住手續 |
check out (在飯店等) 辦理退房手續

check [tʃɛk] n. [C] 檢查；帳單 ⑰ bill

4. **choice** [tʃɔɪs] n. [C][U] 選擇；[sing.][U] 選擇範圍
   💡 have no choice but to V 別無選擇只好…
   choice [tʃɔɪs] adj. 上等的，優質的

5. **death** [dɛθ] n. [U][C] 死亡
   💡 put sb to death 把…處死

6. **drop** [drɑp] v. 滴落 <from, off>；(使) 落下 (dropped | dropped | dropping)
   💡 drop out 中斷，退出 | drop by sb 拜訪…
   drop [drɑp] n. [C] 滴 <of>

7. **eye** [aɪ] n. [C] 眼睛
   💡 catch sb's eye 引起…的注意 |
   keep an eye on... 注意…

8. **family** [ˋfæməlɪ] n. [C][U] 家人，家庭 (pl. families)；
   (動植物的) 科

9. **for** [fɔr] prep. 給；為了 (目的、用途等)
   for [fɔr] conj. 因為，由於 ⑰ because

10. **friendly** [ˋfrɛndlɪ] adj. 友善的，親切的 <to, towards> ㊃ unfriendly (friendlier | friendliest)
    💡 be friendly with sb 和…交好

11. **fruit** [frut] n. [U][C] 水果 (pl. fruit, fruits)
    💡 the fruit(s) of sth …的成果

12. **hope** [hop] v. 希望

 hope [hop] n. [U][C] 希望 <of, for>

 💡 in the hope of... 希望…

---

13. **important** [ɪm`pɔrtn̩t] adj. 重要的 <to>

---

14. **keep** [kip] v. 保持；保留，保存 (kept | kept | keeping)

 💡 keep on V-ing 繼續做… | keep up with sb 跟上… |
 keep sb from V-ing 使…不能做…

 keep [kip] n. [U] 生計，生活費用

---

15. **know** [no] v. 知道，了解；認識 (knew | known | knowing)

 known [non] adj. 聞名的 <for, as>

---

16. **life** [laɪf] n. [U][C] 生命；生活 (pl. lives)

 💡 bring sth to life 使…鮮活起來 | come to life 有生機 |
 for life 終生

---

17. **must** [mʌst] aux. 必須；一定 (表推測)

 must [mʌst] n. [C] 必須要做的事，必不可少的事物

---

18. **next** [nɛkst] adj. 下一個的

 next [nɛkst] adv. 接下來

 💡 next to 在…的隔壁；幾乎…；僅次於…

---

19. **night** [naɪt] n. [C][U] 夜晚 ⊜ day

 💡 night after night 每晚 | night owl 夜貓子

---

20. **school** [skul] n. [C][U] 學校；上學期間

 school [skul] v. 訓練，培養；教育

schooling [`skulɪŋ] n. [U] 學校教育

21. **start** [stɑrt] v. 開始 同 begin；創辦
   💡 to start with 首先 | start on sth 開始進行 |
   start over 重做
   start [stɑrt] n. [sing.] 開頭，開端

22. **successful** [sək`sɛsfəl] adj. 成功的 <in>

23. **sun** [sʌn] n. [sing.] 太陽 (the ～)；陽光 <in>
   sun [sʌn] v. 曬太陽，做日光浴 (sunned | sunned |
   sunning)

24. **up** [ʌp] adv. 向上；(價值等) 增高地 反 down
   💡 up and down 上上下下地；來回地
   up [ʌp] prep. 在…上面 反 down；沿著，順著 反 down
   up [ʌp] adj. 向上的 反 down
   up [ʌp] v. 提高，增加 (upped | upped | upping)
   up [ʌp] n. [C] 興盛，繁榮

25. **what** [hwɑt] pron. 什麼
   💡 What about...? …如何？(提供建議) |
   What if...? 要是…會怎麼樣？
   what [hwɑt] adj. 多麼

Unit 8

1. **act** [ækt] n. [C] 行為 <of>；(戲劇或歌劇的) 幕

act [ækt] v. 行為，舉止 <like>；採取行動

2. **after** [`æftə-] prep. 在…之後 囡 before
   💡 after all 畢竟 | one after another 陸續地
   after [`æftə-] conj. 在…之後 囡 before
   after [`æftə-] adv. 之後，後來 囡 before

3. **animal** [`ænəml̩] n. [C] 動物

4. **black** [blæk] adj. 黑色的；黑人的
   black [blæk] n. [U] 黑色；[C] 黑人 (also Black)

5. **born** [bɔrn] adj. 天生的

6. **cold** [kold] adj. 寒冷的 囡 hot；冷淡的 <toward> 囡 warm
   cold [kold] n. [U] 寒冷；[C] 感冒

7. **cookie** [`kʊkɪ] n. [C] 餅乾 囘 biscuit

8. **course** [kors] n. [C] 課程 <on, in>；[sing.] 過程，進展
   course [kors] v. 奔流，奔湧 <down>

9. **east** [ist] n. [U] 東方 (also East) (abbr. E) (the ~)
   east [ist] adj. 東方的，東部的 (also East) (abbr. E)
   east [ist] adv. 朝向東方 (also East) (abbr. E)

10. **example** [ɪg`zæmpl̩] n. [C] 例子；典範 <of>
    💡 for example 例如 | follow sb's example 仿效…

11. **fat** [fæt] n. [U] 脂肪，肥肉
    fat [fæt] adj. 肥胖的 囡 thin (fatter | fattest)

12. **full** [fʊl] adj. 充滿的 <of>；完整的

13. **interested** [ˋɪntrɪstɪd] adj. 感興趣的 <in> 反 uninterested, bored

14. **just** [dʒʌst] adv. 正好；只是 同 only
    💡 just now 剛才 | just in case 以防萬一
    just [dʒʌst] adj. 公正的，正義的

15. **leave** [liv] v. 離開；留下 (left | left | leaving)
    💡 leave sth behind 留下…
    leave [liv] n. [U] 休假
    💡 annual/unpaid/sick/parental/maternity leave 年 / 無薪 / 病 / 育嬰 / 產假

16. **look** [lʊk] v. 看 <at>；看起來
    💡 look like 看起來像 | look after 照顧 | look forward to V-ing 盼望…
    look [lʊk] n. [C] 看，注視 <at>

17. **main** [men] adj. 主要的
    main [men] n. [C] (輸送水、煤氣等的) 主要管線
    mainly [ˋmenlɪ] adv. 主要地 同 primarily

18. **man** [mæn] n. [C] 男人；[U] 人類 (pl. men)
    man [mæn] v. 為…配備人手 (manned | manned | manning)

19. **money** [ˋmʌnɪ] n. [U] 錢，金錢
    💡 make/earn money 賺錢

20. **open** [ˋopən] adj. 開著的；開放的，可用的 ⊗ closed, shut

   open [ˋopən] v. (使) 開始；打開

   💡 open sb's eyes (to sth) 使⋯認清 |
      open the door to sth 使⋯成為可能

21. **serious** [ˋsɪrɪəs] adj. 嚴重的；認真的 <about>

   seriously [ˋsɪrɪəslɪ] adv. 嚴重地；嚴肅地，認真地

22. **story** [ˋstorɪ] n. [C] 故事；新聞報導

   💡 end of story 就是這樣，沒什麼好說了

23. **that** [ðæt] conj. (用以引導子句，常可省略)

   that [ðæt] pron. (用來當關係代名詞)；那，那個

   that [ðæt] adv. 那麼

   that [ðæt] adj. 那個 (pl. those)

24. **when** [hwɛn] adv. 何時

   when [hwɛn] conj. 做⋯的時候，當⋯時

   when [hwɛn] pron. 何時

25. **where** [hwɛr] conj. 在⋯的地方

   where [hwɛr] adv. 哪裡

   where [hwɛr] pron. 哪裡

   where [hwɛr] n. 哪裡 (指來源)

Unit 9

1. **able** [`ebl̩] adj. 能夠的 反 unable；聰明能幹的

2. **about** [ə`baʊt] prep. 有關，在⋯方面；在⋯四周 同 round, around
   about [ə`baʊt] adv. 大約，差不多 同 roughly, approximately；四處 同 around

3. **across** [ə`krɔs] prep. 穿過，橫越；在⋯的另一邊
   across [ə`krɔs] adv. 從一邊到另一邊，橫過

4. **ago** [ə`go] adv. 以前，之前

5. **camera** [`kæmərə] n. [C] 照相機

6. **each** [itʃ] pron. 每個
   each [itʃ] adj. 每個
   each [itʃ] adv. 各自

7. **easy** [`izɪ] adj. 容易的 反 hard, difficult；安逸的 反 hard
   (easier｜easiest)
   💡 take it easy 休息；放輕鬆｜go easy on sb 寬容對待⋯

8. **either** [`iðɚ] adv. 也 (用於否定句)
   either [`iðɚ] pron. 兩者中任何一方
   either [`iðɚ] adj. (兩者中) 各方、任一
   either [`iðɚ] conj. 不是⋯就是⋯ <or>

9. **face** [fes] n. [C] 臉；表情
   💡 face to face 面對面｜in the face of sth 不顧⋯

face [fes] v. 面對，面臨

10. **far** [fɑr] adv. 遠地，遙遠地；遠遠，非常
    💡 so far 到目前為止 | go too far 做得太超過
    far [fɑr] adj. 遙遠的 (farther, further | farthest, furthest)

11. **find** [faɪnd] v. 發現，找到；認為，發覺 (found | found | finding)
    💡 find sth out 查明⋯，找出⋯
    find [faɪnd] n. [C] 發現物

12. **grass** [græs] n. [U][C] 草

13. **head** [hɛd] n. [C] 頭；智力
    💡 come into sb's head 浮現腦海 |
       keep sb's head 保持冷靜
    head [hɛd] v. 朝某特定方向前進 <for, toward>

14. **hold** [hold] v. 抓住；舉行 (held | held | holding)
    💡 hold sth back 阻擋⋯；抑制 (情感) |
       hold on 持續；不要掛電話
    hold [hold] n. [sing.] 抓，握 <on>

15. **it** [ɪt] pron. 它 (指無生命的物品、動植物、性別不詳的幼孩等)；這，那 (用來做主詞或受詞)
    its [ɪts] pron. 它的
    itself [ɪt`sɛlf] pron. 它自己，它本身

16. **kill** [kɪl] v. 殺死，使致死；停止，終止
    kill [kɪl] n. [sing.] 被捕殺的動物

killer [`kɪlɚ] n. [C] 殺人者，凶手；致命疾病
💡 serial killer 連環殺手

17. **live** [lɪv] v. 居住；生存
💡 live on sth 依靠…生活；吃…生存 |
live through sth 經歷 (困難的狀況)
live [laɪv] adj. 活的；現場播出的
living [`lɪvɪŋ] n. [C] 生計，收入

18. **may** [me] aux. 可以 (表示允許) ⊜ can；可能 ⊜ might

19. **member** [`mɛmbɚ] n. [C] 會員；成員，一分子

20. **modern** [`mɑdɚn] adj. 現代的 ⊜ up-to-date

21. **music** [`mjuzɪk] n. [U] 音樂
💡 be music to sb's ears 對…是中聽的話 |
face the music 勇敢面對批評或處罰

22. **news** [njuz] n. [U] 新聞；消息 <of, on, about>
💡 break the news to sb 透露壞消息給…
newscast [`njuz͵kæst] n. [C] 新聞廣播或節目

23. **play** [ple] v. 玩 <with>；參加 (遊戲、比賽等)
play [ple] n. [C] 戲劇，劇本

24. **water** [`wɔtɚ] n. [U] 水
💡 pour cold water on/over sth 潑…冷水
water [`wɔtɚ] v. 給…澆水

25. **young** [jʌŋ] adj. 年輕的，年幼的

young [jʌŋ] n. [pl.] 年輕人 (the ～)

Unit 10

1. **as** [æz] conj. 像⋯一樣；當⋯時
   💡 as if/though 彷彿，好像
   as [æz] adv. 像⋯(一樣)
   💡 as...as possible 盡可能地⋯
   as [æz] prep. 作為

2. **bad** [bæd] adj. 壞的 ，不好的 <for> 反 good (worse | worst)
   💡 feel bad about sth 對⋯感到難過或羞愧 |
   go from bad to worse 每況愈下

3. **believe** [bɪˋliv] v. 相信
   💡 make believe 假裝 | believe it or not 信不信由你
   believable [bɪˋlivəbl] adj. 可信的

4. **body** [ˋbɑdɪ] n. [C] 身體；屍體
   💡 body and soul 身心；全心全意

5. **but** [bʌt] conj. 但是
   but [bʌt] prep. 除⋯之外
   💡 anything but 絕不 | nothing but 只有
   but [bʌt] adv. 只是，僅僅

6. **chocolate** [ˋtʃɔklɪt] n. [U][C] 巧克力

7. **earth** [ɝ·θ] n. [U][sing.] 地球 (also Earth)；[U] 土壤 同 soil

8. **enjoy** [ɪn`dʒɔɪ] v. 喜愛，欣賞；享有
   enjoyment [ɪn`dʒɔɪmənt] n. [U] 愉快，樂趣

9. **even** [`ivən] adv. 甚至，連；更加
   💡 even if/though... 即使…｜even so 即使如此
   even [`ivən] adj. 平坦的，平滑的 反 uneven；相等的
   💡 break even 收支平衡｜get even with sb 對…報復
   even [`ivən] v. 使相等，使平衡 <up>
   💡 even sth out 使…均等

10. **expensive** [ɪk`spɛnsɪv] adj. 昂貴的 反 cheap

11. **finally** [`faɪn̩lɪ] adv. 最後，終於 同 eventually

12. **food** [fud] n. [U][C] 食物，食品

13. **front** [frʌnt] adj. 前面的 反 back
    front [frʌnt] n. [C] 前面 (usu. sing.) 反 back；鋒面
    💡 in front of sb/sth 在…前方；在…面前

14. **hear** [hɪr] v. 聽見 ；聽說 <about, of> (heard ｜ heard ｜ hearing)
    💡 hear from sb 收到…的消息
    hearing [`hɪrɪŋ] n. [U] 聽力；[C] 聽證會

15. **island** [`aɪlənd] n. [C] 島

16. **land** [lænd] n. [U] 陸地；土地

land [lænd] v. (使) 降落 反 take off；落在 同 drop

17. **machine** [mə`ʃin] n. [C] 機器
   💡 fax/washing/sewing/vending/answering machine
   傳真 / 洗衣 / 縫紉 / 販賣 / 答錄機
   machine [mə`ʃin] v. 用縫紉機縫製

18. **move** [muv] v. (使) 移動；搬家
   movement [`muvmənt] n. [C] 移動，動作；(有特定目的的) 運動

19. **number** [`nʌmbɚ] n. [C] 數字；號碼
   💡 a number of sth 幾個…
   number [`nʌmbɚ] v. 給…編號

20. **order** [`ɔrdɚ] n. [U] 順序 同 sequence；[C] 訂貨 <for>
   💡 in order to... 為了 | make sth to order 訂製…
   order [`ɔrdɚ] v. 命令；訂購

21. **public** [`pʌblɪk] adj. 大眾的；公共的 反 private
   public [`pʌblɪk] n. [U] 社會大眾 (the ~)
   💡 in public 公開地

22. **reason** [`rizn̩] n. [C] 理由，原因 <for, behind>
   💡 by reason of 因為
   reason [`rizn̩] v. 推理，推論
   💡 reason with sb 與…講道理

23. **several** [`sɛvərəl] adj. 幾個的，數個的
   several [`sɛvərəl] pron. 幾個，數個

24. **time** [taɪm] n. [U] 時間；[C] 次數
    💡 in time 來得及 | on time 準時地
    time [taɪm] v. 為⋯設定時間

25. **without** [wɪð`aʊt] prep. 沒有
    without [wɪð`aʊt] adv. 沒有

Unit 11

1. **bridge** [brɪdʒ] n. [C] 橋
   bridge [brɪdʒ] v. 在⋯上架橋；消弭

2. **car** [kɑr] n. [C] 汽車；車廂 🔒 carriage

3. **ever** [`ɛvɚ] adv. 曾經；從來
   💡 ever since 從那以後一直 | as ever 同往常一樣

4. **fight** [faɪt] v. 戰鬥 <with, against>；打架 <with>
   (fought | fought | fighting)
   💡 fight a losing battle 打一場沒有勝算的仗
   fight [faɪt] n. [C] 打架；吵架

5. **fun** [fʌn] n. [U] 開心；樂趣
   💡 make fun of sb/sth 取笑；拿⋯開玩笑

6. **future** [`fjutʃɚ] n. [C] 未來 (the ～)；前途
   future [`fjutʃɚ] adj. 未來的

7. **green** [grin] adj. 綠色的；缺乏經驗的
   💡 have a green thumb 善於種植花木 |

be green with envy 嫉妒

green [grin] n. [U] 綠色；[C] 草地

green [grin] v. 綠化

---

8. **grow** [gro] v. 生長；種植 (grew | grown | growing)
💡 grow up 長大成人 | grow into... 逐漸成長⋯

---

9. **here** [hɪr] adv. 在這裡
💡 here and there 到處

here [hɪr] n. [U] 這裡

---

10. **high** [haɪ] adj. 高的；(比一般標準) 高的 反 low

high [haɪ] adv. 高高地，在高處 反 low

high [haɪ] n. [C] 最高水準

---

11. **idea** [aɪˋdiə] n. [C] 主意，想法；[U] 了解，知道 <of>
💡 have no idea 不知道

---

12. **late** [let] adj. 遲的 <for>；晚的

late [let] adv. 遲到 反 early；晚地

---

13. **meat** [mit] n. [U] 肉類

---

14. **most** [most] adv. 最 反 least；最多

most [most] pron. 最多；大部分 <of>

most [most] adj. 最多的；大部分的
💡 make the most of/get the most out of sth 盡量利用⋯

---

15. **newspaper** [ˋnjuzˏpepɚ] n. [C] 報紙 同 paper；報社

---

16. **old** [old] adj. 老的 反 young；⋯歲的

17. **plan** [plæn] n. [C] 計畫 <for>
    plan [plæn] v. 計劃;打算 (planned | planned | planning)

18. **problem** [ˋprɑbləm] n. [C] 問題;數學習題
    ♥ have problem V-ing... 做…有困難

19. **so** [so] adv. 如此,那麼;也一樣
    so [so] conj. 為了,以便;所以

20. **test** [tɛst] n. [C] 測驗;檢查
    test [tɛst] v. 測驗 <on>;試驗 <on>

21. **they** [ðe] pron. 他們
    them [ðɛm] pron. 他們
    their [ðɛr] pron. 他們的
    theirs [ðɛrz] pron. 他們的
    themselves [ðɛmˋsɛlvz] pron. 他們自己 <by>

22. **too** [tu] adv. 太;也

23. **until** [ənˋtɪl] conj. 到…為止
    until [ənˋtɪl] prep. 直到…
    ♥ not until 直到…才…

24. **work** [wɝk] n. [U] 工作;[C] 作品
    work [wɝk] v. 工作;有效,起作用
    ♥ work at/on sth 致力於…,改善…

25. **yet** [jɛt] adv. 尚 (未);仍然

yet [jɛt] conj. 然而，但是

Unit 12

1. **age** [edʒ] n. [U][C] 年紀 <at>；[U] 法定年齡 <for>
   age [edʒ] v. 衰老

2. **area** [ˋɛrɪə] n. [C] 地區；領域 <of>

3. **city** [ˋsɪtɪ] n. [C] 城市 (pl. cities)

4. **do** [du] aux. (助動詞)
   do [du] v. 做，執行 (did | done | doing)
   🔍 have nothing to do with... 與…無關

5. **fall** [fɔl] n. [U] 秋天；[C][sing.] 降低 <in> 反 rise
   fall [fɔl] v. 落下 <from>；跌倒 (fell | fallen | falling)
   🔍 fall apart 散掉；破裂 | fall behind 落後

6. **file** [faɪl] n. [C] 文件夾；檔案
   file [faɪl] v. 把…歸檔 <away>；提出

7. **glass** [glæs] n. [U] 玻璃；[C] 玻璃杯

8. **ground** [graʊnd] n. [sing.] 地面 (the ~) <on>；[U] 土地
   🔍 get (sth) off the ground (使) 開始；(使) 成功進行
   ground [graʊnd] v. 禁足；使停飛

9. **half** [hæf] n. [C][U] 一半 <of> (pl. halves)
   half [hæf] adv. 一半地；部分地

💡 half dead 累個半死

half [hæf] adj. 一半的

10. **hand** [hænd] n. [C] 手；[sing.] 幫忙 <with>

💡 at hand 在手邊 | on the other hand... 另一方面…

hand [hænd] v. 將…遞給 <to>

💡 hand sth in 提交… | hand sb/sth over 移交…

11. **interest** [ˋɪntrɪst] n. [sing.] 興趣 <in>；[U] 利息

interest [ˋɪntrɪst] v. 使…感興趣

12. **last** [læst] n. [sing.] 最後的人或事物 (the ～) 反 first

💡 at last 最終 | to the last 直到最後一刻

last [læst] v. 持續

last [læst] adv. 最後地 反 first；最近

💡 last but not least 最後但同樣重要的

last [læst] adj. 最後的 反 first；上一個的

💡 the last time 最後一次

13. **left** [lɛft] adj. 左邊的 反 right

left [lɛft] n. [U] 左邊 反 right

left [lɛft] adv. 向左地 反 right

14. **let** [lɛt] v. 讓，允許 (let | let | letting)

💡 let sb down 使…失望 | let sb go 放…走，讓…自由

15. **media** [ˋmidɪə] n. [sing.] 媒體 (the ～) <in>

16. **much** [mʌtʃ] adj. 很多的 (more | most)

much [mʌtʃ] pron. 很多

much [mʌtʃ] adv. 非常

17. **never** [ˈnɛvɚ] adv. 從未

18. **picture** [ˈpɪktʃɚ] n. [C] 圖畫 <of>；照片 <of>
    💡 get the picture 了解情況
    picture [ˈpɪktʃɚ] v. 想像

19. **popular** [ˈpɑpjələ] adj. 受歡迎的 <with, among> 反 unpopular；普遍的

20. **probably** [ˈprɑbəblɪ] adv. 很可能

21. **something** [ˈsʌmθɪŋ] pron. 某事物
    💡 have something to do with sth 與…有關 | something for nothing 不勞而獲

22. **think** [θɪŋk] v. 想，考慮 <about>；認為 (thought | thought | thinking)
    💡 think twice 深思熟慮 | think highly of sb 對…評價高

23. **with** [wɪθ] prep. 和…一起；用

24. **year** [jɪr] n. [C] 年
    💡 all (the) year round 一整年 | year after year 年復一年 | leap year 閏年

25. **you** [ju] pron. 你 (們)
    your [juɚ] pron. 你 (們) 的
    yours [jurz] pron. 你 (們) 的
    yourself [juɚˈsɛlf] pron. 你自己

yourselves [jur`sɛlvz] pron. 你們自己

Unit 13

1. **all** [ɔl] adj. 全部的，整個的
   all [ɔl] adv. 完全地
   all [ɔl] pron. 全部；唯一

2. **almost** [`ɔl,most] adv. 幾乎，差不多

3. **always** [`ɔlwez] adv. 總是；一直

4. **book** [bʊk] n. [C] 書
   book [bʊk] v. 預約，預訂
   🔥 be booked up 被預訂一空

5. **color** [`kʌlə] n. [C][U] 顏色；[U] 色彩，生動
   color [`kʌlə] v. 著色

6. **drink** [drɪŋk] v. 喝；喝酒 (drank | drunk | drinking)
   drink [drɪŋk] n. [C][U] 飲料；酒

7. **enough** [ɪ`nʌf] adv. 足夠地
   enough [ɪ`nʌf] adj. 足夠的
   enough [ɪ`nʌf] pron. 足夠

8. **god** [gɑd] n. [C] 神
   goddess [`gɑdɪs] n. [C] 女神

9. **happy** [`hæpɪ] adj. 幸福的，快樂的 (反) sad (happier | happiest)

10. **healthy** [`hɛlθɪ] adj. 健康的；有益健康的 (healthier | healthiest)

11. **inside** [`ɪn`saɪd] prep. 在⋯裡面 (反) outside
    inside [`ɪn`saɪd] adv. 在裡面 (反) outside
    inside [`ɪn`saɪd] n. [C][sing.] 內部，裡面 (the ~) <on> (反) outside
    💡 inside out 裡面朝外地
    inside [`ɪn`saɪd] adj. 內部的，裡面的 (反) outside

12. **interesting** [`ɪntrɪstɪŋ] adj. 有趣的 (反) boring, uninteresting

13. **into** [`ɪntʊ] prep. 進入，到⋯裡面；朝著⋯的方向

14. **learn** [lɝn] v. 學習；聽說，獲悉 (同) discover

15. **library** [`laɪˌbrɛrɪ] n. [C] 圖書館 (pl. libraries)

16. **list** [lɪst] n. [C] 名單，清單 <of>
    list [lɪst] v. 列出

17. **long** [lɔŋ] adj. 長的；長時間的 (反) short
    long [lɔŋ] adv. 長久地，長時間地
    💡 as long as 只要
    long [lɔŋ] v. 渴望

18. **love** [lʌv] n. [U] 愛 (反) hate, hatred；[C] 情人
    💡 fall in love with... 愛上⋯

love [lʌv] v. 愛 反 hate；喜愛

19. **movie** [ˋmuvɪ] n. [C] 電影 同 film

20. **on** [ɑn] prep. 在…上面；有關

    on [ɑn] adv. 繼續；開著

21. **player** [ˋpleɚ] n. [C] 運動員；演奏者

22. **rest** [rɛst] n. [C][U] 休息；[U] 剩餘部分 (the ～) <of>

    rest [rɛst] v. 休息；倚，靠 <on>

    💡 rest in peace 安息

23. **second** [ˋsɛkənd] adj. 第二的；第二名的

    💡 second to none 最好的

    second [ˋsɛkənd] n. [C] 秒 (abbr. sec.)；片刻

    second [ˋsɛkənd] adv. 第二

24. **special** [ˋspɛʃəl] adj. 特別的；專門的

25. **take** [tek] v. 拿；帶 (某人) 去 (took | taken | taking)

    💡 take sth off 脫掉… | take (sth) over 接管…

Unit 14

1. **any** [ˋɛnɪ] pron. 任何一個 <of>；一些，若干

    any [ˋɛnɪ] adj. 任何的；一些的，若干的

    any [ˋɛnɪ] adv. 稍微

2. **be** [bi] v. (表示人或事物的狀態) 是；(表示時間或方位)

(was, were | been | being)
be [bi] aux. 正在；被

---

3. **coffee** [ˋkɔfɪ] n. [U] 咖啡

---

4. **down** [daʊn] adv. 向下 ⊛ up；(坐、躺、放) 下 ⊛ up
down [daʊn] prep. 向下 ⊛ up；沿著 ⊛ up
down [daʊn] adj. 向下的 ⊛ up；情緒低落的
down [daʊn] n. [C] 失敗
down [daʊn] v. 擊敗；一口氣吃或喝下

---

5. **end** [ɛnd] n. [sing.] 結尾 <of> ⊛ start, beginning ；[C] 末端
♥ in the end 最後 | make ends meet 使收支平衡
end [ɛnd] v. (使) 結束 ⊛ start, begin
♥ end up 最後處於、成為 | end in sth 以⋯作為結果

---

6. **father** [ˋfɑðɚ] n. [C] 父親

---

7. **feel** [fil] v. 感覺到；認為 (felt | felt | feeling)
♥ feel like sth/V-ing 想要⋯；想做⋯
feel [fil] n. [sing.] 觸感 <of>

---

8. **heavy** [ˋhɛvɪ] adj. 沉重的 ⊛ light ；嚴重的 (heavier | heaviest)

---

9. **kind** [kaɪnd] adj. 仁慈的，友好的 <to> ⊛ unkind
kind [kaɪnd] n. [C] 種類 <of> ⊜ sort, type
♥ one of a kind 獨一無二

---

10. **language** [ˋlæŋgwɪdʒ] n. [C][U] 語言

🔈 sign/native/body language 手語 / 母語 / 肢體語言

11. **large** [lɑrdʒ] adj. 大的 反 small

12. **many** [`mɛnɪ] adj. 很多的 反 few (more | most)
    many [`mɛnɪ] pron. 很多人或事物 <of>

13. **market** [`mɑrkɪt] n. [C] 市場
    market [`mɑrkɪt] v. 出售；推銷，行銷 <for>

14. **matter** [`mætɚ] n. [C] 事情；[sing.] 麻煩事 (the ~)
    <with>
    🔈 as a matter of fact 事實上 |
    no matter what/when/why 不管什麼 / 何時 / 為什麼
    matter [`mætɚ] v. 重要，有關係

15. **million** [`mɪljən] n. [C] 百萬 (pl. million, millions)

16. **morning** [`mɔrnɪŋ] n. [C][U] 早上
    🔈 from morning till night 從早到晚

17. **mountain** [`mauntṇ] n. [C] 山

18. **national** [`næʃənl] adj. 國家的，全國性的

19. **pass** [pæs] v. 通過 (考試)；(時間) 過去
    🔈 pass away 去世 | pass out 昏倒
    pass [pæs] n. [C] 通行證，出入證；考試及格 <in> 反
    fail

20. **pet** [pɛt] n. [C] 寵物
    pet [pɛt] v. 撫摸 (petted | petted | petting)

21. **practice** [ˋpræktɪs] n. [U] 練習；實行
    practice [ˋpræktɪs] v. 練習；從事 <as>
    💡 practice law/medicine 開業當律師 / 行醫

22. **rise** [raɪz] n. [sing.] 上升 <in> 反 fall；增加，上漲 <in>
    同 increase 反 fall
    💡 on the rise 在上升 | give rise to sth 引起…
    rise [raɪz] v. 上升 反 fall；增加 <by> 同 go up 反 fall
    (rose | risen | rising)

23. **safe** [sef] adj. 安全的 <from> 反 unsafe
    💡 safe and sound 安然無恙
    safe [sef] n. [C] 保險箱
    safeguard [ˋsefˏgɑrd] v. 保護，捍衛

24. **we** [wi] pron. 我們
    us [ʌs] pron. 我們
    our [ˋaʊr] pron. 我們的
    ours [ˋaʊrz] pron. 我們的 <of>
    ourselves [ˏaʊrˋsɛlvz] pron. 我們自己

25. **why** [hwaɪ] adv. 為什麼
    why [hwaɪ] n. [C] 原因

Unit 15

1. **because** [bɪˋkəz] conj. 因為
    💡 because of sb/sth 因為…，由於…

2. **day** [de] n. [C] 一天；[C][U] 白天 ⊛ night

3. **dog** [dɔg] n. [C] 狗
   💡 a dog's life 悲慘的生活

4. **fresh** [frɛʃ] adj. 新鮮的；新的
   💡 a fresh start 嶄新的開始 |
   be as fresh as a daisy 精神飽滿

5. **from** [frɑm] prep. (表示來源) 從；從⋯開始

6. **get** [gɛt] v. 獲得，得到；收到 (got | got, gotten | getting)
   💡 get along (with sb) (和⋯) 和睦相處 |
   get away with sth 做 (錯事) 而未被懲罰或發覺

7. **great** [gret] adj. 大量的；偉大的
   great [gret] n. [C] 偉人，名人

8. **knowledge** [`nɑlɪdʒ] n. [U] 知識；知道 <of>

9. **less** [lɛs] pron. 較少量 <than> ⊛ more
   less [lɛs] adv. 較少地 ⊛ more；不如 <than> ⊛ more
   💡 more or less 大致上；差不多
   less [lɛs] adj. 較少的 ⊛ more
   💡 no less than 至少
   less [lɛs] prep. 減去，除去 ⊜ minus

10. **level** [`lɛvl̩] n. [C] 級別 <at>；水準
    level [`lɛvl̩] adj. 平坦的；相同高度的 <with>

11. **line** [laɪn] n. [C] 線；行，排 <of>
    line [laɪn] v. 沿⋯排列成行 <with>
    💡 line (sb) up (使⋯) 排隊

12. **low** [lo] adj. 低的，矮的 🄯 high；(程度) 低的 🄯 high
    low [lo] adv. 低地
    low [lo] n. [C] 低點；(人生的) 低谷，低潮 <of>

13. **mouth** [maʊθ] n. [C] 嘴，口
    💡 keep sb's mouth shut 保持緘默 |
      make sb's mouth water 使⋯垂涎欲滴
    mouth [maʊθ] v. 用口形默示

14. **museum** [mju`ziəm] n. [C] 博物館

15. **oil** [ɔɪl] n. [U] (食用) 油；石油
    oil [ɔɪl] v. 給⋯上油

16. **once** [wʌns] adv. 一次
    💡 at once 馬上；同時 | once in a lifetime 千載難逢地 |
      once upon a time 很久以前
    once [wʌns] conj. 一旦⋯就
    once [wʌns] n. [U] 一次

17. **point** [pɔɪnt] n. [C] 觀點，論點；[U] 重點，目的 <of, in>
    💡 to the point 切中要點的
    point [pɔɪnt] v. 指，指向 <at>；瞄準，用⋯對準 <at>
    💡 point sth out 指出

18. **power** [ˋpaʊɚ] n. [U] 影響力;政權
    power [ˋpaʊɚ] v. 為⋯提供動力,驅動

19. **ready** [ˋrɛdɪ] adj. 準備好的 (readier | readiest)
    ready [ˋrɛdɪ] v. 使 做 好 準 備 <for> 同 prepare
    (readied | readied | readying)

20. **rock** [rɑk] n. [C] 石塊;[C][U] 岩石
    rock [rɑk] v. (使) 搖動;使震驚 同 shock

21. **save** [sev] v. 拯救 <from>;儲存
    💡 save sb's life 救⋯的性命 | save up (sth) 存 (錢)
    savings [ˋsevɪŋz] n. [pl.] 存款

22. **say** [se] v. 說,陳述;顯示,指示 (said | said | saying)

23. **season** [ˋsizn̩] n. [C] 季節;時節,季
    💡 in/out of season (蔬果) 當季的 / 不當季的

24. **strong** [strɔŋ] adj. 強壯的;強烈的

25. **than** [ðɛn] conj. 比
    than [ðɛn] prep. 比

Unit 16

1. **bring** [brɪŋ] v. 帶來 (brought | brought | bringing)
   💡 bring about sth 導致⋯ | bring sth back 帶回⋯

2. **by** [baɪ] prep. 被,由;以 (方式)

by [baɪ] adv. 經過

3. **famous** [ˋfeɪməs] adj. 著名的，有名的 <for>

4. **hair** [hɛr] n. [U][C] 頭髮
   hairdo [ˋhɛr͵du] n. [C] (尤指女子) 髮型 ⑥ hairstyle
   hairstyle [ˋhɛr͵staɪl] n. [C] 髮型

5. **how** [haʊ] adv. (指方法) 如何，怎麼；(指數量或程度) 多少

6. **name** [nem] n. [C] 名字，名稱
   ● by the name of sth 被叫做… |
     in the name of sb 以 (某人) 的名義；在 (某人) 名下
   name [nem] v. 給…取名，為…命名

7. **nothing** [ˋnʌθɪŋ] pron. 沒有東西，沒有事情
   ● have nothing to do with... 與…無關
   nothing [ˋnʌθɪŋ] n. [C] 不重要的人或事物

8. **online** [ˋɑn͵laɪn] adj. 網上的 ⑤ offline

9. **part** [pɑrt] n. [C][U] 部分 <of>；[C] 角色 <of> ⑥ role
   ● for the most part 多半，通常 | take part in sth 參加…
   part [pɑrt] v. (使) 分開
   ● part with sth (不情願地) 放棄，捨棄

10. **pick** [pɪk] v. 挑選，選擇 <as>；摘，採
    ● pick on sb 對…刁難挑剔 | pick sb up (用交通工具)
      接… | pick sth up 撿起…；學會
    pick [pɪk] n. [U] 挑選，選擇

11. **plant** [plænt] n. [C] 植物；工廠
    plant [plænt] v. 種植

12. **program** [`progræm] n. [C] 節目；計畫
    program [`progræm] v. 為…程式設計，編制程序
    (programmed | programmed | programming)
    programmer [`pro͵græmɚ] n. [C] (電腦) 程式編制員，
    程式設計師

13. **put** [pʊt] v. 放置 同 place (put | put | putting)
    💡 put sth away 把…收起來 | put sth out 撲滅…

14. **report** [rɪ`pɔrt] n. [C] 報告 <on, about>；報導
    report [rɪ`pɔrt] v. 報告 <on>；報導

15. **rich** [rɪtʃ] adj. 有錢的，富有的 反 poor；豐富的 <in>

16. **seed** [sid] n. [C][U] 種子；[C] 原因，根源 <of>

17. **sell** [sɛl] v. 賣，出售 <to> 反 buy (sold | sold | selling)

18. **short** [ʃɔrt] adj. 短的 (長度) 反 long；短的 (時間)，短暫
    的 反 long
    💡 be short of sth …短缺 | in short 總之

19. **since** [sɪns] conj. 自從…；因為，既然
    since [sɪns] prep. 自從…
    since [sɪns] adv. 此後，從此

20. **some** [sʌm] adj. 若干，一些
    some [sʌm] pron. 一些，幾個

21. **spend** [spɛnd] v. 花 (錢) <on>；花費 (時間) <V-ing, with, on> (spent | spent | spending)

22. **still** [stɪl] adv. 還是；儘管如此
    still [stɪl] adj. 靜止的，不動的

23. **third** [θɝd] adj. 第三的
    third [θɝd] n. [C] 三分之一 <of>
    third [θɝd] adv. 第三

24. **those** [ðoz] pron. 那些
    those [ðoz] adj. 那些

25. **together** [tə`gɛðɚ] adv. 一起 反 alone, separately；同時
    💡 put sth together 組合⋯ | together with... 連同⋯

Unit 17

1. **also** [`ɔlso] adv. 也

2. **before** [bɪ`for] prep. 在⋯前面 反 after；在⋯之前 反 after
    before [bɪ`for] conj. 在⋯之前 反 after
    before [bɪ`for] adv. 以前

3. **big** [bɪg] adj. 大的 (bigger | biggest)

4. **certain** [`sɝtṇ] adj. 確定的 同 sure；某個
    💡 make certain 確定，確保
    certain [`sɝtṇ] pron. 一些，若干 <of>

certainly [ˋsɝtn̩lɪ] adv. 當然，確實

---

5. **have** [hæv] aux. (與過去分詞構成完成式) 已經；曾經
   have [hæv] v. 有；吃，喝 (had | had | having)
   💡 have to V 必須⋯，不得不⋯

---

6. **least** [list] adv. 最少，最小 (the ～) 反 most；最不 (the ～) 反 most
   least [list] pron. 最少，最小 (the ～)
   least [list] adj. 最少，最小 (the ～)

---

7. **no** [no] adj. 沒有；禁止
   no [no] adv. 不 反 yes
   no [no] n. [C] 否定，拒絕

---

8. **off** [ɔf] adv. 離開，遠離；去掉，移開
   off [ɔf] prep. 離開，遠離；去掉，移開
   off [ɔf] adj. 離開的；休假的，不上班的

---

9. **office** [ˋɔfɪs] n. [C] 辦公室

---

10. **past** [pæst] adj. 過去的；以前的
    past [pæst] n. [sing.] 過去
    past [pæst] prep. 經過；(時間) 晚於
    past [pæst] adv. 經過

---

11. **pay** [pe] v. 付款，付費 <by, for>；支付⋯報酬 (paid | paid | paying)
    💡 pay for sth 為⋯付出代價 | pay off 取得成功；償清債務
    payment [ˋpemənt] n. [C] 支付的金額；[U] 付款 <in>

12. **raise** [rez] v. 舉起；飼養
    raise [rez] n. [C] 加薪

13. **reach** [ritʃ] v. 抵達；達到
    reach [ritʃ] n. [U] 伸手可及的距離

14. **really** [ˋriəlɪ] adv. 真正地；非常 ⑯ extremely

15. **river** [ˋrɪvɚ] n. [C] 河，江

16. **service** [ˋsɝvəs] n. [C] 公共服務系統；[U] 服務，接待

17. **ship** [ʃɪp] n. [C] (尤指航海的) 大船
    ship [ʃɪp] v. 運輸，運送 (shipped | shipped | shipping)

18. **side** [saɪd] n. [C] 面 <of>；旁邊 <by>
    💡 side by side 肩並肩地 | take sb's side 支持…

19. **someone** [ˋsʌm,wʌn] pron. 某人 ⑯ somebody
    someone [ˋsʌm,wʌn] n. [C] 重要人物，有名氣的人
    somebody [ˋsʌm,bɑdɪ] pron. 某人 ⑯ someone

20. **song** [sɔŋ] n. [C] 歌曲

21. **store** [stor] n. [C] 商店；儲存量 <of>
    store [stor] v. 儲存，儲藏

22. **these** [ðiz] pron. 這些
    these [ðiz] adj. 這些

23. **though** [ðo] conj. 雖然，儘管 ⑯ although
    💡 as though 好像，似乎

though [ðo] adv. 不過，可是

24. **under** [ˋʌndɚ] prep. 在…下面 (反) above；少於，低於 (反) over

   under [ˋʌndɚ] adv. 在下面 (反) above；少於，低於 (反) over

25. **whether** [ˋhwɛðɚ] conj. 是否
   💡 whether...or... 無論是…還是…

Unit 18

1. **air** [ɛr] n. [U] 空氣；乘坐飛機 <by>
   air conditioner [ˋɛr kənˏdɪʃənɚ] n. [C] 冷氣機，空調設備

2. **although** [ɔlˋðo] conj. 雖然，儘管 (同) though

3. **around** [əˋraʊnd] prep. 四處，周圍 (同) round；在…附近 (同) round
   around [əˋraʊnd] adv. 四處，周圍 (同) about；附近

4. **business** [ˋbɪznɪs] n. [U] 買賣 <with>；[C] 公司
   💡 be none of sb's business 與…無關

5. **come** [kʌm] v. 來 (反) go；到達 (came | come | coming)
   💡 come from sth 來自… | come up with sth 想出… | come about 發生

6. **during** [ˋdʊrɪŋ] prep. 在…期間

7. **egg** [ɛg] n. [C] 蛋；(鳥類的) 卵

8. **if** [ɪf] conj. 如果；是否
   💡 if necessary 如果有必要的話 | even if 即使

9. **new** [nju] adj. 新的 反 old；不熟悉的，生疏的 <to>
   newlywed [`njulɪ,wɛd] n. [C] 新婚者 (usu. pl.)

10. **or** [ɔr] conj. 或者，還是；否則
    💡 or so 大約

11. **outside** [,aut`saɪd] prep. 在…外面 反 inside
    outside [,aut`saɪd] adv. 在外面 同 outdoors
    outside [,aut`saɪd] adj. 外面的，戶外的 反 inside
    outside [,aut`saɪd] n. [C] 外面 (the ~) <of> 反 inside

12. **piece** [pis] n. [C] 片；一張，一件 <of>
    💡 be a piece of cake 很簡單 | in one piece 平安無損
    piece [pis] v. 拼湊 <together>

13. **possible** [`pasəbḷ] adj. 可能的 反 impossible

14. **restaurant** [`rɛstərənt] n. [C] 餐廳

15. **science** [`saɪəns] n. [U] 科學

16. **sentence** [`sɛntəns] n. [C] 句子；判決，判刑
    sentence [`sɛntəns] v. 宣布判決 <to>

17. **set** [sɛt] v. 放，置；使成為某狀態 (set | set | setting)
    💡 set...free 釋放… | set sth up 創立…
    set [sɛt] n. [C] 一組，一套 <of>

18. **share** [ʃɛr] v. 分享，共用 <with>；分配 <among, between>
share [ʃɛr] n. [sing.] 一份 <of, in>；[C] 股票 <in>

19. **size** [saɪz] n. [C][U] 尺寸，大小 <of>；[C] 尺碼
size [saɪz] v. 標定…的大小

20. **sound** [saʊnd] n. [U][C] 聲音 同 noise

21. **stop** [stɑp] v. (使) 停止；阻止 <from> (stopped | stopped | stopping)
💡 stop by (sth) 順道拜訪…
stop [stɑp] n. [C] 停止；車站

22. **thin** [θɪn] adj. 薄的 反 thick；瘦的 反 fat (thinner | thinnest)
💡 disappear/vanish into thin air 消失得無影無蹤

23. **today** [tə`de] adv. 今天；現今
today [tə`de] n. [U] 今天

24. **wind** [wɪnd] n. [U][C] 風
wind [waɪnd] v. 彎彎曲曲，蜿蜒 <through>；使纏繞 <around> (wound | wound | winding)

25. **word** [wɝd] n. [C] 字，詞；簡短的談話 <of>
💡 eat sb's words 承認自己說錯話 |
without a word 不發一言 | in a word 簡而言之

Unit 19

1. **another** [əˋnʌðɚ] adj. 再一個的；另外的
   💡 one another 互相 | one after another 一個接一個
   another [əˋnʌðɚ] pron. 再一個；另一回事，不同的人或事物

2. **boy** [bɔɪ] n. [C] 男孩

3. **care** [kɛr] n. [U] 注意，小心 <with>；照顧
   💡 take care 保重 | take care of... 照顧…
   care [kɛr] v. 關心 <about>；在乎，在意 <about>

4. **common** [ˋkɑmən] adj. 共同的；普通的，常見的 🔄 rare
   💡 common knowledge 常識
   common [ˋkɑmən] n. [C] 公地，公用草地
   💡 have sth in common 有相同…

5. **difficult** [ˋdɪfəˌkəlt] adj. 困難的，艱難的 🔄 easy

6. **everyone** [ˋɛvrɪˌwʌn] pron. 每個人 🔄 everybody
   everybody [ˋɛvrɪˌbʌdɪ] pron. 每個人 🔄 everyone

7. **free** [fri] adj. 自由的；免費的
   free [fri] v. 使自由，釋放 🔄 release；使免於，使擺脫 <from>
   💡 free sb from sth 使…擺脫…
   free [fri] adv. 自由地；免費地
   💡 for free/free of charge 免費地

8. **like** [laɪk] prep. 像;例如

   like [laɪk] v. 喜歡 反 dislike

   like [laɪk] n. [C] 喜好 (usu. pl.)

---

9. **quite** [kwaɪt] adv. 相當地;完全地,徹底地

---

10. **same** [sem] adj. 相同的,一樣的 (the ～) <as>

   same [sem] pron. 同樣的人或事物 (the ～)

   same [sem] adv. 同樣地 (the ～)

---

11. **shape** [ʃep] n. [C][U] 外形,形狀 <in>

   💡 in the shape of sth 以…的形式 |
   in (good) shape 健康;狀況良好

---

12. **she** [ʃi] pron. 她

   her [hɝ] pron. 她的

   hers [hɝz] pron. 她的 (所有物)

   herself [hɚ`sɛlf] pron. 她自己

---

13. **sign** [saɪn] n. [C] 招牌 , 告示 ; 跡象 , 徵兆 <of> 同
   indication

   sign [saɪn] v. 簽署,簽字;示意 <to, for> 同 signal

---

14. **simple** [`sɪmpl] adj. 簡單的;樸素的

---

15. **sometimes** [`sʌm,taɪmz] adv. 有時

---

16. **south** [saʊθ] n. [U] 南方 , 南部 (also South) (abbr. S)
   (the ～)

   south [saʊθ] adj. 南方的,南部的 (also South) (abbr. S)

   south [saʊθ] adv. 朝南,向南 (abbr. S)

17. **space** [spes] n. [C][U] 空間；太空
    space [spes] v. 把…以一定間隔排列

18. **sure** [ʃʊr] adj. 確定的，肯定的 <about, of> 同 certain
    💡 for sure 肯定的
    sure [ʃʊr] adv. 當然

19. **teacher** [ˋtitʃɚ] n. [C] 教師

20. **town** [taʊn] n. [C] 城鎮

21. **try** [traɪ] v. 試圖，設法；嘗試 (tried | tried | trying)
    💡 try for sth 試圖獲得… | try sth on 試穿…
    try [traɪ] n. [C] 嘗試 (pl. tries)

22. **understand** [ˌʌndɚˋstænd] v. 了解；理解，體諒
    (understood | understood | understanding)

23. **usually** [ˋjuʒʊəlɪ] adv. 通常地，經常地 同 generally

24. **which** [hwɪtʃ] pron. 哪個
    which [hwɪtʃ] adj. 哪個

25. **while** [hwaɪl] conj. 在…的時候；雖然 同 although
    while [hwaɪl] n. [sing.] 一會兒，一段時間
    while [hwaɪl] v. 消磨 (時光)，輕鬆地度過 <away>

Unit 20

1. **again** [əˋgɛn] adv. 又，再一次；復原

💡 once again 再次

---

2. **allow** [əˋlaʊ] adv. 允許，准許 同 permit ；使有可能 同 permit

---

3. **am** [ˋeˋɛm] adv. 上午 (also a.m.)

---

4. **best** [bɛst] adj. 最好的，最優秀的 (the ～)
   best [bɛst] adv. 最好地
   💡 had best + V 最好
   best [bɛst] v. 擊敗，戰勝
   best [bɛst] n. [sing.] 最好的人或事物 (the ～)

---

5. **can** [kæn] aux. 能，會；有可能
   💡 cannot help but + V = cannot help + V-ing 不得不… |
      cannot...too... 無論…也不為過；越…越好
   can [kæn] n. [C] 罐 <of>
   can [kæn] v. 將…裝罐 同 tin (canned | canned |
   canning)

---

6. **carry** [ˋkærɪ] v. 提，搬；攜帶 (carried | carried |
   carrying)
   💡 carry on (sth) 繼續 | carry sth out 執行…

---

7. **early** [ˋɝlɪ] adj. 早期的，初期的 反 late；提早的 反 late
   (earlier | earliest)
   early [ˋɝlɪ] adv. 在早期，在初期 反 late；提早地 反 late

---

8. **fact** [fækt] n. [C] 事實
   💡 in fact 其實，事實上

---

9. **few** [fju] adj. 少數的，少許的 ㊂ many；一些
   🔔 quite a few 相當多
   few [fju] pron. 少數的人或事物 <of> ㊂ many；一些人
   或事物 <of>

---

10. **game** [ɡem] n. [C] 遊戲；比賽

---

11. **go** [ɡo] v. 去 <to>；去 (參加) <to> (went | gone |
    going)
    🔔 go back to 追溯 | go by (時間等) 逝去
    go [ɡo] n. [C] 嘗試 ㊁ try (pl. goes)

---

12. **heat** [hit] n. [U] 熱，高溫
    heat [hit] v. (使) 變熱，(使) 變暖 <up>

---

13. **ice** [aɪs] n. [U] 冰

---

14. **often** [ˋɔfən] adv. 經常 ㊁ frequently

---

15. **other** [ˋʌðɚ] adj. 其他的，另外的；不同的，別的
    🔔 other than 除了 | in other words 換句話說
    other [ˋʌðɚ] pron. 另一個 (the ～)

---

16. **own** [on] adj. 自己的
    own [on] pron. 自己 <of>
    🔔 (all) on sb's own 獨自
    own [on] v. 擁有

---

17. **race** [res] n. [C] 賽跑，速度競賽；種族，人種
    race [res] v. (使) 參加比賽，與⋯比賽 <against>；(使)
    快速移動或行進

---

18. **sing** [sɪŋ] v. 唱歌 <to> (sang | sung | singing)

19. **stay** [ste] v. 停留，留下；保持 (狀態)
    💡 stay away from... 遠離，避開… |
    stay behind 留下不走 | stay in 不出門 |
    stay out 在外過夜；晚歸 | stay out of sth 不介入… |
    stay up 熬夜
    stay [ste] n. [C] 停留 <in> (usu. sing.)

20. **sunny** [ˋsʌnɪ] adj. 晴朗的，陽光普照的 圓 bright；樂觀開朗的

21. **taste** [test] n. [C][U] 味道 <of> 圓 flavor；(個人的) 愛好，興趣 <in>
    taste [test] v. 嘗…的味道

22. **then** [ðɛn] adv. 然後；那時
    then [ðɛn] adj. 那時的

23. **traffic** [ˋtræfɪk] n. [U] 交通；非法交易 <in>
    traffic [ˋtræfɪk] v. 非法交易 (trafficked | trafficked | trafficking)

24. **visit** [ˋvɪzɪt] v. 拜訪，參觀
    visit [ˋvɪzɪt] n. [C] 拜訪，參觀 <from>
    💡 pay sb a visit 拜訪…

25. **west** [wɛst] n. [U] 西方，西部 (also West) (abbr. W) (the ～) <in>
    west [wɛst] adj. 西方的，西部的 (also West) (abbr. W)

west [wɛst] adv. 朝西，向西 (abbr. W)

Unit 21

1. **ask** [æsk] v. 詢問 <about>；要求 <for>

2. **bored** [bɔrd] adj. 感到無聊的，感到厭煩的 <with>

3. **cent** [sɛnt] n. [C] 分 (一美元的百分之一)

4. **copy** [ˋkɑpɪ] n. [C] 複印；本，份 (pl. copies)
   copy [ˋkɑpɪ] v. 複印；仿效 (copied | copied | copying)

5. **drum** [drʌm] n. [C] 鼓
   drum [drʌm] v. (使) 敲打 (drummed | drummed | drumming)
   💡 drum sth into sb 反覆向…灌輸…

6. **foot** [fʊt] n. [C] 腳；英尺 (abbr. ft) (pl. feet)
   foot [fʊt] v. 支付 (帳單或費用)

7. **glasses** [ˋglæsɪz] n. [pl.] 眼鏡 🔄 spectacles

8. **goodbye** [ˌgʊdˋbaɪ] n. [C] 道別，告別

9. **homework** [ˋhom.wɝk] n. [U] 功課，作業

10. **hospital** [ˋhɑspɪtl̩] n. [C] 醫院

11. **mad** [mæd] adj. 發瘋的；生氣的 <at, with> (madder | maddest)

12. **medium** [`mɪdɪəm] adj. 中等的；(肉) 中等熟度的

13. **meeting** [`mitɪŋ] n. [C] 會面；會議
💡 call/attend/chair a meeting 安排 / 參加 / 主持會議

14. **O.K.** [ˌoˋke] adj. 同意的 (also OK, okay) <with, by> 同 all right；不錯的，令人滿意的
O.K. [ˌoˋke] adv. 還不錯 (also OK, okay)
O.K. [ˌoˋke] n. [sing.] 同意，批准 (also OK, okay) (the ~)
O.K. [ˌoˋke] v. 同意，批准 (also OK, okay) (O.K.'d | O.K.'d | O.K.'ing)

15. **piano** [pɪˋæno] n. [C] 鋼琴

16. **question** [`kwɛstʃən] n. [C] 問題 反 answer
💡 without question 毫無疑問
question [`kwɛstʃən] v. 詢問，盤問

17. **sale** [sel] n. [C][U] 出售；降價銷售

18. **send** [sɛnd] v. 送，郵寄；派遣 (sent | sent | sending)

19. **sofa** [`sofə] n. [C] 沙發 同 couch

20. **thousand** [`θaʊzn̩d] n. (數字) 千 (pl. thousand, thousands)
thousand [`θaʊzn̩d] adj. 千

21. **tooth** [tuθ] n. [C] 牙齒 (pl. teeth)

22. **trouble** [`trʌbl̩] n. [C][U] 問題，麻煩；[U] 險境，困境
trouble [`trʌbl̩] v. 使困擾，使憂慮

23. **voice** [vɔɪs] n. [C][U] 聲音，嗓音；意見的表達

24. **wave** [wev] n. [C] 波浪；(情緒等的) 突發 <of>
wave [wev] v. 揮手 <to, at>

25. **worry** [ˋwɝɪ] v. (使) 擔 心 <about> (worried │ worried │ worrying)
worry [ˋwɝɪ] n. [C][U] 擔憂，煩惱

●━━━━━━━━━━━━━━━━━━━━━━━●

Unit 22

1. **breakfast** [ˋbrɛkfəst] n. [C][U] 早餐
breakfast [ˋbrɛkfəst] v. 吃早餐 <on>

2. **bright** [braɪt] adj. 明亮的 ⟨反⟩ dull；(顏色) 鮮豔的
💡 look on the bright side (of things) 看事物的光明面
bright [braɪt] adv. 明亮地

3. **cheese** [tʃiz] n. [U] 起司，乳酪

4. **corner** [ˋkɔrnɚ] n. [C] 街角；角落 <on, in>
💡 (just) around/round the corner 在路口；即將到來

5. **duck** [dʌk] n. [C] 鴨子；[U] 鴨肉
duck [dʌk] v. (為避免被擊中或發現而) 低頭或彎腰 <down>
duckling [ˋdʌklɪŋ] n. [C] 小鴨

6. **grandfather** [ˋɡræn‚fɑðɚ] n. [C] (外) 祖父

7. **hobby** [ˋhɑbɪ] n. [C] 嗜好 (pl. hobbies)

8. **honey** [ˋhʌnɪ] n. [U] 蜂蜜

9. **hour** [aʊr] n. [C] 小時

10. **lake** [lek] n. [C] 湖泊

11. **magic** [ˋmædʒɪk] adj. 魔法的；魔術的
magic [ˋmædʒɪk] n. [U] 魔法；魔術
💡 work like magic 非常有效

12. **minute** [ˋmɪnɪt] n. [C] 分鐘；片刻，一會兒
💡 the last minute 最後一刻

13. **moon** [mun] n. [sing.] 月亮 (the ～)
💡 once in a blue moon 很少地

14. **o'clock** [əˋklɑk] adv. …點鐘

15. **picnic** [ˋpɪknɪk] n. [C] 野餐
picnic [ˋpɪknɪk] v. 去野餐 (picnicked | picnicked | picnicking)

16. **read** [rid] v. 閱讀；讀出，朗讀 (read | read | reading)
reader [ˋridɚ] n. [C] 讀者

17. **seat** [sit] n. [C] 座位；席位
seat [sit] v. 給…安排座位

18. **somewhere** [ˋsʌm͵hwɛr] adv. 在某處

19. **sugar** [ˋʃʊgɚ] n. [U] 糖

20. **useful** [ˋjusfəl] adj. 有用的，有助益的 反 useless
    useless [ˋjuslɪs] adj. 無用的 反 useful

21. **visitor** [ˋvɪzɪtɚ] n. [C] 參觀者，遊客

22. **watch** [watʃ] v. 觀看，注視；小心，留意
    💡 watch over sth 照看…
    watch [watʃ] n. [C] 手錶；[U][sing.] 觀察，監視 <on, over> (pl. watches)

23. **weak** [wik] adj. 虛弱的；懦弱的，無決斷力的
    weakness [ˋwiknɪs] n. [U] 虛弱 <in>；[C] 缺點 (pl. weaknesses)

24. **wonderful** [ˋwʌndɚfəl] adj. 美好的，愉快的 同 great

25. **write** [raɪt] v. 寫；(給…) 寫信 <to> (wrote | written | writing)
    💡 write sth down 寫下…

Unit 23

1. **bear** [bɛr] v. 忍受 同 stand；負載 同 hold (bore | born, borne | bearing)
   bear [bɛr] n. [C] 熊

2. **bus** [bʌs] n. [C] 公車 <by> (pl. buses)

3. **chance** [tʃæns] n. [C] 機會 同 opportunity；[C][U] 可能性
   💡 take a chance 冒險

chance [tʃæns] v. 冒險

4. **clerk** [klɝk] n. [C] 職員；店員 ⓢ salesclerk

5. **cross** [krɔs] n. [C] 十字圖案；十字架
   cross [krɔs] v. 穿越，越過；使交叉
   💡 cross sb's fingers 祈求好運

6. **error** [ˋɛrɚ] n. [C][U] 錯誤 <in>

7. **guess** [gɛs] v. 猜測，推測
   💡 guess at sth 猜測… | I guess... 我認為…
   guess [gɛs] n. [C] 猜測，推測

8. **housewife** [ˋhaʊs͵waɪf] n. [C] 家庭主婦 ⓢ homemaker
   (pl. housewives)

9. **interview** [ˋɪntɚ͵vju] n. [C] 面試；採訪
   interview [ˋɪntɚ͵vju] v. 對…進行面試；採訪

10. **key** [ki] adj. 極重要的，關鍵性的
    key [ki] n. [C] 鑰匙；祕訣 <to>
    key [ki] v. 用鍵盤輸入 (訊息) <in>

11. **laugh** [læf] v. 笑
    laugh [læf] n. [C] 笑，笑聲

12. **milk** [mɪlk] n. [U] 乳，牛奶

13. **neck** [nɛk] n. [C] 脖子，頸；領口，衣領

14. **officer** [ˋɔfɪsɚ] n. [C] 軍官；警官 ⓢ police officer

15. **parent** [ˋpɛrənt] n. [C] 父母中的一人
    parents [ˋpɛrənts] n. [pl.] 父母親

16. **polite** [pəˋlaɪt] adj. 有禮貌的 ⓐ impolite, rude
    politely [pəˋlaɪtlɪ] adv. 有禮貌地 ⓐ impolitely
    politeness [pəˋlaɪtnɪs] n. [U] 禮貌 ⓐ impoliteness

17. **relative** [ˋrɛlətɪv] adj. 比較的；有關的 <to>
    relative [ˋrɛlətɪv] n. [C] 親戚 ⓘ relation
    relatively [ˋrɛlətɪvlɪ] adv. 相對地

18. **sheep** [ʃip] n. [C] 羊，綿羊 (pl. sheep)

19. **sore** [sor] adj. 疼痛的 <from>
    sore [sor] n. [C] 瘡

20. **topic** [ˋtɑpɪk] n. [C] 主題，話題 <of>

21. **wake** [wek] v. 醒來 <up>；喚醒 (woke | woken | waking)
    💡 wake sb up 叫醒… | wake up to sth 開始意識到…

22. **wet** [wɛt] adj. 溼的 <with>
    wet [wɛt] v. 把…弄溼 (wetted | wetted | wetting)

23. **yard** [jɑrd] n. [C] 碼；院子

24. **yellow** [ˋjɛlo] adj. 黃色的
    yellow [ˋjɛlo] n. [C][U] 黃色
    yellow [ˋjɛlo] v. (使) 變黃

25. **zoo** [zu] n. [C] 動物園

Unit 24

1. **action** [ˋækʃən] n. [U] 行動；[C] 行為

2. **add** [æd] v. 添加，增加 <to>；相加
   💡 add up to sth 合計為…

3. **afternoon** [ˌæftəˋnun] n. [C][U] 下午

4. **airplane** [ˋɛrˌplen] n. [C] 飛機 同 plane

5. **begin** [bɪˋgɪn] v. 開始；著手 (began | begun | beginning)
   💡 to begin with 剛開始的時候；首先
   beginning [bɪˋgɪnɪŋ] n. [C] 開頭，開端 (usu. sing.)

6. **cap** [kæp] n. [C] (有帽舌的) 便帽；蓋子 同 top
   cap [kæp] v. 覆蓋…的頂部 (capped | capped | capping)

7. **cloud** [klaʊd] n. [C] 雲；陰影

8. **cup** [kʌp] n. [C] (帶有柄的) 杯子；獎盃
   💡 not be sb's cup of tea 非…所好

9. **dance** [dæns] n. [C] 舞蹈；(正式的) 舞會
   dance [dæns] v. 跳舞 <to>

10. **evening** [ˋivnɪŋ] n. [C][U] 傍晚，晚上

11. **hate** [het] v. 憎恨 ⊛ love
    hate [het] n. [U] 憎恨 ⊜ hatred ⊛ love

12. **I** [aɪ] pron. 我 (第一人稱單數主格)
    me [mi] pron. 我 (I 的受格)
    my [maɪ] pron. 我的 (I 的所有格)
    mine [maɪn] pron. 我的 (所有物)
    myself [maɪ`sɛlf] pron. (反身代名詞) 我自己
    💡 (all) by myself 單獨；獨自

13. **invite** [ɪn`vaɪt] v. 邀請；請求
    inviting [ɪn`vaɪtɪŋ] adj. 吸引人的

14. **leg** [lɛg] n. [C] 腿

15. **medicine** [`mɛdəsn̩] n. [C][U] 藥物；[U] 醫學

16. **mouse** [maʊs] n. [C] 老鼠；滑鼠 (pl. mice)

17. **net** [nɛt] n. [C][U] 網子，網狀物
    net [nɛt] v. 用網捕 (netted | netted | netting)

18. **pen** [pɛn] n. [C] 筆
    pen [pɛn] v. 用筆寫 (penned | penned | penning)

19. **please** [pliz] v. 取悅

20. **remember** [rɪ`mɛmbɚ] v. 想起；記得
    remembrance [rɪ`mɛmbrəns] n. [U] 紀念，懷念

21. **row** [ro] n. [C] 一排，一列
    row [ro] v. 划 (船)

22. **skirt** [skɝt] n. [C] 裙子

23. **sorry** [ˋsɔrɪ] adj. 感到抱歉的 <for>；難過的，惋惜的

24. **touch** [tʌtʃ] n. [C] 觸摸 (usu. sing.)
    💡 keep in touch (with sb) (和…) 保持聯絡
    touch [tʌtʃ] v. 觸摸；感動

25. **zero** [ˋzɪro] n. [C][U] (數字) 零 同 nought；[U] 零度

Unit 25

1. **afraid** [əˋfred] adj. 害怕的 <of> 同 scared；擔心的

2. **ant** [ænt] n. [C] 螞蟻

3. **anything** [ˋɛnɪ‚θɪŋ] pron. 任何事物
    💡 or anything 或是其他什麼類似的

4. **apartment** [əˋpɑrtmənt] n. [C] 公寓

5. **arm** [ɑrm] n. [C] 手臂
    arm [ɑrm] v. 為…提供武器裝備 <with>

6. **below** [bɪˋlo] adv. 在下面 反 above
    below [bɪˋlo] prep. (位置) 在…之下；低於 反 above

7. **card** [kɑrd] n. [C] 卡片；紙牌

8. **cousin** [ˋkʌzn̩] n. [C] 堂 (表) 兄弟姊妹

9. **dangerous** [ˋdendʒərəs] adj. 危險的

10. **date** [det] n. [C] 日期;約會
    date [det] v. 在⋯標明日期;與⋯約會 同 go out with

11. **exciting** [ɪkˋsaɪtɪŋ] adj. 令人興奮的,刺激的

12. **headache** [ˋhɛd͵ek] n. [C] 頭痛;令人頭痛的事

13. **inch** [ɪntʃ] n. [C] 英寸

14. **king** [kɪŋ] n. [C] 國王,君主 (also King)

15. **lion** [ˋlaɪən] n. [C] 獅子

16. **mistake** [mɪˋstek] n. [C] 錯誤 <in>
    💡 by mistake 錯誤地
    mistake [mɪˋstek] v. 誤認 <for> (mistook | mistaken | mistaking)

17. **nobody** [ˋno͵bɑdɪ] pron. 沒有人
    nobody [ˋno͵bɑdɪ] n. [C] 小人物,無名小卒 (pl. nobodies)

18. **noisy** [ˋnɔɪzɪ] adj. 吵雜的,喧鬧的 反 quiet

19. **pie** [paɪ] n. [C][U] 派,餡餅
    💡 pie in the sky 不切實際的事

20. **police** [pəˋlis] n. [pl.] 警方,警察當局 (the ~)
    police [pəˋlis] v. 在⋯部署警力,維持⋯的治安

21. **round** [raʊnd] adj. 圓形的
    round [raʊnd] n. [C] 一系列的事件 <of>
    round [raʊnd] adv. 四處,到處 同 around

round [raʊnd] prep. 在…周圍，圍繞 同 around

round [raʊnd] v. 繞過

---

22. **rule** [rul] n. [C] 規則 (usu. pl.)；[U] 統治 (期) <under>

rule [rul] v. 統治，治理；支配，操控

---

23. **smoke** [smok] n. [U] (燃燒所產生的) 煙，煙霧

smoke [smok] v. 抽菸

---

24. **spell** [spɛl] v. 拼寫 (spelt, spelled | spelt, spelled | spelling)

---

25. **whose** [huz] pron. 誰的

Unit 26

1. **agree** [əˋgri] v. 贊同 <with, about, on>；同意 反 refuse

agreement [əˋgrimənt] n. [U] 意見一致；[C] 協定，協議

---

2. **apple** [ˋæp!] n. [C][U] 蘋果

---

3. **aunt** [ænt] n. [C] 姑媽；姨媽；伯母；嬸嬸；舅媽

---

4. **banana** [bəˋnænə] n. [C][U] 香蕉

---

5. **baseball** [ˋbes͵bɔl] n. [C][U] 棒球 (運動)

---

6. **bicycle** [ˋbaɪ͵sɪk!] n. [C] 腳踏車 <by> 同 bike

---

7. **cat** [kæt] n. [C] 貓

---

8. **cry** [kraɪ] v. 哭 <over, about>；叫喊 <out> (cried |

cried | crying)

cry [kraɪ] n. [C] 叫喊

9. **dead** [dɛd] adj. 死的，死亡的；沒電的

10. **driver** [ˈdraɪvɚ] n. [C] 司機，駕駛員

11. **festival** [ˈfɛstəvl̩] n. [C] 慶典；節日

12. **hill** [hɪl] n. [C] 小山丘；斜坡

13. **kid** [kɪd] n. [C] 小孩

kid [kɪd] v. (與某人) 開玩笑 ⓢ joke (kidded | kidded | kidding)

14. **kitchen** [ˈkɪtʃɪn] n. [C] 廚房

15. **mark** [mɑrk] n. [C] 痕跡；記號

mark [mɑrk] v. 做記號；給⋯評分

16. **note** [not] n. [C] 便條；[pl.] 筆記 (～s)

note [not] v. 注意，留意

17. **orange** [ˈɔrɪndʒ] adj. 橙色的，橘色的

orange [ˈɔrɪndʒ] n. [C] 柳橙；[C][U] 橙色，橘色

18. **pack** [pæk] n. [C] 一包；一群 (狼、犬)

pack [pæk] v. 打包 (行李)；塞滿，擠進 <into>

19. **pink** [pɪŋk] adj. 粉紅色的

pink [pɪŋk] n. [C][U] 粉紅色

20. **popcorn** [ˈpɑpˌkɔrn] n. [U] 爆米花

21. **ruler** [`rulɚ] n. [C] 統治者；尺

22. **sick** [sɪk] adj. 生病的 <with>；想吐的
    💡 be sick of... 對…厭煩的

23. **soup** [sup] n. [C][U] 湯

24. **stair** [ster] n. [C] (樓梯的) 梯級；[pl.] 樓梯 (～s)

25. **win** [wɪn] v. 獲勝 反 lose ；贏得 同 gain (won | won | winning)
    💡 win sb/sth back 重新贏得…
    win [wɪn] n. [C] 勝利 反 defeat

Unit 27

1. **arrive** [ə`raɪv] v. 抵達，到達 <at, in>；到來 同 come

2. **ball** [bɔl] n. [C] 球；舞會
    💡 hit/kick/throw a ball 擊 / 踢 / 丟球
    ball [bɔl] v. 把…弄成球型

3. **basket** [`bæskɪt] n. [C] 籃子；籃框

4. **basketball** [`bæskɪt͵bɔl] n. [C][U] 籃球 (運動)

5. **bird** [bɝd] n. [C] 鳥

6. **bite** [baɪt] n. [C] 咬的一口；一點點食物
    bite [baɪt] v. 咬 (bit | bitten | biting)

7. **couch** [kaʊtʃ] n. [C] 沙發 同 sofa

💡 couch potato 一直在看電視的人

couch [kautʃ] v. 以 (某種方式) 表達

8. **decide** [dɪ`saɪd] v. 決定；選定 <on>

9. **doll** [dɑl] n. [C] 洋娃娃

10. **excited** [ɪk`saɪtɪd] adj. 感到興奮的 <about>

11. **fill** [fɪl] v. 裝滿 <with>；充滿⋯感覺 <with>

   fill [fɪl] n. [U] 需要的量，可應付的量

12. **item** [`aɪtəm] n. [C] 項目；一則 (新聞)

13. **kiss** [kɪs] n. [C] 吻

   kiss [kɪs] v. 吻，接吻 <on>

14. **lead** [lid] v. 領導；領先 (led | led | leading)

   💡 lead to sth 導致⋯ | lead sb on 誤導⋯

   lead [lid] n. [sing.] 領先；示範，榜樣

15. **noise** [nɔɪz] n. [C][U] 噪音 🔄 sound

   noisily [`nɔɪzɪlɪ] adv. 吵鬧地

16. **package** [`pækɪdʒ] n. [C] 包裹 🔄 parcel；小包 🔄
    packet

17. **page** [pedʒ] n. [C] (書或報章雜誌的) 頁，版

18. **pipe** [paɪp] n. [C] 管子；菸斗

   pipe [paɪp] v. 用管子輸送

19. **pool** [pul] n. [C] 小水塘；游泳池 🔄 swimming pool

pool [pul] v. 集合 (資金、資源)

20. **present** [`prɛzn̩t] adj. 出席的 <at, in> 反 absent；現在的
present [`prɛzn̩t] n. [U] 現在；[C] 禮物
present [prɪ`zɛnt] v. 授予，贈送 <with>；呈現，展現
<with>

21. **salad** [`sæləd] n. [C][U] 沙拉

22. **sight** [saɪt] n. [U] 視力 同 vision；[U][sing.] 看見
💡 at first sight 第一眼
sight [saɪt] v. 看到，發現

23. **stupid** [`stjupɪd] adj. 笨的，愚蠢的 同 silly

24. **supermarket** [`supɚˌmɑrkɪt] n. [C] 超市

25. **wrong** [rɔŋ] adj. 錯誤的，不對的 反 right
wrong [rɔŋ] adv. 錯誤地，不對地 反 right
wrong [rɔŋ] n. [U] 不正確；[C] 不公平的行為 反 right
wrong [rɔŋ] v. 冤枉，不公正地對待

Unit 28

1. **bag** [bæg] n. [C] 袋子，提袋

2. **band** [bænd] n. [C] 樂團；細繩，帶

3. **bat** [bæt] n. [C] 球棒；蝙蝠
bat [bæt] v. 用棒擊球 (batted | batted | batting)

4. **bath** [bæθ] n. [C] 沐浴；浴缸 ⑩ bathtub

5. **beach** [bitʃ] n. [C] 沙灘 <on>
   beach [bitʃ] v. 把船從水裡拖到岸上

6. **blind** [blaɪnd] adj. 失明的；盲目的
   🔮 be blind to sth 沒有注意到…；對…視而不見
   blind [blaɪnd] v. 使失明；蒙蔽 <to>

7. **busy** [`bɪzɪ] adj. 忙碌的 <with>；熱鬧的 (busier | busiest)

8. **cute** [kjut] adj. 可愛的 (cuter | cutest)

9. **die** [daɪ] v. 死 <from, of> (died | died | dying)

10. **ear** [ɪr] n. [C] 耳朵

11. **factory** [`fæktrɪ] n. [C] 工廠 (pl. factories)

12. **flower** [`flaʊɚ] n. [C] 花
    flower [`flaʊɚ] v. 開花

13. **jacket** [`dʒækɪt] n. [C] 夾克，短外套

14. **kite** [kaɪt] n. [C] 風箏

15. **lucky** [`lʌkɪ] adj. 幸運的，走運的 ⑩ fortunate ⑫ unlucky (luckier | luckiest)

16. **nose** [noz] n. [C] 鼻子

17. **paint** [pent] n. [U] 油漆；[pl.] 顏料 (~s)
    paint [pent] v. 在…上刷油漆；(用顏料) 畫

18. **pair** [per] n. [C] 一雙，一對
   💡 in pairs 成對

19. **pm** [ˌpiˈɛm] adv. 下午 (also p.m.)

20. **pot** [pɑt] n. [C] 罐，壺，盆
   pot [pɑt] v. 將 (植物) 栽入盆中 (potted | potted | potting)

21. **shake** [ʃek] v. 搖動；發抖 (shook | shaken | shaking)
   💡 shake hands with sb 與…握手
   shake [ʃek] n. [C] 搖動，震動

22. **sharp** [ʃɑrp] adj. 銳利的 ⊚ blunt；急遽的，突然的 ⊚
   steep
   sharp [ʃɑrp] adv. 準時地

23. **sleep** [slip] n. [U] 睡眠；[sing.] (一段時間的) 睡眠
   sleep [slip] v. 睡，入睡 (slept | slept | sleeping)

24. **tape** [tep] n. [C] 錄音帶；[U] 膠帶 ⊚ Scotch tape

25. **throat** [θrot] n. [C] 喉嚨
   💡 clear sb's throat 清喉嚨

Unit 29

1. **bed** [bɛd] n. [C][U] 床
   💡 make the bed 整理床鋪

2. **bedroom** [ˈbɛdˌrum] n. [C] 臥室

3. **beside** [bɪ`saɪd] prep. 在…旁邊

4. **bottle** [`batl] n. [C] 瓶子；一瓶的量
   bottle [`batl] v. 裝瓶

5. **careful** [`kɛrfəl] adj. 小心的 <with, about> (carefuller | carefullest)

6. **catch** [kætʃ] v. 抓住；撞見，發現 (caught | caught | catching)
   🔑 catch up 達到同樣的水準，跟上；補做
   catch [kætʃ] n. [C] 接球；(魚的) 捕獲量 (pl. catches)

7. **dear** [dɪr] adj. 親近的 <to>
   dear [dɪr] n. [C] 親愛的
   dear [dɪr] adv. 高價地

8. **dollar** [`dalɚ] n. [C] (美國、加拿大或澳洲等的貨幣單位) 元

9. **email** [`imel] n. [C][U] 電子郵件 同 e-mail, electronic mail
   email [`imel] v. 寄送電子郵件 同 e-mail

10. **everything** [`ɛvrɪˌθɪŋ] pron. 每件事，一切

11. **farm** [farm] n. [C] 農場
    farm [farm] v. 耕作 (土地)

12. **funny** [`fʌnɪ] adj. 好笑的；奇怪的，難以理解的 (funnier | funniest)

13. **joke** [dʒok] n. [C] 笑話，玩笑 <about>
    💡 play a joke on sb 開…的玩笑
    joke [dʒok] v. 開玩笑，說笑話

14. **lamp** [læmp] n. [C] (尤指帶燈罩的) 燈

15. **mail** [mel] n. [U] 信件；郵政 (系統) 同 post
    mail [mel] v. 郵寄 <to> 同 post

16. **pin** [pɪn] n. [C] (尤指固定布料用的) 大頭針，別針
    pin [pɪn] v. (用別針等) 釘住 <on> (pinned | pinned | pinning)

17. **plate** [plet] n. [C] 盤子；一盤的量 同 plateful

18. **pond** [pɑnd] n. [C] 池塘

19. **potato** [pə`teto] n. [C][U] 馬鈴薯 (pl. potatoes)

20. **pretty** [`prɪtɪ] adv. 相當，非常
    pretty [`prɪtɪ] adj. 漂亮的 (prettier | prettiest)

21. **shorts** [ʃɔrts] n. [pl.] 短褲

22. **smile** [smaɪl] n. [C] 微笑，笑容
    smile [smaɪl] v. 微笑 <at>

23. **speak** [spik] v. 講話，談話 <to, with>；(會) 講 (某種語言) (spoke | spoken | speaking)

24. **taxi** [`tæksɪ] n. [C] 計程車 同 cab, taxicab

25. **vegetable** [ˋvɛdʒtəbl̩] n. [C] 蔬菜；植物人

Unit 30

1. **bee** [bi] n. [C] 蜜蜂

2. **belong** [bɪˋlɔŋ] v. 屬於 <to>

3. **bowl** [bol] n. [C] 碗；一碗的量

4. **box** [bɑks] n. [C] 箱子；一箱的量
   box [bɑks] v. 裝箱 <up>；打拳擊

5. **clothes** [kloz] n. [pl.] 衣服

6. **cook** [kʊk] v. 煮，烹調
   cook [kʊk] n. [C] 廚師

7. **desk** [dɛsk] n. [C] 書桌；服務臺

8. **envelope** [ˋɛnvəˌlop] n. [C] 信封

9. **fire** [faɪr] n. [C][U] 火
   fire [faɪr] v. 發射 <at>；開除 同 sack

10. **forget** [fəˋgɛt] v. 忘記；忘記做 (forgot | forgotten | forgetting)

11. **friend** [frɛnd] n. [C] 朋友
    💡 make friends with sb 和…交朋友

12. **grandmother** [ˋgrænˌmʌðɚ] n. [C] (外) 祖母

13. **juice** [dʒus] n. [C][U] 汁，液

14. **lawyer** [`lɔjɚ] n. [C] 律師

15. **map** [mæp] n. [C] 地圖 <on>
    💡 put sth on the map 使⋯出名
    map [mæp] v. 繪製⋯的地圖

16. **planet** [`plænɪt] n. [C] 行星

17. **pleasure** [`plɛʒɚ] n. [C] 樂事；[U] 快樂，愉悅

18. **prepare** [prɪ`pɛr] v. 準備 <for>

19. **quick** [kwɪk] adj. 迅速的；敏捷的
    quick [kwɪk] adv. 快速地 ⓢ quickly, fast

20. **rabbit** [`ræbɪt] n. [C] 兔子

21. **shoulder** [`ʃoldɚ] n. [C] 肩膀

22. **snow** [sno] n. [U] 雪
    snow [sno] v. 下雪

23. **street** [strit] n. [C] 街道

24. **terrible** [`tɛrəbl̩] adj. 糟糕的，可怕的 ⓢ horrible, awful

25. **video** [`vɪdɪo] n. [C] 錄影帶，影片；[U] 錄影 <on>
    video [`vɪdɪo] v. 錄下，錄製
    video [`vɪdɪo] adj. 錄影的

Unit 31 ☺

1. **bell** [bɛl] n. [C] 鐘，鈴

2. **bench** [bɛntʃ] n. [C] 長凳 (pl. benches)

3. **brown** [braʊn] adj. 棕色的，褐色的
   brown [braʊn] v. (把食物) 炒成褐色
   brown [braʊn] n. [C][U] 棕色，褐色

4. **butter** [`bʌtɚ] n. [U] 奶油
   butter [`bʌtɚ] v. 在…上塗奶油

5. **correct** [kə`rɛkt] adj. 正確的 圓 right 圆 incorrect
   correct [kə`rɛkt] v. 改正，糾正

6. **dictionary** [`dɪkʃən,ɛrɪ] n. [C] 字典 (pl. dictionaries)

7. **else** [ɛls] adv. 其他

8. **eraser** [ɪ`resɚ] n. [C] 橡皮擦

9. **foreign** [`fɔrɪn] adj. 外國的

10. **fork** [fɔrk] n. [C] 叉子

11. **grade** [gred] n. [C] 等級；分數
    grade [gred] v. 把…分級；給…打分數

12. **habit** [`hæbɪt] n. [C][U] 習慣
    💡 form/develop a habit 養成習慣

13. **kick** [kɪk] v. 踢

💡 kick sb out 開除…

kick [kɪk] n. [C] 踢；極大的樂趣 圓 thrill

14. **lip** [lɪp] n. [C] 嘴唇

15. **meet** [mit] v. 相遇，初次見面；會面 (met｜met｜meeting)

💡 meet sb halfway 遷就…

16. **pocket** [`pɑkɪt] n. [C] 口袋
    pocket [`pɑkɪt] v. 裝入口袋；私吞

17. **proud** [praʊd] adj. 驕傲的，自豪的 <of> 囻 ashamed

18. **rainbow** [`ren,bo] n. [C] 彩虹

19. **ride** [raɪd] n. [C] (騎車或乘坐車輛的) 行程
    ride [raɪd] v. 騎，乘 (rode｜ridden｜riding)

20. **singer** [`sɪŋɚ] n. [C] 歌手

21. **sir** [sɝ] n. [C][sing.] 先生 (also Sir)

22. **straight** [stret] adv. 直接，立刻；坦誠地
    straight [stret] adj. 直的；直率的，坦誠的 <with>
    straight [stret] n. [C] 異性戀者 囻 gay

23. **ticket** [`tɪkɪt] n. [C] 票，券 <to, for>；罰單

24. **twice** [twaɪs] adv. 兩次；兩倍

25. **weekend** [,wik`ɛnd] n. [C] 週末 <on>

weekend [ˌwik`ɛnd] v. 度週末

Unit 32

1. **belt** [bɛlt] n. [C] 皮帶，腰帶
   belt [bɛlt] v. 用帶子束緊

2. **block** [blɑk] n. [C] 街區；一大塊
   block [blɑk] v. 阻擋，妨礙
   💡 block sth off 封閉… | block sth up 堵塞，塞住

3. **celebrate** [`sɛləˌbret] v. 慶祝

4. **cellphone** [`sɛlfon] n. [C] 行動電話，手機 🔁 cellular phone, mobile phone

5. **cover** [`kʌvɚ] v. 覆蓋，遮蔽 <with>；涉及，涵蓋
   cover [`kʌvɚ] n. [C] 覆蓋物；(書或雜誌的) 封面

6. **dirty** [`dɝtɪ] adj. 骯髒的 (dirtier | dirtiest)
   dirty [`dɝtɪ] v. 弄髒 (dirtied | dirtied | dirtying)

7. **enter** [`ɛntɚ] v. 進入；參加 (比賽等)

8. **foreigner** [`fɔrɪnɚ] n. [C] 外國人

9. **gift** [gɪft] n. [C] 禮物 🔁 present；天賦 <for> 🔁 talent

10. **hang** [hæŋ] v. 懸掛 (hung | hung | hanging)；施以絞刑
    (hanged | hanged | hanging)

11. **hot** [hɑt] adj. 炎熱的；辛辣的 反 mild (hotter | hottest)

12. **hotel** [ho`tɛl] n. [C] 旅館，飯店

13. **knock** [nɑk] v. 敲 <on, at>；碰倒，撞倒 <over>
    💡 knock sb out 把…打昏
    knock [nɑk] n. [C] 敲門聲 <on, at>；(重重的) 一擊

14. **lovely** [`lʌvlɪ] adj. 美麗的，漂亮的；愉快的 (lovelier | loveliest)

15. **party** [`pɑrtɪ] n. [C] 宴會，派對；黨派 (pl. parties)
    party [`pɑrtɪ] v. (在派對上) 狂歡 (partied | partied | partying)

16. **pull** [pʊl] v. 拉，拖 反 push；抽走，移走 <off>
    💡 pull over 把車停在路邊
    pull [pʊl] n. [C] 拖，拉 反 push

17. **queen** [kwin] n. [C] 王后，女王 (also Queen)

18. **repeat** [rɪ`pit] v. 重複；跟著唸 <after>

19. **rose** [roz] n. [C] 玫瑰

20. **slim** [slɪm] adj. 苗條的 同 slender；微小的 同 slender (slimmer | slimmest)

21. **string** [strɪŋ] n. [C][U] 細線；[C] 一連串 同 series

22. **sweet** [swit] adj. 甜的；友善的，貼心的

23. **tidy** [`taɪdɪ] adj. 整潔的 同 neat 反 untidy, messy

(tidier | tidiest)

tidy [ˋtaɪdɪ] v. 整理，收拾 <up> (tidied | tidied | tidying)

24. **wife** [waɪf] n. [C] 妻子 (pl. wives)

25. **window** [ˋwɪndo] n. [C] 窗戶；(商店的) 櫥窗
   🕯 open/close a window 打開 / 關閉窗戶

Unit 33

1. **answer** [ˋænsə] n. [C] 答案 <to>；答覆 🔄 response
   answer [ˋænsə] v. 回答，回應；接電話

---

2. **boat** [bot] n. [C] 小船
   🕯 be in the same boat (as sb) (和…) 處於同樣的困境

---

3. **boring** [ˋborɪŋ] adj. 無聊的，乏味的

---

4. **chair** [tʃɛr] n. [C] 椅子 <on, in>；主席
   chair [tʃɛr] v. 主持 (會議等)

---

5. **chicken** [ˋtʃɪkən] n. [C] 雞；[U] 雞肉

---

6. **crazy** [ˋkrezɪ] adj. 荒唐的 🔄 mad；惱怒的 (crazier | craziest)

---

7. **dress** [drɛs] n. [C] 洋裝 (pl. dresses)
   dress [drɛs] v. 穿衣，給…穿衣；穿…的服裝 <in>
   🕯 dress up 盛裝；假扮成…

---

8. **fly** [flaɪ] v. (鳥類等) 飛 ; (乘飛機) 飛行 <to> (flew | flown | flying)

fly [flaɪ] n. [C] 蒼蠅 (pl. flies)

9. **frog** [frɑg] n. [C] 青蛙

10. **happen** [ˋhæpən] v. 發生 <to> 同 occur ; 碰巧 <to>

💡 happen on/upon... 偶然發現…

11. **hundred** [ˋhʌndrəd] n. (數字) 一百 ; 很多 , 大量 (pl. hundred, hundreds)

hundred [ˋhʌndrəd] adj. 一百個的

12. **hungry** [ˋhʌŋgrɪ] adj. 飢餓的 ; 渴望的 <for> 同 eager (hungrier | hungriest)

13. **husband** [ˋhʌzbənd] n. [C] 丈夫

14. **lemon** [ˋlɛmən] n. [C][U] 檸檬

15. **mine** [maɪn] n. [C] 礦坑，礦井

mine [maɪn] v. 開採

16. **perhaps** [pəˋhæps] adv. 也許，可能 同 maybe

17. **push** [pʊʃ] v. 推，推動 反 pull；逼迫，促使

push [pʊʃ] n. [C] 推 (pl. pushes)

18. **reporter** [rɪˋportɚ] n. [C] 記者

19. **rice** [raɪs] n. [U] 米 (飯)

20. **sit** [sɪt] v. 坐 (下) ；位於 (sat | sat | sitting)

21. **square** [skwɛr] n. [C] 正方形；廣場
    square [skwɛr] adj. 正方形的

22. **table** [ˋtebḷ] n. [C] 桌子
    💡 under the table 在暗地裡

23. **temple** [ˋtɛmpḷ] n. [C] 廟宇；太陽穴 (usu. pl.)

24. **toilet** [ˋtɔɪlət] n. [C] 馬桶；廁所 🔗 bathroom, restroom

25. **worker** [ˋwɝkɚ] n. [C] 工人 ; (某公司或組織的) 員工 (usu. pl.)

Unit 34

1. **bathroom** [ˋbæθ͵rum] n. [C] 浴室；廁所

2. **borrow** [ˋbɑro] v. 借入 <from>

3. **boss** [bɔs] n. [C] 上司，老闆；主導者
    boss [bɔs] v. 對…發號施令，把…差來遣去 <around>

4. **climb** [klaɪm] v. 攀爬，攀登 <up, down>；(數量等) 攀升 <to> 🔗 go up
    climb [klaɪm] n. [C] 攀登 <up, down> (usu. sing.)；(數量等) 攀升

5. **club** [klʌb] n. [C] 俱樂部；社團
    club [klʌb] v. 棒打 (clubbed | clubbed | clubbing)

6. **dig** [dɪg] v. 挖掘 ; 尋找 , 搜尋 <into> (dug | dug |

digging)

dig [dɪg] n. [C] 奚落，取笑；挖掘

---

7. **engineer** [ˌɛndʒəˈnɪr] n. [C] 工程師

---

8. **ghost** [gost] n. [C] 鬼，幽靈

---

9. **giant** [ˈdʒaɪənt] adj. 巨大的
giant [ˈdʒaɪənt] n. [C] 巨人；(成功有影響力的) 大公司

---

10. **hello** [həˈlo] n. [C] 你好 (用於問候或打招呼)

---

11. **insect** [ˈɪnsɛkt] n. [C] 昆蟲

---

12. **jeans** [dʒinz] n. [pl.] 牛仔褲

---

13. **letter** [ˈlɛtɚ] n. [C] 信 <from>；字母
💡 answer a letter 回信

---

14. **lonely** [ˈlonlɪ] adj. 孤獨的 同 lonesome (lonelier | loneliest)

---

15. **monkey** [ˈmʌŋkɪ] n. [C] 猴子
💡 make a monkey (out) of sb 使…出醜，愚弄…

---

16. **pig** [pɪg] n. [C] 豬 同 hog
pig [pɪg] v. 狼吞虎嚥 <out> (pigged | pigged | pigging)

---

17. **quarter** [ˈkwɔrtɚ] n. [C] 四分之一；(時間) 十五分鐘

---

18. **robot** [ˈrobɑt] n. [C] 機器人

---

19. **shirt** [ʃɝt] n. [C] (尤指男式) 襯衫

---

20. **sky** [skaɪ] n. [C][U] 天空 <in> (pl. skies)

21. **strange** [strendʒ] adj. 罕見的，奇怪的 ⑥ odd；不熟悉的，陌生的 (stranger | strangest)

22. **thick** [θɪk] adj. 厚的 ⑫ thin；濃的 ⑥ dense
    thicken [`θɪkən] v. (使) 變厚或濃 ⑫ thin

23. **throw** [θro] v. 丟，投 <at, to> (threw | thrown | throwing)
    throw [θro] n. [C] 投，擲

24. **tonight** [tə`naɪt] adv. 今晚
    tonight [tə`naɪt] n. [U] 今晚

25. **yesterday** [`jɛstə‚de] adv. 昨天
    yesterday [`jɛstə‚de] n. [U] 昨天；日前，往昔

Unit 35

1. **abroad** [ə`brɔd] adv. 去 (在) 國外

2. **bottom** [`batəm] n. [C] 底部 (usu. sing.)；臀部 ⑥ backside
   bottom [`batəm] adj. 底部的 ⑫ top
   bottom [`batəm] v. 到達底部，降到最低點 <out>

3. **bow** [baʊ] n. [C] 鞠躬
   bow [bo] n. [C] 弓
   bow [baʊ] v. 鞠躬 <to>

4. **coat** [kot] n. [C] 大衣，外套；表面覆蓋的一層
   coat [kot] v. 覆蓋⋯的表面 <with>

5. **comfortable** [ˋkʌmfɚˌtəbl] adj. 舒適的，舒服的；輕鬆自在的

6. **daughter** [ˋdɔtɚ] n. [C] 女兒

7. **dozen** [ˋdʌzn̩] n. [C] 一打，十二個 (abbr. doz.)；許多

8. **farmer** [ˋfɑrmɚ] n. [C] 農民；農場主人

9. **girl** [gɝl] n. [C] 女孩；女兒 圓 daughter

10. **glad** [glæd] adj. 高興的 <about> (gladder｜gladdest)

11. **helpful** [ˋhɛlpfəl] adj. 有幫助的，有用的 <in>

12. **jump** [dʒʌmp] v. 跳躍 圓 leap；突然或快速行動
    jump [dʒʌmp] n. [C] 跳躍 圓 leap

13. **lazy** [ˋlezɪ] adj. 懶惰的 (lazier｜laziest)

14. **lose** [luz] v. 失去；輸掉 (比賽等) 反 win (lost｜lost｜losing)

15. **menu** [ˋmɛnju] n. [C] 菜單 <on>

16. **Mr.** [ˋmɪstɚ] n. [U] (用在男子的姓或職稱之前) 先生 (also Mister)

17. **quiet** [ˋkwaɪət] adj. 安靜的；寡言的，話不多的
    quiet [ˋkwaɪət] n. [U] 安靜
    quiet [ˋkwaɪət] v. (使) 安靜 <down>

18. **roll** [rol] v. 滾動 <off, into>；捲 <up>
    roll [rol] n. [C] 一捲

19. **shoe** [ʃu] n. [C] 鞋子
    💡 in sb's shoes 處於某人的境地

20. **shop** [ʃɑp] n. [C] 商店 同 store
    shop [ʃɑp] v. 購物 <for> (shopped | shopped | shopping)

21. **snake** [snek] n. [C] 蛇
    snake [snek] v. 蜿蜒伸展 同 wind

22. **tail** [tel] n. [C] 尾巴

23. **tie** [taɪ] n. [C] 領帶；關係，聯繫 (usu. pl.)
    tie [taɪ] v. 綁，繫 <to> 反 untie；平手 <with> (tied | tied | tying)

24. **towel** [taʊl] n. [C] 毛巾，紙巾
    towel [taʊl] v. 用毛巾擦乾 <down>

25. **toy** [tɔɪ] n. [C] 玩具

Unit 36

1. **actor** [ˋæktɚ] n. [C] 男演員
   actress [ˋæktrɪs] n. [C] 女演員 (pl. actresses)

2. **brave** [brev] adj. 勇敢的 同 courageous (braver |

bravest)

3. **butterfly** [`bʌtɚ,flaɪ] n. [C] 蝴蝶 (pl. butterflies)
   💡 have butterflies (in sb's stomach) …感到非常緊張

4. **collect** [kə`lɛkt] v. 蒐集；收 (租金等)

5. **convenient** [kən`vinjənt] adj. 方便的 <for> 反
   inconvenient

6. **dish** [dɪʃ] n. [C] 盤子；一盤菜 (pl. dishes)
   dish [dɪʃ] v. 分發 (菜) <out>

7. **draw** [drɔ] v. 畫；吸引 (興趣、注意) (drew | drawn |
   drawing)
   draw [drɔ] n. [C] 平局 同 tie；抽獎

8. **feed** [fid] v. 餵養 <to>；(動物或嬰兒) 吃 (fed | fed |
   feeding)
   💡 feed on sth 以…為主食
   feed [fid] n. [U] 飼料

9. **gray** [gre] adj. 灰色的；灰白的
   gray [gre] n. [C][U] 灰色
   gray [gre] v. 頭髮變得灰白

10. **hit** [hɪt] v. 打，擊 <on>；碰撞 同 bang (hit | hit |
    hitting)
    hit [hɪt] n. [C] 非常受歡迎的人或物；打，擊 <on>
    💡 be a hit with sb 受…歡迎

11. **holiday** [`hɑləˌde] n. [C][U] 假期；休假 囘 vacation

12. **leader** [`lidɚ] n. [C] 領袖，領導人

13. **lie** [laɪ] v. 躺 (lay | lain | lying)；說謊 <to> (lied | lied | lying)
    lie [laɪ] n. [C] 謊言
    💡 white lie 善意的謊言

14. **miss** [mɪs] v. 未趕上，錯過；想念
    miss [mɪs] n. [C] 未擊中；(對年輕女子的稱呼) 小姐

15. **month** [mʌnθ] n. [C] 月分

16. **Mrs.** [`mɪsɪz] n. [U] (用在已婚婦女的姓名之前) 太太，夫人

17. **rainy** [`renɪ] adj. 下雨的，多雨的 囘 wet (rainier | rainiest)

18. **secretary** [`sɛkrəˌtɛrɪ] n. [C] 祕書 (pl. secretaries)

19. **smart** [smɑrt] adj. 聰明的 囘 clever 囜 stupid

20. **son** [sʌn] n. [C] 兒子

21. **spring** [sprɪŋ] n. [C][U] 春天；[C] 泉
    spring [sprɪŋ] v. 跳，躍 囘 leap (sprang | sprung | springing)

22. **tall** [tɔl] adj. 高的

23. **tiger** [`taɪgɚ] n. [C] 老虎

♥ paper tiger 紙老虎 (指外強中乾的敵人或國家)

24. **treat** [trit] v. 對待 <as, like>；治療 <for>
treatment [`tritmənt] n. [U] 對待 <of>；[C][U] 治療，療法 <for, of>

25. **truck** [trʌk] n. [C] 卡車 ⑥ lorry

Unit 37

1. **anybody** [`ɛnɪ,bɑdɪ] pron. 任何人 ⑥ anyone
anyone [`ɛnɪ,wʌn] pron. 任何人 ⑥ anybody

2. **brother** [`brʌðɚ] n. [C] 兄弟

3. **button** [`bʌtn̩] n. [C] 鈕扣
button [`bʌtn̩] v. 扣上…的鈕扣 <up>

4. **cool** [kul] adj. 涼爽的；冷靜的
cool [kul] v. (使) 冷卻；(感情) 冷淡下來 <off>
♥ cool (sb) down/off (使) 冷靜下來
cool [kul] n. [sing.] 涼爽；[U] 冷靜

5. **dinner** [`dɪnɚ] n. [C][U] 晚餐；[C] 晚宴

6. **elephant** [`ɛləfənt] n. [C] 大象

7. **except** [ɪk`sɛpt] prep. 除…之外 <for>
except [ɪk`sɛpt] conj. 除…之外

8. **finger** [`fɪŋgɚ] n. [C] 指頭

💡 point the finger at sb 指責⋯
finger [ˈfɪŋgɚ] v. 用手指觸摸

9. **guitar** [gɪˈtɑr] n. [C] 吉他

10. **honest** [ˈɑnɪst] adj. 誠實的 <with> 同 frank 反 dishonest

11. **horse** [hɔrs] n. [C] 馬

12. **lesson** [ˈlɛsn̩] n. [C] (一節) 課；教訓

13. **listen** [ˈlɪsn̩] v. 聽 <to>；聽從 <to>

14. **Ms.** [mɪz] n. [U] 女士 (用於婚姻狀況不明或不願提及婚姻狀況的女子姓名之前)

15. **noon** [nun] n. [U] 中午，正午 <at> 同 midday

16. **price** [praɪs] n. [C][U] 價格；[sing.] 代價
    price [praɪs] v. 給⋯定價 <at>

17. **ring** [rɪŋ] n. [C] 圈；戒指
    ring [rɪŋ] v. (使) 響起鈴聲 (rang｜rung｜ringing)

18. **shall** [ʃæl] aux. 將會 (與 I 或 we 連用)；表建議 (與 I 或 we 連用)

19. **soldier** [ˈsoldʒɚ] n. [C] 士兵，軍人

20. **stand** [stænd] v. 站立；座落，位於 (stood｜stood｜standing)
    💡 stand up 起立｜stand up for sb/sth 支持⋯

stand [stænd] n. [C] (尤指公開的) 觀點;攤位 ⑤ stall

21. **surprise** [sə`praɪz] n. [C] 意想不到的事物;[U] 驚訝
    surprise [sə`praɪz] v. 使驚訝

22. **tennis** [`tɛnɪs] n. [U] 網球

23. **tip** [tɪp] n. [C] 尖端;小費
    tip [tɪp] v. (使) 翻覆;給小費 (tipped | tipped | tipping)

24. **T-shirt** [`ti,ʃɜt] n. [C] T 恤 ⑤ tee shirt

25. **wait** [wet] v. 等候 <for>
    💡 wait on sb/sth 服侍…;等候… | wait up 不眠地等待
    wait [wet] n. [sing.] 等候

Unit 38

1. **bean** [bin] n. [C] 豆 (英)

2. **cake** [kek] n. [C][U] 蛋糕
    💡 be a piece of cake 輕而易舉的事

3. **cheap** [tʃip] adj. 便宜的 ⑧ expensive;廉價的
    cheap [tʃip] adv. 便宜地,物美價廉地

4. **count** [kaʊnt] v. 計數 <to>;很重要
    💡 count (up)on sb/sth 指望…,依賴…
    count [kaʊnt] n. [C] 計數,計算

5. **expect** [ɪk`spɛkt] v. 預計;期望,期待

6. **fail** [fel] v. 失敗，未能做到；不及格，未能通過考試 `<in>`

    fail [fel] n. [C][U] 失敗；(考試) 不及格 `<in>` 反 pass

7. **fan** [fæn] n. [C] 迷；電風扇

    fan [fæn] v. 搧 (風) (fanned｜fanned｜fanning)

8. **garden** [`gɑrdn̩] n. [C] 花園 同 yard

    garden [`gɑrdn̩] v. 從事園藝

9. **guy** [gaɪ] n. [C] 男人；[pl.] 大家，各位 (～s)

10. **hurt** [hɝt] v. 弄傷，受傷；感到疼痛 (hurt｜hurt｜hurting)

    hurt [hɝt] n. [C][U] (感情上的) 傷害，痛苦

11. **join** [dʒɔɪn] v. 連接；參加

    join [dʒɔɪn] n. [C] 接合處

12. **lunch** [lʌntʃ] n. [C][U] 午餐

    lunch [lʌntʃ] v. 吃午餐 `<on>`

13. **married** [`mærɪd] adj. 已婚的

14. **mud** [mʌd] n. [U] 泥土，泥濘

15. **pants** [pænts] n. [pl.] 褲子

16. **radio** [`redɪ‚o] n. [C] 收音機；[U] 廣播節目

    radio [`redɪ‚o] v. 用無線電發送 `<for>`

17. **root** [rut] n. [C] (植物的) 根；(問題的) 根源

18. **shout** [ʃaʊt] v. 大聲叫喊 <at>
   shout [ʃaʊt] n. [C] 叫喊聲 <of>

19. **star** [stɑr] n. [C] 星星；明星
   star [stɑr] v. 主演，擔任要角 <in> (starred | starred | starring)

20. **surprised** [sə`praɪzd] adj. 感到驚訝的 <at, by>

21. **teach** [titʃ] v. 教導，教授 (taught | taught | teaching)

22. **theater** [`θiətə] n. [C] 劇院；[U] 戲劇

23. **tired** [taɪrd] adj. 疲倦的；厭煩的

24. **uncle** [`ʌŋkl] n. [C] 叔父，伯父，姨父，姑父，舅舅

25. **wall** [wɔl] n. [C] 牆 (壁)

Unit 39

1. **beef** [bif] n. [U] 牛肉

2. **camp** [kæmp] n. [C][U] 營地；[C] 營
   camp [kæmp] v. 紮營，露營

3. **circle** [`sɝkl] n. [C] 圓圈；圈子，界
   circle [`sɝkl] v. 盤旋；圈出

4. **cow** [kaʊ] n. [C] 母牛，乳牛

5. **fine** [faɪn] adj. 健康的 ㊀ OK；優質的 (finer | finest)

fine [faɪn] adv. 令人滿意地
fine [faɪn] v. 處…以罰款 \<for\>
fine [faɪn] n. [C] 罰款

6. **floor** [flor] n. [C] 地面，地板；樓層
   floor [flor] v. 打倒在地

7. **gate** [get] n. [C] 大門；(機場的) 登機門

8. **ham** [hæm] n. [C][U] 火腿

9. **height** [haɪt] n. [C][U] 高度 \<in\>

10. **joy** [dʒɔɪ] n. [U] 喜悅；[C] 樂事，樂趣

11. **loud** [laʊd] adv. 大聲地 同 loudly
    loud [laʊd] adj. 大聲的 反 quiet

12. **mathematics** [ˌmæθəˈmætɪks] n. [U] 數學 同 math

13. **moment** [ˈmomənt] n. [C] 片刻；時刻，時機

14. **nice** [naɪs] adj. 美好的；好心的 (nicer | nicest)

15. **pencil** [ˈpɛnsl̩] n. [C] 鉛筆
    🖈 in pencil 用鉛筆寫

16. **rain** [ren] n. [U] 雨
    rain [ren] v. 下雨

17. **rope** [rop] n. [C][U] 繩索，粗繩

18. **shower** [ˈʃaʊɚ] n. [C] 淋浴；陣雨
    shower [ˈʃaʊɚ] v. 沖澡；(某物) 蜂擁而至 \<on\>

19. **station** [`steʃən] n. [C] 車站；(提供某種服務的) 站，局

20. **teenager** [`tin‚edʒɚ] n. [C] 青少年

21. **toe** [to] n. [C] 腳趾頭

22. **tomato** [tə`meto] n. [C] 番茄 (pl. tomatoes)

23. **total** [`totḷ] adj. 總的；完全的
    total [`totḷ] n. [C] 總數 <in>
    total [`totḷ] v. 總計

24. **uniform** [`junə‚fɔrm] n. [C][U] 制服 <in>

25. **welcome** [`wɛlkəm] v. 歡迎，迎接 ⑩ greet
    welcome [`wɛlkəm] adj. 受歡迎的
    welcome [`wɛlkəm] n. [sing.] 歡迎

Unit 40

1. **blow** [blo] v. 吹；吹走 <off, away> (blew | blown | blowing)
   ♥ blow sth down 吹倒… | blow away 吹走

2. **carrot** [`kærət] n. [C][U] 胡蘿蔔

3. **clock** [klɑk] n. [C] 時鐘

4. **define** [dɪ`faɪn] v. 給…下定義，解釋 <as>

5. **finish** [`fɪnɪʃ] v. 完成；結束
   ♥ finish sth off 完成… | finish with sth 不再使用…

finish [ˋfɪnɪʃ] n. [C] 結束，結局
💡 from start to finish 從頭到尾

---

6. **fool** [ful] n. [C] 傻子，笨蛋 同 idiot
💡 make a fool of sb 使⋯出洋相 |
act/play the fool 裝瘋賣傻
fool [ful] v. 愚弄，欺騙 <into>

---

7. **glove** [glʌv] n. [C] 手套
💡 fit...like a glove (尺寸) 非常合適⋯

---

8. **hat** [hæt] n. [C] 帽子

---

9. **hen** [hɛn] n. [C] 母雞

---

10. **knee** [ni] n. [C] 膝蓋
💡 on sb's knees 跪著 | drop to sb's knees 跪下 |
bring sb/sth to their knees 打敗⋯
knee [ni] v. 用膝蓋撞擊

---

11. **maybe** [ˋmebɪ] adv. 也許 同 perhaps

---

12. **meal** [mil] n. [C] 餐
💡 a light/heavy meal 簡單的 / 豐盛的一餐

---

13. **notice** [ˋnotɪs] v. 注意到
notice [ˋnotɪs] n. [C] 告示；[U] 注意，關注

---

14. **nurse** [nɝs] n. [C] 護士，護理人員
nurse [nɝs] v. 看護，照顧

---

15. **photograph** [ˋfotəˏɡræf] n. [C] 照片 (also photo)

💡 color/black-and-white/digital photograph 彩色 / 黑白 / 數位照片

photograph [`fotə,græf] v. 照相，攝影

16. **room** [rum] n. [C] 房間，室；[U] 空間

💡 make room for sb/sth 騰出空間給⋯

room [rum] v. 合租 <with>

17. **sad** [sæd] adj. 傷心的 <about> 反 happy ；令人遺憾的 (sadder | saddest)

18. **sister** [`sɪstə-] n. [C] 姊姊，妹妹

19. **telephone** [`tɛlə,fon] n. [C] 電話 同 phone

💡 talk on the telephone 講電話

telephone [`tɛlə,fon] v. 打電話給⋯ 同 call, phone

20. **thank** [θæŋk] v. 感謝 <for>

thank [θæŋk] n. [pl.] 謝意，感謝 <to> (～s)

💡 thanks to... 幸虧⋯，由於⋯

21. **tomorrow** [tə`mɔro] adv. (在) 明天；(在) 未來

tomorrow [tə`mɔro] n. [U] 明天；未來

22. **tool** [tul] n. [C] 工具，器具

23. **violin** [,vaɪə`lɪn] n. [C] 小提琴

24. **walk** [wɔk] v. 走；遛 (狗等動物)

💡 walk away (從困境中) 一走了之｜ walk away with sth 輕鬆獲 (獎)｜ walk out (因不滿) 退場

walk [wɔk] n. [C] 步行，行走

25. **wise** [waɪz] adj. 明智的 ⑯ sensible；聰明的 (wiser | wisest)

26. **wish** [wɪʃ] v. (表達與現在或過去事實相反的狀況) 希望，但願；祝福

wish [wɪʃ] n. [C] 希望；(靠魔術實現的) 願望

💡 fulfill sb's wish 實現⋯的願望 | get sb's wish 如願以償

27. **yes** [jɛs] adv. 是的，好的 ⑫ no

yes [jɛs] n. [C] 贊成票，投贊成票的人 (pl. yeses) ⑫ no

yeah [ˋjɛə] adv. (口語用法) 是的，好的

Unit 1

1. **basic** [`besɪk] adj. 基礎的，基本的

2. **battle** [`bætl̩] n. [C][U] 戰鬥 <in>；鬥爭 <against>
   battle [`bætl̩] v. 戰鬥 <over>；鬥爭，奮鬥 <with>

3. **bit** [bɪt] n. [C] 小片；少量，少許 <of>

4. **channel** [`tʃænl̩] n. [C] 路徑，管道 <of>；頻道 <to>
   channel [`tʃænl̩] v. 把⋯導入，將⋯投入 <into> 同
   direct

5. **china** [`tʃaɪnə] n. [U] 瓷器，瓷製品

6. **customer** [`kʌstəmɚ] n. [C] 顧客

7. **ending** [`ɛndɪŋ] n. [C] 結局

8. **especially** [ɪ`spɛʃəlɪ] adv. 特別，尤其 同 particularly；專
   門，特地 <for>

9. **following** [`fɑləwɪŋ] adj. 接著的 反 preceding；下列的，
   下面的
   following [`fɑləwɪŋ] prep. 在⋯之後 反 before
   following [`fɑləwɪŋ] n. [sing.] 接下來，下面 (the ~)

10. **furniture** [`fɝnɪtʃɚ] n. [U] 家具

11. **huge** [hjudʒ] adj. 巨 大 的 ，極 大 的 同 enormous
    (huger | hugest)

12. **introduce** [ˌɪntrə`djus] v. 介紹 <to>；引進 <into>

13. **means** [minz] n. [C] 方法，手段 (pl. means)；[pl.] 金錢，財富
    💡 by no means 絕不 | by all means 當然可以

14. **nervous** [`nɝvəs] adj. 緊張的 <about>

15. **per** [pɚ] prep. 每

16. **perfect** [`pɝfɛkt] adj. 完美的 ⓐ imperfect；最適合的 <for> ⓘ ideal
    perfect [pɝ`fɛkt] v. 使完美，改善
    perfect [`pɝfɛkt] n. [sing.] 完成式 (the ～)

17. **progress** [`prɑɡrɛs] n. [U] 進步，進展 <in>
    progress [prə`ɡrɛs] v. 進步，改進 ⓐ regress；進行

18. **quality** [`kwɑlətɪ] n. [C][U] 品質 <of> (pl. qualities)

19. **rapid** [`ræpɪd] adj. 快速的

20. **region** [`ridʒən] n. [C] 地區，區域 <of> ⓘ area

21. **sense** [sɛns] n. [C] 感官；[sing.] 感覺 <of>
    sense [sɛns] v. 意識到，感覺到

22. **skin** [skɪn] n. [C][U] 皮膚
    💡 wet/soaked/drenched to the skin 溼透的

23. **suggest** [səɡ`dʒɛst] v. 提議，建議；暗示 ⓘ indicate

24. **thus** [ðʌs] adv. 因此，所以

25. **willing** [ˋwɪlɪŋ] adj. 願意的，樂意的 <to>

Unit 2

1. **behave** [bɪˋhev] v. 行事，表現 同 act；舉止端正 反 misbehave

2. **beyond** [bɪˋjɑnd] prep. 在…的那一邊；超過
   beyond [bɪˋjɑnd] adv. 在更遠處

3. **billion** [ˋbɪljən] n. [C] 十億 <of>

4. **blanket** [ˋblæŋkɪt] n. [C] 毛毯；[sing.] 覆蓋層
   blanket [ˋblæŋkɪt] v. 覆蓋 <in>

5. **conflict** [ˋkɑnflɪkt] n. [C][U] 衝突，分歧 <over>；戰鬥，戰爭
   conflict [kənˋflɪkt] v. 抵觸，衝突 <with>

6. **degree** [dɪˋgri] n. [C][U] 程度 <to>；[C] 度數 (abbr. deg.)
   💡 by degrees 逐漸地｜to a degree 在某種程度上

7. **delicious** [dɪˋlɪʃəs] adj. 美味的

8. **enemy** [ˋɛnəmɪ] n. [C] 敵人 (pl. enemies)

9. **field** [fild] n. [C] 田地，牧場；領域 <of>

10. **gather** [ˋgæðɚ] v. 聚集；收集

11. **importance** [ɪmˋpɔrtn̩s] n. [U] 重要性 <of>

12. **manager** [ˋmænɪdʒɚ] n. [C] 經理

13. **nor** [nɔr] conj. 也不

14. **pleasant** [ˋplɛzn̩t] adj. 宜人的，令人愉快的 ⓢ nice

15. **pride** [praɪd] n. [U] 自豪；自尊 (心)
    ♥ take pride in sb/sth 為…自豪
    pride [praɪd] v. 為…而自豪，以…為傲 <on>

16. **puppy** [ˋpʌpɪ] n. [C] 小狗，幼犬

17. **refuse** [rɪˋfjuz] v. 拒絕

18. **safety** [ˋseftɪ] n. [U] 安全

19. **single** [ˋsɪŋgl̩] adj. 單一的；單身的，未婚的
    single [ˋsɪŋgl̩] n. [C] 單曲
    single [ˋsɪŋgl̩] v. 選出，挑出 <out>

20. **society** [səˋsaɪətɪ] n. [C][U] 社會 (pl. societies)

21. **such** [sʌtʃ] adj. 這樣的
    ♥ such as 例如
    such [sʌtʃ] pron. 如此，這樣

22. **surface** [ˋsɝfəs] n. [C] 表面 <on>；(狀況或人的) 表面 <on>
    surface [ˋsɝfəs] v. 浮出水面；顯露，浮現

23. **therefore** [ˋðɛr͵for] adv. 因此，所以

24. **whenever** [hwɛnˋɛvə] conj. 每當，無論何時
    whenever [hwɛnˋɛvə] adv. 無論何時

25. **wire** [waɪr] n. [C][U] 金屬線；[C] 電線

Unit 3

1. **accident** [ˋæksədənt] n. [C] 意外，事故 <in>
   💡 by accident 偶然地，意外地

2. **attend** [əˋtɛnd] v. 出席，參加；定期去

3. **bill** [bɪl] n. [C] 帳單；議案，法案
   bill [bɪl] v. 給…開立帳單 <for>

4. **border** [ˋbɔrdə] n. [C] 邊境，邊界 <between>
   border [ˋbɔrdə] v. (與某國) 接壤；環繞 <with>

5. **cause** [kɔz] n. [C] 原因，起因 <of>
   cause [kɔz] v. 造成，導致

6. **challenge** [ˋtʃæləndʒ] n. [C][U] 挑戰，難題；質疑 <from>
   challenge [ˋtʃæləndʒ] v. 質疑，懷疑；(比賽) 挑戰 <to>

7. **diamond** [ˋdaɪmənd] n. [C][U] 鑽石

8. **diet** [ˋdaɪət] n. [C][U] (日常) 飲食；[C] 節食
   diet [ˋdaɪət] v. 節食

9. **direct** [dəˋrɛkt] adj. 直接的 反 indirect；直達的 反

indirect

direct [də`rɛkt] v. 把…集中，把…對準 <to>；管理

direct [də`rɛkt] adv. 直接地 ⓘ directly；直達地 ⓘ directly

10. **favor** [`fevə-] n. [C] 幫助；[U] 支持，贊同

favor [`fevə-] v. 贊同，支持 <over>；偏袒，偏愛

11. **generous** [`dʒɛnərəs] adj. 慷慨的，大方的 ⓡ mean

12. **government** [`gʌvə-mənt] n. [C] 政府 (usu. sing.)

13. **include** [ɪn`klud] v. 包含，包括

14. **marriage** [`mærɪdʒ] n. [C][U] 婚姻，結婚

15. **obvious** [`ɑbvɪəs] adj. 明顯的

16. **particular** [pə-`tɪkjələ-] adj. 特別的 <of>；特定的
    💡 in particular 特別，尤其

17. **port** [port] n. [C][U] 港口 <in>

18. **realize** [`rɪə,laɪz] v. 實現；明白，意識到

19. **regard** [rɪ`gɑrd] n. [U] 尊敬，尊重 <for>；考慮 <for>

regard [rɪ`gɑrd] v. 認為 <as>

20. **schedule** [`skɛdʒʊl] n. [C] 計畫表；時刻表 ⓘ timetable

schedule [`skɛdʒʊl] v. 安排，排定 <for>

21. **self** [sɛlf] n. [C][U] 自我，自己 (pl. selves)

22. **symbol** [`sɪmbl̩] n. [C] 象徵，標誌 <of>；符號 <for>

23. **tiny** [ˋtaɪnɪ] adj. 極小的 (tinier | tiniest)

24. **university** [ˌjunəˋvɝsətɪ] n. [C][U] 大學 (pl. universities)

25. **used** [juzd] adj. 用過的；習慣的 \<to>
    💡 be/get used to sth/V-ing 習慣 (做)…

Unit 4

1. **active** [ˋæktɪv] adj. 活躍的 ⊛ inactive；積極的 \<in>

2. **average** [ˋævrɪdʒ] adj. 平均的；普通的，一般的
   average [ˋævrɪdʒ] n. [C] 平均數 \<of>；[C][U] 一般水準，平均水準
   💡 below/above average 低 / 高於一般水準
   average [ˋævrɪdʒ] v. 平均數是，平均為

3. **base** [bes] n. [C] 底部，底座 ⊜ bottom；基地
   base [bes] v. 把…設為總部 \<in>

4. **being** [ˋbiɪŋ] n. [C] 生命，生物；[U] 存在

5. **brand** [brænd] n. [C] 品牌 \<of>

6. **brilliant** [ˋbrɪljənt] adj. 明亮的；傑出的，出色的

7. **claim** [klem] n. [C] 聲明，說法；索款，索賠 \<for>
   claim [klem] v. 主張，聲稱；認領

8. **daily** [ˋdelɪ] adj. 每天的

daily [ˋdelɪ] adv. 每天地
daily [ˋdelɪ] n. [C] 日報 (pl. dailies)

9. **direction** [dəˋrɛkʃən] n. [C] 方向；[pl.] 指路 (~s)

10. **ease** [iz] n. [U] 安逸，舒適；容易，不費力 <with>
ease [iz] v. 減輕，緩解

11. **final** [ˋfaɪn̩] adj. 最後的
final [ˋfaɪn̩] n. [C] 決賽

12. **function** [ˋfʌŋkʃən] n. [C][U] 功能 <of>
function [ˋfʌŋkʃən] v. 運轉，運作 ⓢ operate

13. **glue** [glu] n. [C][U] 膠水
glue [glu] v. 用膠水黏 <to> ⓢ stick (glued | glued | gluing, glueing)

14. **instance** [ˋɪnstəns] n. [C] 實例 <of>
💡 for instance 例如

15. **nation** [ˋneʃən] n. [C] 國家

16. **ocean** [ˋoʃən] n. [C] 海洋，大海 (the ~)

17. **official** [əˋfɪʃəl] adj. 官方的，正式的；官員的，公務的
official [əˋfɪʃəl] n. [C] 官員

18. **primary** [ˋpraɪˏmɛrɪ] adj. 主要的 ⓢ main

19. **prize** [praɪz] n. [C] 獎 (品)
prize [praɪz] v. 重視，珍視

20. **purpose** [`pɝpəs] n. [C] 目的 <of>
💡 on purpose 故意地

21. **relationship** [rɪ`leʃən,ʃɪp] n. [C] 關係，關聯 <between>；感情關係

22. **religion** [rɪ`lɪdʒən] n. [U] 宗教信仰；[C] 宗教

23. **sensitive** [`sɛnsətɪv] adj. 易被冒犯的，敏感的 <to, about>；善解人意的，體貼的 ⊜ insensitive

24. **sex** [sɛks] n. [U] 性；[C] 男性，女性

25. **tradition** [trə`dɪʃən] n. [C][U] 傳統

Unit 5

1. **address** [ə`drɛs] v. 在 (信封等) 上寫姓名或地址 <to>；
應付，處理
address [ə`drɛs] n. [C] 住址；演講

2. **beauty** [`bjutɪ] n. [U] 美，美貌；[C] 美人 (pl. beauties)

3. **belief** [bɪ`lif] n. [sing.][U] 相信，信仰 <in>；[C] 信念，看法

4. **calm** [kɑm] v. 使平靜，使鎮靜 <down>
calm [kɑm] adj. 冷靜的；平靜的 (calmer | calmest)
calm [kɑm] n. [sing.][U] 寧靜，安詳

5. **coast** [kost] n. [C] 海岸 <of>

6. **commercial** [kə`mɝ·ʃəl] adj. 商業的，商務的；營利性的
   commercial [kə`mɝ·ʃəl] n. [C] (電視或廣播裡的) 廣告

7. **deer** [dɪr] n. [C] 鹿 (pl. deer)

8. **emphasize** [`ɛmfə‚saɪz] v. 強調 圓 stress

9. **energy** [`ɛnɚˌdʒɪ] n. [U] 能量，能源；精力，活力

10. **escape** [ɪ`skep] v. 逃走，逃脫 <from>；避開
    escape [ɪ`skep] n. [C][U] 逃脫，逃離

11. **fix** [fɪks] v. 修理；使固定，安裝 <to>
    fix [fɪks] n. [sing.] 受操縱的事

12. **found** [faʊnd] v. 創立 圓 establish；把…基於 <on>

13. **guard** [gɑrd] n. [C] 守衛，警衛；[U] 看守
    💡 be under guard 在警衛保護下
    guard [gɑrd] v. 看守

14. **industry** [`ɪndəstrɪ] n. [U] 工 業 ； [C] 行 業 (pl. industries)

15. **major** [`medʒɚ] adj. 主要的 圈 minor
    major [`medʒɚ] n. [C] 主修科目
    major [`medʒɚ] v. 主修 <in>

16. **network** [`nɛt‚wɝk] n. [C] 網狀系統 <of>；網路
    network [`nɛt‚wɝk] v. 使 (電腦) 連網

17. **peak** [pik] n. [C] 山頂；最高點，高峰 <at> (usu. sing.)
    peak [pik] v. 達到頂峰，達到最大值

18. **private** [`praɪvɪt] adj. 私人的 反 public；私立的 反 public
    🔎 in private 非公開的，私下的

19. **receive** [rɪ`siv] v. 得到 同 get；收到 <from>

20. **scare** [skɛr] v. (使) 害怕，(使) 驚恐 同 frighten
    scare [skɛr] n. [sing.] 驚恐

21. **seek** [sik] v. 尋找；尋求，要求 (sought | sought | seeking)

22. **shelf** [ʃɛlf] n. [C] 架子 <on> (pl. shelves)

23. **style** [staɪl] n. [C][U] 方式 <of>；[C] 風尚，潮流 同 fashion
    🔎 be in/out of style 正在 / 退流行
    style [staɪl] v. 設計

24. **traditional** [trə`dɪʃənl] adj. 傳統的

25. **travel** [`trævl] n. [U] 旅行
    travel [`trævl] v. 旅行 <to>；行進

Unit 6

1. **advice** [əd`vaɪs] n. [U] 忠告，建議 <on>

2. **bother** [`baðɚ] v. 費心做；使擔心，使焦急
    bother [`baðɚ] n. [U] 麻煩 同 trouble

3. **capital** [ˋkæpətl] n. [C] 首都；[U] 資本，資金
   capital [ˋkæpətl] adj. 大寫字母的

4. **century** [ˋsɛntʃərɪ] n. [C] 世紀 (pl. centuries)

5. **complex** [kəmˋplɛks] adj. 複雜的 同 complicated 反
   simple
   complex [ˋkɑmplɛks] n. [C] 綜合大樓；情結，心理負擔
   <about>

6. **contain** [kənˋten] v. 包含，容納

7. **continue** [kənˋtɪnju] v. (使) 繼續；(中斷後) 再繼續 同
   resume

8. **couple** [ˋkʌpl̩] n. [sing.] 一對；幾個 <of> 同 a few；[C]
   夫妻，情侶
   couple [ˋkʌpl̩] v. 連接，結合 <to>

9. **encourage** [ɪnˋkɝɪdʒ] v. 鼓勵 <in> 反 discourage
   encouragement [ɪnˋkɝɪdʒmənt] n. [U] 鼓勵 反
   discouragement

10. **flight** [flaɪt] n. [U] 飛行 <in>；[C] 航班

11. **forward** [ˋfɔrwəd] adj. 向前的 反 backward
    forward [ˋfɔrwəd] adv. 向前；有進展地，前進地 (also
    forwards) 反 backward, backwards
    🍴 look forward to V-ing 期待…
    forward [ˋfɔrwəd] n. [C] 前鋒
    forward [ˋfɔrwəd] v. 轉寄 (郵件等) <to> 同 send on

12. **handle** [ˋhændḷ] v. 應付，處理；拿，搬動
    handle [ˋhændḷ] n. [C] 把手，柄

13. **instead** [ɪnˋstɛd] adv. 作為替代
    💡 instead of sb/sth 作為…的替代；而不是

14. **male** [mel] adj. 男性的，雄性的 反 female
    male [mel] n. [C] 男性，雄性 反 female

15. **medical** [ˋmɛdɪkḷ] adj. 醫學的，醫療的

16. **memory** [ˋmɛmərɪ] n. [C][U] 記性 <for>；[C] 回憶
    <of> (usu. pl.)
    💡 in memory of sb 為了紀念…

17. **northern** [ˋnɔrðən] adj. 在北部的，從北部的 (also
    Northern) (abbr. N)

18. **organization** [͵ɔrgənəˋzeʃən] n. [C] 組織，機構；[U] 組
    織，籌劃 <of>

19. **pose** [poz] v. 造成，引起 <for, to>；擺姿勢 <for>
    pose [poz] n. [C] 姿勢 <in>

20. **propose** [prəˋpoz] v. 提議，建議 <to>；提名，推薦
    <for>

21. **saw** [sɔ] v. 鋸 (sawed | sawed, sawn | sawing)
    saw [sɔ] n. [C] 鋸子

22. **seem** [sim] v. 似乎

23. **seldom** [ˈsɛldəm] adv. 很少 同 rarely

24. **shoot** [ʃut] v. 射殺；開槍 <at> (shot | shot | shooting)
   shoot [ʃut] n. [C] 芽，苗；拍攝

25. **weight** [wet] n. [C][U] 重量 <by>；[U] 體重
   💡 in weight 重量上 | gain/lose weight 增 / 減重

Unit 7

1. **alive** [əˈlaɪv] adj. 活 (著) 的；有活力的

2. **ancient** [ˈenʃənt] adj. 古代的 反 modern；古老的，年代
   久遠的 反 new

3. **avoid** [əˈvɔɪd] v. 避免，防止；避開

4. **chain** [tʃen] n. [C][U] 鏈條，鍊子；[C] 一連串，一系列
   <of>
   chain [tʃen] v. 用鏈條拴住 <up>

5. **charge** [tʃɑrdʒ] n. [C][U] 收費，費用 <for>；[U] 管理，
   負責
   charge [tʃɑrdʒ] v. 收費 <for>；指控，控告 <with>

6. **conversation** [ˌkɑnvɚˈseʃən] n. [C][U] 交談，談話
   <with>

7. **danger** [ˈdendʒɚ] n. [U] 危險 <in>；[C] 威脅，危險因
   素 <to>

8. **difference** [ˋdɪfərəns] n. [C][U] 差別，不同 <between> ⓐ similarity

9. **difficulty** [ˋdɪfəˌkʌltɪ] n. [U] 困難，艱辛 <in>；[C] 問題，難題 (usu. pl.) (pl. difficulties)

10. **extra** [ˋɛkstrə] adj. 額外的
    extra [ˋɛkstrə] adv. 額外地
    extra [ˋɛkstrə] n. [C] 另外收費的事物

11. **force** [fors] n. [C] 部隊 (usu. pl.)；[U] 力量
    force [fors] v. 強迫，迫使

12. **greet** [grit] v. 問候，迎接

13. **hardly** [ˋhɑrdlɪ] adv. 幾乎不

14. **likely** [ˋlaɪklɪ] adj. 很有可能的 ⓐ unlikely (likelier | likeliest)
    likely [ˋlaɪklɪ] adv. 有可能地

15. **material** [məˋtɪrɪəl] n. [C][U] 材料，原料；布料 ⓢ fabric

16. **natural** [ˋnætʃərəl] adj. 自然的；正常的 ⓐ unnatural, abnormal

17. **origin** [ˋɔrədʒɪn] n. [C][U] 起源，源頭 <of>；[pl.] 出身，血統 <of> (～s)

18. **painting** [ˋpentɪŋ] n. [C] 畫

19. **possibility** [ˌpɑsəˋbɪlətɪ] n. [C][U] 可能 (性) <of> (pl. possibilities)

20. **regular** [ˋrɛgjələ] adj. 定期的，固定的 ⊛ irregular；規律的 ⊛ irregular
    regular [ˋrɛgjələ] n. [C] 常客，老顧客

21. **role** [rol] n. [C] 作用，任務 <in>；角色 <of> ⊜ part

22. **separate** [ˋsɛpərɪt] adj. 單獨的，不同的
    separate [ˋsɛpəˌret] v. (使) 分開 <from>

23. **silent** [ˋsaɪlənt] adj. 沉默的；寂靜的

24. **speaker** [ˋspikə] n. [C] 講某種語言的人 <of>；演講者

25. **typhoon** [taɪˋfun] n. [C] 颱風

Unit 8

1. **among** [əˋmʌŋ] prep. 在…中

2. **appearance** [əˋpɪrəns] n. [C][U] 外貌；[C] (公開) 露面

3. **chief** [tʃif] adj. 最高級別的，首席的；首要的 ⊜ main
   chief [tʃif] n. [C] 領導人；酋長

4. **comic** [ˋkɑmɪk] adj. 喜劇的 ⊛ tragic
   comic [ˋkɑmɪk] n. [C] 漫畫 ⊜ comic book

5. **crowd** [kraud] n. [C] 人群，群眾 <of>
   crowd [kraud] v. 擠滿 <into>

6. **describe** [dɪ`skraɪb] **v.** 描述

7. **discovery** [dɪ`skʌvərɪ] **n.** [C] 被發現的事物；[U] 發現 <of> (pl. discoveries)

8. **education** [ˌɛdʒə`keʃən] **n.** [sing.][U] 教育

9. **entire** [ɪn`taɪr] **adj.** 全部的，整個的 ⑩ whole

10. **event** [ɪ`vɛnt] **n.** [C] 事件；盛事

11. **figure** [`fɪgjə] **n.** [C] 數字 (usu. pl.)；[C] 人物
    figure [`fɪgjə] **v.** 認為；計算 ⑩ work out
    ♥ figure sb/sth out 弄明白…；想出…

12. **further** [`fɝðə] **adv.** 更遠地；更進一步地
    further [`fɝðə] **adj.** 更多的，另外的
    further [`fɝðə] **v.** 改進，增進

13. **independent** [ˌɪndɪ`pɛndənt] **adj.** 獨立的 <from>；自立的 <of> ⑫ dependent

14. **instant** [`ɪnstənt] **adj.** 立即的，立刻的 ⑩ immediate；速食的，即溶的
    instant [`ɪnstənt] **n.** [sing.] 瞬息，頃刻 <in>

15. **peace** [pis] **n.** [sing.][U] 和平；[U] 平靜，安寧 <in>
    ♥ make (sb's) peace with sb 與…和解

16. **pop** [pɑp] **n.** [U] 流行音樂；[C] 砰的一聲
    pop [pɑp] **adj.** 流行的

17. **population** [ˌpɑpjəˈleʃən] n. [C] 人口 (usu. sing.)

18. **prove** [pruv] v. 證明，證實；結果是 (proved | proved, proven | proving)

19. **return** [rɪˈtɜ˙n] v. 返回 <from> 同 go back；歸還，放回 <to> 同 give back
    return [rɪˈtɜ˙n] n. [sing.] 返回 <on>；歸還，放回 <of>
    💡 in return (for sth) 作為 (…) 交換或回報

20. **shot** [ʃɑt] n. [C] 開槍，射擊；射門，投籃

21. **smooth** [smuð] adj. 光滑的 反 rough；順暢的
    smooth [smuð] v. (使) 平整

22. **success** [səkˈsɛs] n. [C][U] 成功 <in> 反 failure；[C] 成功的事物 反 failure

23. **switch** [swɪtʃ] n. [C] 開關；徹底改變 <to> (usu. sing.)
    switch [swɪtʃ] v. 改變，調換 <to> 同 change

24. **upon** [əˈpɑn] prep. 在…之上
    💡 once upon a time 很久以前

25. **wild** [waɪld] adj. 野生的 反 tame；未經開墾的
    wild [waɪld] adv. 撒野地，肆意胡鬧地
    wild [waɪld] n. [sing.] 荒野，荒地 (the ～) <in>

Unit 9

1. **army** [ˈɑrmɪ] **n.** [C] 陸軍，軍隊 (the ~) <in> (pl. armies)

2. **cancer** [ˈkænsɚ] **n.** [C][U] 癌

3. **classical** [ˈklæsɪkl] **adj.** 古典的

4. **coin** [kɔɪn] **n.** [C] 硬幣
   coin [kɔɪn] **v.** 創造，首次使用 (詞語)

5. **confident** [ˈkɑnfədənt] **adj.** 確信的；自信的，有信心的 <about>

6. **current** [ˈkɜʻənt] **adj.** 現時的，當前的 圎 present
   current [ˈkɜʻənt] **n.** [C] 水流；氣流 <of>

7. **display** [dɪˈsple] **n.** [C] 陳列，展示；表露 <of>
   display [dɪˈsple] **v.** 陳列，展示；表露

8. **dot** [dɑt] **n.** [C] 小圓點
   dot [dɑt] **v.** 在…上加點；散布 <with> (dotted | dotted | dotting)

9. **environment** [ɪnˈvaɪrənmənt] **n.** [sing.] 自然環境 (the ~)；[C][U] 環境

10. **firm** [fɝm] **n.** [C] 公司，行號
    firm [fɝm] **adj.** 堅硬的 圎 soft；牢固的，穩固的 圎 secure
    firm [fɝm] **v.** 使 (土) 變硬，使 (土) 堅實

firm [fɝm] adv. 牢固地

11. **focus** [`fokəs] n. [sing.] (注意等的) 中心，焦點 <of>；[U] (圖像的) 清晰

focus [`fokəs] v. 使集中 <on> 圓 concentrate；調節 (鏡頭等的) 焦距 <on> (focused, focussed | focused, focussed | focusing, focussing)

12. **growth** [groθ] n. [sing.][U] 生長；增長 反 decline

13. **human** [`hjumən] adj. 人的，人類的

human [`hjumən] n. [C] 人，人類

14. **identity** [aɪ`dɛntətɪ] n. [C][U] 身分；[U] 特點，個性 (pl. identities)

💡 identity card (= ID card) 身分證

15. **instruction** [ɪn`strʌkʃən] n. [C] 指示，命令 (usu. pl.)；[pl.] 說明書 (~s)

16. **instrument** [`ɪnstrəmənt] n. [C] 器械；樂器 圓 musical instrument

17. **personal** [`pɝsn̩l] adj. 個人的；私人的

18. **prefer** [prɪ`fɝ] v. 較喜歡；寧可 <to> (preferred | preferred | preferring)

19. **reality** [rɪ`ælətɪ] n. [C][U] 現實，事實 (pl. realities)

💡 in reality 事實上，實際上

20. **royal** [`rɔɪəl] adj. 皇室的

royalty [ˋrɔɪəltɪ] n. [C] (專利) 使用費，(著作的) 版稅 (usu. pl.)

21. **similar** [ˋsɪmələ] adj. 相似的 <to> 反 different

22. **soccer** [ˋsɑkə] n. [U] 足球 同 football

23. **solve** [sɑlv] v. 解決 (問題等)；偵破

24. **target** [ˋtɑrgɪt] n. [C] (要達到的) 目標 同 goal ；(攻擊的) 目標
    💡 meet/achieve/reach a target 達到目標
    target [ˋtɑrgɪt] v. 以…為目標或對象 <at>

25. **value** [ˋvæljʊ] n. [C][U] 價值，價格 <of>；[U] 重要性 <of>
    value [ˋvæljʊ] v. 珍重，重視；給…估價 <at>

Unit 10

1. **chemical** [ˋkɛmɪk!] adj. 化學的
   chemical [ˋkɛmɪk!] n. [C] 化學製品

2. **childhood** [ˋtʃaɪld͵hʊd] n. [C][U] 童年 <since>

3. **command** [kəˋmænd] n. [C] 命令；[U] 指揮，控制
   command [kəˋmænd] v. 命令，要求

4. **connection** [kəˋnɛkʃən] n. [C] 關聯 <between> 同 link；[C][U] 連接

💡 in connection with sth 與⋯有關

5. **develop** [dɪˋvɛləp] v. (使) 發展，(使) 成長 <into>；開發
   development [dɪˋvɛləpmənt] n. [U] 成長，發展

6. **effect** [ɪˋfɛkt] n. [C][U] 影響，效果 <on>
   effect [ɪˋfɛkt] v. 使發生，實現 🔄 bring about

7. **expression** [ɪkˋsprɛʃən] n. [C][U] 表達，表示 <of>；表
   情，神情

8. **favorite** [ˋfevrɪt] adj. 最喜歡的
   favorite [ˋfevrɪt] n. [C] 最喜愛的人或事物

9. **fit** [fɪt] v. 合身；放得進 <into> (fit, fitted | fit, fitted |
   fitting)
   fit [fɪt] adj. 健康的 🔄 unfit；適合的 <for> 🔄 unfit
   (fitter | fittest)
   fit [fɪt] n. [C] (情緒的) 突發 <of>
   fit [fɪt] adv. 幾乎⋯地

10. **former** [ˋfɔrmɚ] adj. 以前的，舊時的；前任的 🔄 ex-

11. **introduction** [ˏɪntrəˋdʌkʃən] n. [U] 採用，引進 <of>；
    [C] 介紹

12. **iron** [ˋaɪɚn] n. [U] 鐵；[C] 熨斗
    iron [ˋaɪɚn] v. 熨 (衣)，燙平 🔄 press
    iron [ˋaɪɚn] adj. 強硬堅定的

13. **judge** [dʒʌdʒ] n. [C] 法官；(比賽的) 裁判員，評審

judge [dʒʌdʒ] v. 斷定，判斷

14. **limit** [`lɪmɪt] n. [C] 限制 <for>；極限 <of>
    limit [`lɪmɪt] v. 限制 <to>

15. **pain** [pen] n. [C][U] (身體上的) 疼痛 <in>；(心理上的) 痛苦 <of>
    pain [pen] v. 使痛苦，使痛心

16. **production** [prə`dʌkʃən] n. [U] 生產，製造 <of>；產量 <in>

17. **proper** [`prɑpɚ] adj. 正確的；適當的 ⊗ improper

18. **recover** [rɪ`kʌvɚ] v. 康復，恢復 <from>；找回

19. **sand** [sænd] n. [U] 沙；[C][U] 沙灘
    sand [sænd] v. (用砂紙) 打磨，磨光 <down>

20. **spelling** [`spɛlɪŋ] n. [U] 拼字，拼寫；[C] 拼法

21. **spirit** [`spɪrɪt] n. [sing.][U] 精神 <in>；[pl.] 情緒 <in> (～s)

22. **support** [sə`port] n. [U] 支持 <of>；鼓勵 <of>
    support [sə`port] v. 支持，贊成；養活

23. **tax** [tæks] n. [C][U] 稅
    tax [tæks] v. 對…課稅

24. **war** [wɔr] n. [C][U] 戰爭 ⊗ peace

25. **waste** [west] n. [sing.][U] 浪費 <of>；[U] 廢物，廢料

waste [west] v. 浪費 <on>；白費，未好好利用

Unit 11

1. **activity** [æk`tɪvətɪ] n. [C][U] 活動，行動；[C] (娛樂) 活動 (pl. activities)

2. **against** [ə`gɛnst] prep. 反對；對抗

3. **clothing** [`kloðɪŋ] n. [U] 衣服

4. **complete** [kəm`plit] adj. 完全的 同 total；完整的 同 whole 反 incomplete (completer｜completest)
   complete [kəm`plit] v. 完成；使完整

5. **curious** [`kjʊrɪəs] adj. 好奇的 <about>

6. **delivery** [dɪ`lɪvərɪ] n. [C][U] 運送，遞送 <of> (pl. deliveries)

7. **express** [ɪk`sprɛs] v. 表達，表示
   💡 express oneself 表達自己的想法或感受
   express [ɪk`sprɛs] adj. 快遞的；特快的，直達的
   express [ɪk`sprɛs] adv. 用快遞
   express [ɪk`sprɛs] n. [C] 快車 (usu. sing.)；[U] 快遞 <by>

8. **fear** [fɪr] n. [C][U] 害怕，懼怕
   💡 for fear (that).../of sth 以免…
   fear [fɪr] v. 害怕，懼怕

9. **folk** [fok] n. [pl.] 人們；父母，家屬 (～s)

10. **gain** [gen] v. 獲得 <from>；增加
    gain [gen] n. [C] 收獲；[C][U] 增加 反 loss

11. **golden** [ˋgoldn̩] adj. 金色的；極佳的，非常有利的

12. **latest** [ˋletɪst] adj. 最新的，最近的

13. **leaf** [lif] n. [C] 葉子 (pl. leaves)
    💡 turn over a new leaf 改過自新

14. **loss** [lɔs] n. [C][U] 失去，喪失 <of>；死亡 <of>

15. **mature** [məˋtjʊr] adj. 成熟的 反 immature (maturer | maturest)

16. **recent** [ˋrisn̩t] adj. 最近的，近來的

17. **responsible** [rɪˋspɑnsəbl̩] adj. 負有責任的 <for>；作為原因的 <for>

18. **snack** [snæk] n. [C] 點心，零食
    snack [snæk] v. 吃零食

19. **sort** [sɔrt] n. [C] 種類 <of> 同 kind, type
    💡 sort of 有點
    sort [sɔrt] v. 把…分類 <into>

20. **source** [sors] n. [C] 來源，出處 <of>；(消息等) 來源

21. **spider** [ˋspaɪdɚ] n. [C] 蜘蛛

22. **stick** [stɪk] v. 黏貼 <on>；插入 <into> (stuck｜stuck｜sticking)
💡 stick together 團結一致｜stick up 豎起
   stick [stɪk] n. [C] 樹枝；手杖，拐杖

23. **task** [tæsk] n. [C] 工作，任務 同 job
   task [tæsk] v. 派給…任務 <with>

24. **throughout** [θru`aʊt] prep. 遍及，到處；從頭到尾
   throughout [θru`aʊt] adv. 到處

25. **toothbrush** [`tuθ͵brʌʃ] n. [C] 牙刷

Unit 12

1. **alone** [ə`lon] adv. 獨自地；單獨地，孤獨地 同 by oneself
   alone [ə`lon] adj. 獨自一人的

2. **building** [`bɪldɪŋ] n. [C] 建築物

3. **college** [`kɑlɪdʒ] n. [C][U] 學院，大學 同 university

4. **condition** [kən`dɪʃən] n. [pl.] 條件，情況（～s）；
   [U][sing.] 狀態，狀況
   condition [kən`dɪʃən] v. 使習慣於，使適應

5. **cycle** [`saɪkl̩] n. [C] 週期，循環
   cycle [`saɪkl̩] v. 騎腳踏車 同 bike

6. **discover** [dɪ`skʌvɚ] v. 找到，發現

7. **form** [fɔrm] n. [C] 種類，類型 <of>；形式
   💡 take the form of 以…形式出現
   form [fɔrm] v. 成立；形成

8. **general** [ˋdʒɛnərəl] adj. 大體的，大致的；總的，普遍的
   💡 in general 一般來說
   general [ˋdʒɛnərəl] n. [C] 將軍

9. **giraffe** [dʒəˋræf] n. [C] 長頸鹿

10. **gold** [gold] n. [U] 金，黃金
    gold [gold] adj. 金 (製) 的

11. **humble** [ˋhʌmbl] adj. 謙虛的 (反) proud；地位低下的，
    卑微的 (humbler｜humblest)

12. **latter** [ˋlætə] adj. (兩者中) 後者的 (反) former；後面的，
    後半的

13. **liberal** [ˋlɪbərəl] adj. 開放的，開明的

14. **measure** [ˋmɛʒə] v. 測量；尺寸為…
    measurement [ˋmɛʒəmənt] n. [C] 尺寸；[U] 測量 <of>

15. **necessary** [ˋnɛsəˌsɛrɪ] adj. 必需的，不可或缺的

16. **period** [ˋpɪrɪəd] n. [C] 一段時間 <of>；(人生中或歷史上
    的) 時期

17. **president** [ˋprɛzədənt] n. [C] 總統；總裁，董事長

18. **rubber** [ˋrʌbə] n. [U] 橡膠

19. **southern** [ˈsʌðən] adj. 南方的，南部的 (also Southern) (abbr. S)

20. **suitable** [ˈsutəbl] adj. 合適的 <for> 反 unsuitable

21. **technology** [tɛkˈnɑlədʒɪ] n. [C][U] 科技 (pl. technologies)

22. **toward** [təˈwɔrd] prep. 向，朝；對於 同 towards

23. **typical** [ˈtɪpɪkl] adj. 典型的，有代表性的 <of>

24. **unit** [ˈjunɪt] n. [C] 單位 <of>；單元

25. **unless** [ənˈlɛs] conj. 除非

Unit 13

1. **amount** [əˈmaʊnt] n. [C][U] 數量 <of>
   amount [əˈmaʊnt] v. 合計，共計 <to>

2. **better** [ˈbɛtə] adj. 較好的 反 worse；好轉的，康復的 反 worse
   better [ˈbɛtə] adv. 較好地 反 worse
   💡 had better 最好
   better [ˈbɛtə] n. [U] (人或事物) 較好者 (the ～)
   💡 for better or (for) worse 無論好壞，不管怎樣
   better [ˈbɛtə] v. 超過，勝過

3. **central** [ˈsɛntrəl] adj. 中心的，中部的

4. **consider** [kən`sɪdɚ] v. 考慮；認為

5. **deliver** [dɪ`lɪvɚ] v. 運送，遞送 <to>；發表

6. **distance** [`dɪstəns] n. [C][U] 距離，路程；[sing.] 遠方
   ♥ keep sb's distance 保持距離

7. **download** [`daʊnˌlod] v. 下載

8. **guide** [gaɪd] n. [C] 準則，根據；嚮導，導遊
   guide [gaɪd] v. 帶…參觀 <through> 同 lead；指引

9. **host** [host] n. [C] 主人，東道主；主持人
   hostess [`hostɪs] n. [C] 女主人；女主持人

10. **ideal** [aɪ`diəl] adj. 理想的，完美的 <for> 同 perfect
    ideal [aɪ`diəl] n. [C] 理想 <of>

11. **individual** [ˌɪndə`vɪdʒʊəl] adj. 個人的，個體的；個別的，單獨的
    individual [ˌɪndə`vɪdʒʊəl] n. [C] 個人，個體

12. **length** [lɛŋθ] n. [C][U] 長，長度 <in>
    ♥ at great length 長時間地 |
    go to great lengths to V 竭盡全力做…

13. **meaning** [`minɪŋ] n. [C][U] 意思，意義 <of>

14. **metal** [`mɛtl̩] n. [C][U] 金屬
    metal [`mɛtl̩] adj. 金屬製的

15. **novel** [`nɑvl̩] n. [C] 小說

novel [ˋnɑvl̩] adj. 新奇的

16. **positive** [ˋpɑzətɪv] adj. 樂觀的，正向的 反 negative；正面的，好的 反 negative

   positive [ˋpɑzətɪv] n. [C] 好的一面 反 negative

17. **project** [ˋprɑdʒɛkt] n. [C] 計畫，方案；作業，專題研究 <on>

18. **provide** [prəˋvaɪd] v. 提供 <for>

19. **solution** [səˋluʃən] n. [C] 解決辦法 <to>

20. **steel** [stil] n. [U] 鋼

   steel [stil] v. 使…下決心，把心一橫 <to>

21. **super** [ˋsupɚ] adj. 極好的 同 excellent

   super [ˋsupɚ] adv. 非常地

22. **thought** [θɔt] n. [C] 想法 <on> 同 idea；[U] 考慮
   💡 give thought to sth 仔細考慮… |
   on second thought 進一步考慮後

23. **universe** [ˋjunə͵vɝs] n. [sing.] 宇宙 (the ~) <in>

24. **usual** [ˋjuʒʊəl] adj. 通常的，慣常的

25. **wood** [wʊd] n. [C][U] 木頭；[pl.] 森林 (the ~s) <in>

Unit 14

1. **accept** [əkˋsɛpt] v. 接受 反 refuse；相信，接受 (不滿意

的情況)

2. **approach** [əˋprotʃ] n. [C] 方法，方式 <to>；[U] 接近 <of>

   approach [əˋprotʃ] v. 接近；接洽，找…商談 <for>

3. **blood** [blʌd] n. [U] 血，血液

4. **climate** [ˋklaɪmɪt] n. [C][U] 氣候

5. **cultural** [ˋkʌltʃərəl] adj. 文化的

6. **culture** [ˋkʌltʃɚ] n. [C][U] 文化

7. **decision** [dɪˋsɪʒən] n. [C] 決定
   💡 make a decision 做決定

8. **department** [dɪˋpɑrtmənt] n. [C] (組織或機構中的) 系，部 <of>；(商店的) 部 (abbr. dept.)

9. **effective** [ɪˋfɛktɪv] adj. 有效的 反 ineffective

10. **evil** [ˋivl̩] n. [C] 邪惡的事，罪惡的行為；[U] 邪惡 反 good
    evil [ˋivl̩] adj. 邪惡的 (eviler, eviller | evilest, evillest)

11. **historical** [hɪsˋtɔrɪkl̩] adj. 歷史的

12. **imagine** [ɪˋmædʒɪn] v. 想像，設想

13. **influence** [ˋɪnfluəns] n. [C][U] 影響 <on>
    influence [ˋɪnfluəns] v. 影響

14. **liquid** [ˋlɪkwɪd] n. [C][U] 液體

15. **master** [ˋmæstɚ] n. [C] 大師 <at>；主人

master [ˋmæstɚ] v. 精通，掌握；征服 ⑯ overcome

16. **method** [ˋmɛθəd] n. [C] 方法，方式

17. **opinion** [əˋpɪnjən] n. [C][U] 意見，看法 <on>
    💡 in sb's opinion 依…看來

18. **post** [post] n. [C] 職位 ⑯ position；[U] 郵件 ⑯ mail
    post [post] v. 郵寄 ⑯ mail；派駐 <to>
    post [post] adv. 快速地

19. **record** [ˋrɛkɚd] n. [C] 紀錄，記載 <of>；最高紀錄，最
    佳成績
    record [rɪˋkɔrd] v. 紀錄；錄音，錄影

20. **sport** [sport] n. [C] 體育活動，運動
    sport [sport] v. 穿戴，裝飾

21. **stress** [strɛs] n. [C][U] 壓力，緊張 <under>；[U] 強調
    <on> ⑯ emphasis
    stress [strɛs] v. 強調，著重

22. **survival** [səˋvaɪvl] n. [U] 生存，存活

23. **western** [ˋwɛstɚn] adj. 西方的，西部的 (also Western)
    (abbr. W)
    western [ˋwɛstɚn] n. [C] 西部片

24. **whole** [hol] adj. 全部的，整個的 ⑯ entire
    whole [hol] n. [C] 全部，整個 (the ～) <of> (usu. sing.)
    💡 as a whole 總體上

25. **youth** [juθ] n. [U] 年輕時期，青春 <in>；[C] 青年，小伙子

Unit 15

1. **account** [ə`kaʊnt] n. [C] 報告 <of>；帳戶 (abbr. a/c, acct.) <with>
   💡 on no account 無論如何絕不 |
   savings account 儲蓄帳戶
   account [ə`kaʊnt] v. 解釋 <for> 同 explain；(在數量上) 占 <for>

2. **advance** [əd`væns] n. [C] 進步，進展 <in>；前進
   💡 in advance (of sth) (在…之前) 事先，提前
   advance [əd`væns] v. 進步；前進 <through>

3. **create** [krɪ`et] v. 創造；發明

4. **data** [`detə] n. [pl.][U] 資料，數據

5. **director** [də`rɛktə] n. [C] 董事；導演

6. **disease** [dɪ`ziz] n. [C][U] 病，疾病

7. **effort** [`ɛfət] n. [C][U] 努力 <to>
   💡 in an effort to V 試圖…

8. **environmental** [ɪn͵vaɪrən`mɛntl] adj. 環境的

9. **existence** [ɪg`zɪstəns] n. [U] 存在

💡 in existence 存在

10. **highly** [ˋhaɪlɪ] adv. 非常，極其
    💡 speak/think highly of sb 對⋯評價很高

11. **image** [ˋɪmɪdʒ] n. [C] 形象；印象
    💡 be the (very/living/spitting) image of sb 長相酷似⋯

12. **improve** [ɪmˋpruv] v. 改善，提升
    improvement [ɪmˋpruvmənt] n. [C][U] 改進，改善
    <in>

13. **international** [ˌɪntɚˋnæʃənl] adj. 國際的

14. **legal** [ˋligl] adj. 合法的 反 illegal；法律上的

15. **manage** [ˋmænɪdʒ] v. 經營，管理；設法做到
    management [ˋmænɪdʒmənt] n. [U] 經營，管理；
    [sing.][U] 管理層，資方

16. **mate** [met] n. [C] 夥伴；朋友
    mate [met] v. (使) 交配 <with>

17. **musician** [mjuˋzɪʃən] n. [C] 音樂家

18. **negative** [ˋnɛgətɪv] adj. 負面的 反 positive；消極的 反
    positive
    negative [ˋnɛgətɪv] n. [C] (照片) 底片

19. **phrase** [frez] n. [C] 片語
    phrase [frez] v. 以⋯措辭表達

20. **pressure** [ˋprɛʃɚ] n. [C][U] 壓力 <under>

pressure [`prɛʃɚ] v. 強迫，對…施加壓力 <into, to> 同 pressurize

21. **serve** [sɝv] v. 提供 (食物或飲料)；服務
  💡 serve sth up 提供 (食物)

22. **standard** [`stændɚd] adj. 規範的 ; (語言) 標準的 反 non-standard
  standard [`stændɚd] n. [C][U] 標準，水準

23. **teens** [tinz] n. [pl.] 十幾歲 <in>

24. **temperature** [`tɛmprətʃɚ] n. [C][U] 氣溫；體溫

25. **whom** [hum] pron. 誰

Unit 16

1. **affect** [ə`fɛkt] v. 影響

2. **aircraft** [`ɛr,kræft] n. [C] 飛機，航空器 (pl. aircraft)

3. **attention** [ə`tɛnʃən] n. [U] 注意，專注 <to>；關注
  💡 draw sb's attention to 引起…的注意於…

4. **disappear** [,dɪsə`pɪr] v. 消失 <from> 同 vanish 反 appear；不見，失蹤 同 vanish

5. **expert** [`ɛkspɝt] n. [C] 專家，內行人 <on, at, in>
  expert [`ɛkspɝt] adj. 專家的 ，內行的 <at, in, on> 反 inexpert

6. **factor** [ˋfæktɚ] n. [C] 因素 <in>

7. **fair** [fɛr] adj. 合理的 ⓐ unfair；公平的 <with> ⓐ unfair
   fair [fɛr] n. [C] 露天遊樂會 ⓢ carnival, funfair；商品展銷會
   fair [fɛr] adv. 公平地，公正地

8. **female** [ˋfimel] adj. 女性的 ⓐ male
   female [ˋfimel] n. [C] 女性 ⓐ male

9. **increase** [ɪnˋkris] v. 增加 <by, in> ⓐ decrease, reduce
   increase [ˋɪnkris] n. [C][U] 增加 <in> ⓐ decrease
   💡 on the increase 正在增加

10. **indeed** [ɪnˋdid] adv. 確實

11. **link** [lɪŋk] n. [C] 關聯 <between>；關係
    link [lɪŋk] v. 使相關聯 <to, with>；連接 <to, with> ⓢ connect

12. **local** [ˋlokl] adj. 當地的，地方性的
    local [ˋlokl] n. [C] 本地人 (usu. pl.)

13. **melody** [ˋmɛlədɪ] n. [C] 曲調，旋律 (pl. melodies)

14. **minor** [ˋmaɪnɚ] adj. 次要的，較不重要的 ⓐ major
    minor [ˋmaɪnɚ] n. [C] 未成年人

15. **nail** [nel] n. [C] 釘子 <into>

16. **patient** [ˋpeʃənt] n. [C] 病人
    patient [ˋpeʃənt] adj. 有耐心的 <with> ⓐ impatient

17. **position** [pə`zɪʃən] n. [C] 姿勢；[C] 處境，狀況 <in> (usu. sing.)

🔑 be in a/no position to V 能夠 / 無法做⋯

position [pə`zɪʃən] v. 放置

18. **prison** [`prɪzn̩] n. [C][U] 監獄 ⓘ jail

19. **social** [`soʃəl] adj. 社會的；社交的

20. **speech** [spitʃ] n. [C] 演講 <on>；[U] 說話能力

21. **step** [stɛp] n. [C] 腳步；步驟
step [stɛp] v. 走，跨步；踩 <on> ⓘ tread (stepped | stepped | stepping)

22. **term** [tɝm] n. [C] 專門用語，術語 <for>；期限 <of>

🔑 in terms of sth 就⋯而言

term [tɝm] v. 把⋯稱為

23. **title** [`taɪtl̩] n. [C] 標題，名稱 <of>；稱謂，頭銜
title [`taɪtl̩] v. 給 (圖書等) 起名

24. **user** [`juzɚ] n. [C] 使用者

25. **wooden** [`wʊdn̩] adj. 木製的

●━━━━━━━━━━◆━━━━━━━━━━●

Unit 17

1. **alarm** [ə`lɑrm] n. [C] 警報器；[U] 驚恐，擔憂

🔑 in alarm 驚恐地

alarm [ə`lɑrm] v. 使恐懼，使擔憂

2. **anger** [`æŋgɚ] n. [U] 憤怒

3. **anywhere** [`ɛnɪ,hwɛr] adv. 任何地方 (also anyplace)

4. **author** [`ɔθɚ] n. [C] 作者，作家 ⓢ writer
   author [`ɔθɚ] v. 寫作

5. **discuss** [dɪ`skʌs] v. 討論，談論 <with>

6. **due** [dju] adj. 預計的 <to>；欠債的，應支付的 <to>
   💡 due to 因為
   due [dju] adv. 正對著
   due [dju] n. [pl.] 會費 (～s) ⓢ fees

7. **failure** [`feljɚ] n. [C][U] 失敗 ⓐ success；[C] 失敗的人
   或事物 ⓐ success

8. **feature** [`fitʃɚ] n. [C] 特色，特點 <of>；(報章雜誌的)
   特寫 <on>
   feature [`fitʃɚ] v. 以…為特色

9. **feeling** [`filɪŋ] n. [C] 感覺 <of>；[pl.] 情感，感情 (～s)

10. **lack** [læk] n. [sing.][U] 缺乏 <of> ⓢ shortage ⓐ
    surplus
    💡 for lack of sth 因缺乏…
    lack [læk] v. 缺乏，缺少

11. **maintain** [men`ten] v. 維持，保持；堅稱，斷言 ⓢ
    claim

12. **match** [mætʃ] n. [C] 比賽；火柴

13. **mixture** [`mɪkstʃɚ] n. [C] 混合 <of>；[C][U] 混合物

14. **musical** [`mjuzɪkl̩] adj. 音樂的
    musical [`mjuzɪkl̩] n. [C] 音樂劇

15. **nearby** [`nɪr͵baɪ] adj. 附近的
    nearby [`nɪr͵baɪ] adv. 在附近

16. **nearly** [`nɪrlɪ] adv. 將近 ⑩ almost
    💡 not nearly 遠不及，一點也不

17. **powerful** [`pauɚfəl] adj. 有權力的；有影響的，有渲染
    力的

18. **rare** [rɛr] adj. 罕見的，稀少的 ⑫ common (rarer |
    rarest)

19. **speed** [spid] n. [C][U] 速度 <at>；[U] 快速，迅速
    <with>
    speed [spid] v. (使) 快速移動 (sped, speeded | sped,
    speeded | speeding)

20. **state** [stet] v. 陳述，聲明
    statement [`stetmənt] n. [C] 陳述，聲明 <on>

21. **survive** [sə`vaɪv] v. 生存，倖存

22. **system** [`sɪstəm] n. [C] 系統；體制，制度

23. **tour** [tur] n. [C] 旅行，旅遊 <of>；參觀 <around>

tour [tʊr] v. 旅行，旅遊

24. **trade** [tred] n. [U] 貿易 <between> 同 commerce；[C] 行業

trade [tred] v. 做買賣，進行交易 <with>；交換 <for> 同 swap

25. **vacation** [ve`keʃən] n. [C][U] 假期，休假 <on>

vacation [ve`keʃən] v. 渡假 <in, at>

Unit 18

1. **addition** [ə`dɪʃən] n. [U] 增加，添加 <of>；[C] 增加的 人或事物 <to>

💡 in addition (to sth) 除 (…) 之外，還

2. **alike** [ə`laɪk] adv. 一樣地，相似地

alike [ə`laɪk] adj. 相同的，相像的

3. **asleep** [ə`slip] adj. 睡著的 反 awake

💡 fall asleep 睡著

4. **attempt** [ə`tɛmpt] n. [C] 努力，嘗試 <to>

attempt [ə`tɛmpt] v. 努力，嘗試 <to>

5. **discussion** [dɪ`skʌʃən] n. [C][U] 談論，討論 <about>

6. **fashion** [`fæʃən] n. [C][U] 流行，時尚；流行款式

💡 be in fashion 流行

fashion [ˈfæʃən] v. 製作 <from>

---

7. **flat** [flæt] adj. 平坦的 ；(輪胎等) 洩了氣的 (flatter｜
flattest)
   💡 a flat refusal 斷然拒絕
   flat [flæt] adv. 水平地
   flat [flæt] n. [C] 公寓 同 apartment

---

8. **forest** [ˈfɔrɪst] n. [C][U] 森林

---

9. **law** [lɔ] n. [U] (某國的) 法律 <under>；[C] (個別的) 法
規
   💡 break the law 違反法律

---

10. **magazine** [ˌmæɡəˈzin] n. [C] 雜誌

---

11. **military** [ˈmɪləˌtɛrɪ] adj. 軍用的，軍隊的
    military [ˈmɪləˌtɛrɪ] n. [C] 軍方 ，軍隊 (the ～) 同 the
forces

---

12. **object** [ˈɑbdʒɪkt] n. [C] 物體；[sing.] 目標
    object [əbˈdʒɛkt] v. 反對 <to>

---

13. **occur** [əˈkɝ] v. 發生 ；出現 (occurred｜occurred｜
occurring)
    💡 occur to sb (想法或主意) 出現在…腦中

---

14. **operate** [ˈɑpəˌret] v. 操作；動手術 <on>

---

15. **produce** [prəˈdjus] v. 引起，使產生；生產，製作
    produce [ˈprɑdjus] n. [U] 農產品

---

16. **protect** [prə`tɛkt] v. 保護，防護 <from>

17. **remove** [rɪ`muv] v. 移動，搬開 <from>；去除 <from>

18. **require** [rɪ`kwaɪr] v. 需要；要求
    requirement [rɪ`kwaɪrmənt] n. [C] 需要 <of> (usu. pl.)；要求，必要條件 <of>

19. **spread** [sprɛd] v. 蔓延 <to>；散布 (spread | spread | spreading)
    spread [sprɛd] n. [sing.] 擴散，蔓延 <of>

20. **tone** [ton] n. [C] 語氣 <in>；[C][U] 音色，音質

21. **trash** [træʃ] n. [U] 垃圾 🔁 rubbish
    💡 trash can 垃圾桶
    trash [træʃ] v. 搗毀，破壞

22. **trust** [trʌst] v. 信任 🔄 distrust, mistrust；相信 🔁 believe in, rely on
    trust [trʌst] n. [U] 信任；信託，託管 <in>

23. **valuable** [`væljəbl] adj. 值錢的，貴重的 🔄 worthless；寶貴的

24. **waist** [west] n. [C] 腰 (部)

25. **within** [wɪð`ɪn] prep. 在 (時間) 之內；在 (範圍) 之內
    within [wɪð`ɪn] adv. 在裡面，在內部 🔄 outside

Unit 19 ☺

1. **arrange** [ə`rendʒ] <mark>v.</mark> 安排，籌劃 <with>；排列
   arrangement [ə`rendʒmənt] <mark>n.</mark> [C] 安排 (usu. pl.)
   <for>；[C][U] 約定 <with> 同 agreement

2. **balance** [`bæləns] <mark>n.</mark> [U] (身體) 平衡；[sing.][U] (事物
   間) 平衡 <between> 反 imbalance
   balance [`bæləns] <mark>v.</mark> (使) 保持平衡 <on>；使…平衡

3. **bark** [bɑrk] <mark>n.</mark> [C] 吠叫聲
   bark [bɑrk] <mark>v.</mark> 吠叫 <at>

4. **brain** [bren] <mark>n.</mark> [C] 腦；[C][U] 頭腦，智力 (usu. pl.)

5. **company** [`kʌmpənɪ] <mark>n.</mark> [C] 公司 同 firm, business；[U]
   陪伴 (pl. companies)
   💡 in sb's company/in the company of sb 與…一起

6. **contact** [`kɑntækt] <mark>n.</mark> [U] 聯絡，聯繫 <with>；接觸
   💡 make contact with sb 與…取得聯絡
   contact [`kɑntækt] <mark>v.</mark> 聯絡，聯繫 <at>

7. **court** [kort] <mark>n.</mark> [C][U] 法院，法庭 <in>

8. **edge** [ɛdʒ] <mark>n.</mark> [C] 邊緣 <of>；刀口，鋒利的邊緣
   💡 on the edge of sth 瀕於…
   edge [ɛdʒ] <mark>v.</mark> (使) 緩緩移動

9. **flu** [flu] <mark>n.</mark> [U] 流行性感冒 同 influenza

10. **formal** [ˋfɔrml] adj. 正式的，公開的 ⓐ informal

11. **lower** [ˋloɚ] v. 降低

12. **mass** [mæs] n. [C] 大量，眾多 <of>；[sing.] (一) 大群 <of>

13. **neither** [ˋniðɚ] adj. 兩者都不
    neither [ˋniðɚ] adv. 也不
    neither [ˋniðɚ] pron. 兩者都不 <of>
    neither [ˋniðɚ] conj. 既不…(也不…)

14. **offer** [ˋɔfɚ] v. 提供，給予；願意 (做)
    offer [ˋɔfɚ] n. [C] 提供，提議 <of>；出價，報價 <of>

15. **owner** [ˋonɚ] n. [C] 物主，所有人 <of>

16. **participate** [pɑrˋtɪsə͵pet] v. 參加 <in>

17. **range** [rendʒ] n. [C] (一) 類、系列 <of> (usu. sing.)；[C] 範圍
    range [rendʒ] v. (數量等) 範圍，幅度

18. **rather** [ˋræðɚ] adv. 相當
    💡 rather than 而不是

19. **search** [sɝtʃ] n. [C] 搜索 <for> (usu. sing.)；(用電腦) 搜尋
    💡 in search of sth 尋找…
    search [sɝtʃ] v. 搜索，找尋 <for>；(用電腦) 搜尋 <for>

20. **simply** [ˋsɪmplɪ] adv. 完全地，絕對地；只是 ⓢ just

21. **stone** [ston] n. [U] 石材；[C] 石塊，石頭 🔄 rock
   stone [ston] v. 向…投擲石塊

22. **upper** [`ʌpɚ] adj. 上面的，較高的 🔄 lower

23. **view** [vju] n. [C] 意見 <on> 🔄 opinion；[C][U] 景色
   <of>
   view [vju] v. 認為 <as> 🔄 see；觀看 <from>

24. **whatever** [hwɑt`ɛvɚ] adj. 無論什麼樣的
   whatever [hwɑt`ɛvɚ] pron. 任何…的事物；無論什麼

25. **wonder** [`wʌndɚ] v. 想知道；驚訝 <at, about>
   wonder [`wʌndɚ] n. [U] 驚訝 🔄 awe；[C] 奇觀
   💡 (it's) no/small/little wonder (that) 難怪

Unit 20

1. **article** [`ɑrtɪkl̩] n. [C] 文章，報導 <about, on>；物件
   <of> 🔄 item

2. **available** [ə`veləbl̩] adj. 可用的，可獲得的；有空的

3. **basis** [`besɪs] n. [U] 基礎，根據 <for>；[sing.] (行動) 方
   式 <on>

4. **birth** [bɝθ] n. [U] 分娩 <to>；[C][U] 出生

5. **cash** [kæʃ] n. [U] 現金
   💡 cash on delivery 貨到付款

cash [kæʃ] v. 兌現

---

6. **control** [kən`trol] n. [U] 控制 <of>；支配，掌控
   control [kən`trol] v. 控制；掌控 (controlled | controlled | controlling)

---

7. **crisis** [`kraɪsɪs] n. [C][U] 危機 (pl. crises)
   💡 economic/financial/political crisis 經濟的 / 金融的 / 政治的危機 | in crisis 陷入危機

---

8. **damage** [`dæmɪdʒ] n. [U] 損害 <to>
   damage [`dæmɪdʒ] v. 損害

---

9. **design** [dɪ`zaɪn] n. [C][U] 設計 <of>
   design [dɪ`zaɪn] v. 設計

---

10. **emotion** [ɪ`moʃən] n. [C][U] 情緒，情感

---

11. **football** [`fʊt͵bɔl] n. [U] 足球 ⑤ soccer；橄欖球 ⑤ American football

---

12. **goal** [gol] n. [C] 目標 ⑤ aim；球門

---

13. **message** [`mɛsɪdʒ] n. [C] 訊息 <from, for, to>；[C] 要旨 (usu. sing.)

---

14. **model** [`mɑdl̩] n. [C] 模型 <of>；模特兒
   model [`mɑdl̩] v. 當模特兒，穿戴…展示

---

15. **none** [nʌn] pron. 一點也沒有
   none [nʌn] adv. 一點也不 <for>

---

16. **pattern** [`pætɚn] n. [C] 模式，形式；圖案，花樣

---

pattern [ˋpætən] v. 模仿 <after>

17. **personality** [͵pɝsn̩ˋælətɪ] n. [C][U] 個性，人格 (pl. personalities)

18. **plain** [plen] adj. 明顯的 (同) obvious；樸素的 (同) simple
plain [plen] n. [C] 平原 (also plains)

19. **respect** [rɪˋspɛkt] n. [U] 敬重 <for>；尊敬 <with> (反) disrespect
respect [rɪˋspɛkt] v. 敬重，尊敬 <for>

20. **result** [rɪˋzʌlt] n. [C][U] 結果，後果
💡 as a result of sth 因為⋯
result [rɪˋzʌlt] v. 發生，產生 <from>

21. **secret** [ˋsikrɪt] adj. 祕密的
secret [ˋsikrɪt] n. [C] 祕密

22. **stage** [stedʒ] n. [C] (發展的) 階段，時期 <of>；舞臺
stage [stedʒ] v. 舉辦，組織

23. **supply** [səˋplaɪ] n. [C] 供應量 <of>；[pl.] 補給品 (pl. supplies)
supply [səˋplaɪ] v. 提供 <with>

24. **village** [ˋvɪlɪdʒ] n. [C] 村莊

25. **worse** [wɝs] adj. 更糟的；(病情) 更嚴重的
worse [wɝs] adv. 更壞，更糟
worse [wɝs] n. [U] 更糟的事，更壞的情況

Unit 21

1. **absence** [ˈæbsn̩s] n. [C][U] 不在場 <in, during>；[sing.] 缺乏 反 presence

2. **backward** [ˈbækwəd] adj. 向後的 反 forward
   backward [ˈbækwəd] adv. 向後 (also backwards) 反 forward, forwards
   💡 backward and forward 來回地

3. **blackboard** [ˈblækˌbord] n. [C] 黑板

4. **camel** [ˈkæml̩] n. [C] 駱駝

5. **cockroach** [ˈkɑkˌrotʃ] n. [C] 蟑螂 (pl. cockroaches) (also roach)

6. **corn** [kɔrn] n. [U] 玉米 同 maize

7. **eastern** [ˈistən] adj. 東部的，東方的 (also Eastern) (abbr. E)

8. **edition** [ɪˈdɪʃən] n. [C] 版本

9. **electric** [ɪˈlɛktrɪk] adj. 用電的，電動的

10. **freedom** [ˈfridəm] n. [C][U] 自由 <of>

11. **guest** [gɛst] n. [C] 客人；(飯店的) 旅客

12. **gun** [gʌn] n. [C] 槍
    gun [gʌn] v. 用槍擊傷或擊斃 <down> (gunned |

gunned | gunning)

13. **listener** [ˈlɪsnɚ] n. [C] (廣播) 聽眾；聽者

14. **mix** [mɪks] n. [sing.] 組合；[C][U] 配料，混合料 ⑥ mixture

    mix [mɪks] v. 混合；結合 <with>
    💡 mix sb/sth up 混淆⋯，把⋯弄錯

15. **narrow** [ˈnæro] adj. 狹窄的 ⑧ wide

    narrow [ˈnæro] v. (使) 變窄 ⑧ widen

16. **papaya** [pəˈpaɪə] n. [C] 木瓜

17. **rent** [rɛnt] n. [C][U] 房租；租金 <for>

    rent [rɛnt] v. 租；出租 <to> ⑥ let

18. **reply** [rɪˈplaɪ] n. [C] 回答，回覆 ⑥ answer (pl. replies)
    💡 in reply (to sth) 回覆 (⋯)

    reply [rɪˈplaɪ] v. 回答，回覆 <to> (replied | replied | replying)

19. **rocky** [ˈrɑkɪ] adj. 多岩石的 (rockier | rockiest)

20. **satisfy** [ˈsætɪsˌfaɪ] v. 使滿意；滿足 (需要等) (satisfied | satisfied | satisfying)

21. **soap** [sop] n. [U] 肥皂

    soap [sop] v. 在⋯上塗肥皂

22. **subway** [ˈsʌbˌwe] n. [C] 地鐵 ⑥ underground

    underground [ˈʌndɚˌgraʊnd] n. [sing.] 地鐵 (the ～)

同 subway

metro [ˈmɛtro] n. [C] 地鐵，捷運 (pl. metros) 同 subway, underground

23. **toothache** [ˈtuθ͵ek] n. [C][U] 牙痛

24. **truth** [truθ] n. [U] 實話 (the ~) 反 lie, falsehood, untruth；真實性 <in>

25. **worth** [wɝθ] adj. 值…錢的；值得
worth [wɝθ] n. [U] 價格，價值 <of>

Unit 22

1. **aid** [ed] n. [U] 幫助；[C] 輔助物
💡 first aid 急救
aid [ed] v. 幫助，援助

2. **badminton** [ˈbædmɪntən] n. [U] 羽毛球

3. **blank** [blæŋk] adj. 空白的；茫然的
blank [blæŋk] n. [C] 空白處，空格

4. **candle** [ˈkændl̩] n. [C] 蠟燭
💡 burn the candle at both ends 蠟燭兩頭燒；操勞過度

5. **combine** [kəmˈbaɪn] v. (使) 結合 <with>

6. **cowboy** [ˈkau͵bɔɪ] n. [C] 牛仔

7. **elder** [ˈɛldɚ] n. [C] 較年長者，長輩

elder [ˈɛldɚ] adj. 較年長的 ⊚ younger

8. **electrical** [ɪˈlɛktrɪkl] adj. 與電有關的；用電的

9. **employee** [ˌɪmplɔɪˈi] n. [C] 員工，受僱者 ⊜ worker

10. **friendship** [ˈfrɛndʃɪp] n. [C][U] 友誼

11. **gymnasium** [dʒɪmˈnezɪəm] n. [C] 體育館，健身房 (pl. gymnasiums, gymnasia) ⊜ gym

12. **haircut** [ˈhɛrˌkʌt] n. [C] 理髮

13. **manner** [ˈmænɚ] n. [sing.] 方法，方式 <of>；態度，舉止
    manners [ˈmænɚz] n. [pl.] 禮貌

14. **motion** [ˈmoʃən] n. [U] 運行，移動 <of>；[C] 手勢，姿勢 <of> ⊜ gesture
    💡 in motion (車等) 在行進中

15. **ordinary** [ˈɔrdnˌɛrɪ] adj. 普通的，一般的

16. **password** [ˈpæsˌwɝd] n. [C] 密碼

17. **respond** [rɪˈspɑnd] v. 回應 <with> ⊜ react；回答，回覆 <to>

18. **restroom** [ˈrɛstrum] n. [C] 洗手間 ⊜ toilet

19. **roof** [ruf] n. [C] 屋頂，頂部
    roof [ruf] v. 給 (建築物) 蓋屋頂 <with>

20. **scene** [sin] n. [C] (戲劇的) 一場；[sing.] 現場，地點

21. **sock** [sɑk] n. [C] 短襪 (pl. socks)

22. **suppose** [sə`poz] v. 猜想 圓 presume；假定，假設

23. **trap** [træp] n. [C] 陷阱；圈套，詭計
    trap [træp] v. 困住 (trapped | trapped | trapping)

24. **umbrella** [ʌm`brɛlə] n. [C] (雨) 傘

25. **zebra** [`zibrə] n. [C] 斑馬

Unit 23

1. **actual** [`æktʃʊəl] adj. 實際的

2. **aim** [em] n. [C] 目標；[U] 瞄準 <at>
   aim [em] v. 打算，意圖 <at>；使…針對 (某人)，將 (某人) 定為…的對象 <at>

3. **bake** [bek] v. 烘，烤

4. **branch** [bræntʃ] n. [C] 樹枝；分店，分支機構
   branch [bræntʃ] v. 分岔

5. **cartoon** [kar`tun] n. [C] 漫畫；卡通片，動畫片
   cartoon [kar`tun] v. 畫漫畫

6. **compare** [kəm`pɛr] v. 比較，對比 <with>；將…比作 <to>

7. **crayon** [`kreən] n. [C] 蠟筆，彩色粉筆

8. **employ** [ɪmˋplɔɪ] v. 僱用 <as>；使用
   employment [ɪmˋplɔɪmənt] n. [U] 受僱；僱用 <of>

9. **engine** [ˋɛndʒən] n. [C] 引擎

10. **equal** [ˋikwəl] adj. 相同的，相等的 <of>；平等的
    💡 equal in 相同
    equal [ˋikwəl] v. 等於；達到 (與過去) 相同的水準
    (equaled, equalled | equaled, equalled | equaling, equalling)
    equal [ˋikwəl] n. [C] 相同 (重要等) 的人或事物

11. **fries** [fraɪz] n. [pl.] 炸薯條 🔄 chips

12. **hall** [hɔl] n. [C] 大廳 🔄 hallway；走廊 🔄 corridor, hallway

13. **hamburger** [ˋhæmbɝɡɚ] n. [C] 漢堡 🔄 burger

14. **mask** [mæsk] n. [C] 口罩，面罩；面具
    mask [mæsk] v. 掩飾，掩蓋

15. **motorcycle** [ˋmotɚˌsaɪkl̩] n. [C] 摩托車 🔄 motorbike

16. **panda** [ˋpændə] n. [C] 熊貓

17. **peaceful** [ˋpisfəl] adj. 安靜的，寧靜的；和平的

18. **riches** [ˋrɪtʃɪz] n. [pl.] 財富，財產 🔄 wealth

19. **runner** [ˋrʌnɚ] n. [C] 跑步者

20. **sample** [ˋsæmpl̩] n. [C] 樣本；樣品，試用品 <of>

sample [ˋsæmpl̩] v. 品嘗

21. **selfish** [ˋsɛlfɪʃ] adj. 自私的

22. **soda** [ˋsodə] n. [C][U] 汽水 (also soda pop) 同 pop

23. **sweep** [swip] v. 清掃 同 brush ; (迅猛地) 帶走 , 捲走
(swept | swept | sweeping)

24. **tube** [tjub] n. [C] 管，管子

25. **valley** [ˋvælɪ] n. [C] 山谷

Unit 24

1. **adult** [əˋdʌlt] n. [C] 成年人
adult [əˋdʌlt] adj. 成年的

2. **appetite** [ˋæpə͵taɪt] n. [C][U] 胃口 (usu. sing.)

3. **balcony** [ˋbælkənɪ] n. [C] 陽臺 (pl. balconies)

4. **brief** [brif] adj. 短暫的；簡短的
brief [brif] n. [C] 職責，任務簡介 (usu. sing.)
💡 be brief/in brief 簡言之
brief [brif] v. 簡報 <on>

5. **castle** [ˋkæsl̩] n. [C] 城堡

6. **conclude** [kənˋklud] v. 做出結論 <from> ; (以⋯) 結束
<with>

7. **crow** [kro] n. [C] 烏鴉

8. **employer** [ɪm`plɔɪɚ] n. [C] 僱主

9. **essay** [`ɛse] n. [C] 短文，論文 <on>

10. **fee** [fi] n. [C] 費用

11. **fry** [fraɪ] v. 油炒，油炸 (fried | fried | frying)
    fry [fraɪ] n. [pl.] 魚苗

12. **handsome** [`hænsəm] adj. 英俊的 ⑩ good-looking；(數量) 可觀的 (handsomer | handsomest)

13. **heaven** [`hɛvən] n. [sing.] 天堂 (also Heaven) ⑩ paradise；[U] 開心極了
    💡 for heaven's sake 看在老天的分上

14. **mat** [mæt] n. [C] 墊子

15. **notebook** [`not͵bʊk] n. [C] 筆記本 ; 筆記型電腦 (also notebook computer)

16. **partner** [`pɑrtnɚ] n. [C] 配偶；合夥人

17. **peach** [pitʃ] n. [C] 桃子 (pl. peaches)

18. **rooster** [`rustɚ] n. [C] 公雞 ⑩ cock

19. **sandwich** [`sændwɪtʃ] n. [C] 三明治 (pl. sandwiches)
    sandwich [`sændwɪtʃ] v. 將…插在中間

20. **score** [skor] n. [C] 得分，比數；分數，成績
    score [skor] v. 得 (分)；給…打分數 ⑩ mark

21. **sheet** [ʃit] n. [C] 床單；一張 (紙) <of>

22. **stamp** [stæmp] n. [C] 郵票 (also postage stamp)；戳記
    stamp [stæmp] v. 踩 (腳)，重踩

23. **swim** [swɪm] v. 游泳 (swam | swum | swimming)
    swim [swɪm] n. [C] 游泳

24. **turtle** [ˋtɝtl̩] n. [C] 龜，海龜

25. **victory** [ˋvɪktərɪ] n. [C][U] 勝利，獲勝 <over> (pl.
    victories) 反 defeat

Unit 25

1. **ahead** [əˋhɛd] adv. 在前面 <of> 反 behind；未來，今後
   <of>

2. **apply** [əˋplaɪ] v. 申請 <to, for>；適用 <to> (applied |
   applied | applying)

3. **balloon** [bəˋlun] n. [C] 氣球

4. **burn** [bɝn] v. 燃燒；燒毀 (burned, burnt | burned,
   burnt | burning)
   🕯 burn up 燒盡 | burn the candle at both ends 勞累過度
   burn [bɝn] n. [C] 燒傷，燙傷

5. **ceiling** [ˋsilɪŋ] n. [C] 天花板
   🕯 hit the ceiling 暴跳如雷

6. **courage** [ˋkɝɪdʒ] n. [U] 勇氣 反 cowardice

7. **deaf** [dɛf] adj. 耳聾的，失聰的 <in>
   🔆 turn a deaf ear (to sth) 不願聽 (⋯)

8. **empty** [ˋɛmptɪ] adj. 空的，無人的 (emptier | emptiest)
   🔆 do sth on an empty stomach 空腹做⋯
   empty [ˋɛmptɪ] v. 清空，倒空 (also empty out)
   (emptied | emptied | emptying)

9. **eve** [iv] n. [C] 前夕 (usu. sing.)

10. **gardener** [ˋɡɑrdnɚ] n. [C] 園丁，花匠

11. **highway** [ˋhaɪ͵we] n. [C] 主要幹道，公路

12. **hike** [haɪk] n. [C] 長途健行
    hike [haɪk] v. 長途健行

13. **hunt** [hʌnt] v. 打獵，狩獵；搜尋 <for> 同 search
    hunt [hʌnt] n. [C] 打獵，狩獵；[C] 搜尋 <for> (usu. sing.)

14. **midnight** [ˋmɪd͵naɪt] n. [U] 午夜，子夜
    🔆 burn the midnight oil 熬夜工作

15. **obey** [oˋbe] v. 聽從，遵守 反 disobey

16. **paste** [pest] n. [U] 醬，糊；[C][U] 麵團
    paste [pest] v. (用漿糊) 黏，貼

17. **pear** [pɛr] n. [C] 梨

18. **rude** [rud] adj. 粗魯的，不禮貌的 同 impolite 反 polite (ruder | rudest)

19. **scared** [skɛrd] adj. 害怕的，驚恐的 <of> 同 afraid

20. **section** [`sɛkʃən] n. [C] 部分 <of>

21. **shine** [ʃaɪn] v. 照耀，發光 (shone | shone | shining)；把…擦亮 同 polish (shined | shined | shining)
   🔹 shine through (品質等) 顯而易見
   shine [ʃaɪn] n. [sing.][U] 光彩，光澤

22. **stranger** [`strendʒɚ] n. [C] 陌生人

23. **swing** [swɪŋ] n. [C] 鞦韆；揮動 <at>
   swing [swɪŋ] v. 晃動；轉動 (swung | swung | swinging)

24. **ugly** [`ʌglɪ] adj. 醜陋的 同 hideous 反 beautiful (uglier | ugliest)

25. **wash** [wɑʃ] v. 清洗；洗 (身體的某部位)
   🔹 wash sth away 沖走…
   wash [wɑʃ] n. [C] 洗滌，洗澡 (usu. sing.)

Unit 26

1. **altogether** [ˌɔltɚ`gɛðɚ] adv. 完全；總共

2. **appreciate** [ə`priʃɪ,et] v. 理解，領會 同 realize；感謝

3. **barbecue** [`bɑrbɪ,kju] n. [C] 烤肉 (會) (also barbeque) (abbr. BBQ)
   barbecue [`bɑrbɪ,kju] v. 用烤肉架燒烤 (also barbeque)

---

4. **cage** [kedʒ] n. [C] 籠子
   cage [kedʒ] v. 關進籠子

---

5. **centimeter** [`sɛntə,mitɚ] n. [C] 公分 (abbr. cm)

---

6. **cream** [krim] n. [U] 奶油；乳液，護膚霜
   cream [krim] adj. 米黃色的

---

7. **debt** [dɛt] n. [C] 借款，欠款 <of>；[U] 負債 反 credit

---

8. **entrance** [`ɛntrəns] n. [C] 入口 <to> 反 exit；[U] 進入 許可 <to>

---

9. **exact** [ɪg`zækt] adj. 確切的，精確的

---

10. **goose** [gus] n. [C] 鵝 (pl. geese)

---

11. **hip** [hɪp] n. [C] 臀部

---

12. **hippopotamus** [,hɪpə`pɑtəməs] n. [C] 河馬 (pl. hippopotamuses, hippopotami) 同 hippo

---

13. **ill** [ɪl] adj. 生病的，不舒服的 同 sick (worse | worst)
    ill [ɪl] adv. 壞地，惡劣地
    💡 speak/think ill of sb 說⋯壞話 / 認為⋯不好
    ill [ɪl] n. [C] 問題，苦惱 (usu. pl.)

---

14. **mop** [mɑp] n. [C] 拖把
    mop [mɑp] v. 用拖把拖 (mopped | mopped | mopping)

---

15. **organ** [ˋɔrgən] n. [C] 器官

16. **path** [pæθ] n. [C] 小路，小徑 <to>；(達到…的) 途徑 <to>

17. **pillow** [ˋpɪlo] n. [C] 枕頭

18. **sailor** [ˋselə] n. [C] 水手，船員

19. **screen** [skrin] n. [C] 螢幕

20. **selection** [səˋlɛkʃən] n. [sing.][U] 選擇，挑選 <of>；[C] 可供挑選的東西 <of> (usu. sing.) 同 range

21. **sleepy** [ˋslipɪ] adj. 睏倦的，打瞌睡的 (sleepier | sleepiest)

22. **strawberry** [ˋstrɔ͵bɛrɪ] n. [C] 草莓 (pl. strawberries)

23. **terrorist** [ˋtɛrərɪst] n. [C] 恐怖分子

24. **upstairs** [ʌpˋstɛrz] adv. 在樓上，往樓上 反 downstairs
    upstairs [ʌpˋstɛrz] adj. 樓上的 反 downstairs
    upstairs [ʌpˋstɛrz] n. [sing.] 樓上 (the ~)

25. **wealth** [wɛlθ] n. [U] 財富

Unit 27

1. **artist** [ˋɑrtɪst] n. [C] 藝術家

2. **bakery** [ˋbekərɪ] n. [C] 麵包店 (pl. bakeries)

3. **barber** [ˋbɑrbɚ] n. [C] 理髮師

4. **cancel** [ˋkænsḷ] v. 取消 (canceled, cancelled | canceled, cancelled | canceling, cancelling)

5. **chalk** [tʃɔk] n. [C][U] 粉筆
   chalk [tʃɔk] v. 用粉筆寫

6. **cure** [kjʊr] n. [C] 治療方法 <for>；解決方法 <for>
   cure [kjʊr] v. 治癒 <of>

7. **deny** [dɪˋnaɪ] v. 否認；剝奪 <to> (denied | denied | denying)

8. **excite** [ɪkˋsaɪt] v. 使興奮，使激動
   excitement [ɪkˋsaɪtmənt] n. [U] 興奮，激動

9. **eyebrow** [ˋaɪ͵braʊ] n. [C] 眉毛 圓 brow
   💡 raise sb's eyebrows 揚起眉毛 (表示驚訝)

10. **grand** [grænd] adj. 壯麗的 圓 humble；偉大的，崇高的

11. **hole** [hol] n. [C] 洞，坑

12. **hurry** [ˋhɝɪ] v. 加快 圓 rush (hurried | hurried | hurrying)
    hurry [ˋhɝɪ] n. [sing.] 匆忙，倉促 圓 rush

13. **independence** [͵ɪndɪˋpɛndəns] n. [U] 獨立 <from>；自主，自立

14. **mug** [mʌg] n. [C] 馬克杯；一大杯 <of>

15. **pale** [pel] adj. 蒼白的 ; 淺的 ， 淡的 ⓐ deep ⓢ light
    (paler | palest)

16. **pizza** [ˋpitsə] n. [C][U] 披薩

17. **plus** [plʌs] prep. 加 ⓐ minus
    plus [plʌs] n. [C] 優勢，好處
    plus [plʌs] adj. 有利的 ⓐ minus

18. **salesperson** [ˋselz͵pɚsn̩] n. [C] 售貨員 (pl. salespeople)
    salesman [ˋselzmən] n. [C] 男售貨員 (pl. salesmen)
    saleswoman [ˋselz͵wumən] n. [C] 女售貨員 (pl.
    saleswomen)

19. **secondary** [ˋsɛkən͵dɛrɪ] adj. 中等的，中學的 ; 次要的
    <to>

20. **settle** [ˋsɛtl̩] v. 解決；確定，決定
    settlement [ˋsɛtl̩mənt] n. [C] 協定 <of> ; [U] 付清 (欠
    款) <of>

21. **slip** [slɪp] v. 滑倒 <on> ; 溜走 ⓢ slide (slipped |
    slipped | slipping)
    slip [slɪp] n. [C] 紙條 <of> ；小錯誤

22. **sudden** [ˋsʌdn̩] adj. 突然的
    sudden [ˋsʌdn̩] n. [sing.] 突然

23. **textbook** [ˋtɛkst͵buk] n. [C] 教科書，課本

24. **vote** [vot] n. [C] (選) 票 ; [C] 投票 ， 表決 <on> (usu.
    sing.) ⓢ ballot

vote [vot] v. 投票，選舉 <for>

25. **weigh** [we] v. 有…重；秤重

Unit 28

1. **bar** [bɑr] n. [C] 酒吧；酒吧的吧檯
   bar [bɑr] v. 禁止 <from>；阻擋 (barred | barred | barring)

2. **basics** [`besɪks] n. [pl.] 基礎 <of>

3. **beat** [bit] v. 打敗，戰勝 (同) defeat；打 (beat | beaten | beating)
   🍀 beat around the bush 轉彎抹角
   beat [bit] n. [C] (心臟) 跳動；節拍

4. **chase** [tʃes] n. [C] 追捕，追趕
   chase [tʃes] v. 追捕，追趕 <after>；驅趕

5. **cheer** [tʃɪr] v. 歡呼，喝采
   🍀 cheer up (使) 振作，(使) 高興起來
   cheer [tʃɪr] n. [C] 歡呼聲，喝采聲 (反) boo

6. **debate** [dɪ`bet] n. [C][U] 談論，討論 <over>；辯論會 <on>
   debate [dɪ`bet] v. 爭論，討論 <with>

7. **depth** [dɛpθ] n. [C][U] 深度 <in> (usu. sing.)

8. **excuse** [ɪk`skjuz] v. 原諒，寬恕 <for>；免除 <from>

💡 excuse me 打擾一下；借過

excuse [ɪk`skjus] n. [C] 藉口，理由 <for>

💡 there is no excuse for sth 沒有藉口為…開脫

9. **fireman** [`faɪrmən] n. [C] 男消防隊員 ⓢ firefighter (pl. firemen)

firewoman [`faɪr,wʊmən] n. [C] 女消防隊員 ⓢ firefighter (pl. firewomen)

10. **hero** [`hɪro] n. [C] 英雄 (pl. heroes)

heroine [`hɛro,ɪn] n. [C] 女英雄

11. **income** [`ɪn,kʌm] n. [C][U] 收入

12. **ink** [ɪŋk] n. [U] 墨水

ink [ɪŋk] v. 給…上油墨

13. **insist** [ɪn`sɪst] v. 堅稱；堅持 <on>

14. **naughty** [`nɔtɪ] adj. 頑皮的，不聽話的 ⓡ good (naughtier | naughtiest)

15. **pardon** [`pɑrdṇ] n. [C] 赦免

pardon [`pɑrdṇ] v. 赦免；原諒 <for> ⓢ forgive

💡 pardon me 對不起，請原諒；請再說一遍

16. **platform** [`plæt,fɔrm] n. [C] 月臺；講臺

17. **poetry** [`poɪtrɪ] n. [U] (總稱) 詩

18. **scooter** [`skutɚ] n. [C] 小型機車 (also motor scooter)

19. **shame** [ʃem] n. [sing.] 可惜，遺憾；[U] 羞愧

shame [ʃem] v. 使蒙受羞辱，使丟臉

20. **shock** [ʃɑk] n. [C] 令人震驚的事件或經歷 <to> (usu. sing.)；[sing.][U] 震驚
shock [ʃɑk] v. (使) 震驚

21. **snail** [snel] n. [C] 蝸牛

22. **supper** [`sʌpɚ] n. [C][U] 晚餐 同 dinner

23. **till** [tɪl] conj. 直到…為止 同 until
till [tɪl] prep. 直到…為止 同 until

24. **waiter** [`wetɚ] n. [C] 服務生
waitress [`wetrɪs] n. [C] 女服務生 (pl. waitresses)

25. **wheel** [hwil] n. [C] 輪子，車輪；方向盤 <at, behind>

Unit 29

1. **bathe** [beð] v. (給某人) 洗澡 同 bath

2. **biscuit** [`bɪskɪt] n. [C] 餅乾 同 cookie

3. **blame** [blem] v. 責怪，歸咎於 <for>
blame [blem] n. [U] 責怪，歸咎

4. **cheat** [tʃit] v. 作弊；騙取 <out of>
cheat [tʃit] n. [C] 騙子，作弊者

5. **classmate** [`klæs,met] n. [C] 同班同學

6. **dentist** [ˋdɛntɪst] n. [C] 牙醫

7. **detail** [ˋditel] n. [C] 細節；[U] 詳細
   💡 down to the smallest detail 非常詳細地
   detail [ˋditel] v. 詳細描述

8. **exist** [ɪgˋzɪst] v. 存在

9. **fisherman** [ˋfɪʃəmən] n. [C] 漁夫 (pl. fishermen)

10. **hop** [hɑp] v. (人) 單腳跳；(蛙等) 齊足跳 (hopped | hopped | hopping)
    hop [hɑp] n. [C] 短距離跳躍

11. **internal** [ɪnˋtɝnl] adj. 國內的 同 domestic 反 external；(組織等) 內部的 反 external

12. **Internet** [ˋɪntəˏnɛt] n. [sing.] 網際網路 (the ～) (also internet)

13. **jam** [dʒæm] n. [C][U] 果醬；[C] 堵塞
    jam [dʒæm] v. 把 … 塞入 <into>；擠滿 <with> (jammed | jammed | jamming)

14. **necklace** [ˋnɛkləs] n. [C] 項鍊

15. **playground** [ˋpleˏgraʊnd] n. [C] 操場，運動場

16. **poet** [ˋpoɪt] n. [C] 詩人

17. **policeman** [pəˋlismən] n. [C] 男員警 同 cop (pl. policemen)

18. **seafood** [`si,fud] n. [U] 海鮮

19. **shy** [ʃaɪ] adj. 害羞的 (shyer | shyest)

20. **silence** [`saɪləns] n. [U] 寧靜 <of> 同 quiet；[C][U] 沉默
    silence [`saɪləns] v. 使安靜

21. **soybean** [`sɔɪ,bin] n. [C] 大豆 (also soya bean)

22. **surf** [sɝf] v. 衝浪
    💡 surf the Internet 上網

23. **tofu** [`tofu] n. [U] 豆腐

24. **wallet** [`wɑlɪt] n. [C] 皮夾 同 billfold

25. **wolf** [wʊlf] n. [C] 狼 (pl. wolves)

Unit 30

1. **beard** [bɪrd] n. [C] 鬍鬚，山羊鬍

2. **board** [bord] n. [C] 布告板 <on>；板，木板
    board [bord] v. (使) 上 (船、火車或飛機)；寄宿

3. **calendar** [`kæləndɚ] n. [C] 日曆

4. **chess** [tʃɛs] n. [U] 西洋棋

5. **click** [klɪk] v. (使) 發出卡嗒聲；按一下 (滑鼠) <on>
    click [klɪk] n. [C] 喀啦聲

6. **dial** [`daɪəl] n. [C] 儀表盤；旋鈕，調節器

dial [ˋdaɪəl] v. 撥號 (dialed, dialled | dialed, dialled | dialing, dialling)

7. **division** [dɪˋvɪʒən] n. [C][U] 分開，分割 <of>；分歧，不和 <within>

8. **expense** [ɪkˋspɛns] n. [C][U] 支付，花費
   💡 at the expense of sth/sb 以…為代價，犧牲…

9. **flag** [flæg] n. [C] 旗幟

10. **hunter** [ˋhʌntɚ] n. [C] 獵人，捕獵者

11. **jog** [dʒɑg] v. 慢跑 (jogged | jogged | jogging)
    jog [dʒɑg] n. [sing.] 慢跑

12. **judgment** [ˋdʒʌdʒmənt] n. [C][U] 判斷；[U] 判斷力 (also judgement)

13. **meter** [ˋmitɚ] n. [C] 公尺 (also metre) (abbr. m)；計量器，儀表

14. **needle** [ˋnidl̩] n. [C] 針

15. **poison** [ˋpɔɪzn̩] n. [C][U] 毒，毒藥
    poison [ˋpɔɪzn̩] v. 在…裡下毒；使受汙染

16. **pork** [pork] n. [U] 豬肉

17. **postcard** [ˋpost͵kɑrd] n. [C] 明信片

18. **seesaw** [ˋsi͵sɔ] n. [C] 翹翹板 📖 teeter-totter

19. **sidewalk** [ˋsaɪd͵wɔk] n. [C] 人行道 📖 pavement

20. **skilled** [skɪld] adj. 熟練的 <at> 反 unskilled

21. **spoon** [spun] n. [C] 湯匙

22. **swallow** [`swɑlo] v. 吞嚥，吞下
    swallow [`swɑlo] n. [C] 燕子；吞嚥，吞下

23. **trial** [`traɪəl] n. [C][U] 審判；試驗

24. **watermelon** [`wɔtɚ,mɛlən] n. [C][U] 西瓜

25. **workbook** [`wɜk,bʊk] n. [C] 習題簿，練習簿

Unit 31

1. **admit** [əd`mɪt] v. 承認；招認 <to> 同 confess 反 deny
   (admitted | admitted | admitting)

2. **beer** [bɪr] n. [U] 啤酒

3. **bone** [bon] n. [C] 骨頭

4. **character** [`kærɪktɚ] n. [C] 性格，個性 (usu. sing.)；
   [C] 人物，角色

5. **childish** [`tʃaɪldɪʃ] adj. 幼稚的 同 immature 反 mature

6. **countryside** [`kʌntrɪ,saɪd] n. [U] 鄉村 同 the country

7. **dialogue** [`daɪə,lɔg] n. [C][U] (戲劇等裡的) 對白；(團體
   或國家間的) 對話 <with> (also dialog)

8. **domestic** [də`mɛstɪk] adj. 家庭的；國內的

9. **fate** [fet] n. [C] 命運 (usu. sing.)；[U] 天意

10. **flow** [flo] n. [C] (液體等) 流動 <of> (usu. sing.)；
    [C][U] (車) 流 (usu. sing.)
    flow [flo] v. (液體等) 流動；湧至 圓 pour, flood

11. **ignore** [ɪg`nor] v. 忽略，不理會

12. **joint** [dʒɔɪnt] adj. 共有的，共同的
    joint [dʒɔɪnt] n. [C] 關節；接合處

13. **lady** [`ledɪ] n. [C] 女士 (pl. ladies)

14. **mile** [maɪl] n. [C] 英里

15. **neighbor** [`nebɚ] n. [C] 鄰居

16. **pound** [paʊnd] n. [C] 磅 (abbr. lb)；英鎊 (also pound
    sterling)

17. **pray** [pre] v. 禱告，祈禱 <to, for>；祈求 <for>

18. **prince** [prɪns] n. [C] 王子
    princess [`prɪnsɛs] n. [C] 公主 (pl. princesses)

19. **select** [sə`lɛkt] v. 選擇，挑選 <from> 圓 choose, pick
    select [sə`lɛkt] adj. 挑選出來的

20. **silver** [`sɪlvɚ] n. [U] 銀；銀器 圓 silverware
    silver [`sɪlvɚ] adj. 銀製的；銀色的

21. **soft** [sɔft] adj. 柔軟的 圓 hard；柔滑的 圓 rough

22. **stomachache** [`stʌmək‚ek] n. [C][U] 胃痛

23. **sweater** [`swɛtɚ] n. [C] 毛衣

24. **upload** [ʌp`lod] v. 上傳 反 download

25. **weekday** [`wik,de] n. [C] 平日，工作日

Unit 32

1. **aloud** [ə`laʊd] adv. 出聲地，大聲地 同 out loud

2. **beg** [bɛg] v. 乞求 <for>；乞討 <from> (begged | begged | begging)

3. **broad** [brɔd] adj. 寬的，寬廣的 反 narrow；廣泛的

4. **chopstick** [`tʃɑp,stɪk] n. [C] 筷子 (usu. pl.)

5. **concern** [kən`sɝn] n. [U] 擔心，憂慮；[C][U] 關心 (的事)
   concern [kən`sɝn] v. 與…有關，涉及；使擔心
   💡 concern oneself with/about sth 關心；擔心

6. **curtain** [`kɝtn̩] n. [C] 簾，窗簾；(舞臺上的) 幕
   curtain [`kɝtn̩] v. (用簾子) 隔開 <off>

7. **diary** [`daɪərɪ] n. [C] 日記 (pl. diaries) 同 journal

8. **doubt** [daʊt] n. [C][U] 懷疑，疑慮 <about>
   💡 no/without doubt 無疑地 | be in doubt 不確定
   doubt [daʊt] v. 懷疑

9. **fault** [fɔlt] n. [C] 過錯，過失 <for>；毛病，缺陷
   💡 at fault 有過錯，為…負責 |

find fault with sb/sth 挑…的毛病
fault [fɔlt] v. 挑…的毛病

10. **foolish** [ˋfulɪʃ] adj. 傻的，愚蠢的 <of> 同 silly

11. **impressive** [ɪmˋprɛsɪv] adj. 令人印象深刻的

12. **keeper** [ˋkipɚ] n. [C] 飼養員

13. **lap** [læp] n. [C] (坐著時的) 大腿 <on>

14. **minority** [maɪˋnɔrətɪ] n. [C] 少數 <of> 反 majority；[C] 少數群體 (usu. pl.) (pl. minorities)

15. **nephew** [ˋnɛfju] n. [C] 姪子，外甥

16. **prayer** [prɛr] n. [C] 祈禱文；[U] 祈禱，禱告 <in>

17. **priest** [prist] n. [C] 牧師

18. **print** [prɪnt] n. [U] 印刷品，出版物；印刷字體
    💡 be in/out of print (書) 仍可買到的 / 已絕版的
    print [prɪnt] v. 印；印刷

19. **servant** [ˋsɝvənt] n. [C] 僕人

20. **skill** [skɪl] n. [C][U] 技能，技巧

21. **soil** [sɔɪl] n. [C][U] 泥土，土壤 同 earth

22. **stream** [strim] n. [C] 小河，溪流；流動 <of>
    stream [strim] v. 流，流動 <out of> 同 pour

23. **swimsuit** [ˋswɪmsut] n. [C] 泳裝

24. **wedding** [ˋwɛdɪŋ] n. [C] 婚禮

25. **whale** [hwel] n. [C] 鯨

Unit 33

1. **angle** [ˋæŋgl̩] n. [C] 角，角度；觀點，立場

2. **beginner** [bɪˋgɪnɚ] n. [C] 初學者

3. **brush** [brʌʃ] n. [C] 刷子
   brush [brʌʃ] v. 刷

4. **clap** [klæp] v. 鼓 (掌) ；拍 (手) (clapped | clapped | clapping)
   clap [klæp] n. [sing.] 霹靂聲 <of>

5. **consideration** [kən‚sɪdəˋreʃən] n. [U] 考慮，斟酌；[C] 考慮的事或因素
   ♥ take sth into consideration 將…列入考慮

6. **dancer** [ˋdænsɚ] n. [C] 舞者

7. **disagree** [‚dɪsəˋgri] v. 不同意，反對 <with, on> 反 agree；不一致 <with> 反 agree
   disagreement [‚dɪsəˋgrimənt] n. [C][U] 分歧，意見不合 <among> 反 agreement

8. **dragon** [ˋdrægən] n. [C] 龍

9. **fellow** [ˋfɛlo] n. [C] 人，傢伙

10. **forgive** [fə`gɪv] v. 原諒 <for> (forgave | forgiven | forgiving)

11. **indicate** [`ɪndə͵ket] v. 顯示；表明

12. **ketchup** [`kɛtʃəp] n. [U] 番茄醬 (also catsup)

13. **lay** [le] v. 放置 ⑩ place；生 (蛋) (laid | laid | laying)

14. **mirror** [`mɪrə] n. [C] 鏡子 <in>
    mirror [`mɪrə] v. 反映 ⑩ reflect

15. **nerve** [nɝv] n. [C] 神經；[U] 勇氣，膽量

16. **press** [prɛs] n. [sing.] 新聞界，記者 (the ～)；[C] 出版社
    press [prɛs] v. 按，壓 ⑩ push；熨平，燙平 ⑩ iron

17. **principle** [`prɪnsəpl] n. [C][U] 原則；[C] 原理
    💡 in principle 原則上，基本上

18. **prisoner** [`prɪznə] n. [C] 犯人

19. **shark** [ʃɑrk] n. [C] 鯊魚

20. **slide** [slaɪd] n. [C] 滑梯；下滑 <in> (usu. sing.) ⑳ rise
    slide [slaɪd] v. (使) 滑動，(使) 滑行 <across>；悄悄地走 <out of> (slid | slid | sliding)

21. **stretch** [strɛtʃ] n. [C] (土地或水域等的) 一片 <of>；(連續的) 一段時間 <of>
    stretch [strɛtʃ] v. 拉長；伸展 (身體)

22. **strict** [strɪkt] adj. 嚴格的 <with, about> ⑳ lenient

23. **tale** [tel] n. [C] 故事，傳說

24. **whisper** [`hwɪspɚ] n. [C] 低語 <in>；傳聞，私下的議論 同 rumor
    whisper [`hwɪspɚ] v. 低語，小聲說話 <to>

25. **whoever** [hu`ɛvɚ] pron. 無論誰

Unit 34

1. **anytime** [`ɛnɪ,taɪm] adv. 在任何時候

2. **boil** [bɔɪl] n. [sing.] 沸騰 (狀態)
   boil [bɔɪl] v. 煮沸，燒開

3. **businessman** [`bɪznɪs,mæn] n. [C] 商人 (pl. businessmen)

4. **clever** [`klɛvɚ] adj. 聰明的 同 intelligent, smart；狡猾的

5. **contract** [`kɑntrækt] n. [C] 合約，契約 <with>
   contract [kən`trækt] v. (使) 收縮，(使) 縮小 反 expand

6. **delay** [dɪ`le] n. [C] 延遲，延誤 <in>；[U] 耽擱 <without>
   delay [dɪ`le] v. 延誤；延後 <for>

7. **distant** [`dɪstənt] adj. 遙遠的，遠方的 <from>；冷漠的，不親近的

8. **drawing** [`drɔɪŋ] n. [C] 圖畫 <of>；[U] 繪畫

9. **fog** [fɑg] n. [C][U] 霧 同 mist
   fog [fɑg] v. (因水氣等) 變得模糊 (also fog up) 同 mist up, steam up (fogged | fogged | fogging)

10. **garlic** [ˋgɑrlɪk] n. [U] 大蒜

11. **journal** [ˋdʒɝn!] n. [C] 雜誌，期刊

12. **kilogram** [ˋkɪləˏgræm] n. [C] 公斤 (abbr. kg)

13. **lift** [lɪft] v. 舉起 (also lift up)；抬起 (肢體等) 同 raise (also lift up)
    lift [lɪft] n. [C] 電梯 同 elevator；搭便車 同 ride

14. **niece** [nis] n. [C] 姪女，外甥女

15. **painful** [ˋpenfəl] adj. 疼痛的；令人痛苦的 反 painless (painfuller | painfullest)

16. **printer** [ˋprɪntɚ] n. [C] 印表機

17. **protective** [prəˋtɛktɪv] adj. 防護性的，保護的

18. **pupil** [ˋpjup!] n. [C] 學生

19. **shell** [ʃɛl] n. [C] 貝殼

20. **somewhat** [ˋsʌmˏhwɑt] adv. 有點，稍微

21. **struggle** [ˋstrʌg!] n. [C] 奮鬥，努力 <for>；掙扎
    struggle [ˋstrʌg!] v. 奮鬥，努力；打鬥 <with>

22. **succeed** [səkˋsid] v. 成功 <in>

23. **teapot** [`ti,pɑt] n. [C] 茶壺

24. **width** [wɪdθ] n. [C][U] 寬度 <in>

25. **wine** [waɪn] n. [U] 葡萄酒

Unit 35

1. **absent** [`æbsn̩t] adj. 缺席的 <from> 反 present
   absent [æb`sɛnt] v. 缺席 <from>

2. **anyway** [`ɛnɪ,we] adv. 無論如何，不管怎樣 (also anyhow)

3. **bookstore** [`bʊk,stor] n. [C] 書店

4. **cell** [sɛl] n. [C] 細胞

5. **cloth** [klɔθ] n. [U] 布 (料)；[C] 抹布

6. **crime** [kraɪm] n. [U] 違法行為，犯罪活動；[C] 罪，罪行

7. **divide** [dɪ`vaɪd] v. (使) 分開，(使) 分組 <into>；分隔 (also divide off)
   divide [dɪ`vaɪd] n. [C] 分歧，隔閡 <between> (usu. sing.)

8. **downstairs** [daʊn`stɛrz] adv. 在樓下 反 upstairs
   downstairs [daʊn`stɛrz] n. [sing.] 樓下 (the ~)
   downstairs [daʊn`stɛrz] adj. 樓下的 反 upstairs

9. **earn** [ɝn] v. 賺 (錢)；贏得

10. **forth** [forθ] adv. (從某地) 外出，離開

11. **gentle** [ˋdʒɛntḷ] adj. 溫和的，和藹的 <with> 反 rough；徐緩的 (gentler | gentlest)

12. **justice** [ˋdʒʌstɪs] n. [U] 正義，公正 反 injustice；司法，審判

13. **ladybug** [ˋledɪ͵bʌg] n. [C] 瓢蟲

14. **load** [lod] n. [C] 負重，載重 <of>；工作量
    load [lod] v. 裝載 <into> (also load up) 反 unload

15. **nod** [nɑd] n. [C] 點頭
    nod [nɑd] v. 點頭 (nodded | nodded | nodding)
    💡 nod off 打瞌睡

16. **poem** [ˋpoɪm] n. [C] 詩 <about>

17. **pudding** [ˋpʊdɪŋ] n. [C][U] 布丁

18. **punish** [ˋpʌnɪʃ] v. 處罰，懲罰 <for>
    punishment [ˋpʌnɪʃmənt] n. [C][U] 處罰，懲罰 <as>

19. **puzzle** [ˋpʌzḷ] n. [C] 猜謎，智力遊戲；謎，令人費解的事 (usu. sing.)
    puzzle [ˋpʌzḷ] v. (使) 感到迷惑

20. **shopkeeper** [ˋʃɑp͵kipɚ] n. [C] 店主 同 storekeeper

21. **soul** [sol] n. [C] 靈魂

22. **suit** [sut] n. [C] 套裝，西裝

suit [sut] v. 對…方便；適合，與…相稱

23. **tear** [tɪr] n. [C] 眼淚 (usu. pl.)
    tear [tɛr] v. (被) 撕掉，(被) 撕裂 (tore | torn | tearing)
    💡 tear sb/sth apart 使…分離；把…撕開

24. **text** [tɛkst] n. [U] 正文 ; [C] (手機的) 簡訊 (also text message)

25. **windy** [ˋwɪndɪ] adj. 風大的，刮風的 (windier | windiest)

Unit 36

1. **affair** [əˋfɛr] n. [C] 事務 ; 風流韻事 <with> 同 love affair

2. **ape** [ep] n. [C] 猿，類人猿

3. **bun** [bʌn] n. [C] 小圓麵包；圓髮髻 <in>

4. **cereal** [ˋsɪrɪəl] n. [C][U] 穀物食物

5. **cloudy** [ˋklaʊdɪ] adj. 多雲的 反 clear (cloudier | cloudiest)

6. **custom** [ˋkʌstəm] n. [C][U] 風俗，習俗

7. **double** [ˋdʌbl̩] adj. 雙的；雙人的
   double [ˋdʌbl̩] v. 加倍
   double [ˋdʌbl̩] n. [C][U] 兩倍，雙份；[C] 雙人房

double [ˋdʌb!] adv. 雙層地，雙重地

8. **drawer** [ˋdrɔɚ] n. [C] 抽屜

9. **examination** [ɪɡ͵zæməˋneʃən] n. [C] 考試 圓 exam ； [C][U] 檢查 <on>

10. **garbage** [ˋɡɑrbɪdʒ] n. [U] 垃圾 圓 rubbish

11. **goat** [ɡot] n. [C] 山羊

12. **lamb** [læm] n. [C] 小羊；[U] 羊羔肉
    lamb [læm] v. 生小羊

13. **leadership** [ˋlidɚ͵ʃɪp] n. [C][U] 領導；[U] 領導能力

14. **lone** [lon] adj. 單獨的，獨自的 圓 solitary

15. **noodle** [ˋnud!] n. [C] 麵條 (usu. pl.)

16. **policy** [ˋpɑləsɪ] n. [C] 政策，方針 <on> (pl. policies)

17. **pumpkin** [ˋpʌmpkɪn] n. [C][U] 南瓜

18. **quantity** [ˋkwɑntətɪ] n. [C][U] 量 <of> (pl. quantities)

19. **rat** [ræt] n. [C] 老鼠

20. **shore** [ʃor] n. [C][U] 岸 <of>

21. **sour** [saʊr] adj. 酸的 圉 sweet；酸臭的，酸腐的
    sour [saʊr] n. [U] 酸味雞尾酒，沙瓦
    sour [saʊr] v. (使) 令人不快，(使) 不友好；(使) 酸腐

22. **terrorism** [ˋtɛrə͵rɪzəm] n. [U] 恐怖主義

23. **thief** [θif] n. [C] 小偷 (pl. thieves)

24. **tissue** [ˋtɪʃʊ] n. [U] (細胞) 組織；[C] 面紙

25. **wing** [wɪŋ] n. [C] 翅膀

Unit 37

1. **album** [ˋælbəm] n. [C] (音樂) 專輯；集郵冊，相冊

2. **argue** [ˋɑrgju] v. 爭論，爭吵 <with, over>；主張，提出
理由 <for>
   argument [ˋɑrgjumənt] n. [C] 爭論，爭吵 <with,
   over>；理由，論點

3. **burden** [ˋbɝdn̩] n. [C] 負擔，重擔 <of>；負荷 ⓢ load
   burden [ˋbɝdn̩] v. 煩擾 <with>

4. **chapter** [ˋtʃæptɚ] n. [C] 章，回；一段時期，階段 <in>

5. **cocoa** [ˋkoko] n. [U] 可可粉 (also cocoa powder)

6. **depend** [dɪˋpɛnd] v. 依⋯而定，取決於 <on>；依賴，依
   靠 <on> ⓢ rely
   💡 it depends 視情況而定

7. **dove** [dʌv] n. [C] 鴿子

8. **dryer** [ˋdraɪɚ] n. [C] 烘乾機

9. **examine** [ɪgˋzæmɪn] v. 調查，審查 <for>；檢查

10. **gentleman** [ˋdʒɛntl̩mən] **n.** [C] 先生；紳士 (pl. gentlemen)

11. **gradual** [ˋgrædʒʊəl] **adj.** 逐漸的 ⊚ sudden

12. **lane** [len] **n.** [C] 鄉間小路；巷

13. **lend** [lɛnd] **v.** 借出，借給 <to> (lent | lent | lending)
    💡 lend (sb) a hand 幫助 (⋯) | lend an ear 傾聽

14. **mango** [ˋmæŋgo] **n.** [C] 芒果 (pl. mangoes)

15. **nut** [nʌt] **n.** [C] 堅果

16. **praise** [prez] **n.** [U] 讚美，表揚 ⊚ criticism
    praise [prez] **v.** 讚美，表揚 <for> ⊚ criticize

17. **purple** [ˋpɝpl̩] **adj.** 紫色的 (purpler | purplest)
    purple [ˋpɝpl̩] **n.** [C][U] 紫色

18. **railroad** [ˋrel͵rod] **n.** [C] 鐵路，鐵道 ⊜ railway

19. **refrigerator** [rɪˋfrɪdʒə͵retɚ] **n.** [C] 冰箱 ⊜ fridge

20. **shut** [ʃʌt] **v.** 關閉；停止營業 ⊜ close (shut | shut | shutting)
    💡 shut (sth) off 關掉 (機器等) | shut up 閉嘴
    shut [ʃʌt] **adj.** 關閉的，關上的 ⊜ closed

21. **spot** [spɑt] **n.** [C] 地點，場所 <on>；斑點 ⊜ patch
    💡 on the spot 在現場；當場
    spot [spɑt] **v.** 看見，注意到 (spotted | spotted |

spotting)

22. **thirsty** [ˋθɝstɪ] adj. 口渴的 (thirstier | thirstiest)

23. **tongue** [tʌŋ] n. [C] 舌頭；語言
    ♥ slip of the tongue 失言

24. **track** [træk] n. [C] 小道，小徑；足跡，車痕
    ♥ keep track of sb/sth 了解⋯的動態 / 紀錄⋯
    track [træk] v. 跟蹤，追蹤 <to>

25. **wool** [wʊl] n. [U] 羊毛

━━━━━━━━━━◆━━━━━━━━━━●

Unit 38

1. **ankle** [ˋæŋkl] n. [C] 腳踝

2. **arrow** [ˋæro] n. [C] 箭

3. **burst** [bɝst] n. [C] 爆裂，破裂；爆發 <of>
    burst [bɝst] v. 爆炸，破裂；衝，闖 <into> (burst | burst | bursting)
    ♥ burst out crying/laughing 突然大哭 / 大笑

4. **chart** [tʃɑrt] n. [C] 圖表 囘 diagram

5. **cola** [ˋkolə] n. [C][U] 可樂，碳酸飲料
    Coke [kok] n. [C][U] 可口可樂

6. **description** [dɪˋskrɪpʃən] n. [C][U] 描述 <of>
    ♥ be beyond description 無法形容，難以描述

7. **drama** [`drɑmə] n. [C][U] 戲劇；戲劇性 (事件)

8. **dull** [dʌl] adj. 枯燥的，乏味的；(色彩等) 不鮮明的，晦暗的
   dull [dʌl] v. 緩解，減輕

9. **exit** [`ɛgzɪt] n. [C] 出口；離開，退場 <from> (usu. sing.)
   exit [`ɛgzɪt] v. 離開 <from>

10. **govern** [`gʌvə·n] v. 治理，管理 同 rule

11. **gram** [græm] n. [C] 公克 (also gramme) (abbr. g, gm)

12. **lantern** [`læntə·n] n. [C] 燈籠

13. **liver** [`lɪvə·] n. [C] 肝臟

14. **marry** [`mærɪ] v. 娶，嫁，(和…) 結婚 (married | married | marrying)

15. **operator** [`ɑpə‚retə·] n. [C] 接線生

16. **principal** [`prɪnsəpl̩] adj. 最重要的，主要的 同 main
    principal [`prɪnsəpl̩] n. [C] 校長

17. **quiz** [kwɪz] n. [C] 問答遊戲，智力競賽；小考 (pl. quizzes)

18. **relation** [rɪ`leʃən] n. [C][U] 關係，關聯 <between> 同 relationship
    💡 in relation to sth 關於…，涉及…

19. **rub** [rʌb] v. 揉搓，摩擦 (rubbed | rubbed | rubbing)
    rub [rʌb] n. [C] 擦，揉搓 (usu. sing.)

20. **silly** [ˋsɪlɪ] adj. 傻的，愚蠢的 同 foolish (sillier | silliest)

21. **steak** [stek] n. [C][U] 牛排

22. **thunder** [ˋθʌndɚ] n. [U] 雷，雷聲
    thunder [ˋθʌndɚ] v. 轟隆隆地移動

23. **treasure** [ˋtrɛʒɚ] n. [U] 寶藏；[C] 珍寶，藝術珍品
    treasure [ˋtrɛʒɚ] v. 珍惜

24. **upset** [ʌpˋsɛt] adj. 苦惱的，心煩的 <about, by>；生氣的 <with>
    upset [ʌpˋsɛt] v. 使苦惱；打亂，攪亂 (upset | upset | upsetting)
    upset [ˋʌpsɛt] n. [C][U] 苦惱，心煩

25. **worm** [wɝm] n. [C] 蟲
    worm [wɝm] v. 擠過，鑽過 <through>

Unit 39

1. **arrival** [əˋraɪvl] n. [C][U] 抵達 <at, in> 反 departure；[U] 來臨 <of>

2. **backpack** [ˋbækˏpæk] n. [C] 背包
   backpack [ˋbækˏpæk] v. 背包旅行 <around>

3. **cabbage** [ˋkæbɪdʒ] n. [C][U] 甘藍，捲心菜

4. **classic** [ˋklæsɪk] adj. 典型的，有代表性的；經典的
   classic [ˋklæsɪk] n. [C] 經典之作

5. **comb** [kom] n. [C] 梳子
   comb [kom] v. 用梳子梳
   💡 comb sth out 梳理 (頭髮)

6. **desert** [ˋdɛzɚt] n. [C][U] 沙漠，荒漠
   desert [dɪˋzɝt] v. 拋棄，丟棄 🔄 abandon

7. **duty** [ˋdjutɪ] n. [C][U] 義務 🔄 obligation；[C][U] 職務 (usu. pl.) (pl. duties)
   💡 be on/off duty 上 / 下班

8. **eagle** [ˋig!] n. [C] 鷹

9. **fever** [ˋfivɚ] n. [C][U] 發燒；[sing.][U] 狂熱

10. **grain** [gren] n. [U] 穀物；[C] 穀粒

11. **grape** [grep] n. [C] 葡萄

12. **lens** [lɛnz] n. [C] (照相機等的) 鏡頭 ; 鏡片 ， 透鏡 (pl. lenses)

13. **luck** [lʌk] n. [U] 運氣
    💡 try sb's luck 碰運氣

14. **membership** [ˋmɛmbɚ͵ʃɪp] n. [U] 會員資格，會員身分 <in, of>

15. **pajamas** [pə`dʒæməz] n. [pl.] 睡衣褲

16. **promise** [`prɑmɪs] n. [C] 承諾，約定
   💡 <u>make/keep</u> a promise 立下 / 信守承諾
   promise [`prɑmɪs] v. 承諾，保證

17. **raincoat** [`ren,kot] n. [C] 雨衣

18. **repair** [rɪ`pɛr] n. [C][U] 修理 <to>
   💡 under repair 正在修理中
   repair [rɪ`pɛr] v. 修理 🔁 mend

19. **sail** [sel] v. 航行，行駛；啟航，開船 <for>
   sail [sel] n. [C] 帆
   💡 set sail 啟航

20. **slipper** [`slɪpɚ] n. [C] 拖鞋

21. **storm** [stɔrm] n. [C] 暴風雨
   storm [stɔrm] v. 猛衝 <into>

22. **tire** [taɪr] v. (使) 感到疲勞
   💡 tire of <u>sb/sth</u> 對…感到厭煩
   tire [taɪr] n. [C] 輪胎

23. **triangle** [`traɪ,æŋgl̩] n. [C] 三角形

24. **wherever** [hwɛr`ɛvɚ] adv. 無論什麼地方，去任何地方
   wherever [hwɛr`ɛvɚ] conj. 無論在哪裡，無論到哪裡

25. **wound** [wund] n. [C] 傷，傷口

wound [wund] v. 使受傷

Unit 40

1. **bend** [bɛnd] v. 彎 (腰)，曲 (膝) <down>；(使) 彎曲
   (bent | bent | bending)
   bend [bɛnd] n. [C] 彎道，轉彎處 <in>

2. **café** [kə`fe] n. [C] 咖啡廳 (also cafe)

3. **coal** [kol] n. [U] 煤

4. **congratulation** [kən͵grætʃə`leʃən] n. [U] 祝賀 <on>；
   [pl.] 祝賀，恭喜 (～s)

5. **drug** [drʌg] n. [C] 毒品；藥物
   drug [drʌg] v. 用 藥 麻 醉 (drugged | drugged |
   drugging)

6. **earring** [`ɪr͵rɪŋ] n. [C] 耳環 (pl. earrings)

7. **earthquake** [`ɝθ͵kwek] n. [C] 地震

8. **false** [fɔls] adj. 虛假的，偽造的；錯誤的 (falser | falsest)

9. **fox** [fɑks] n. [C] 狐狸 (pl. foxes)

10. **guava** [`gwɑvə] n. [C] 番石榴

11. **lid** [lɪd] n. [C] 蓋子
    💡 keep a lid on sth 防止…失控；保守祕密

12. **mention** [ˋmɛnʃən] v. 提及，談到 <to>
    💡 don't mention it 不客氣 |
       not to mention sth 更不必說…
    mention [ˋmɛnʃən] n. [C][U] 提及 ， 談到 <of> (usu. sing.)

13. **mood** [mud] n. [C] 心情，情緒
    💡 be in the mood for sth 有意要…

14. **pan** [pæn] n. [C] 平底鍋 ⑩ saucepan

15. **reject** [rɪˋdʒɛkt] v. 拒絕，不接受 ⑰ accept；不錄用 ⑰ accept

16. **relate** [rɪˋlet] v. 有關聯 <to> ⑩ connect；找到聯繫 <to>

17. **review** [rɪˋvju] n. [C][U] 審查，審核 <under>；[C] 評論
    review [rɪˋvju] v. 審查，審核；評論

18. **salty** [ˋsɔltɪ] adj. 鹹的 (saltier | saltiest)

19. **snowy** [ˋsnoɪ] adj. 下雪的，多雪的 (snowier | snowiest)

20. **strike** [straɪk] n. [C][U] 罷工 <on>；攻擊，突襲 <on>
    strike [straɪk] v. 撞 ， 擊 ； 擊 打 (struck | struck | striking)
    💡 strike a balance (between...) (在…中) 求得平衡

21. **toast** [tost] n. [U] 吐司；[C] 敬酒，乾杯
    toast [tost] v. 舉杯為…敬酒 <with>；烤

22. **trick** [trɪk] n. [C] 騙局，詭計；惡作劇
    trick [trɪk] v. 欺騙，誘騙 <into>

23. **true** [tru] adj. 正確的，真實的 反 false；真正的 同 real
    (truer | truest)
    💡 come true (夢想) 成真
    true [tru] adv. 不偏離地，正中地
    true [tru] v. 裝準，擺正 <up>

24. **worst** [wɝst] adj. 最差的，最糟的
    worst [wɝst] adv. 最嚴重地，最糟地
    💡 worst of all 最糟的是
    worst [wɝst] n. [sing.] 最壞的人或事，最糟的情況
    (the ～)

25. **yam** [jæm] n. [C] 山藥

核心

學習完一個回次後，
可以在該回次的☑打勾。
一起培養核心英文字彙力吧！

Level 3

① ② ③ ④ ⑤ ⑥ ⑦ ⑧ ⑨ ⑩
⑪ ⑫ ⑬ ⑭ ⑮ ⑯ ⑰ ⑱ ⑲ ⑳
㉑ ㉒ ㉓ ㉔ ㉕ ㉖ ㉗ ㉘ ㉙ ㉚
㉛ ㉜ ㉝ ㉞ ㉟ ㊱ ㊲ ㊳ ㊴ ㊵

Level 4

① ② ③ ④ ⑤ ⑥ ⑦ ⑧ ⑨ ⑩
⑪ ⑫ ⑬ ⑭ ⑮ ⑯ ⑰ ⑱ ⑲ ⑳
㉑ ㉒ ㉓ ㉔ ㉕ ㉖ ㉗ ㉘ ㉙ ㉚
㉛ ㉜ ㉝ ㉞ ㉟ ㊱ ㊲ ㊳ ㊴ ㊵

Level 5-1

① ② ③ ④ ⑤ ⑥ ⑦ ⑧ ⑨ ⑩
⑪ ⑫ ⑬ ⑭ ⑮ ⑯ ⑰ ⑱ ⑲ ⑳

Unit 1

1. **award** [ə`wɔrd] n. [C] 獎項 <for>
   award [ə`wɔrd] v. 授與，頒發

2. **bubble** [`bʌbl̩] n. [C] 泡沫，氣泡
   💡 burst sb's bubble 打破⋯的希望 |
   bubble (milk) tea 珍珠奶茶

3. **cave** [kev] n. [C] 洞穴
   cave [kev] v. 坍塌 <in>；讓步，妥協 <in>

4. **communicate** [kə`mjunə,ket] v. 溝通 <with>

5. **county** [`kauntɪ] n. [C] 縣，郡 (abbr. Co.)

6. **dine** [daɪn] v. 用餐 <with>
   💡 dine on sth 正餐吃⋯ | dine out/in 在外 / 在家用餐

7. **enable** [ɪn`ebl̩] v. 使能夠 🔄 allow

8. **hollow** [`halo] adj. 中空的，空心的；空洞的，虛偽的
   hollow [`halo] n. [C] 坑洞
   hollow [`halo] v. 挖空，挖洞 <out>

9. **inform** [ɪn`fɔrm] v. 通知，告知 <of, about>

10. **knit** [nɪt] v. 編織 (knitted, knit | knitted, knit | knitting)
    knit [nɪt] n. [C] 針織衫，毛衣 (usu. pl.)

11. **mostly** [`mostlɪ] adv. 通常 🔄 mainly

12. **ownership** [`onɚˌʃɪp] n. [U] 所有權
    💡 private/public ownership 私人 / 公共所有權

13. **passage** [`pæsɪdʒ] n. [C] 通道 <through>;(文章的) 段落

14. **patience** [`peʃəns] n. [U] 耐心，耐性 <with> 反 impatience
    💡 require/lose patience 需要 / 失去耐性

15. **persuade** [pɚ`swed] v. 使相信，使信服 同 convince；說服，勸服

16. **poverty** [`pɑvɚtɪ] n. [U] 貧窮
    💡 a poverty of sth 缺乏…

17. **replace** [rɪ`ples] v. 取代，代替 <with>
    replacement [rɪ`plesmənt] n. [C][U] 替代 (物)

18. **risk** [rɪsk] n. [C][U] 冒險，風險
    💡 at your own risk 風險自負
    risk [rɪsk] v. 冒…的危險

19. **rough** [rʌf] adj. 粗糙的 反 smooth
    rough [rʌf] adv. 粗魯地
    💡 live/sleep rough 餐風宿露
    rough [rʌf] n. [C] 草稿，草圖
    💡 in rough 粗略地，大致上

20. **sticky** [`stɪkɪ] adj. 黏性的；棘手的 (stickier | stickiest)

21. **stomach** [`stʌmək] n. [C] 胃，下腹 (pl. stomachs)

♥ an upset stomach 腸胃不舒服 | have a weak/strong stomach 易 / 不易反胃；忍耐力差 / 好

22. **temporary** [ˋtɛmpə͵rɛrɪ] adj. 暫時的 ⊠ permanent
♥ temporary measure/solution 暫時的措施 / 解決辦法

23. **van** [væn] n. [C] 廂型車

24. **vanish** [ˋvænɪʃ] v. 突然消失 ㊀ disappear
♥ vanish in a puff of smoke/into thin air 消失得無影無蹤

25. **weekly** [ˋwiklɪ] adj. 每週的
weekly [ˋwiklɪ] adv. 每週地
weekly [ˋwiklɪ] n. [C] 週刊

Unit 2

1. **bamboo** [bæmˋbu] n. [C][U] 竹 (pl. bamboos)

2. **bucket** [ˋbʌkɪt] n. [C] 水桶 ㊀ pail
♥ in buckets 大量

3. **cheek** [tʃik] n. [C] 臉頰

4. **connect** [kəˋnɛkt] v. 連接 <to>；和…有關聯 <with> ㊀ associate

5. **dairy** [ˋdɛrɪ] n. [U] 乳製品

6. **dinosaur** [ˋdaɪnə͵sɔr] n. [C] 恐龍

7. **erase** [ɪˋres] v. 擦掉，去除；(從腦海中) 清除 <from>

8. **imagination** [ɪ,mædʒəˋneʃən] n. [C][U] 想像力
   💡 capture/catch sb's imagination 引起…的興趣

9. **intelligent** [ɪnˋtɛlədʒənt] adj. 聰明的 (反) unintelligent

10. **leak** [lik] n. [C] 漏洞；漏出物
    leak [lik] v. (液體或氣體) 漏出 <into, from, out> (同)
    seep；洩漏 (機密) <to> (同) disclose

11. **opportunity** [,ɑpəˋtjunətɪ] n. [C][U] 機會 (同) chance
    (pl. opportunities)
    💡 seize/grasp an opportunity 抓緊機會 |
    miss/lose an opportunity 錯失機會

12. **passion** [ˋpæʃən] n. [C][U] 強烈的情感；[C] 熱愛 <for>

13. **pile** [paɪl] n. [C] 堆
    💡 make a pile 賺很多錢
    pile [paɪl] v. 堆積

14. **practical** [ˋpræktɪkl̩] adj. 實際的 (反) impractical；實用的
    💡 for (all) practical purposes 其實，事實上
    practically [ˋpræktɪklɪ] adv. 實際上

15. **process** [ˋprɑsɛs] n. [C] 過程 (pl. processes)
    process [ˋprɑsɛs] v. 加工處理；審核文件

16. **puppet** [ˋpʌpɪt] n. [C] 木偶；傀儡

17. **situation** [,sɪtʃʊˋeʃən] n. [C] 情況

18. **stool** [stul] n. [C] (無椅背) 凳子

19. **strategy** [ˋstrætədʒɪ] n. [C][U] 策略 <for> (pl. strategies)
   🔎 economic/political strategy 經濟 / 政治策略 | adopt/develop a strategy 實行 / 發想策略

20. **tablet** [ˋtæblɪt] n. [C] 藥片 ⓘ pill
   🔎 vitamin/sleeping/indigestion tablet 維他命片 / 安眠藥 / 胃藥

21. **threat** [θrɛt] n. [C][U] 威脅
   🔎 be under threat of sth 受到…的威脅

22. **tourist** [ˋturɪst] n. [C] 觀光客
   🔎 tourist industry 旅遊業

23. **vision** [ˋvɪʒən] n. [U] 視力 ⓘ eyesight；遠見 ⓘ foresight
   🔎 good/poor/normal vision 視力好 / 差 / 正常

24. **volume** [ˋvɑljəm] n. [C][U] 容積；[U] 音量
   🔎 turn the volume up/down 調高 / 低音量

25. **yearly** [ˋjɪrlɪ] adj. 一年的，每年的
   🔎 on a yearly basis 按年的
   yearly [ˋjɪrlɪ] adv. 每年地
   🔎 grow/increase/rise yearly 逐年增加

Unit 3 ☸

1. **achieve** [əˋtʃiv] v. 達到，實現 同 attain, accomplish
   achievement [əˋtʃivmənt] n. [C] 成績，表現；[U] 成就

2. **appeal** [əˋpil] n. [C] 懇求，呼籲；[U] 吸引力
   appeal [əˋpil] v. 懇求 <to> 同 plead；吸引 <to> 同 attract
   appealing [əˋpilɪŋ] adj. 有魅力的

3. **attract** [əˋtrækt] v. 吸引
   💡 be attracted by/to sb/sth 被⋯吸引

4. **bride** [braɪd] n. [C] 新娘

5. **cabin** [ˋkæbɪn] n. [C] 小木屋；(船或飛機的) 客艙

6. **cheerful** [ˋtʃɪrfəl] adj. 開心的，快樂的

7. **conclusion** [kənˋkluʒən] n. [C] 結論
   💡 in conclusion 最後，總之 |
   draw/reach/come to a conclusion 得到結論 |
   jump/leap to conclusions 草率下結論

8. **considerable** [kənˋsɪdərəbl] adj. 相當大的，相當多的 同 significant

9. **definition** [ˌdɛfəˋnɪʃən] n. [C] 定義，解釋
   💡 by definition 按照定義

10. **dip** [dɪp] v. 浸，蘸 <in, into> 同 dunk (dipped | dipped | dipping)

dip [dɪp] n. 　[C] (短時間) 游泳，玩水；[C][U] 調味醬

11. **explode** [ɪk`splod] v. 爆炸 ⓢ blow up ；(情緒) 爆發 <with, into>

12. **invent** [ɪn`vɛnt] v. 發明

13. **journey** [`dʒɝnɪ] n. 　[C] 旅行 ⓢ trip
    journey [`dʒɝnɪ] v. 旅行

14. **learning** [`lɝnɪŋ] n. 　[U] 學習

15. **leopard** [`lɛpɚd] n. 　[C] 豹
    💡 A leopard cannot change its spots. 【諺】本性難移。

16. **palm** [pɑm] n. 　[C] 手掌；棕櫚樹
    💡 have sb in the palm of sb's hand …把…攥在手掌心 (…完全掌控…)

17. **permission** [pɚ`mɪʃən] n. 　[U] 許可
    💡 give/grant sb permission 給…許可 |
    get/obtain sb's permission 得到…的許可

18. **pollute** [pə`lut] v. 汙染

19. **presence** [`prɛzṇs] n. 　[U] 出席 ⓡ absence ；存在 ⓡ absence
    💡 make your presence felt 突顯自己；對情勢發揮作用

20. **quit** [kwɪt] v. 停止；放棄 (quit | quit | quitting)

21. **staff** [stæf] n. 　[sing.] 全體員工

‖ medical/nursing/coaching staff 醫務 / 護理 / 教練人員
staff [stæf] v. 任職

22. **straw** [strɔ] n. [U] 稻草；[C] 吸管
  ‖ clutch/grasp at straws 抓住救命稻草 (不放過任何微小的機會) | the final/last straw (壓垮駱駝的) 最後一根稻草

23. **tap** [tæp] v. 輕拍，輕敲 <on> (tapped | tapped | tapping)
  ‖ tap sth out 輕輕敲打…的節拍；敲擊鍵盤輸入…
  tap [tæp] n. [C] 水龍頭 <on> 同 faucet
  ‖ on tap 隨時可以使用的

24. **warn** [wɔrn] v. 警告，提醒 <about, against>
  warning [ˋwɔrnɪŋ] n. [C][U] 警告，提醒
  ‖ advance/prior warning 事前預警 |
  without warning 毫無預警地，突然間

25. **zone** [zon] n. [C] 地區
  ‖ in the zone 處於最佳狀態
  zone [zon] v. 指定…為某用途的區域
  ‖ zone out 失神，恍神

Unit 4

1. **aboard** [əˋbord] prep. 搭乘 (火車、船和飛機等交通工具)
  aboard [əˋbord] adv. 上 (火車、船和飛機等交通工具)

2. **adventure** [əd`vɛntʃɚ] n. [C][U] 冒險
   adventurous [əd`vɛntʃərəs] adj. 有冒險精神的，勇於嘗試新事物的

3. **afford** [ə`ford] v. 負擔得起
   affordable [ə`fordəbl̩] adj. 買得起的，能夠負擔的 反 unaffordable
   💡 affordable prices/housing 能夠負擔的價格 / 買得起的房子

4. **background** [`bæk,graʊnd] n. [C] 出身背景；(相片、畫的) 背景

5. **campus** [`kæmpəs] n. [C][U] 校園，校區

6. **carpenter** [`kɑrpəntɚ] n. [C] 木匠

7. **chill** [tʃɪl] n. [sing.] 寒意，涼意；[C] 著涼，風寒
   💡 take the chill off sth 給…去除寒氣
   chill [tʃɪl] v. 使冷卻，使變冷；冷靜，放輕鬆
   💡 chill sb to the bone 寒風刺骨；使…不寒而慄
   chill [tʃɪl] adj. 寒冷的
   💡 the chill wind of sth …引起的問題

8. **coach** [kotʃ] n. [C] 教練；大型四輪馬車
   coach [kotʃ] v. 訓練，指導

9. **creative** [krɪ`etɪv] adj. 有創造力的
   💡 creative thinking 創造性思考 |
      creative talents/abilities 創造天分 / 能力

10. **crispy** [ˋkrɪspɪ] adj. 酥脆的 (crispier | crispiest)

11. **democratic** [͵dɛməˋkrætɪk] adj. 民主的
    💡 democratic country/system/government/participation/
    decision 民主國家 / 制度 / 政府 / 參與 / 決策 |
    the Democratic Party 民主黨 (美國兩大政黨之一)

12. **dirt** [dɝt] n. [U] 塵土，泥土 🔄 dust
    💡 dirt poor/cheap 赤貧的 / 非常便宜的

13. **extreme** [ɪkˋstrim] adj. 極度的，極端的
    extreme [ɪkˋstrim] n. [C] 極度，極端
    💡 in the extreme 非常，極其
    extremely [ɪkˋstrimlɪ] adv. 非常，極其

14. **inventor** [ɪnˋvɛntɚ] n. [C] 發明家

15. **junk** [dʒʌŋk] n. [U] 廢棄物 🔄 garbage
    💡 junk mail/food 垃圾郵件 / 食物
    junk [dʒʌŋk] v. 丟棄，扔掉

16. **litter** [ˋlɪtɚ] n. [U] 垃圾 🔄 rubbish, trash, garbage
    litter [ˋlɪtɚ] v. 到處亂丟 <with>

17. **pineapple** [ˋpaɪn͵æpl] n. [C][U] 鳳梨

18. **precious** [ˋprɛʃəs] adj. 珍貴的，寶貴的

19. **previous** [ˋprivɪəs] adj. 先前的 🔄 prior
    💡 previous to sth 在…之前
    previously [ˋprivɪəslɪ] adv. 先前

20. **probable** [ˋprɑbəbl̩] adj. 有可能的 反 improbable
probability [ˌprɑbəˋbɪlətɪ] n. [C][U] 可 能 性 同 likelihood (pl. probabilities)

💡 in all probability 很有可能，十之八九

21. **representative** [ˌrɛprɪˋzɛntətɪv] adj. 典型的，有代表性的 <of> 反 unrepresentative
representative [ˌrɛprɪˋzɛntətɪv] n. [C] 代 表 <of> 同 delegate

💡 representative of the UN 聯 合 國 的 代 表 | Representative (美國) 眾議院議員

22. **strip** [strɪp] n. [C] 細長條
strip [strɪp] v. 剝掉 <off, from> 同 remove ; 脫衣服 <off> 同 undress (stripped | stripped | stripping)

23. **stubborn** [ˋstʌbən] adj. 固執的 同 obstinate

💡 as stubborn as a mule 非常固執的 | stubborn pride 死要面子

24. **technique** [tɛkˋnik] n. [C][U] 技巧，技能 <for>

25. **various** [ˋvɛrɪəs] adj. 各種的 同 diverse

Unit 5

1. **admire** [ədˋmaɪr] v. 欽佩，讚賞

2. **advertise** [ˋædvɚˌtaɪz] v. 登廣告

advertisement [ˌædvɚˈtaɪzmənt] n. [C] 廣告 (also ad)
🍋 be an advertisement for sth 是…的活招牌
advertising [ˈædvɚˌtaɪzɪŋ] n. [U] 廣告業

3. **anxious** [ˈæŋkʃəs] adj. 擔心的 <about, for> 同 worried
🍋 be anxious for sb 為…感到擔心

4. **benefit** [ˈbɛnəfɪt] n. [C][U] 益處;補助
🍋 give sb the benefit of the doubt 把…往好處想 |
unemployment/housing benefit 失業 / 房屋補助
benefit [ˈbɛnəfɪt] v. 得益於 <by, from>

5. **casual** [ˈkæʒʊəl] adj. 休閒的,非正式的 反 formal;輕鬆的
casually [ˈkæʒʊəlɪ] adv. 隨便地,輕便地

6. **chilly** [ˈtʃɪlɪ] adj. 寒冷的 (chillier | chilliest)

7. **colorful** [ˈkʌləfəl] adj. 多采多姿的

8. **decade** [ˈdɛked] n. [C] 十年

9. **dishonest** [dɪsˈɑnɪst] adj. 不誠實的,欺騙的 反 honest
dishonesty [dɪsˈɑnɪstɪ] n. [U] 不誠實

10. **drunk** [drʌŋk] adj. 酒醉的
drunk [drʌŋk] n. [C] 醉漢

11. **fade** [fed] v. 褪色;衰退

12. **fortune** [ˈfɔrtʃən] n. [U] 好運;[C] 財富

13. **jewel** [ˈdʒuəl] n. [C] 寶石 同 gem

14. **limb** [lɪm] n. [C] (人或動物的) 肢體
     💡 out on a limb (意見) 無人支持或贊同

15. **luggage** [ˈlʌgɪdʒ] n. [U] 行李 同 baggage

16. **normal** [ˈnɔrml̩] adj. 正常的 反 abnormal
     normally [ˈnɔrml̩ɪ] adv. 正常地，通常

17. **perform** [pɚˈfɔrm] v. 執行 同 carry out；表演

18. **profit** [ˈprɑfɪt] n. [C][U] 盈利，利潤
     profit [ˈprɑfɪt] v. 獲利 <by, from>

19. **proof** [pruf] n. [C][U] 證據，證物 同 evidence
     💡 living proof 活生生的證明 | the proof of the pudding
     布丁好不好，吃了才知道 (空談不如實證)

20. **release** [rɪˈlis] n. [C][U] 釋放；上映
     release [rɪˈlis] v. 釋放；發行

21. **responsibility** [rɪˌspɑnsəˈbɪlətɪ] n. [C][U] 責任，職責
     <for> (pl. responsibilities)
     💡 have a responsibility to sb 對…負責

22. **salary** [ˈsælərɪ] n. [C][U] 薪水 (pl. salaries)
     💡 annual/monthly salary 年 / 月薪 |
     boost/raise/cut/reduce salaries 提高 / 降低薪資

23. **structure** [ˈstrʌktʃɚ] n. [C][U] 結構，組織；[C] 建築物

24. **stuff** [stʌf] n. [U] 物品，東西
     💡 do your stuff 做分內的事

stuff [stʌf] v. 塞滿 <with> 囘 fill

　💡 stuff your face 大吃大喝

25. **tune** [tjun] n. [C] 曲子 囘 melody

　💡 in/out of tune 音很準 / 走音

　tune [tjun] v. (為樂器) 調音

　💡 tune (sb/sth) out (對⋯) 置之不理

Unit 6

1. **afterward** [ˋæftɚwɚd] adv. 之後，然後 (also afterwards)

　💡 shortly/soon afterward 隨後不久

---

2. **airline** [ˋɛrˏlaɪn] n. [C] 航空公司

---

3. **aware** [əˋwɛr] adj. 注意到

---

4. **budget** [ˋbʌdʒɪt] n. [C] 預算 <on>

　💡 under/within/over budget 低於 / 符合 / 超出預算 ｜
　　draw up a budget 編列預算

　budget [ˋbʌdʒɪt] v. 編預算 <for>

---

5. **chat** [tʃæt] n. [C] 閒聊 <with>

　chat [tʃæt] v. 閒聊 <to, about> (chatted ｜ chatted ｜ chatting)

---

6. **clue** [klu] n. [C] 線索 <to, about>

　💡 not have a clue/have no clue 一無所知，毫無頭緒

---

7. **comfort** [ˋkʌmfət] n. [U] 安慰 ⓝ consolation；[C] 舒適 (物品) (usu. pl.)

   comfort [ˋkʌmfət] v. 安慰

8. **dislike** [dɪsˋlaɪk] v. 不喜歡，討厭 ⓡ like

   dislike [dɪsˋlaɪk] n. [C][U] 不喜歡，厭惡 (的事) <for, of> ⓡ liking

   💡 take a dislike to... 開始討厭… | likes and dislikes 好惡

9. **dose** [dos] n. [C] (藥物) 一劑

   dose [dos] v. 使服藥 <with>

10. **efficient** [ɪˋfɪʃənt] adj. 有效率的 ⓡ inefficient

    efficiently [ɪˋfɪʃəntlɪ] adv. 有效率地

11. **fancy** [ˋfænsɪ] adj. 花俏的；豪華的 ⓝ swanky (fancier | fanciest)

    fancy [ˋfænsɪ] n. [sing.] 喜好，愛好 ⓝ whim

    fancy [ˋfænsɪ] v. 想要 ⓝ feel like；幻想 <as>

12. **global** [ˋglobḷ] adj. 全球的

    💡 global warming (溫室效應引起的) 地球暖化效應

13. **jewelry** [ˋdʒuəlrɪ] n. [U] (總稱) 珠寶，首飾

14. **magical** [ˋmædʒɪkḷ] adj. 有魔力的；令人愉快的，奇妙的 ⓝ enchanting

15. **mission** [ˋmɪʃən] n. [C] 使命，任務 <on>

16. **plastic** [ˋplæstɪk] n. [U] 塑膠

plastic [`plæstɪk] adj. 塑膠的

17. **pure** [pjʊr] adj. 純的，不摻雜的 反 impure；純粹的，完全的 (purer │ purest)

18. **purse** [pɝs] n. [C] 錢包

19. **remain** [rɪ`men] v. 保持 同 stay；剩下

20. **sake** [sek] n. [U] 緣故，理由
   💡 for sb's sake/for the sake of sb 為了幫助…，為了…的利益

21. **scary** [`skɛrɪ] adj. 恐怖的，嚇人的 (scarier │ scariest)

22. **significant** [sɪg`nɪfəkənt] adj. 重要的，顯著的 <for> 同 important

23. **suicide** [`suə‚saɪd] n. [C][U] 自殺

24. **tight** [taɪt] adj. 緊的，小的 反 loose；(時間、金錢) 緊的
   tight [taɪt] adv. 緊密地

25. **vivid** [`vɪvɪd] adj. (色彩) 鮮豔的；生動的，栩栩如生的

Unit 7

1. **ambition** [æm`bɪʃən] n. [C] 抱負，志向
   💡 realize/achieve/fulfill sb's ambition 實現…的抱負

2. **apart** [ə`pɑrt] adv. 分開地
   💡 apart from... 不考慮…，除了…之外 │

tell sb/sth apart 分辨…

---

3. **approve** [ə`pruv] v. 同意，贊成 <of>

---

4. **breath** [brɛθ] n. [C] 吸一下氣；[U] 呼吸

   💡 hold sb's breath …屏住呼吸；屏息以待 |
   be/run out of breath 喘不過氣 |
   take sb's breath away 美得令…讚嘆

---

5. **capable** [`kepəbḷ] adj. 有能力的 <of>

---

6. **cherry** [`tʃɛrɪ] n. [C] 櫻桃 (pl. cherries)

   💡 the cherry on the cake 錦上添花之物

   cherry [`tʃɛrɪ] adj. 櫻桃紅的，鮮紅色的

---

7. **column** [`kɑləm] n. [C] 石柱；(報紙、雜誌的) 專欄

---

8. **cradle** [`kredḷ] n. [C] 搖籃

   cradle [`kredḷ] v. 托住，輕柔地抱著

---

9. **dive** [daɪv] n. [C] 跳水

   dive [daɪv] v. 潛水，跳水 <into> (dove, dived | dived | diving)

---

10. **downtown** [,daʊn`taʊn] adj. 市中心的，商業區的

    downtown [,daʊn`taʊn] adv. 在市中心地，在商業區地

    downtown [,daʊn`taʊn] n. [C] 市中心，商業區

---

11. **emotional** [ɪ`moʃənḷ] adj. 情感的；情緒化的

---

12. **flash** [flæʃ] n. [C] 閃光

    💡 a flash in the pan 曇花一現 | in a flash 轉瞬間

flash [flæʃ] v. 閃光；突然浮現

13. **label** [ˈlebl̩] n. [C] 標籤 同 tag, ticket
    label [ˈlebl̩] v. 貼上標籤
    💡 label sb/sth as sth 把…稱為 (貼標籤為)…

14. **medal** [ˈmɛdl̩] n. [C] 獎章
    💡 gold/silver/bronze medal 金 / 銀 / 銅牌

15. **motor** [ˈmotɚ] n. [C] 馬達，引擎；汽車
    motor [ˈmotɚ] adj. 汽車的

16. **product** [ˈprɑdʌkt] n. [C] 產品 同 goods；成果
    💡 dairy/meat/agricultural/commercial products 乳製品 /
    肉製品 / 農產品 / 商品

17. **razor** [ˈrezɚ] n. [C] 刮鬍刀，剃刀

18. **remote** [rɪˈmot] adj. 遙遠的，偏僻的 同 isolated
    (remoter | remotest)

19. **republic** [rɪˈpʌblɪk] n. [C] 共和國

20. **security** [sɪˈkjʊrətɪ] n. [U] 安全 (保障)

21. **semester** [səˈmɛstɚ] n. [C] 學期

22. **shortly** [ˈʃɔrtlɪ] adv. 不久，很快
    💡 shortly after/before sth …不久之後 / 之前

23. **summit** [ˈsʌmɪt] n. [C] 山頂；高峰會議

24. **violence** [ˈvaɪələns] n. [U] 暴力

25. **wheat** [wit] n. [U] 小麥
   💡 wheat farm/field/crop/flour 麥田 / 小麥作物 / 麵粉

Unit 8

1. **advantage** [əd`væntɪdʒ] n. [C][U] 好處 反 disadvantage
   💡 take advantage of sb/sth 利用…；占…便宜 |
   to sb's advantage 對…有利的

2. **announce** [ə`naʊns] v. 宣布 <to>
   announcement [ə`naʊnsmənt] n. [C] 宣告，公告

3. **apron** [`eprən] n. [C] 圍裙

4. **aside** [ə`saɪd] adv. 在旁邊
   💡 aside from... 除…之外

5. **chest** [tʃɛst] n. [C] 胸部，胸腔

6. **citizen** [`sɪtəzn̩] n. [C] 公民

7. **compete** [kəm`pit] v. 競爭 <with, against>

8. **complaint** [kəm`plent] n. [C] 抱怨 <to>

9. **credit** [`krɛdɪt] n. [U] 賒帳 <on>；讚揚
   credit [`krɛdɪt] v. 歸於 <to>

10. **doubtful** [`daʊtfəl] adj. 感到懷疑的，不能確定的
   <about>

11. **drain** [dren] v. 瀝乾，排空；使筋疲力盡
    drain [dren] n. [C] 下水道，排水管

12. **flavor** [`flevɚ] n. [C][U] 味道 ⑩ taste
    flavor [`flevɚ] v. 為…加味道，增添風味 <with>

13. **flood** [flʌd] n. [C][U] 洪水，水災
    flood [flʌd] v. 淹水；湧進 ⑩ pour

14. **frequent** [`frikwənt] adj. 頻繁的，經常的 ⑱ infrequent
    frequent [`frikwənt] v. 常去，常到

15. **information** [ˌɪnfɚ`meʃən] n. [U] 資訊，情報 <on, about>

16. **lawn** [lɔn] n. [C][U] 草地，草坪
    💡 mow/cut the lawn 修剪草坪

17. **medium** [`midɪəm] adj. 中等的 ⑩ average；(肉) 中等熟度的
    medium [`midɪəm] n. [C] 媒介 (pl. media, mediums)

18. **neighborhood** [`nebɚˌhʊd] n. [C] 鄰近地區，住宅區

19. **regional** [`ridʒənl] adj. 地區的，區域的

20. **reveal** [rɪ`vil] v. 洩漏，透露 ⑩ disclose ⑱ conceal

21. **shampoo** [ʃæm`pu] n. [C][U] 洗髮精 (pl. shampoos)
    shampoo [ʃæm`pu] v. 用洗髮精洗

22. **sink** [sɪŋk] n. [C] 水槽
    sink [sɪŋk] v. 下沉，下陷；降低 (sank, sunk | sunk |

sinking)

23. **suffer** [ˋsʌfɚ] v. 遭受，罹患 <from>
    suffering [ˋsʌfrɪŋ] n. [C][U] 痛苦

24. **suspect** [səˋspɛkt] v. 懷疑 <of>
    suspect [ˋsʌspɛkt] n. [C] 嫌疑犯
    suspect [ˋsʌspɛkt] adj. 可疑的，不可靠的 ⓢ suspicious

25. **whistle** [ˋwɪsl̩] n. [C] 哨子
    whistle [ˋwɪsl̩] v. 吹口哨；吹哨子

Unit 9

1. **advanced** [ədˋvænst] adj. 先進的；高階的

2. **armed** [ɑrmd] adj. 武裝的 ⓡ unarmed

3. **assume** [əˋsum] v. 假定，假設；假裝，冒充；擔任

4. **attitude** [ˋætəˏtjud] n. [C] 態度 <to, toward>
   🔮 positive/negative attitude 正面的 / 負面的態度

5. **cable** [ˋkebl̩] n. [C] 電纜
   cable [ˋkebl̩] v. 打越洋電報

6. **client** [ˋklaɪənt] n. [C] 客戶，顧客 ⓢ customer

7. **concert** [ˋkɑnsɚt] n. [C] 音樂會
   🔮 in concert with sb/sth 和⋯合作 |
   classical/rock/pop concert 古典 / 搖滾 / 流行音樂會

8. **constant** [`kɑnstənt] adj. 連續不斷的 (同) continual
   constant [`kɑnstənt] n. [C] 常數
   constantly [`kɑnstəntlɪ] adv. 不斷地 (同) continually

9. **creature** [`kritʃɚ] n. [C] 生物

10. **crown** [kraʊn] n. [C] 王冠
    crown [kraʊn] v. 為…加冕

11. **dump** [dʌmp] v. 扔下，丟下
    dump [dʌmp] n. [C] 垃圾場
    💡 (down) in the dumps 情緒低落，不高興

12. **electricity** [ɪ,lɛk`trɪsətɪ] n. [U] 電力
    💡 provide/supply electricity 供給電力

13. **fold** [fold] v. 摺疊，摺起 <up>
    fold [fold] n. [C] 摺疊；摺痕

14. **fur** [fɝ] n. [C][U] (動物的) 毛皮

15. **harbor** [`hɑrbɚ] n. [C] 港口
    harbor [`hɑrbɚ] v. 藏匿 (罪犯或贓物)；懷有，心懷 (負面想法)

16. **liberty** [`lɪbɚtɪ] n. [C][U] 自由 (pl. liberties)
    💡 be at liberty to V 被允許做…

17. **microwave** [`maɪkrə,wev] n. [C] 微波爐 (also microwave oven)
    microwave [`maɪkrə,wev] v. 微波 (食物)

18. **ongoing** [ˋɑn͵goɪŋ] adj. 不斷發展的，持續進行的

19. **relax** [rɪˋlæks] v. 放鬆

20. **roughly** [ˋrʌflɪ] adv. 粗魯地；大致上 ⑩ about, approximately
    💡 roughly speaking 大致上來說

21. **signal** [ˋsɪgn!] n. [C] 信號 ⑩ sign
    signal [ˋsɪgn!] v. 發出信號

22. **talent** [ˋtælənt] n. [C][U] 天分，才能 <for>
    💡 talent competition/show 選秀比賽 / 演出
    talented [ˋtæləntɪd] adj. 有天分的，有才能的

23. **tasty** [ˋtestɪ] adj. 美味的 (tastier | tastiest)

24. **tourism** [ˋturɪzm̩] n. [U] 旅遊業

25. **unique** [juˋnik] adj. 獨一無二的，專屬的 <to>；獨特的 ⑩ unusual
    unique [juˋnik] n. [C] 獨特的人或物

Unit 10

1. **advise** [ədˋvaɪz] v. 建議，勸告
    💡 (strongly) advise sb against sth (強烈) 建議…不要…

2. **ash** [æʃ] n. [C][U] 灰，灰燼

3. **audience** [ˋɔdɪəns] n. [C] 觀眾

💡 an audience laughs/claps/cheers/boos 觀眾大笑 / 鼓掌 / 喝彩 / 喝倒彩

---

4. **automatic** [ˌɔtəˋmætɪk] adj. 自動的 反 manual

---

5. **clinic** [ˋklɪnɪk] n. [C] 診所

---

6. **comparison** [kəmˋpærəsn̩] n. [C][U] 比較
💡 in/by comparison with sb/sth 與⋯相比

---

7. **costly** [ˋkɔstlɪ] adj. 貴的 (costlier | costliest)

---

8. **crew** [kru] n. [C] (船、飛機的) 全體工作人員;專業團隊

---

9. **crop** [krɑp] n. [C] 農作物
crop [krɑp] v. 收成 (cropped | cropped | cropping)

---

10. **destroy** [dɪˋstrɔɪ] v. 毀壞,破壞
💡 destroy sb's confidence 破壞⋯的自信

---

11. **edit** [ˋɛdɪt] v. 編輯;剪輯

---

12. **exhibition** [ˌɛksəˋbɪʃən] n. [C][U] 展示 (會) <on> 同 exhibit

---

13. **forever** [fəˋɛvə] adv. 永久地,永遠
💡 forever and ever 永久地

---

14. **hometown** [ˋhomˌtaʊn] n. [C] 家鄉,故鄉

---

15. **humor** [ˋhjumə] n. [U] 幽默;[C][U] 心情
💡 in a good/bad humor 心情好 / 壞的

16. **lover** [ˋlʌvɚ] n. [C] 戀人；愛好者

17. **miracle** [ˋmɪrəkl̩] n. [C] 奇蹟
    🔖 perform/work miracles/a miracle 創造奇蹟；有奇效

18. **outer** [ˋautɚ] adj. 外面的 反 inner

19. **pole** [pol] n. [C] 竿，柱；(地球的) 極

20. **remind** [rɪˋmaɪnd] v. 使想起 <of>；提醒 <about, to>
    🔖 remind sb to V 提醒…做…

21. **silk** [sɪlk] n. [U] 絲，蠶絲
    🔖 artificial silk 人造絲

22. **sufficient** [səˋfɪʃənt] adj. 足夠的 同 enough 反 insufficient

23. **threaten** [ˋθrɛtn̩] v. 威脅，恐嚇 <to>

24. **traveler** [ˋtrævlɚ] n. [C] 旅行者

25. **tropical** [ˋtrɑpɪkl̩] adj. 熱帶的
    🔖 tropical island/region/climate 熱帶島嶼 / 地區 / 氣候

━━━━━━━━━━━●━━━━━━━━━━━●━━━━━━━━━━━

Unit 11

1. **agriculture** [ˋægrɪ͵kʌltʃɚ] n. [U] 農業

2. **attractive** [əˋtræktɪv] adj. 有魅力的 <to>
   🔖 find sb attractive 覺得…有魅力

3. **bacon** [`bekən] n. [U] 培根肉
   * bring home the bacon 養家 | bacon and eggs 培根蛋 | save sb's bacon 幫助⋯脫離困境

4. **career** [kə`rɪr] n. [C] (終生的) 職業 <in>
   * political/medical/academic career 政治 / 醫療 / 學術生涯

5. **clown** [klaʊn] n. [C] 小丑
   * class clown 班級小丑
   clown [klaʊn] v. 搞笑 <around>

6. **cricket** [`krɪkɪt] n. [C] 蟋蟀

7. **criminal** [`krɪmənl] adj. 犯罪的
   criminal [`krɪmənl] n. [C] 罪犯

8. **dramatic** [drə`mætɪk] adj. 驟然的，戲劇性的

9. **educate** [`ɛdʒə,ket] v. (在學校) 教育 <about, in, on>

10. **educational** [,ɛdʒə`keʃənl] adj. 教育的

11. **expectation** [,ɛkspɛk`teʃən] n. [C][U] 期望，預料
    * against/contrary to all expectations 意想不到的是

12. **expressive** [ɪk`sprɛsɪv] adj. 富有表達力的

13. **frank** [fræŋk] adj. 直率的 <with, about>
    * to be frank with you 直率地對你說
    frankly [`fræŋklɪ] adv. 直率地
    * frankly speaking 坦白地說 |

quite frankly 相當坦率地說

14. **kingdom** [ˋkɪŋdəm] n. [C] 王國；領域 <of>

15. **lung** [lʌŋ] n. [C] 肺

16. **motel** [moˋtɛl] n. [C] 汽車旅館

17. **paradise** [ˋpærə͵daɪs] n. [C][U] 天堂 ⓢ heaven
   🔱 shopper's paradise 購物者的天堂

18. **political** [pəˋlɪtɪkl] adj. 政治的
   politically [pəˋlɪtɪklɪ] adv. 政治上

19. **prevent** [prɪˋvɛnt] v. 阻止，預防 <from>

20. **reserve** [rɪˋzɝv] n. [C] 儲備物 (usu. pl.) <of>
   reserve [rɪˋzɝv] v. 保留 <for>；預定
   reserved [rɪˋzɝvd] adj. 矜持內向的 ⓢ shy

21. **sorrow** [ˋsɔro] n. [C][U] 悲傷

22. **technical** [ˋtɛknɪkl] adj. 技術性的

23. **tower** [ˋtaʊɚ] n. [C] 塔
   🔱 tower of strength (危難時) 可依靠的人
   tower [ˋtaʊɚ] v. 聳立
   🔱 tower above/over sb/sth 比⋯優秀；比⋯高

24. **urban** [ˋɝbən] adj. 都市的 ⓡ rural

25. **wealthy** [ˋwɛlθɪ] adj. 富裕 的 ⓢ rich (wealthier |

wealthiest)

Unit 12

1. **additional** [ə`dɪʃənl] adj. 額外的，附加的 同 extra
   additionally [ə`dɪʃənlɪ] adv. 此外 同 also

2. **arrest** [ə`rɛst] n. [C][U] 逮捕
   arrest [ə`rɛst] v. 逮捕 <for>

3. **awful** [`ɔfʊl] adj. 糟糕的，惡劣的
   awfully [`ɔfʊlɪ] adv. 非常

4. **basement** [`besmənt] n. [C] 地下室
   🔔 basement flat/apartment 地下室公寓

5. **cattle** [`kætl] n. [pl.] 牛隻 (cows, bulls, oxen 等總稱)
   🔔 beef/dairy cattle 肉 / 乳牛

6. **complain** [kəm`plen] v. 抱怨 <about, of>

7. **decorate** [`dɛkə͵ret] v. 裝飾 <with>

8. **decrease** [dɪ`kris] v. 減少 <in, by> 反 increase
   decrease [`dikris] n. [C][U] 減少 <in, of> 同 reduction
   反 increase

9. **designer** [dɪ`zaɪnə] n. [C] 設計師

10. **election** [ɪ`lɛkʃən] n. [C] 選舉

11. **engage** [ɪn`gedʒ] v. 僱用

💡 engage in 參加｜engage sb in conversation 與…攀談

engagement [ɪnˋgedʒmənt] n. [C] 約會；訂婚 <to>

engaged [ɪnˋgedʒd] adj. 已訂婚的 <to>；忙於…的，從事…的 <in>

---

12. **experiment** [ɪkˋspɛrəmənt] n. [C] 實驗 <on, with, in>
💡 perform/conduct/do/carry out an experiment 做實驗

experiment [ɪkˋspɛrəmənt] v. 實驗 <with>

---

13. **faith** [feθ] n. [U] 信仰；信任 <in>

---

14. **gap** [gæp] n. [C] 縫隙，裂縫 <in, between>

---

15. **majority** [məˋdʒɔrətɪ] n. [sing.] 大多數，大部分 <of> 反 minority

---

16. **march** [mɑrtʃ] n. [C] 遊行；進行曲

march [mɑrtʃ] v. 列隊行進

---

17. **mayor** [ˋmeɚ] n. [C] 市長

---

18. **murder** [ˋmɝdɚ] n. [C] 凶殺案 同 homicide

murder [ˋmɝdɚ] v. 殺害

---

19. **politics** [ˋpɑləˌtɪks] n. [U] 政治 (學)

---

20. **pollution** [pəˋluʃən] n. [U] 汙染
💡 air/water pollution 空氣 / 水汙染

---

21. **routine** [ruˋtin] n. [C][U] 例行公事，慣例

routine [ruˋtin] adj. 例行的

---

22. **squeeze** [skwiz] v. 擠出 <out>

---

squeeze [skwiz] n. [C] 緊握

23. **territory** [`tɛrə,torɪ] n. [C][U] 領土 (pl. territories)

24. **trunk** [trʌŋk] n. [C] 後車箱；樹幹

25. **variety** [və`raɪətɪ] n. [sing.] 不同種類 <of> ；[C] 品種 (pl. varieties)
   ♥ Variety is the spice of life. 【諺】多樣化是生活的調味。

Unit 13

1. **athlete** [`æθlit] n. [C] 運動員

2. **awkward** [`ɔkwəd] adj. 笨拙的；令人尷尬的
   awkwardly [`ɔkwədlɪ] adv. 笨拙地

3. **badly** [`bædlɪ] adv. 嚴重地 反 well (worse｜worst)
   ♥ badly hurt/injured 重傷

4. **beneath** [bɪ`niθ] prep. 在…下方 同 underneath
   ♥ beneath sb 對…來說不夠好

5. **collection** [kə`lɛkʃən] n. [C][U] 收藏品 <of>
   ♥ art collection 藝術收藏

6. **cone** [kon] n. [C] 圓錐體
   ♥ ice cream cone 錐形冰淇淋甜筒

7. **democracy** [dɪˋmɑkrəsɪ] n. [C][U] 民主 (國家) (pl. democracies)

8. **desire** [dɪˋzaɪr] n. [C][U] 慾望 <for>
   💡 sb's heart's desire 渴望獲得之物 |
   overwhelming/burning/strong/great desire 強烈的慾望
   desire [dɪˋzaɪr] v. 希望

9. **detect** [dɪˋtɛkt] v. 發現

10. **elevator** [ˋɛləˏvetɚ] n. [C] 電梯

11. **enjoyable** [ɪnˋdʒɔɪəbl] adj. 令人愉快的，有趣的

12. **fearful** [ˋfɪrfəl] adj. 害怕的；擔心的 <of, that>

13. **gesture** [ˋdʒɛstʃɚ] n. [C][U] 手勢 <of>
    💡 make a...gesture 做出…的手勢
    gesture [ˋdʒɛstʃɚ] v. 做手勢

14. **impress** [ɪmˋprɛs] v. 給…留下深刻印象 <with, by>

15. **meanwhile** [ˋminˏwaɪl] n. [C][U] (與此) 同時
    meanwhile [ˋminˏwaɪl] adv. (與此) 同時

16. **missing** [ˋmɪsɪŋ] adj. 失蹤的 同 lost

17. **naked** [ˋnekɪd] adj. 赤裸的 同 bare
    💡 stark naked 一絲不掛 | half/partly naked 半裸 |
    stripped naked 脫光衣服 | naked eye 肉眼

18. **native** [ˋnetɪv] adj. 原產的 <to>
    💡 go native 入境隨俗 | native language/tongue 母語

native [`netɪv] n. [C] 本地人 <of>

19. **promote** [prə`mot] v. 促進，推動 ⑩ encourage；促銷；
升職 <to>

20. **racial** [`reʃəl] adj. 種族的
♥ racial prejudice/equality 種族偏見 / 平等

21. **rust** [rʌst] n. [U] 鏽
rust [rʌst] v. 生鏽 ⑩ corrode

22. **stadium** [`stedɪəm] n. [C] 體育場 (pl. stadiums, stadia)

23. **theory** [`θiərɪ] n. [C][U] 理論，學說 <in, of, that> (pl.
theories)
♥ political/economic/literary theory 政治 / 經濟 / 文學
理論

24. **twist** [twɪst] n. [C] 搓，扭轉
♥ twists and turns 彎彎曲曲；曲折變化
twist [twɪst] v. 轉動；扭傷 (腳踝等)
♥ twist sb's arm 向…施壓 | twist sb around your little
finger 任意擺布 (常指非常喜歡自己的人)

25. **web** [wɛb] n. [C] 網
♥ spin a web 織網

Unit 14

1. **awake** [ə`wek] adj. 醒著的

💡 stay/keep/remain awake 保持清醒

awake [ə`wek] v. 醒來 (awoke, awaked | awoken | awaking)

---

2. **bang** [bæŋ] n. [C] 砰、撞的聲音

💡 with a bang 砰地一聲 | go out with a bang 圓滿結束

bang [bæŋ] v. 砰地擊打 <on, with>

bang [bæŋ] adv. 正好

---

3. **banker** [`bæŋkɚ] n. [C] 銀行家

---

4. **beam** [bim] n. [C] 光線

💡 laser/electron beam 雷射光線 / 電波

beam [bim] v. 照射

---

5. **bind** [baɪnd] v. 綁；束縛 (bound | bound | binding)

💡 bind/tie sb hand and foot 綁住⋯的手腳

---

6. **confirm** [kən`fɝm] v. 確認 <that>

---

7. **deposit** [dɪ`pɑzɪt] n. [C] 存款 <of>

💡 on deposit (錢) 存款的

deposit [dɪ`pɑzɪt] v. 儲存 (尤指金錢) <in>

---

8. **determine** [dɪ`tɝmɪn] v. 確定 <how, what, who, that>

determined [dɪ`tɝmɪnd] adj. 意志堅定的，堅決的 <to>

💡 bound and determined 一定要

---

9. **entry** [`ɛntrɪ] n. [C][U] 進入 <to, into> 反 exit (pl. entries)

---

10. **excellence** [ˋɛksḷəns] **n.** [U] 優秀 <in, of>

11. **familiar** [fəˋmɪljɚ] **adj.** 熟悉的 <with, to> 反 unfamiliar
    💡 on familiar terms 關係親密 |
    look/sound familiar 看 / 聽起來熟悉

12. **fond** [fɑnd] **adj.** 喜愛的 <of> (fonder | fondest)

13. **graduate** [ˋgrædʒʊɪt] **n.** [C] 畢業生 <of, in>
    💡 graduate school/student 研究所 / 生
    graduate [ˋgrædʒʊ͵et] **v.** 畢業 <from, with>

14. **leather** [ˋlɛðɚ] **n.** [U] 皮革

15. **mighty** [ˋmaɪtɪ] **adj.** 巨大的 同 great (mightier | mightiest)
    💡 The pen is mightier than the sword. 【諺】筆比劍更有力量。 | high and mighty 趾高氣揚的
    mightily [ˋmaɪtḷɪ] **adv.** 非常

16. **moisture** [ˋmɔɪstʃɚ] **n.** [U] 水分，溼氣
    💡 absorb/retain moisture 吸取 / 保留水分

17. **necessity** [nəˋsɛsətɪ] **n.** [C] 必需品 (usu. pl.)；[U] 需要
    💡 basic/bare necessities 基本必需品

18. **operation** [͵ɑpəˋreʃən] **n.** [C][U] 運作；操作；手術
    💡 have/undergo an operation on/for... 接受…的手術 (身體部位) / 因…動手術 (病因) | perform/carry out an operation 執行手術

19. **professor** [prə`fɛsə] n. [C] 教授 (abbr. Prof.)

20. **rely** [rɪ`laɪ] v. 依靠，依賴 <on, upon>

21. **scarce** [skɛrs] adj. 缺乏的，稀有的 (scarcer | scarcest)
    💡 scarce resources 稀有資源 |
    make yourself scarce (為免麻煩) 避開

22. **stove** [stov] n. [C] 爐灶

23. **tend** [tɛnd] v. 易於…，傾向於… <to>；照料，照顧

24. **tide** [taɪd] n. [C] 潮汐的漲退；形勢
    💡 high/low tide 高 / 低潮 | go/swim against the tide 逆
    潮流 | go/swim with the tide 趕潮流

25. **underwear** [`ʌndə͵wɛr] n. [U] 內衣褲

Unit 15

1. **bacteria** [bæk`tɪrɪə] n. [pl.] 細菌 (sing. bacterium)

2. **bare** [bɛr] adj. 赤裸的，裸露的 (barer | barest)
    💡 with your bare hands 赤手空拳
    bare [bɛr] v. 使裸露
    💡 bare your heart/soul 吐露心聲

3. **bay** [be] n. [C] 海灣
    💡 at bay (動物) 被包圍 |
    hold/keep sth at bay 阻止 (令人不快的事)

4. **besides** [bɪ`saɪdz] adv. 此外
   besides [bɪ`saɪdz] prep. 除…之外

5. **bitter** [`bɪtɚ] adj. 苦的;痛苦的

6. **bloody** [`blʌdɪ] adj. 血腥的;流血的 (bloodier | bloodiest)

7. **conscious** [`kɑnʃəs] adj. 意識到的 <of> 同 aware
   consciousness [`kɑnʃəsnɪs] n. [U] 意識

8. **dime** [daɪm] n. [C] (美國、加拿大) 十分硬幣
   💡 a dime a dozen 隨處可見

9. **elderly** [`ɛldɚlɪ] adj. 年長的

10. **export** [`ɛksport] n. [C] 出口商品 反 import
    export [ɪks`port] v. 出口 <to> 反 import

11. **fairly** [`fɛrlɪ] adv. 公平地

12. **grab** [græb] v. 抓住 同 seize (grabbed | grabbed | grabbing)
    💡 grab sb's attention 吸引…的注意
    grab [græb] n. [C] 抓住 <at, for>
    💡 up for grabs 人人皆可爭取

13. **handful** [`hænd,fʊl] n. [C] 一把 (之量) <of>;[sing.] 少數 <of>

14. **injury** [`ɪndʒərɪ] n. [C][U] 損傷,傷害 (pl. injuries)
    💡 head/back/knee injury 頭部 / 背部 / 膝蓋損傷 |

add insult to injury 雪上加霜 |
sustain/receive an injury 受到傷害

15. **moral** [ˋmɔrəl] adj. 道德的
    moral [ˋmɔrəl] n. [pl.] 道德 (~s)
    💡 public/private morals 公共 / 個人道德

16. **novelist** [ˋnɑvlɪst] n. [C] 小說家

17. **occasion** [əˋkeʒən] n. [C] (某事發生的) 時刻；特殊場合
    💡 on occasion 偶爾，有時

18. **rate** [ret] n. [C] 比率
    💡 at any rate 無論如何 | at this rate 照這樣下去 |
    the going rate for sth …的現行費用或酬金
    rate [ret] v. 評價 <as>

19. **react** [rɪˋækt] v. 反應，回應 <to>
    💡 react against sth 反抗；反對

20. **recognize** [ˋrɛkəɡˏnaɪz] v. 認出 同 identify

21. **scholarship** [ˋskɑlɚˏʃɪp] n. [C] 獎學金 <to>
    💡 on a scholarship 得到獎學金

22. **scientist** [ˋsaɪəntɪst] n. [C] 科學家

23. **substance** [ˋsʌbstəns] n. [C] 物質
    💡 illegal substance 毒品

24. **trend** [trɛnd] n. [C] 趨勢 <in>

25. **union** [ˋjunjən] n. [C] 工會 (also labor union)；[U] 結合，合併

Unit 16 ☸

1. **barely** [ˋbɛrlɪ] adv. 勉強地，幾乎不能

2. **beetle** [ˋbitl] n. [C] 甲蟲

3. **bore** [bor] v. 使厭煩，使討厭 <with>
   💡 bore sb silly 使…覺得無聊透頂 | bore into sb 盯住…
   bore [bor] n. [C] 令人討厭的人或事

4. **brake** [brek] n. [C] 剎車
   💡 slam/put on the brakes 踩剎車 | put the brakes on...
   控制 | screech/squeal of brakes 尖銳的剎車聲
   brake [brek] v. 剎車

5. **crash** [kræʃ] n. [C] 撞車事故，失事；碎裂聲
   crash [kræʃ] v. 墜毀，猛撞 <into>

6. **donkey** [ˋdɑŋkɪ] n. [C] 驢
   💡 donkey's years 很長的時間

7. **exchange** [ɪksˋtʃendʒ] n. [C][U] 交換
   💡 in exchange for sth 作為…的交換
   exchange [ɪksˋtʃendʒ] v. 交換 <for>
   💡 exchange sth with sb 和…交換…

8. **fairy** [ˋfɛrɪ] n. [C] 小仙子，小精靈 (pl. fairies)

fairy [ˋfɛrɪ] adj. 幻想中的

9. **fare** [fɛr] n. [C] 票價

10. **guidance** [ˋgaɪdn̩s] n. [U] 指導，引導 <on, about>

11. **heal** [hil] v. 治癒 同 cure

12. **honor** [ˋɑnə] n. [U] 榮譽
    honor [ˋɑnə] v. 向…致敬，公開表彰 <for>

13. **mental** [ˋmɛntl̩] adj. 精神的，心理的

14. **nickname** [ˋnɪk͵nem] n. [C] 綽號
    nickname [ˋnɪk͵nem] v. 取綽號

15. **observe** [əbˋzɝv] v. 觀察 同 monitor；遵守 同 obey

16. **optimistic** [͵ɑptəˋmɪstɪk] adj. 樂觀的 <about> 同 positive 反 pessimistic

17. **reaction** [rɪˋækʃən] n. [C][U] 反應，回應 <to>

18. **represent** [͵rɛprɪˋzɛnt] v. 代表；象徵 同 symbolize

19. **scientific** [͵saɪənˋtɪfɪk] adj. 科學的

20. **scream** [skrim] v. 尖叫 <at, in, with> 同 shriek, yell
    💡 scream in/with laughter/terror/pain 尖聲地笑 / 驚恐地尖叫 / 痛苦地尖叫 | scream your head off 大聲叫喊
    scream [skrim] n. [C] 尖叫聲 <of> 同 shriek

21. **senior** [ˋsinjə] adj. 年長的 <to>；資深的 <to> 反 junior
    senior [ˋsinjə] n. [C] 年長者

22. **superior** [sʊ`pɪrɪə] adj. 較好的，較優越的 <to> 反 inferior

   superior [sʊ`pɪrɪə] n. [C] 上司，上級

23. **vacant** [`vekənt] adj. 空的 同 unoccupied；(職位) 空缺的

24. **vehicle** [`viɪkl] n. [C] 交通工具，車輛

25. **victim** [`vɪktɪm] n. [C] 受害者，犧牲者
   💡 fall victim to sth 成為…的受害者；被…所傷害

Unit 17

1. **bold** [bold] adj. 勇敢的，無畏的 同 brave
   💡 (as) bold as brass 冒昧

---

2. **bowling** [`bolɪŋ] n. [U] 保齡球

---

3. **broadcast** [`brɔd͵kæst] n. [C] 廣播節目
   💡 live broadcast 現場直播 |
   radio/television broadcast 電臺 / 電視節目
   broadcast [`brɔd͵kæst] v. 廣播 (broadcast, broadcasted | broadcast, broadcasted | broadcasting)

---

4. **captain** [`kæptɪn] n. [C] 機長，船長

---

5. **civil** [`sɪvl̩] adj. 公民的；民事的

---

6. **cupboard** [`kʌbəd] n. [C] 櫥櫃

---

7. **eager** [`igə] adj. 渴望的，熱切的 <to, for>

---

8. **explore** [ɪk`splor] v. 探險；探究，探討 ⓘ analyze, look at

9. **farther** [`fɑrðə] adv. 更遠地 ⓘ further
   💡 farther afield 更遠離
   farther [`fɑrðə] adj. 更遠的 ⓘ further

10. **fashionable** [`fæʃənəbl̩] adj. 時髦的 ⓐ unfashionable

11. **hesitate** [`hɛzə,tet] v. 猶豫 <to>

12. **indoors** [`ɪn,dorz] adv. 室內地 ⓐ outdoors

13. **location** [lo`keʃən] n. [C] 地點，位置

14. **odd** [ɑd] adj. 奇怪的；奇數的 ⓐ even

15. **onto** [`ɑntu] prep. 到⋯⋯上

16. **organize** [`ɔrgən,aɪz] v. 組織
    organized [`ɔrgən,aɪzd] adj. 安排有序的

17. **performance** [pə`fɔrməns] n. [C] 表演；[U] (工作、學業) 表現

18. **preparation** [,prɛpə`reʃən] n. [C] 準備工作 (usu. pl.) <for>；[U] 準備 <for>

19. **reliable** [rɪ`laɪəbl̩] adj. 可靠的，可信賴的 ⓘ dependable ⓐ unreliable
    💡 reliable information/data 可靠的消息 / 資料

20. **request** [rɪ`kwɛst] n. [C] 要求，請求 <to>
    💡 on request 應要求 ｜ at sb's request 依⋯⋯的要求

request [rɪˋkwɛst] v. 要求，請求 <that>

21. **similarity** [ˌsɪməˋlærətɪ] n. [C][U] 相似（處）<to, between> 同 resemblance 反 difference (pl. similarities)

22. **skinny** [ˋskɪnɪ] adj. 很瘦的，皮包骨的 (skinnier | skinniest)

23. **survey** [ˋsɝve] n. [C] 調查
   💡 conduct/carry out/do a survey 做調查 | survey shows/reveals 調查顯示
   survey [sɚˋve] v. 調查；勘查 同 inspect

24. **vary** [ˋvɛrɪ] v. 不同 同 differ
   💡 vary in 在⋯有所不同

25. **violent** [ˋvaɪələnt] adj. 猛烈的；暴力的

Unit 18

1. **bomb** [bɑm] n. [C] 炸彈
   💡 bomb explodes/goes off 炸彈爆炸 | plant a bomb 埋炸彈 | drop a bomb 投炸彈 | the bomb 原子彈 | be the bomb 極好
   bomb [bɑm] v. 轟炸，投下炸彈
   💡 be bombed out 被炸毀
   bombard [bɑmˋbɑrd] v. 炮轟；(以問題、要求等) 困擾某人 <with>

2. **breast** [brɛst] n. [C] 乳房

3. **bush** [buʃ] n. [C] 灌木
   💡 beat about/around the bush (說話) 拐彎抹角

4. **capture** [`kæptʃɚ] v. 俘虜；捕獲
   capture [`kæptʃɚ] n. [U] 捕獲 <of>

5. **dealer** [`dilɚ] n. [C] 商人

6. **editor** [`ɛdɪtɚ] n. [C] 編輯

7. **fence** [fɛns] n. [C] 柵欄
   💡 sit on the fence 猶豫不決
   fence [fɛns] v. (用柵欄) 圍住

8. **fuel** [`fjuəl] n. [C][U] 燃料
   💡 add fuel to the fire 火上加油
   fuel [`fjuəl] v. 為⋯添加燃料
   💡 fuel up 加油

9. **harmful** [`hɑrmfəl] adj. 有害的 <to>

10. **humorous** [`hjumərəs] adj. 幽默的 🔄 funny

11. **investigate** [ɪn`vɛstə,get] v. 調查

12. **mosquito** [mə`skito] n. [C] 蚊子 (pl. mosquitoes, mosquitos)

13. **onion** [`ʌnjən] n. [C][U] 洋蔥

14. **oral** [`orəl] adj. 口頭的；口腔的

💡 oral agreement/presentation/exam 口頭協議 / 報告 / 考試

oral [`ɔrəl] n. [C] 口試

---

15. **original** [ə`rɪdʒənḷ] adj. 原先的，最初的
    original [ə`rɪdʒənḷ] n. [C] 原作
    💡 in the original 以原文

---

16. **panic** [`pænɪk] n. [U] 恐慌，驚慌
    💡 get into a panic 慌張起來 |
       panic attack (突如其來的) 驚慌失措
    panic [`pænɪk] v. 驚慌失措 (panicked | panicked | panicking)

---

17. **property** [`prɑpətɪ] n. [U] 財產；[C] 性質，屬性 (usu. pl.) 同 quality, characteristic (pl. properties)
    💡 personal property 個人財產

---

18. **protection** [prə`tɛkʃən] n. [U] 保護 <from, against>

---

19. **resource** [rɪ`sors] n. [C] 資源 (usu. pl.)

---

20. **solid** [`sɑlɪd] adj. 固體的；堅固的

---

21. **somehow** [`sʌm,haʊ] adv. 以…方式；不知為何

---

22. **stable** [`stebḷ] adj. 穩定的 同 steady 反 unstable

---

23. **toss** [tɔs] v. 拋，擲 <into>
    💡 toss up 丟硬幣做決定 | toss sth out 丟棄… |
       toss sth away 隨便地花掉或丟掉

toss [tɔs] n. [C] 拋擲 (硬幣)
- 💡 toss of a coin 擲硬幣決定 |
  win/lose the toss 在擲硬幣中猜對 / 錯

24. **visible** [`vɪzəbl̩] adj. 看得見的 反 invisible
- 💡 visible to the naked eye 肉眼可視 |
  clearly/barely visible 清晰可見 / 看不清楚

25. **yolk** [jok] n. [C][U] 蛋黃

Unit 19

1. **acceptable** [ək`sɛptəbl̩] adj. 可接受的 <to> 反 unacceptable

2. **breathe** [brið] v. 呼吸
- 💡 breathe your last 嚥氣 | breathe easier 鬆了口氣 |
  breathe life into sth 注入活力 | breathe deeply 深呼吸

3. **brick** [brɪk] n. [C][U] 磚
- 💡 bricks and mortar 房產

4. **cafeteria** [ˌkæfə`tɪrɪə] n. [C] 自助餐廳

5. **cleaner** [`klinə] n. [C] 清潔工
- 💡 take sb to the cleaner's 騙光⋯的錢

6. **committee** [kə`mɪtɪ] n. [C] 委員會 <of, on>

7. **deck** [dɛk] n. [C] 甲板

💡 lower/upper deck 低 / 上層的甲板 |
below deck 在主甲板下

8. **electronic** [ɪ͵lɛk`trɑnɪk] adj. (尤指設備) 電子的
   💡 electronic devices/components 電子設備 / 元件

9. **fighter** [`faɪtɚ] n. [C] 戰士，鬥士；戰鬥機

10. **fund** [fʌnd] n. [C] 基金，專款
    💡 trust/pension fund 信託 / 退休基金 |
    fund of sth 充滿…的
    fund [fʌnd] v. 資助

11. **immediate** [ɪ`midɪət] adj. 直接的 同 instant；目前的
    💡 immediate problem/danger 即刻的問題 / 危險 |
    immediate cause 直接原因 | with immediate effect
    立即見效，生效 | the immediate future 近期
    immediately [ɪ`midɪətlɪ] adv. 立刻地 同 at once

12. **industrial** [ɪn`dʌstrɪəl] adj. 工業的
    💡 industrial relations 勞資關係

13. **kidney** [`kɪdnɪ] n. [C] 腎臟

14. **muscle** [`mʌsl̩] n. [C][U] 肌肉
    💡 pull a muscle 拉傷肌肉 |
    not move a muscle 一動也不動

15. **opposite** [`ɑpəzɪt] adj. 相反的 <to> 同 contrary；對面的
    opposite [`ɑpəzɪt] n. [C] 相反的人或事物
    opposite [`ɑpəzɪt] prep. 在…對面

opposite [ˋɑpəzɪt] adv. 在…對面

16. **painter** [ˋpentɚ] n. [C] 畫家
   💡 portrait/landscape painter 肖像 / 風景畫家

17. **pause** [pɔz] n. [C] 暫停，停頓 <in>
   pause [pɔz] v. 暫停，停頓 🔄 stop
   💡 pause for breath/thought 停下來喘息 / 思索一下

18. **pilot** [ˋpaɪlət] n. [C] 飛行員
   💡 fighter/helicopter/bomber pilot 戰鬥機 / 直升機 / 轟炸機飛行員
   pilot [ˋpaɪlət] v. 駕駛飛機

19. **reasonable** [ˋriznəbl̩] adj. 合理的，公道的 🔄 unreasonable

20. **rid** [rɪd] adj. 擺脫掉，免除
   rid [rɪd] v. 使擺脫 <of> 🔄 eliminate (rid | rid | ridding)

21. **spite** [spaɪt] n. [U] 儘管；怨恨，惡意 🔄 malice
   💡 in spite of oneself …不由自主地

22. **stare** [stɛr] v. 盯著看，凝視 <at>
   💡 stare sth in the face 與 (令人不快的) 事情非常接近 |
   be staring sb in the face …就在…眼前；…十分明顯
   stare [stɛr] n. [C] 注視，凝視

23. **statue** [ˋstætʃʊ] n. [C] 雕像
   💡 put up/erect a statue 豎立雕像 |

marble/stone/bronze statue 大理石 / 石頭 / 青銅雕像

24. **tough** [tʌf] adj. 艱難的；嚴格的 <on, with>；嚼不爛的
反 tender (tougher | toughest)
💡 tough luck 活該 (表示不同情)

25. **vitamin** [`vaɪtəmɪn] n. [C] 維他命

Unit 20

1. **accurate** [`ækjərɪt] adj. 精確的 反 inaccurate

2. **breeze** [briz] n. [C] 微風
breeze [briz] v. 如風似地走

3. **bump** [bʌmp] n. [C] 碰撞聲
bump [bʌmp] v. 撞上 <against, into> 同 hit, collide
💡 bump into sb 與…不期而遇 | bump sb off 謀殺… |
bump sth up 提高…(的數量)

4. **clip** [klɪp] n. [C] 夾子
💡 hair/tie clip 髮 / 領帶夾 | at a fast/good clip 迅速 |
clip round/on the ear 一記耳光
clip [klɪp] v. (用夾子) 夾住 (clipped | clipped |
clipping)

5. **cotton** [`kɑtn̩] n. [U] 棉花

6. **desirable** [dɪ`zaɪrəbl] adj. 令人嚮往的，值得擁有的 反

undesirable

7. **emergency** [ɪˋmɝdʒənsɪ] n. [C][U] 緊急情況 (pl. emergencies)
   💡 emergency landing/room 緊急迫降 / 急診室 |
   in case of emergency 有緊急狀況時

8. **fist** [fɪst] n. [C] 拳，拳頭
   💡 clench sb's fists …緊握雙拳
   fist [fɪst] v. 把 (手) 握成拳頭

9. **harm** [hɑrm] n. [U] 損害，傷害
   💡 do more harm than good 弊大於利 | there is no harm
   in 做…也沒壞處 | out of harm's way 安全地
   harm [hɑrm] v. 傷害，損害
   💡 harm a hair on sb's head 動…一根寒毛 |
   harm sb's image/reputation 傷害…的形象 / 聲望

10. **inferior** [ɪnˋfɪrɪɚ] adj. 次等的，較差的 <to> 反 superior
    💡 inferior/superior to... 比…低劣 / 出色的
    inferior [ɪnˋfɪrɪɚ] n. [C] 部下，屬下 反 superior

11. **kit** [kɪt] n. [C] 成套工具

12. **mobile** [ˋmobl] adj. 走動的

13. **organic** [ɔrˋgænɪk] adj. 有機的

14. **outdoor** [ˋaʊtˏdor] adj. 室外的 反 indoor

15. **palace** [ˋpælɪs] n. [C] 宮殿，皇宮

💡 royal/presidential palace 皇室 / 總統官邸 |
Buckingham Palace 白金漢宮

16. **plenty** [ˋplɛntɪ] pron. 大量，許多 <of>
plenty [ˋplɛntɪ] n. [U] 大量，許多
plenty [ˋplɛntɪ] adv. 大量

17. **reduce** [rɪˋdjus] v. 減少，降低 ⑩ cut

18. **religious** [rɪˋlɪdʒəs] adj. 宗教的；虔誠的 ⑩ devout

19. **response** [rɪˋspɑns] n. [C] 回答 <to>；回應 <to>

20. **specific** [spɪˋsɪfɪk] adj. 明確的 <about> ⑩ precise；特定
的 <to> ⑩ particular

21. **steady** [ˋstɛdɪ] adj. 持續的 ⑩ constant；穩定的，平穩的
⑩ regular (steadier | steadiest)
steady [ˋstɛdɪ] v. 使穩定；使鎮定
steady [ˋstɛdɪ] adv. 穩定地
steady [ˋstɛdɪ] n. [C] 穩定交往對象 (pl. steadies)

22. **stir** [stɝ] v. 攪拌 <with, in, into>；煽動，激發 (stirred |
stirred | stirring)
💡 stir (up) hatred/anger/fears/trouble 激起仇恨 / 憤怒 /
恐懼 / 麻煩 | stir the blood 令人興奮
stir [stɝ] n. [C][U] 騷動 ⑩ commotion；攪拌
💡 cause/create/make a stir 引起騷亂

23. **strength** [strɛŋθ] n. [C] 優點；[U] 力氣 ⑫ weakness

24. **trace** [tres] n. [C][U] 蹤跡，痕跡 <of>
    trace [tres] v. 追查到 圓 track；追溯

25. **vocabulary** [və`kæbjə‚lɛrɪ] n. [C] 字彙 (pl. vocabularies)
    💡 develop/build/enlarge/enrich/expand sb's vocabulary 增加字彙 | command a vocabulary 掌握字彙

Unit 21

1. **angel** [`endʒəl] n. [C] 天使；仁慈的人
   💡 be no angel 有時會表現得很壞

2. **boot** [but] n. [C] 靴子
   💡 leather/hiking/ski boots 皮 / 登山 / 滑雪靴
   boot [but] v. 猛踢，猛踹
   💡 boot sb out (of sth) 迫使…離開 (…)；迫使…辭去 (…)

3. **charm** [tʃɑrm] n. [C] 護身符；[U] 魅力
   charm [tʃɑrm] v. 吸引，迷住
   charming [`tʃɑrmɪŋ] adj. 迷人的 圓 attractive, appealing
   💡 Prince Charming 白馬王子，夢中情人

4. **cooker** [`kʊkɚ] n. [C] 炊具 圓 stove

5. **disk** [dɪsk] n. [C] 磁碟，光碟 (also disc)

6. **envy** [`ɛnvɪ] n. [U] 嫉妒，羨慕

💡 be green with envy 非常嫉妒 |
  be the envy of sb 令…羨慕或嫉妒的對象
envy [`ɛnvɪ] v. 嫉妒，羨慕

7. **float** [flot] v. 漂浮，浮起 圓 drift；(聲音或氣味) 飄蕩
  float [flot] n. [C] 浮板

8. **gasoline** [`gæsḷˏin] n. [U] 汽油 圓 petrol
  gas [gæs] n. [C][U] 氣體；瓦斯 (pl. gases, gasses)

9. **heater** [`hitɚ] n. [C] 暖氣設備

10. **hopeful** [`hopfəl] adj. 抱有希望的 <of, about> 圓
  optimistic 反 hopeless

11. **jeep** [dʒip] n. [C] 吉普車

12. **ladder** [`lædɚ] n. [C] 梯子

13. **magnet** [`mægnɪt] n. [C] 磁鐵；磁石

14. **moist** [mɔɪst] adj. 溼潤的

15. **nest** [nɛst] n. [C] 鳥巢
  nest [nɛst] v. 築巢

16. **penguin** [`pɛngwɪn] n. [C] 企鵝

17. **pump** [pʌmp] n. [C] 幫浦，抽水機
  pump [pʌmp] v. 抽取

18. **raw** [rɔ] adj. (肉) 生的；未經加工的

19. **rush** [rʌʃ] n. [C][U] 衝，蜂擁而至

rush [rʌʃ] v. 使急速

20. **shrimp** [ʃrɪmp] n. [C] 蝦 (pl. shrimp, shrimps)

21. **someday** [`sʌmˌde] adv. (將來) 有一天

22. **stale** [stel] adj. (因久放而) 不新鮮的，走味的 ⊘ fresh
(staler │ stalest)

23. **teenage** [`tinˌedʒ] adj. 十幾歲的 (多指 13–19 歲的)

24. **tub** [tʌb] n. [C] 盆子；浴缸 ⊜ bathtub

25. **twin** [twɪn] n. [C] 雙胞胎之一

Unit 22

1. **anyhow** [`ɛnɪˌhaʊ] adv. 無論如何，不管怎樣 ⊜ anyway

2. **brass** [bræs] n. [U] 黃銅
   brass [bræs] adj. 銅管樂器的

3. **chimney** [`tʃɪmnɪ] n. [C] 煙囪 (pl. chimneys)
   💡 smoke like a chimney 老菸槍

4. **cough** [kɔf] n. [C] 咳嗽
   cough [kɔf] v. 咳嗽

5. **ditch** [dɪtʃ] n. [C] 溝渠，壕溝
   ditch [dɪtʃ] v. 丟棄，拋棄

6. **faint** [fent] adj. 微弱的，不清晰的 ⊜ slight；感覺暈眩的

♥ not have the faintest (idea) 一點也不知道
faint [fent] v. 暈倒 囘 pass out
faint [fent] n. [sing.] 昏迷

7. **flock** [flɑk] n. [C] 一群 <of>
   flock [flɑk] v. 聚集；蜂擁

8. **governor** [ˈgʌvɚnɚ] n. [C] 州長

9. **hell** [hɛl] n. [U] 地獄

10. **horrible** [ˈhɔrəbl̩] adj. 可怕的 囘 terrible；糟糕的

11. **jet** [dʒɛt] n. [C] 噴出物；噴射機
    ♥ jet lag 時差
    jet [dʒɛt] v. 搭飛機旅行 (jetted｜jetted｜jetting)

12. **lately** [ˈletlɪ] adv. 最近

13. **maid** [med] n. [C] 女傭
    ♥ maid of honor/bridesmaid 伴娘

14. **multiply** [ˈmʌltəˌplaɪ] v. 乘；增加

15. **nun** [nʌn] n. [C] 修女

16. **penny** [ˈpɛnɪ] n. [C] 一分錢 (pl. pennies, pence)
    ♥ worth every penny 值得每一分錢
    penniless [ˈpɛnɪlɪs] adj. 身無分文的，一貧如洗的

17. **punch** [pʌntʃ] n. [C] 一拳 <in, on>
    punch [pʌntʃ] v. 用拳猛擊 <in, on>

18. **receipt** [rɪ`sit] n. [C] 收據 (also sales slip)

19. **sack** [sæk] n. [C] (麻布、帆布等) 大袋子

20. **sin** [sɪn] n. [C][U] 罪惡
    sin [sɪn] v. 犯罪 (sinned | sinned | sinning)

21. **spaghetti** [spə`gɛtɪ] n. [U] 義大利麵

22. **starve** [stɑrv] v. (使) 挨餓，餓死

23. **temper** [`tɛmpɚ] n. [sing.] 脾氣
    💡 keep/lose sb's temper …不發 / 發脾氣 |
       fly/get into a temper 大發雷霆

24. **tunnel** [`tʌnl̩] n. [C] 地道，隧道
    tunnel [`tʌnl̩] v. 挖掘地道，隧道

25. **unite** [ju`naɪt] v. 合併，結合

●━━━━━━━━━━━━━━◆━━━━━━━━━━━━━━●

Unit 23

1. **apologize** [ə`pɑlə,dʒaɪz] v. 道歉 <to>

2. **bravery** [`brevərɪ] n. [U] 勇敢 🔵 courage 🔴 cowardice

3. **chin** [tʃɪn] n. [C] 下巴
   💡 Chin up! 別氣餒！

4. **countable** [`kaʊntəbl̩] adj. 可數的 🔴 uncountable

5. **dizzy** [`dɪzɪ] adj. 頭暈的 (dizzier | dizziest)

💡 the dizzy heights (of sth) (⋯的) 高位，要職

---

6. **fake** [fek] adj. 假的，偽造的 同 counterfeit 反 genuine (faker | fakest)
   fake [fek] v. 偽造 同 forge
   fake [fek] n. [C] 贗品 同 imitation 反 original

---

7. **fountain** [ˋfaʊntn̩] n. [C] 人工噴泉，噴水池
   💡 fountain pen 鋼筆

---

8. **grasp** [græsp] v. 緊抓，緊握 <by> 同 grip；理解
   💡 grasp the chance/opportunity 把握機會
   grasp [græsp] n. [C] 緊抓，緊握 (usu. sing.) 同 grip

---

9. **helmet** [ˋhɛlmɪt] n. [C] 安全帽，頭盔

---

10. **horror** [ˋhɔrɚ] n. [U] 恐懼 <in, of>

---

11. **juicy** [ˋdʒusɪ] adj. 多汁的 (juicier | juiciest)

---

12. **leap** [lip] n. [C] 跳躍
    leap [lip] v. 跳躍 <over> 同 jump (leaped, leapt | leaped, leapt | leaping)
    💡 leap out at sb 立即出現在⋯的視線內

---

13. **marble** [ˋmɑrbl̩] n. [C] 彈珠；[U] 大理石
    💡 lose sb's marbles ⋯失去理智

---

14. **mushroom** [ˋmʌʃrum] n. [C] 蘑菇
    mushroom [ˋmʌʃrum] v. 如雨後春筍般增長

---

15. **oak** [ok] n. [C][U] 橡樹 (pl. oaks, oak)

---

16. **pepper** [ˋpɛpɚ] n. [U] 胡椒粉;[C] 甜椒

17. **queer** [kwɪr] adj. 古怪的,異常的 ⑩ odd

18. **receiver** [rɪˋsivɚ] n. [C] (電話) 聽筒;收件人

19. **sauce** [sɔs] n. [C][U] 醬料

20. **sip** [sɪp] v. 啜飲 (sipped | sipped | sipping)
    sip [sɪp] n. [C] 啜飲,一小口

21. **spill** [spɪl] v. 溢出 , 灑出 <on> (spilled, spilt | spilled,
    spilt | spilling)
    💡 spill your guts (to sb) (向…) 傾訴心裡的話 |
    spill the beans 洩漏祕密
    spill [spɪl] n. [C] 溢出 (物)

22. **sting** [stɪŋ] n. [C] (動物或植物) 針,刺
    sting [stɪŋ] v. 螫,叮 (stung | stung | stinging)

23. **tender** [ˋtɛndɚ] adj. 溫柔的 ; (蔬菜或肉等) 軟嫩的 ⑳
    tough
    💡 at the tender age 年幼時期

24. **underlying** [͵ʌndɚˋlaɪɪŋ] adj. 潛在的,根本的

25. **vase** [ves] n. [C] 花瓶

Unit 24 ⚓

1. **assist** [əˋsɪst] v. 幫助,協助 <with, in>

2. **brunch** [brʌntʃ] n. [U] 早午餐

3. **chip** [tʃɪp] n. [C] 碎片 (usu. pl.)；薯片 (usu. pl.)
   💡 have a chip on your shoulder 心理不平衡
   chip [tʃɪp] v. 削 (chipped | chipped | chipping)

4. **crab** [kræb] n. [C] 螃蟹

5. **dock** [dɑk] n. [C] 船塢；碼頭
   dock [dɑk] v. 進港，停泊

6. **faucet** [`fɔsɪt] n. [C] 水龍頭 圓 tap

7. **freeze** [friz] v. 結冰 ；(因恐懼) 呆住 (froze | frozen | freezing)
   💡 sb's blood freezes 嚇出一身冷汗
   freeze [friz] n. [C] (暫時的) 凍結，停滯 (usu. sing.)

8. **grassy** [`græsɪ] adj. 草茂密的 (grassier | grassiest)

9. **hint** [hɪnt] n. [C] 提示
   💡 broad hint 明顯的暗示
   hint [hɪnt] v. 給提示，暗示 圓 imply

10. **humid** [`hjumɪd] adj. 潮溼的
    💡 humid air/climate 潮溼的空氣 / 氣候

11. **jungle** [`dʒʌŋgl̩] n. [C][U] 熱帶叢林

12. **leisure** [`liʒɚ] n. [U] 閒暇
    💡 leisure activity/industry 休閒活動 / 產業 |
    at (sb's) leisure 當 (…) 有空時

13. **marker** [`markɚ] n. [C] 記號，標記；麥克筆

14. **mystery** [`mɪstrɪ] n. [C][U] (事物) 神祕，奧祕 (pl. mysteries)

15. **omit** [o`mɪt] v. 疏忽，遺漏，刪除 ⊜ leave out (omitted | omitted | omitting)

16. **pigeon** [`pɪdʒən] n. [C] 鴿子

17. **quote** [kwot] v. 引述，引用 <from> ⊜ cite
    quote [kwot] n. [C] 引文 <from>

18. **relief** [rɪ`lif] n. [U] 寬慰，寬心；減輕
    🕯 to sb's relief 令…放心的是

19. **saucer** [`sɔsɚ] n. [C] 茶托，茶碟

20. **skate** [sket] v. 溜冰
    🕯 be skating on thin ice 如履薄冰，冒險
    skate [sket] n. [C] 溜冰鞋
    🕯 get/put your skates on 快點，把握時間

21. **spin** [spɪn] n. [C][U] 旋轉
    🕯 in a spin 忙得暈頭轉向
    spin [spɪn] v. 旋轉 ⊜ turn, whirl (spun | spun | spinning)
    🕯 spin a coin 猜硬幣 |
    spin out of control (活動或事件) 迅速失控

22. **stitch** [stɪtʃ] n. [C] (縫紉的) 一針

♥ a stitch in time (saves nine) 防微杜漸 (及時縫一針能省九針)

stitch [stɪtʃ] v. 縫補，縫合 <up> 同 sew

23. **tent** [tɛnt] n. [C] 帳篷

24. **unity** [ˋjunətɪ] n. [C][U] 整體性；結合 反 disunity (pl. unities)

25. **verse** [vɝs] n. [U] 韻文 <in> 同 poetry；[C] (詩、歌的) 節

Unit 25

1. **assistant** [əˋsɪstənt] n. [C] 助理，助手
   assistant [əˋsɪstənt] adj. 輔助的，副的

2. **bud** [bʌd] n. [C] 新芽 <in>；花蕾
   bud [bʌd] v. 發芽 (budded | budded | budding)

3. **chop** [tʃɑp] n. [C] (帶骨的豬或羊) 排
   chop [tʃɑp] v. 砍，劈；切碎 (chopped | chopped | chopping)

4. **crane** [kren] n. [C] 起重機；鶴
   crane [kren] v. 伸長脖子

5. **dolphin** [ˋdɑlfɪn] n. [C] 海豚

6. **feather** [ˋfɛðɚ] n. [C] 羽毛
   ♥ be as light as a feather (重量) 非常輕的 |
   a feather in your cap 可引以為傲的成就 |

birds of a feather (flock together) 物以類聚

7. **geography** [dʒɪˋɑgrəfɪ] n. [U] 地理學;(某地區的) 地理,地形

8. **greenhouse** [ˋgrin͵haʊs] n. [C] 溫室
   💡 the greenhouse effect 溫室效應 |
   greenhouse gas 溫室氣體 (尤指二氧化碳)

9. **historian** [hɪsˋtorɪən] n. [C] 歷史學家

10. **hunger** [ˋhʌŋgɚ] n. [U] 飢餓 🔄 starvation;[C] 渴望
    💡 die of hunger 死於飢餓
    hunger [ˋhʌŋgɚ] v. 渴望 <for, after>

11. **knight** [naɪt] n. [C] 騎士
    knight [naɪt] v. 授與爵位

12. **lemonade** [͵lɛmənˋed] n. [U] 檸檬汁

13. **mathematical** [͵mæθəˋmætɪkl̩] adj. 數學的

14. **nap** [næp] n. [C] 小睡,打盹 🔄 snooze
    nap [næp] v. 小睡,打盹 (napped | napped | napping)

15. **outdoors** [͵aʊtˋdorz] adv. 在戶外 🔄 indoors

16. **pill** [pɪl] n. [C] 藥丸,藥片
    💡 sleeping/vitamin pill 安眠藥 / 維他命藥丸 |
    sugar/sweeten the pill 緩和情況

17. **rag** [ræg] n. [C] 破布;[pl.] 破爛的衣服 (～s) <in>

18. **resist** [rɪˋzɪst] v. 抵制，反抗 (同) oppose；抗拒 (誘惑等)

19. **sausage** [ˋsɔsɪdʒ] n. [C][U] 香腸

20. **ski** [ski] n. [C] 滑雪板 (pl. skis, ski)
    ski [ski] v. 滑雪

21. **steal** [stil] v. 偷竊 (stole | stolen | stealing)

22. **stormy** [ˋstɔrmɪ] adj. 暴風雨的；激烈的 (stormier | stormiest)

23. **terrific** [təˋrɪfɪk] adj. 很棒的

24. **vest** [vɛst] n. [C] 背心

25. **wage** [wedʒ] n. [C] (計時工資、日薪) 工資 (usu. pl.) (同) pay

Unit 26

1. **automobile** [ˋɔtəmo͵bil] n. [C] 汽車

2. **buffalo** [ˋbʌfəlo] n. [C] 水牛 (pl. buffaloes, buffalo)

3. **cigarette** [ˋsɪgə͵rɛt] n. [C] 香菸

4. **crawl** [krɔl] v. 爬行 <across>
   💡 be crawling with sb/sth 擠滿了⋯
   crawl [krɔl] n. [sing.] 緩慢的速度

5. **doughnut** [ˋdonət] n. [C] 甜甜圈 (also donut)

6. **firework** [ˈfaɪrˌwɝk] n. [C] 煙火
   💡 firework display 煙火表演

7. **glance** [glæns] n. [C] 一瞥，掃視
   💡 take/give/have a glance (at sb) (對…) 匆匆一瞥
   glance [glæns] v. 匆匆一瞥，掃視 <at, through>

8. **grin** [grɪn] n. [C] 露齒的笑，咧嘴的笑
   grin [grɪn] v. 露齒笑，咧嘴笑 <at> (grinned | grinned | grinning)
   💡 grin from ear to ear 笑得合不攏嘴 |
      grin and bear it 默默忍受

9. **holy** [ˈholɪ] adj. 神聖的 同 divine, sacred (holier | holiest)
   💡 Holy cow! 天啊！(表示驚訝、恐懼等)

10. **icy** [ˈaɪsɪ] adj. 結冰的；極冷的 同 freezing (icier | iciest)

11. **knot** [nɑt] n. [C] (繩等的) 結
    knot [nɑt] v. 打結 反 untie (knotted | knotted | knotting)

12. **lettuce** [ˈlɛtəs] n. [C][U] 萵苣，生菜

13. **melon** [ˈmɛlən] n. [C] 甜瓜，香瓜

14. **navy** [ˈnevɪ] n. [C] 海軍 (pl. navies)

15. **oven** [ˈʌvən] n. [C] 烤箱

16. **pint** [paɪnt] n. [C] 品脫 (液量單位，美國：0.473 公升 /1

品脫，英國：0.568 公升 /1 品脫)

17. **ray** [re] n. [C] 光線；一線 (希望等) 同 glimmer

18. **ripe** [raɪp] adj. 成熟的 同 mature 反 unripe (riper | ripest)

19. **scale** [skel] n. [U] 規模；[C] 磅秤 (also scales)

20. **skillful** [`skɪlfəl] adj. 熟練的

21. **steam** [stim] n. [U] 蒸氣
    steam [stim] v. 冒著蒸氣，蒸

22. **subtract** [səb`trækt] v. 減去 同 take away

23. **thankful** [`θæŋkfəl] adj. 感謝的 同 grateful

24. **violet** [`vaɪəlɪt] adj. 藍紫色的
    violet [`vaɪəlɪt] n. [C] 紫羅蘭

25. **warmth** [wɔrmθ] n. [U] 溫暖；親切，溫情

Unit 27

1. **avenue** [`ævə,nju] n. [C] 大道；方法，手段 同 possibility

2. **buffet** [bʌ`fe] n. [C] 歐式自助餐

3. **cinema** [`sɪnəmə] n. [C] 電影院 同 movie theater
   💡 go to the cinema 去看電影

4. **creator** [krɪˋetɚ] n. [C] 創作者

5. **drag** [dræg] v. 拉，拖 (dragged | dragged | dragging)
   drag [dræg] n. [sing.] 麻煩，瑣碎的事
   💡 be a drag on sb/sth 拖累…，成為…的累贅

6. **flame** [flem] n. [C][U] 火焰 <in>；強烈的情感
   💡 burst into/put out the flames 燃起大火 / 熄滅火焰
   flame [flem] v. 燃燒

7. **glory** [ˋglorɪ] n. [C] 榮耀或驕傲的事；[U] 榮耀 (pl. glories)

8. **grocery** [ˋgrosərɪ] n. [pl.] 食品雜貨 (-ries)；[C] 雜貨店
   同 grocery store (pl. groceries)

9. **horn** [hɔrn] n. [C] 角；喇叭
   💡 honk/beep/sound the horn 按喇叭

10. **import** [ˋɪmport] n. [C] 進口商品 反 export
    import [ɪmˋport] v. 進口 <from> 反 export

11. **koala** [ˋkoɑlə] n. [C] 無尾熊

12. **lick** [lɪk] v. 舔
    lick [lɪk] n. [C] 舔一下

13. **melt** [mɛlt] v. 融化

14. **outline** [ˋautˏlaɪn] n. [C] 輪廓；大綱
    outline [ˋautˏlaɪn] v. 勾畫…的輪廓；概述 同 sketch

15. **owl** [aʊl] n. [C] 貓頭鷹

16. **pit** [pɪt] n. [C] 深坑，深洞

17. **recorder** [rɪ`kɔrdə-] n. [C] 錄音機；錄影機

18. **rot** [rɑt] v. 腐爛 <away> 同 decompose (rotted | rotted | rotting)
   💡 rot in jail/prison 飽受牢獄之苦
   rot [rɑt] n. [U] 腐壞，腐朽
   💡 stop the rot 阻止事態惡化

19. **scarf** [skɑrf] n. [C] 圍巾 (pl. scarves)

20. **sleeve** [sliv] n. [C] 袖子

21. **steep** [stip] adj. (斜坡) 陡峭的；(價格) 大起大落的

22. **suburb** [`sʌbɝb] n. [C] 郊區
   💡 the suburbs 郊區，城外

23. **thirst** [θɝst] n. [sing.] 口渴；渴望 <for> 同 craving

24. **volleyball** [`vɑlɪ͵bɔl] n. [C][U] 排球 (運動)

25. **waterfall** [`wɑtə͵fɔl] n. [C] 瀑布

━━━━━━━━━━━━━━━━━━◆━━━━━━━━━━━━━━━━━━

Unit 28

1. **awaken** [ə`wekən] v. 喚起 <to>

2. **bulb** [bʌlb] n. [C] 電燈泡

3. **circus** [ˋsɝkəs] n. [C] 馬戲團 (the ～)

4. **cruel** [ˋkruəl] adj. 殘忍的 <to>

5. **dragonfly** [ˋdrægən͵flaɪ] n. [C] 蜻蜓 (pl. dragonflies)

6. **flashlight** [ˋflæʃ͵laɪt] n. [C] 手電筒

7. **glow** [glo] n. [sing.] 光亮；喜悅，滿足 <of>
   glow [glo] v. 發光

8. **gum** [gʌm] n. [U] 口香糖 ㊂ chewing gum；[C] 牙齦 (usu. pl.)

9. **hourly** [ˋaʊrlɪ] adj. 每小時的
   hourly [ˋaʊrlɪ] adv. 每小時地

10. **indoor** [ˋɪn͵dor] adj. 室內的 ㊃ outdoor

11. **lace** [les] n. [U] 花邊，蕾絲；[C] 鞋帶 (usu. pl.) ㊂ shoelace
    lace [les] v. 繫緊 <up>；摻少量的酒、毒藥等 <with>

12. **loaf** [lof] n. [C] 一條 (麵包) (pl. loaves)

13. **mend** [mɛnd] v. 修補 ㊂ fix
    💡 mend sb's ways …改過自新｜
      mend (sb's) fences with sb 與…重修舊好

14. **overseas** [͵ovɚˋsiz] adv. 在海外 ㊂ abroad
    overseas [͵ovɚˋsiz] adj. 海外的

15. **ox** [ɑks] n. [C] (食用、勞役用的) 閹公牛 (pl. oxen)

16. **playful** [`plefəl] adj. 愛玩的

17. **rectangle** [`rɛktæŋgl̩] n. [C] 長方形

18. **rumor** [`rumɚ] n. [C][U] 謠言
    💡 start/spread a rumor 造謠 / 散布謠言
    rumor [`rumɚ] v. 謠傳

19. **scissors** [`sɪzɚz] n. [pl.] 剪刀
    💡 nail scissors 指甲剪

20. **slender** [`slɛndɚ] adj. 苗條的，修長的 圓 slim

21. **stiff** [stɪf] adj. 僵硬的；嚴厲的
    stiff [stɪf] adv. 非常，極其

22. **suck** [sʌk] v. 吸吮
    suck [sʌk] n. [C] 吸吮 (usu. sing.)

23. **thread** [θrɛd] n. [C][U] 線
    thread [θrɛd] v. 穿線

24. **voter** [`votɚ] n. [C] 選民

25. **weapon** [`wɛpən] n. [C] 武器
    💡 nuclear/atomic weapons 核子武器

Unit 29 ☸

1. **baggage** [`bægɪdʒ] n. [U] 行李 圓 luggage, suitcase
    💡 a piece of baggage 一件行李

2. **bull** [bʊl] n. [C] (未閹割的) 公牛

3. **clay** [kle] n. [U] 黏土，陶土

4. **dam** [dæm] n. [C] 水壩
   dam [dæm] v. 築壩 (dammed | dammed | damming)

5. **drip** [drɪp] n. [sing.] 滴水聲
   drip [drɪp] v. 滴下 (dripped | dripped | dripping)

6. **flesh** [flɛʃ] n. [U] (人或動物的) 肉；果肉

7. **golf** [gɔlf] n. [U] 高爾夫球
   golf [gɔlf] v. 打高爾夫球

8. **hairdresser** [`hɛr͵drɛsɚ] n. [C] 美髮師

9. **housekeeper** [`haʊs͵kipɚ] n. [C] 女管家；(旅館、醫院等的) 清潔人員

10. **inner** [`ɪnɚ] adj. 內部的；內心的

11. **laughter** [`læftɚ] n. [U] 笑，笑聲
    💡 roar/scream with laughter 大笑 |
    Laughter is the best medicine. 【諺】笑是最佳良藥。

12. **locate** [`loket] v. 找到⋯的地點；設置 圓 site

13. **merry** [`mɛrɪ] adj. 快樂的 圓 cheery (merrier | merriest)

14. **owe** [o] v. 欠 (錢)；將⋯歸功於 <to>
    💡 owe sb an explanation/apology 虧欠⋯解釋 / 道歉

15. **pal** [pæl] n. [C] 朋友，夥伴
    💡 pen/cyber pal 筆 / 網友

16. **plug** [plʌg] n. [C] 插頭；塞子
    plug [plʌg] v. 堵住，塞住 (plugged | plugged | plugging)

17. **regret** [rɪ`grɛt] v. 感到遺憾，後悔 (regretted | regretted | regretting)
    regret [rɪ`grɛt] n. [C][U] 遺憾，後悔 <at, for>
    💡 with regret 遺憾地 | to sb's regret 令…遺憾的是

18. **satisfactory** [,sætɪs`fæktrɪ] adj. 令人滿意的 (同) acceptable (反) unsatisfactory

19. **scout** [skaʊt] n. [C] 童子軍成員；星探
    scout [skaʊt] v. 偵查 <for>；尋找 <for>

20. **slice** [slaɪs] n. [C] (切下食物的) 薄片 <of>
    💡 cut sth into slices 將…切成薄片
    slice [slaɪs] v. 把…切成薄片

21. **studio** [`stjudɪ,o] n. [C] 攝影棚；錄音室 (pl. studios)

22. **sum** [sʌm] n. [C] 金額
    sum [sʌm] v. 總結，概述 <up> (summed | summed | summing)
    💡 to sum up 總而言之

23. **thumb** [θʌm] n. [C] 拇指
    💡 be all thumbs 笨手笨腳的 |

under sb's thumb 受制於⋯之下

thumb [θʌm] v. 用拇指作手勢

24. **wagon** [`wægən] n. [C] 四輪貨運馬車

25. **weave** [wiv] v. 編織 同 knit ;（融合不同的事物）編寫
(wove, weaved | woven, weaved | weaving)

weave [wiv] n. [C] 編法 (usu. sing.)

Unit 30

1. **bait** [bet] n. [U] 餌；誘惑物

bait [bet] v. 裝誘餌

2. **bullet** [`bʊlɪt] n. [C] 子彈

💡 fire/shoot a bullet (開槍) 射了一發子彈

3. **closet** [`klɑzɪt] n. [C] 櫥櫃

4. **dare** [dɛr] aux. 敢於

dare [dɛr] v. 敢於

dare [dɛr] n. [C] 在激將法下做出的事

5. **drown** [draʊn] v. 淹死，溺死

6. **flour** [flaʊr] n. [U] 麵粉

7. **gossip** [`gɑsəp] n. [U] 閒話，流言蜚語

💡 exchange/spread gossip 交流 / 傳播八卦 |
a piece of gossip 一則流言 |

hot/juicy/interesting gossip 特別有趣的八卦

gossip [ˋgɑsəp] v. 散布流言 <about>

---

8. **hallway** [ˋhɔl͵we] n. [C] 走廊，玄關

---

9. **hug** [hʌg] n. [C] 擁抱 圓 embrace

hug [hʌg] v. 擁抱 圓 embrace (hugged | hugged | hugging)

---

10. **innocent** [ˋɪnəsn̩t] adj. 無罪的 <of> 反 guilty ；天真的 圓 naive

---

11. **laundry** [ˋlɔndrɪ] n. [C] 洗衣店 ；[U] 待洗的衣物 (pl. laundries)

---

12. **log** [lɔg] n. [C] 原木，木材

log [lɔg] v. 伐 (木)，砍 (樹) (logged | logged | logging)

---

13. **mess** [mɛs] n. [C][U] 髒亂；[sing.] 混亂局面，困境

mess [mɛs] v. 弄髒 <up>

💡 mess about/around 浪費時間

---

14. **pad** [pæd] n. [C] 護墊；便條本 圓 notebook

pad [pæd] v. (用軟物) 填塞 (padded | padded | padding)

---

15. **pancake** [ˋpæn͵kek] n. [C] 薄煎餅

---

16. **politician** [͵pɑləˋtɪʃən] n. [C] 政客，從政者

---

17. **restrict** [rɪˋstrɪkt] v. 限制 <to>

---

18. **saving** [ˋsevɪŋ] n. [pl.] 存款，儲蓄金 (〜s)

19. **screw** [skru] v. 用螺絲固定 <to>
    💡 screw sth up 把⋯搞砸 |
       screw up sb's courage ⋯鼓起勇氣
    screw [skru] n. [C] 螺絲

20. **slope** [slop] n. [C] 斜坡 同 incline；山坡

21. **summary** [ˋsʌmərɪ] n. [C] 概述，摘要 (pl. summaries)

22. **suspicion** [səˋspɪʃən] n. [C][U] 疑心，猜疑；嫌疑
    💡 on/under/above/beyond suspicion 有 / 沒有嫌疑

23. **tighten** [ˋtaɪtn̩] v. 拉緊 反 loosen
    💡 tighten sth up 使⋯更嚴格 |
       tighten sb's belt ⋯勒緊腰帶，省吃儉用

24. **wander** [ˋwandɚ] v. 遊蕩 <around>；(思想) 游離，心
    不在焉
    wander [ˋwandɚ] n. [sing.] 遊蕩

25. **wipe** [waɪp] v. 擦拭，擦乾 <with, on>
    💡 wipe sth off/from... 從⋯擦去 (灰塵或液體等)
    wipe [waɪp] n. [C] 擦，拭

Unit 31

1. **barn** [bɑrn] n. [C] 穀倉

2. **bunch** [bʌntʃ] n. [C] 串，束

3. **clothe** [kloð] v. 使穿衣服 ⑩ dress

4. **darling** [ˋdɑrlɪŋ] n. [C] 親愛的人，寶貝
   darling [ˋdɑrlɪŋ] adj. 親愛的；可愛的

5. **drugstore** [ˋdrʌɡˏstor] n. [C] 藥妝店

6. **flute** [flut] n. [C] 長笛

7. **grasshopper** [ˋɡræsˏhɑpɚ] n. [C] 蚱蜢

8. **hammer** [ˋhæmɚ] n. [C] 鎚子
   hammer [ˋhæmɚ] v. 用鎚子敲打；敲擊 ⑩ pound
   💡 hammer sth into sb 向…灌輸… |
      hammer out 充分討論出 (結果)

9. **hum** [hʌm] v. 嗡嗡作響；哼歌 (hummed | hummed |
   humming)

10. **jail** [dʒel] n. [C] 監獄
    💡 be put in/sent to jail 關入監獄 | break jail 逃獄
    jail [dʒel] v. 關入監獄 <for> ⑩ imprison

11. **lifetime** [ˋlaɪfˏtaɪm] n. [C] 終生，一輩子 (usu. sing.)

12. **loose** [lus] adj. 寬鬆的 ⑩ slack ⑰ tight (looser |
    loosest)
    💡 let/set sb/sth loose 使…自由；放開…
    loosely [ˋluslɪ] adv. 鬆垮地

13. **microphone** [ˋmaɪkrəˏfon] n. [C] 麥克風 <into> ⑩

mike, mic

14. **parade** [pə`red] n. [C] 遊行 ⑩ procession
    parade [pə`red] v. 遊行 ⑩ procession

15. **pat** [pæt] v. 輕輕地拍 (patted | patted | patting)
    pat [pæt] n. [C] 輕拍

16. **poll** [pol] n. [C] 民意調查 ⑩ survey；投票數 ⑩ ballot
    poll [pol] v. (在選舉中) 得票

17. **ribbon** [`rɪbən] n. [C][U] 緞帶，帶子

18. **scatter** [`skætɚ] v. 撒 <on, over, around>；驅散，散開
    ⑩ disperse
    scatter [`skætɚ] n. [sing.] 零星，散落 ⑩ scattering
    scattered [`skætɚd] adj. 散落的，分散的

19. **scrub** [skrʌb] n. [sing.] 刷洗，擦洗
    scrub [skrʌb] v. (尤指用硬刷、肥皂和水) 擦洗，刷洗
    (scrubbed | scrubbed | scrubbing)

20. **snap** [snæp] v. 啪嗒一聲折斷 (snapped | snapped |
    snapping)
    snap [snæp] n. [C] 啪嗒聲

21. **surround** [sə`raʊnd] v. 圍繞，包圍
    surrounding [sə`raʊndɪŋ] adj. 周圍的 ⑩ nearby

22. **swear** [swɛr] v. 發誓 ⑩ vow；咒罵 <at> (swore |
    sworn | swearing)

23. **timber** [ˋtɪmbɚ] n. [U] 木材 圓 lumber

24. **wax** [wæks] n. [U] 蠟
    wax [wæks] v. 給…上蠟

25. **wisdom** [ˋwɪzdəm] n. [U] 智慧

Unit 32

1. **barrel** [ˋbærəl] n. [C] 桶；一桶之量

2. **bundle** [ˋbʌndḷ] n. [C] 包，捆

3. **cock** [kɑk] n. [C] 公雞 圓 rooster

4. **dash** [dæʃ] n. [sing.] 猛衝；少量
    dash [dæʃ] v. 急奔 圓 rush；猛擊 <against>

5. **dumb** [dʌm] adj. 啞的；說不出話來的

6. **foggy** [ˋfɑgɪ] adj. 有霧的，霧茫茫的 (foggier | foggiest)
    💡 not have the foggiest (idea) 完全不知道

7. **greedy** [ˋgridɪ] adj. 貪心的 <for> (greedier | greediest)
    💡 greedy guts 貪吃鬼

8. **handkerchief** [ˋhæŋkɚtʃɪf] n. [C] 手帕 (pl. handkerchiefs, handkerchieves)

9. **hut** [hʌt] n. [C] 小屋

10. **jazz** [dʒæz] n. [U] 爵士樂

11. **lighthouse** [ˈlaɪtˌhaʊs] n. [C] 燈塔

12. **loser** [ˈluzɚ] n. [C] 失敗者 ⟨反⟩ winner

13. **missile** [ˈmɪsl̩] n. [C] 飛彈

14. **parcel** [ˈpɑrsl̩] n. [C] 包裹 ⟨同⟩ package
    parcel [ˈpɑrsl̩] v. 打包 <up>

15. **permit** [pɚˈmɪt] v. 許可，准許 (permitted | permitted | permitting)
    permit [ˈpɝmɪt] n. [C] 許可證

16. **porcelain** [ˈpɔrslɪn] n. [U] 瓷器

17. **roar** [ror] n. [C] 吼叫，咆哮
    roar [ror] v. 吼叫，咆哮
    💡 roar with laughter 放聲大笑

18. **scholar** [ˈskɑlɚ] n. [C] (尤指大學的) 學者

19. **separation** [ˌsɛpəˈreʃən] n. [C][U] 分開，分居

20. **sometime** [ˈsʌmˌtaɪm] adv. (過去或將來的) 某個時候

21. **survivor** [sɚˈvaɪvɚ] n. [C] 生還者

22. **sword** [sord] n. [C] 劍，刀

23. **tobacco** [təˈbæko] n. [U] 菸草

24. **weaken** [ˈwikən] v. 使虛弱 ⟨反⟩ strengthen

25. **wrap** [ræp] v. 包，裹 <in> (wrapped | wrapped | wrapping)

wrap [ræp] n. [U] 包裝材料
💡 keep sth under wraps 將⋯保密 | bubble wrap 氣泡布

Unit 33 ☸

1. **ache** [ek] n. [C] 疼痛 同 pain
   ache [ek] v. 疼痛 同 hurt

2. **bead** [bid] n. [C] 珠子
   bead [bid] v. 形成水珠

3. **bury** [`bɛrɪ] v. 埋葬；掩蓋
   💡 bury oneself in sth 專心致志於⋯ |
   bury sb's head in the sand ⋯逃避現實

4. **cocktail** [`kɑk͵tel] n. [C] 雞尾酒

5. **database** [`detə͵bes] n. [C] 資料庫

6. **dumpling** [`dʌmplɪŋ] n. [C] 餃子

7. **follower** [`faloɚ] n. [C] 追隨者，信徒

8. **handy** [`hændɪ] adj. 便利的；有用的 同 useful
   (handier | handiest)

9. **harvest** [`hɑrvɪst] n. [C][U] 收穫
   harvest [`hɑrvɪst] v. 收割 (農作物)

10. **inn** [ɪn] n. [C] 小旅店；小酒館

11. **jealous** [`dʒɛləs] adj. 嫉妒的 <of> 同 envious

● make sb jealous 使…嫉妒

12. **lightning** [ˈlaɪtnɪŋ] n. [U] 閃電
    ● Lightning never strikes (in the same place) twice.
    【諺】倒楣事不會總落在同一個人身上。

13. **mall** [mɔl] n. [C] 購物中心 (also shopping mall)

14. **mob** [mɑb] n. [C] 暴民
    mob [mɑb] v. 成群圍住

15. **parrot** [ˈpærət] n. [C] 鸚鵡
    parrot [ˈpærət] v. 鸚鵡學舌

16. **photographer** [fəˈtɑgrəfɚ] n. [C] 攝影師

17. **portion** [ˈporʃən] n. [C] 一部分；(食物的) 一份 同
    serving
    portion [ˈporʃən] v. 分…份

18. **roast** [rost] adj. 烘烤的
    roast [rost] n. [C][U] 烤肉
    roast [rost] v. 烤 (肉)

19. **seal** [sil] n. [C] 印章；海豹
    ● set/put the seal on sth 確保…萬無一失
    seal [sil] v. 封住

20. **sexual** [ˈsɛkʃʊəl] adj. 性別的
    ● sexual discrimination 性別歧視 |
    sexual assault/harassment 性侵害 / 騷擾 |

sexual orientation/preference 性傾向

21. **spice** [spaɪs] n. [C][U] 香料；[U] 情趣
   spice [spaɪs] v. 加香料於⋯；使增添趣味 <up, with>

22. **swan** [swɑn] n. [C] 天鵝

23. **tag** [tæg] n. [C] 標籤 ⓘ label
   tag [tæg] v. 貼標籤於⋯ (tagged | tagged | tagging)

24. **ton** [tʌn] n. [C] 噸 (pl. tons, ton)
   💡 tons of 大量的 |
      come down on sb like a ton of bricks 狠狠教訓⋯

25. **wed** [wɛd] v. 與⋯結婚 (wed, wedded | wed, wedded |
   wedding)

Unit 34

1. **adviser** [əd`vaɪzɚ] n. [C] 顧問，忠告者 (also advisor)

2. **beast** [bist] n. [C] 野獸

3. **buzz** [bʌz] n. [C] 嗡嗡聲
   💡 give sb a buzz 打電話給⋯
   buzz [bʌz] v. 嗡嗡作響

4. **coconut** [`kokənət] n. [C] 椰子

5. **dawn** [dɔn] n. [U] 黎明 ⓘ daybreak, sunrise
   💡 from dawn to dusk 從早到晚 | at dawn 破曉時分

dawn [dɔn] v. 開始明朗，清楚
  💡 It dawns on sb that … 開始理解

6. **dust** [dʌst] n. [U] 灰塵
  💡 leave sb in the dust 使…望塵莫及
  dust [dʌst] v. 拭去…的灰塵

7. **freezer** [`frizɚ] n. [C] 冷凍室，冷凍櫃

8. **hanger** [`hæŋɚ] n. [C] 衣架

9. **hay** [he] n. [U] 乾草
  💡 Make hay while the sun shines. 【諺】打鐵趁熱，把握時機。

10. **inspect** [ɪn`spɛkt] v. 檢查，審視 同 examine

11. **jelly** [`dʒɛlɪ] n. [C][U] 果凍 (pl. jellies)
  💡 turn to/feel like jelly (因恐懼或緊張而) 渾身癱軟

12. **lily** [`lɪlɪ] n. [C] 百合花 (pl. lilies)

13. **mankind** [mæn`kaɪnd] n. [U] 人類 同 humankind

14. **monk** [mʌŋk] n. [C] 修道士；僧侶

15. **passenger** [`pæsn̩dʒɚ] n. [C] 乘客

16. **pine** [paɪn] n. [C][U] 松樹

17. **poster** [`postɚ] n. [C] 海報 同 placard

18. **rob** [rɑb] v. 搶劫 <of> (robbed | robbed | robbing)

19. **sensible** [ˋsɛnsəbl̩] adj. 明智的;察覺到的

20. **sexy** [ˋsɛksɪ] adj. 性感的 (sexier | sexiest)

21. **spinach** [ˋspɪnɪtʃ] n. [U] 菠菜

22. **sweat** [swɛt] n. [U] 汗水 同 perspiration
    💡 be/get in a sweat (about sth) (為⋯) 擔心
    sweat [swɛt] v. 流汗 同 perspire
    💡 sweat like a pig 汗流浹背 | sweat over sth 埋頭做⋯

23. **talkative** [ˋtɔkətɪv] adj. 多話的

24. **trader** [ˋtredɚ] n. [C] 商人,經商者

25. **weed** [wid] n. [C] 雜草
    weed [wid] v. 拔除雜草

Unit 35

1. **alley** [ˋælɪ] n. [C] 小巷,小弄

2. **berry** [ˋbɛrɪ] n. [C] 莓果,漿果 (pl. berries)

3. **canyon** [ˋkænjən] n. [C] 峽谷 同 gorge

4. **collar** [ˋkɑlɚ] n. [C] 衣領

5. **deed** [did] n. [C] 行為 同 act
    💡 brave/charitable/evil deed 勇敢的 / 慈善的 / 邪惡的行為

6. **echo** [ˈɛko] n. [C] 回聲，回音 (pl. echoes)
   echo [ˈɛko] v. 發出回音 <around> ㊃ reverberate
   💡 echo down/through the ages 流傳，影響後世

7. **fright** [fraɪt] n. [C] 驚嚇的經驗；[U] 驚嚇，恐怖

8. **hasty** [ˈhestɪ] adj. 匆忙的，倉促的，草率的 ㊃ hurried
   (hastier | hastiest)
   💡 hasty departure/meal/farewell 匆忙的離開 / 用餐 /
   告別 | beat a hasty retreat 打退堂鼓

9. **heel** [hil] n. [C] 腳跟；鞋跟
   heel [hil] v. 修理 (鞋跟)

10. **inspector** [ɪnˈspɛktə] n. [C] 檢查員，視察員

11. **joyful** [ˈdʒɔɪfəl] adj. 快樂的，喜悅的 ㊃ happy ㊁
    joyless

12. **lively** [ˈlaɪvlɪ] adj. 熱烈的；精力充沛的 ㊃ animated,
    vivacious (livelier | liveliest)

13. **marvelous** [ˈmɑrvḷəs] adj. 令人驚嘆的，很棒的 ㊃
    fantastic, splendid, wonderful

14. **monster** [ˈmɑnstə] n. [C] 妖怪，怪物

15. **passport** [ˈpæs͵port] n. [C] 護照

16. **pitch** [pɪtʃ] n. [U] 音調；[sing.] 程度，強度
    pitch [pɪtʃ] v. 投擲

17. **postpone** [post`pon] v. 延期，延後 <until> 同 put back
    反 bring forward
    postponement [post`ponmənt] n. [U] 延期

18. **robbery** [`rɑbərɪ] n. [C][U] 搶劫 (pl. robberies)

19. **shadow** [`ʃædo] n. [C] 影子；陰影
    shadow [`ʃædo] v. 跟蹤，尾隨；投下影子

20. **shrink** [ʃrɪŋk] v. 縮水；減少 反 grow (shrank, shrunk |
    shrunk, shrunken | shrinking)

21. **spit** [spɪt] v. 吐出 (口水等) <out> (spit, spat | spit,
    spat | spitting)
    💡 spit blood 怒氣衝天地說，咬牙切齒地說
    spit [spɪt] n. [U] 口水 同 saliva
    💡 spit and polish 仔細的清潔擦洗

22. **swell** [swɛl] v. 腫脹 <up>；增加 <to> (swelled |
    swelled, swollen | swelling)
    swell [swɛl] n. [C] 海浪的起伏

23. **tank** [tæŋk] n. [C] (儲存液體或氣體的) 箱，槽；坦克車

24. **trail** [trel] n. [C] 小徑；蹤跡
    trail [trel] v. 拖曳

25. **weep** [wip] v. 哭泣，流淚 同 cry, sob (wept | wept |
    weeping)

Unit 36 ⚓

1. **almond** [`ɑmənd] n. [C] 杏仁

2. **bet** [bɛt] v. 打賭 <on>；敢肯定 (bet, betted | bet, betted | betting)
   * I'll bet. 沒錯。| You bet! 當然！
   bet [bɛt] n. [C] 打賭 <on>
   * win/lose a bet 贏了 / 輸掉打賭 | do sth on a bet 賭氣之下做… | fair/good bet 很可能發生的事 / 明智的決定

3. **carpet** [`kɑrpɪt] n. [C] 地毯
   * be on the carpet (因做錯事) 被上級長官訓斥
   carpet [`kɑrpɪt] v. 鋪地毯

4. **colony** [`kɑlənɪ] n. [C] 殖民地 (pl. colonies)
   colonize [`kɑlə,naɪz] v. 使成為殖民地

5. **deepen** [`dipən] v. 加深

6. **elbow** [`ɛl,bo] n. [C] 手肘
   * at sb's elbow 緊跟著…
   elbow [`ɛl,bo] v. 用肘推擠
   * elbow sb out 強行使…離開 (職位、工作)

7. **frighten** [`fraɪtn̩] v. 使害怕，使受驚
   * frighten sb witless 把…嚇破膽 |
     frighten the life out of sb 把…嚇得魂不附體
   frightened [`fraɪtn̩d] adj. 害怕的，受驚的

frightening [ˈfraɪtnɪŋ] adj. 可怕的，駭人的 同 scary

8. **hatch** [hætʃ] n. [C] 小窗口 同 hatchway (pl. hatches)
   💡 escape hatch 逃生出口；解決困境的辦法 |
   Down the hatch! 乾杯！
   hatch [hætʃ] v. 孵化

9. **hire** [haɪr] v. 租用 同 rent；僱用
   💡 hire purchase 分期付款
   hire [haɪr] n. [U] 租用；[C] 新僱員

10. **interrupt** [ˌɪntəˈrʌpt] v. 打斷

11. **junior** [ˈdʒunjɚ] adj. 年資較淺的 <to> 反 senior
    junior [ˈdʒunjɚ] n. [C] (大學) 三年級學生

12. **lobby** [ˈlɑbɪ] n. [C] 大廳 同 foyer (pl. lobbies)

13. **meadow** [ˈmɛdo] n. [C] 草地，牧場

14. **monthly** [ˈmʌnθlɪ] adj. 每月的，每月一次的
    monthly [ˈmʌnθlɪ] adv. 按月地
    monthly [ˈmʌnθlɪ] n. [C] 月刊 (pl. monthlies)

15. **pave** [pev] v. 鋪 (地面) <with>
    💡 pave the way for sth 為…鋪路，使…容易進行 |
    the streets are paved with gold (某城市) 很容易賺錢
    pavement [ˈpevmənt] n. [C] 人行道 同 sidewalk

16. **pity** [ˈpɪtɪ] n. [U] 同情，憐憫 <for> 同 sympathy；
    [sing.] 遺憾的事 同 shame
    💡 have/take pity on 同情… | out of pity 出於同情

pity [ˈpɪtɪ] v. 同情，憐憫

pitiful [ˈpɪtɪfəl] adj. 令人同情的，可憐的 ⑩ pathetic

17. **pottery** [ˈpɑtərɪ] n. [U] 陶器類

18. **robe** [rob] n. [C] 睡袍，浴衣 ⑩ bathrobe；長袍 (usu. pl.)

19. **shallow** [ˈʃælo] adj. 淺的 ⑬ deep；膚淺的 ⑩ superficial

20. **sigh** [saɪ] n. [C] 嘆氣

sigh [saɪ] v. 嘆氣 <with>

21. **splash** [splæʃ] n. [C] 潑濺聲，噗通聲 (pl. splashes)
    💡 make/cause a splash 引起關注，引起轟動

splash [splæʃ] v. 潑，濺

22. **swift** [swɪft] adj. 迅速的
    💡 be swift to V 迅速的做…

23. **tow** [to] n. [sing.] 拖，牽引
    💡 in tow 緊跟著

tow [to] v. 拖，拉 <away>

24. **tray** [tre] n. [C] 托盤

25. **whip** [wɪp] n. [C] 鞭子，皮鞭

whip [wɪp] v. 鞭打 (whipped | whipped | whipping)

Unit 37 ⚓

1. **alphabet** [ˋælfəˌbɛt] n. [C] 字母
   alphabetic [ˌælfəˋbɛtɪk] adj. 依字母順序的 (also alphabetical)

---

2. **bleed** [blid] v. 流血 (bled | bled | bleeding)

---

3. **carriage** [ˋkærɪdʒ] n. [C] (尤指舊時的) 四輪馬車

---

4. **comma** [ˋkɑmə] n. [C] 逗號

---

5. **dessert** [dɪˋzɜt] n. [C][U] 甜點

---

6. **elect** [ɪˋlɛkt] v. 選舉
   elect [ɪˋlɛkt] adj. 當選而尚未就職的，候任的

---

7. **gallon** [ˋgælən] n. [C] 加侖 (液量單位，美國：3.785 公升 /1 加侖，英國：4.546 公升 /1 加侖)

---

8. **hateful** [ˋhetfəl] adj. 十分討厭的，可惡的

---

9. **historic** [hɪsˋtɔrɪk] adj. 歷史上著名的，有歷史意義的

---

10. **invitation** [ˌɪnvəˋteʃən] n. [C] 邀請

---

11. **kangaroo** [ˌkæŋgəˋru] n. [C] 袋鼠 (pl. kangaroos)
    🌶 kangaroo court 袋鼠法庭 (不公正的法庭)

---

12. **lock** [lɑk] n. [C] 鎖
    lock [lɑk] v. 鎖上
    🌶 lock sb out of sth 把…鎖在…外面 |

lock horns over sth 為⋯爭論

13. **meaningful** [ˋmɪnɪŋfəl] adj. 有意義的
    💡 meaningful relationship/discussion/experience 重要的關係 / 討論 / 經歷

14. **moth** [mɔθ] n. [C] 蛾

15. **pea** [pi] n. [C] 豌豆

16. **portrait** [ˋportrɪt] n. [C] 肖像

17. **powder** [ˋpaʊdɚ] n. [C][U] 粉，粉末
    💡 milk/curry/chili/soap powder 奶 / 咖哩 / 辣椒 / 洗衣粉 |
    take a powder 突然離開，溜走
    powder [ˋpaʊdɚ] v. 上粉，撲粉

18. **rocket** [ˋrɑkɪt] n. [C] 火箭
    💡 It's not rocket science. 這並不難。

19. **shepherd** [ˋʃɛpɚd] n. [C] 牧羊人

20. **sincere** [sɪnˋsɪr] adj. 真誠的，誠懇的 同 genuine 反 insincere (sincerer | sincerest)
    💡 sincere apology 真誠的道歉

21. **spoil** [spɔɪl] v. 毀掉 同 ruin；寵壞，溺愛 (spoiled, spoilt | spoiled, spoilt | spoiling)
    💡 be spoilt for choice 選擇太多而難以決定

22. **tailor** [ˋtelɚ] n. [C] (男裝) 裁縫師

💡 The tailor makes the man. 【諺】人要衣裝，佛要金裝。

23. **transport** [`trænsport] n. [U] 運送，運輸 同 delivery, transportation

💡 public transport 大眾運輸 ｜

means/form of transport 交通工具

transport [træns`port] v. 運送，運輸 同 deliver

24. **tribe** [traɪb] n. [C] 部落，部族

25. **wicked** [`wɪkɪd] adj. 邪惡的 同 evil

Unit 38

1. **amaze** [ə`mez] v. 使吃驚 同 astonish

amazement [ə`mezmənt] n. [U] 驚訝 同 astonishment

💡 to sb's amazement 令…驚訝的是

amazed [ə`mezd] adj. 驚訝的 同 astonished

amazing [ə`mezɪŋ] adj. 令人驚訝的 同 astounding, incredible

2. **bless** [blɛs] v. 祝福；保佑 (blessed, blest ｜ blessed, blest ｜ blessing)

💡 bless you 保佑你 (對打噴嚏者所說的話) ｜

be blessed with sth 有幸享有…

3. **cart** [kɑrt] n. [C] 手推車 同 trolley

💡 put the cart before the horse 本末倒置

cart [kɑrt] v. 用車裝運

4. **confuse** [kən`fjuz] v. 將…混淆 <with>；使困惑
confused [kən`fjuzd] adj. 困惑的 <about>
confusing [kən`fjuzɪŋ] adj. 令人困惑的

5. **devil** [`dɛv!] n. [C] 魔鬼 同 demon

6. **element** [`ɛləmənt] n. [C] 元素；要素

7. **gamble** [`gæmb!] n. [C] 冒險，賭博 (usu. sing.)
gamble [`gæmb!] v. 下賭注，賭博 <on> 同 bet；冒險 同
risk

8. **headline** [`hɛd͵laɪn] n. [C] (報紙的) 標題
💡 hit/make the headlines 登上報紙頭條新聞
headline [`hɛd͵laɪn] v. 以…為標題

9. **holder** [`holdɚ] n. [C] 持有者，擁有者

10. **ivory** [`aɪvrɪ] n. [U] 象牙；[C] 象牙製品 (pl. ivories)
💡 ivory tower 象牙塔 (比喻處於脫離現實、不知人間疾
苦的狀態)
ivory [`aɪvrɪ] adj. 象牙色的

11. **keyboard** [`ki͵bord] n. [C] 鍵盤；(電子) 鍵盤樂器

12. **lollipop** [`lɑlɪ͵pɑp] n. [C] 棒棒糖

13. **minus** [`maɪnəs] prep. 減，減去
minus [`maɪnəs] n. [C] 負號；缺點，不利條件 (pl.
minuses)

minus [`maɪnəs] adj. 負的；不利的；略低於的

14. **napkin** [`næpkɪn] n. [C] 餐巾，餐巾紙

15. **peanut** [`pinət] n. [C] 花生
🔮 peanut butter/oil 花生醬 / 油

16. **pour** [por] v. 倒 (液體)；湧入；(雨) 傾盆而下 <down>
🔮 pour sth out 毫無保留的表達…(感情或思想等)

17. **producer** [prə`djusə] n. [C] 生產者；製片人，製作人

18. **romantic** [ro`mæntɪk] adj. 浪漫的，愛情的
romantic [ro`mæntɪk] n. [C] 浪漫主義者，耽於幻想的人

19. **shiny** [`ʃaɪnɪ] adj. 閃耀的，光亮的 🔁 bright (shinier | shiniest)

20. **skip** [skɪp] v. 蹦跳 🔁 jump；略過 <over, to> (skipped | skipped | skipping)
skip [skɪp] n. [C] 蹦蹦跳跳

21. **spray** [spre] n. [U] 水花
spray [spre] v. 噴灑 <with>
🔮 spray sth on/onto/over sth 將…噴灑在…上

22. **tame** [tem] adj. 溫馴的 🔄 wild (tamer | tamest)
tame [tem] v. 馴化，馴服

23. **tricky** [`trɪkɪ] adj. 狡猾的；難應付的 (trickier | trickiest)

24. **troop** [trup] n. [C] 一群，一隊；[pl.] 軍隊 (~s)

25. **widen** [`waɪdn̩] v. 使寬廣 ⑩ broaden

Unit 39 ⚓

1. **ambassador** [æm`bæsədə] n. [C] 大使 <to>

2. **blouse** [blaʊs] n. [C] 女用襯衫 (pl. blouses)

3. **cast** [kæst] v. 投擲；(目光) 投向 (cast | cast | casting)
   cast [kæst] n. [C] (戲劇或電影的) 全體演員陣容

4. **continent** [`kɑntənənt] n. [C] 大陸，大洲

5. **dim** [dɪm] adj. 昏暗的 ⓐ bright (dimmer | dimmest)
   dim [dɪm] v. 變暗 ⓐ brighten (dimmed | dimmed | dimming)

6. **emperor** [`ɛmpərə] n. [C] 皇帝

7. **gang** [gæŋ] n. [C] (朋友的) 一群；幫派組織
   gang [gæŋ] v. 結黨 (反對他人) <up on, against>

8. **headquarters** [`hɛd,kwɔrtəz] n. [pl.] 總部 (abbr. HQ)

9. **homesick** [`hom,sɪk] adj. 思鄉的，想家的

10. **jar** [dʒɑr] n. [C] 廣口瓶，罐子
    jar [dʒɑr] v. 使煩躁，使不快 ⑩ grate (jarred | jarred | jarring)

11. **kilometer** [kɪ`lɑmətə] n. [C] 公里 (abbr. km)

12. **lord** [lɔrd] n. [C] 貴族;上帝 (the Lord)

13. **misery** [ˋmɪzrɪ] n. [C][U] 悲慘,痛苦 <in> 同 poverty, distress (pl. miseries)

14. **neat** [nit] adj. 整齊的
neatly [ˋnitlɪ] adv. 整齊地

15. **pearl** [pɝl] n. [C] 珍珠

16. **pretend** [prɪˋtɛnd] v. 假裝

17. **pronounce** [prəˋnauns] v. 發音;發表意見,宣布
💡 pronounce on/upon sth 發表對⋯的看法

18. **rotten** [ˋrɑtn] adj. 腐爛的,變質的;腐敗的,不誠實的

19. **shorten** [ˋʃɔrtn] v. 縮短,變短 反 lengthen

20. **slave** [slev] n. [C] 奴隸 <to, of>
slave [slev] v. 賣命工作,苦幹

21. **spy** [spaɪ] n. [C] 間諜 (pl. spies)
spy [spaɪ] v. 從事間諜活動 <for>
💡 spy on sb/sth 監視,蒐集⋯

22. **tangerine** [ˌtændʒəˋrin] n. [C] 橘子

23. **trumpet** [ˋtrʌmpɪt] n. [C] 小號,喇叭
💡 blow your own trumpet 自吹自擂,自我吹捧
trumpet [ˋtrʌmpɪt] v. 吹噓

24. **tug** [tʌg] n. [C] 拉,拽

🍃 tug-of-war 拔河比賽

tug [tʌg] v. 拉，拽 <at> (tugged | tugged | tugging)

25. **wrist** [rɪst] n. [C] 手腕

Unit 40

1. **ambulance** [`æmbjələns] n. [C] 救護車

2. **bookcase** [`bʊk͵kes] n. [C] 書架

3. **champion** [`tʃæmpɪən] n. [C] 冠軍，優勝者

4. **controller** [kən`trolɚ] n. [C] 管理者，指揮者
   🍃 air-traffic controller 飛航管制員

5. **discount** [`dɪskaʊnt] n. [C] 折扣，打折 圓 reduction
   discount [`dɪskaʊnt] v. 打折扣，不全置信，低估 圓 dismiss
   🍃 discount the possibility of sth 低估⋯的可能性

6. **energetic** [͵ɛnɚ`dʒɛtɪk] adj. 精力充沛的

7. **garage** [gə`rɑʒ] n. [C] 車庫；修車廠
   🍃 garage sale 舊物拍賣 (多在自家的車庫進行)

8. **heap** [hip] n. [C] (凌亂的) 一堆 <of>
   heap [hip] v. 堆積
   🍃 heap praise/criticism on sb 大力讚揚 / 批評⋯

9. **honesty** [`ɑnɪstɪ] n. [U] 誠實 圓 dishonesty

💡 Honesty is the best policy. 【諺】誠實為上策。 |
   in all honesty 說實話，其實

---

10. **jaw** [dʒɔ] n. [C] 下顎，下巴 圓 chin
    💡 sb's jaw drops open …大吃一驚

---

11. **kindergarten** [`kɪndəˌgɑrtn̩] n. [C] 幼兒園

---

12. **magician** [mə`dʒɪʃən] n. [C] 魔術師

---

13. **mist** [mɪst] n. [C][U] 薄霧
    mist [mɪst] v. 起霧
    misty [`mɪstɪ] adj. 有霧的 (mistier | mistiest)

---

14. **necktie** [`nɛkˌtaɪ] n. [C] 領帶 圓 tie

---

15. **peel** [pil] v. 削 (水果或蔬菜的) 皮
    peel [pil] n. [C][U] (水果或蔬菜的) 外皮 圓 skin

---

16. **pub** [pʌb] n. [C] (英國) 酒吧 圓 bar

---

17. **rank** [ræŋk] n. [C][U] 級別，職位 圓 class；一列
    rank [ræŋk] v. 評定等級 <as>

---

18. **rug** [rʌg] n. [C] 小地毯，墊子

---

19. **shovel** [`ʃʌvl̩] n. [C] 鏟子 圓 spade
    shovel [`ʃʌvl̩] v. 鏟起

---

20. **slippery** [`slɪprɪ] adj. 溼滑的 (slipperier | slipperiest)

---

21. **squirrel** [`skwɝəl] n. [C] 松鼠

---

22. **tease** [tiz] v. 戲弄，取笑 <about>

23. **truthful** [ˋtruθfəl] adj. 誠實的 <with> 同 honest 反 untruthful

24. **tutor** [ˋtutɚ] n. [C] 家庭教師
    tutor [ˋtutɚ] v. 當家庭教師

25. **yell** [jɛl] v. 吼叫 <at> 同 shout
    yell [jɛl] n. [C] 喊叫聲 同 shout

26. **youngster** [ˋjʌŋstɚ] n. [C] 年輕人 反 elder

27. **zipper** [ˋzɪpɚ] n. [C] 拉鍊 同 zip
    💡 do up/close/undo/open a zipper 拉上 / 拉開拉鍊
    zipper [ˋzɪpɚ] v. 拉上拉鍊 同 zip

Unit 1 ☸

1. **alert** [ə`lɝt] adj. 警覺的 <to>
   alert [ə`lɝt] v. 向…發出警報 <to>
   alert [ə`lɝt] n. [C][U] 警報
   💡 on the alert 警戒

2. **anniversary** [,ænə`vɝsərɪ] n. [C] 週年紀念 (pl. anniversaries)

3. **approval** [ə`pruvl̩] n. [U] 同意 反 disapproval

4. **authentic** [ɔ`θɛntɪk] adj. 真實的 同 genuine 反 inauthentic；正宗的 同 genuine

5. **confidence** [`kɑnfədəns] n. [U] 信心 <in, that>；[C] 祕密
   💡 in confidence 私下地

6. **consist** [kən`sɪst] v. 由…組成 <of>；存在於 <in>

7. **context** [`kɑntɛkst] n. [C] (事情發生的) 背景 <in>；上下文

8. **creativity** [,krie`tɪvətɪ] n. [U] 創造力

9. **endure** [ɪn`djʊr] v. 忍受 同 bear
   enduring [ɪn`djʊrɪŋ] adj. 持久的

10. **enthusiasm** [ɪn`θjuzɪ,æzəm] n. [U] 熱情 <for>
    💡 arouse/lose enthusiasm 激起 / 失去熱情

11. **fragile** [`frædʒəl] adj. 易碎的 同 breakable 反 strong；脆弱的 同 vulnerable 反 strong

12. **habitual** [həˋbɪtʃʊəl] adj. 習慣性的

13. **harmony** [ˋharmənɪ] n. [U] 和諧 <in>
    harmonious [harˋmonɪəs] adj. 和諧的 ⓡ inharmonious

14. **initial** [ɪˋnɪʃəl] adj. 最初的 ⓢ first
    initial [ɪˋnɪʃəl] n. [C] (姓名的) 首字母 (usu. pl.)
    initial [ɪˋnɪʃəl] v. 在⋯上簽署姓名的首字母

15. **intelligence** [ɪnˋtɛlədʒəns] n. [U] 智商，智慧
    🥅 AI = artificial intelligence 人工智慧

16. **launch** [lɔntʃ] v. 發行；發射
    🥅 launch into 開始從事
    launch [lɔntʃ] n. [C] 發表會；(火箭等的) 發射

17. **margin** [ˋmardʒɪn] n. [C] (書頁的) 空白處 <in>；幅度，
    差額

18. **overcome** [͵ovəˋkʌm] v. 克服 ⓢ defeat (overcame |
    overcome | overcoming)
    🥅 overcome obstacles/problems 克服障礙 / 問題

19. **paragraph** [ˋpærə͵græf] n. [C] 段落

20. **protein** [ˋprotin] n. [C][U] 蛋白質

21. **protest** [ˋprotɛst] n. [C][U] 抗議，反對 <against>
    🥅 under protest 不情願地
    protest [prəˋtɛst] v. 抗議，反對 <against>

22. **researcher** [rɪˋsɝtʃɚ] n. [C] 研究員

23. **severe** [sə`vɪr] adj. 嚴厲的 ⑮ harsh；嚴重的 (severer | severest)

    severely [sə`vɪrlɪ] adv. 嚴重地

24. **strengthen** [`strɛŋθən] v. 增強

    💡 strengthen sb's hand 加強⋯的權力

25. **sympathy** [`sɪmpəθɪ] n. [U] 同情

Unit 2

1. **analysis** [ə`næləsɪs] n. [C][U] 分析 <of> (pl. analyses)

2. **arms** [ɑrmz] n. [pl.] 武器

3. **artificial** [ˌɑrtə`fɪʃəl] adj. 人工的 ⑮ false ⑱ natural；不自然的 ⑮ fake

    💡 artificial flavors 人工香料

4. **blend** [blɛnd] v. 使混和 <with> ⑮ mix；相稱 <with>

    blend [blɛnd] n. [C] 混和物

5. **container** [kən`tenɚ] n. [C] 容器；貨櫃

6. **continuous** [kən`tɪnjʊəs] adj. 不斷的，持續的

7. **contribution** [ˌkɑntrə`bjuʃən] n. [C][U] 貢獻；捐款 <to> ⑮ donation

8. **depression** [dɪ`prɛʃən] n. [U] 憂鬱，憂鬱症；[C] 不景氣

9. **digital** [`dɪdʒɪtl̩] adj. 數位的，數字的

♥ digital camera 數位相機

10. **equality** [ɪˋkwɑlətɪ] n. [U] 平等 ⊗ inequality
    ♥ gender/racial equality 性別 / 種族平等

11. **experimental** [ɪk͵spɛrəˋmɛntl̩] adj. 實驗的
    ♥ experimental results/data 實驗結果 / 數據

12. **gallery** [ˋgælərɪ] n. [C] 畫廊 (pl. galleries)
    ♥ art gallery 藝廊

13. **handwriting** [ˋhænd͵raɪtɪŋ] n. [U] 字跡，筆跡

14. **household** [ˋhaʊs͵hold] n. [C] (一戶) 家庭
    household [ˋhaʊs͵hold] adj. 家用的
    ♥ household products 家用產品
    householder [ˋhaʊs͵holdɚ] n. [C] 住戶，居住者

15. **intense** [ɪnˋtɛns] adj. 強烈的，激烈的 ⊜ extreme
    ♥ intense pain 劇痛

16. **laboratory** [ˋlæbrə͵torɪ] n. [C] 實驗室 (abbr. lab) (pl. laboratories)

17. **license** [ˋlaɪsn̩s] n. [C] 執照，許可證
    ♥ under license 經過許可
    license [ˋlaɪsn̩s] v. 批准，許可 <to>

18. **maturity** [məˋtjʊrətɪ] n. [U] 成熟

19. **oxygen** [ˋɑksədʒən] n. [U] 氧氣

20. **psychological** [ˌsaɪkə`lɑdʒɪkl̩] adj. 心理的，精神的

21. **quotation** [kwo`teʃən] n. [C] 引文

22. **research** [`risɝtʃ] n. [U] 研究 <into, on>
    💡 do/conduct research 做研究
    research [rɪ`sɝtʃ] v. 研究 <into>

23. **resistance** [rɪ`zɪstəns] n. [U] 抵抗 <to>；阻力
    💡 nonviolent resistance 非暴力抵抗

24. **surroundings** [sə`raʊndɪŋz] n. [pl.] 環境 圓 environment

25. **tolerable** [`tɑlərəbl̩] adj. 可忍受的 圓 bearable 囝 intolerable；尚可的 圓 reasonable

Unit 3 ⚓

1. **appropriate** [ə`proprɪˌet] adj. 適合的，合適的，恰當的 <to, for> 圓 suitable 囝 inappropriate
   💡 It is appropriate (for sb) to V (⋯) 做⋯是合適的

2. **association** [əˌsosɪ`eʃən] n. [C] 協會 圓 organization；[C][U] 關聯 <between, with>
   💡 in association with 聯合⋯

3. **broke** [brok] adj. 破產的，身無分文的
   💡 go broke 破產 | go for broke 孤注一擲

4. **brutal** [`brutl̩] adj. 殘忍的，殘暴的

5. **community** [kə`mjunətɪ] n. [C] 社 區 ; 社 群 (pl. communities)

6. **contribute** [kən`trɪbjut] v. 貢獻，捐贈 <to>；導致 <to>

7. **conventional** [kən`vɛnʃənl̩] adj. 常 規 的 ， 傳 統 的 反 unconventional
   🍃 conventional weapons 傳統武器

8. **cooperate** [ko`apə,ret] v. 合 作 ， 協 力 <with> 同 collaborate

9. **disability** [,dɪsə`bɪlətɪ] n. [C][U] 身體缺陷，殘疾
   🍃 disability pension 殘障撫恤金 | learning/physical/ mental disability 學習 / 身體 / 心理障礙

10. **essential** [ɪ`sɛnʃəl] adj. 必要的 <to, for> 同 vital 反 dispensable
    essential [ɪ`sɛnʃəl] n. [C] 必需品 (usu. pl.) 同 necessity

11. **establish** [ɪ`stæblɪʃ] v. 建立，創立 同 found, set up
    establishment [ɪ`stæblɪʃmənt] n. [C] 機 構 ; [U] 建 立 <of>

12. **fasten** [`fæsn̩] v. 固定，繫緊 同 do up 反 unfasten
    🍃 fasten on/upon sth 集中注意力於…

13. **gene** [dʒin] n. [C] 基因
    🍃 dominant/recessive gene 顯性 / 隱性基因

14. **hardship** [`hɑrdʃɪp] `n.` [C][U] 苦難
   💡 face/endure hardship 面臨／忍受苦難

15. **incident** [`ɪnsədənt] `n.` [C] 事件
   💡 without incident 平安無事
   incidental [ˌɪnsə`dɛntl̩] `adj.` 附帶的，伴隨的 <to>
   💡 incidental music 配樂
   incidentally [ˌɪnsə`dɛntlɪ] `adv.` 附帶地，順帶一提 圓 by the way

16. **keen** [kin] `adj.` 激烈的 ； 渴望的 ， 喜愛的 ， 感興趣的 <on> 圓 eager
   💡 as keen as mustard 極感興趣
   keenly [`kinlɪ] `adv.` 強烈地
   keenness [`kinnɪs] `n.` [U] 渴望，熱切

17. **machinery** [mə`ʃinərɪ] `n.` [U] 機器

18. **maximum** [`mæksəməm] `adj.` 最大極限的 (abbr. max)
   maximum [`mæksəməm] `n.` [C] 最大限度 (abbr. max) (usu. sing.) <of> (pl. maxima, maximums)

19. **measure** [`mɛʒɚ] `n.` [C] 措施 (usu. pl.)；標準
   💡 drastic/tough/extreme measures 嚴厲的／強硬的／極端的措施

20. **penalty** [`pɛnl̩tɪ] `n.` [C] 處罰 圓 punishment ； (不利的) 代價 圓 disadvantage <for, of> (pl. penalties)
   💡 the death penalty 死刑

21. **psychologist** [saɪˋkɑlədʒɪst] n. [C] 心理學家
    💡 clinical psychologist 臨床心理學家

22. **reference** [ˋrɛfrəns] n. [C][U] 提及 <to>；[C] 推薦函
    💡 with reference to 關於

23. **route** [rut] n. [C] 路線；方法 <to>
    💡 an alternative/escape route 替代 / 逃生路線
    route [rut] v. 運送，傳送 <through, via>

24. **tragedy** [ˋtrædʒədɪ] n. [C][U] 悲慘的事；悲劇 (pl. tragedies)

25. **universal** [ˌjunəˋvɝsl] adj. 普遍的，通用的
    💡 a universal truth 普遍真理
    universal [ˌjunəˋvɝsl] n. [C] 普遍現象

Unit 4 ☸

1. **athletic** [æθˋlɛtɪk] adj. 運動的；強壯的 ⑮ strong

2. **battery** [ˋbætərɪ] n. [C] 電池 (pl. batteries)
   💡 recharge sb's batteries 恢復…的體力 |
   battery life 電池壽命

3. **behavior** [bɪˋhevjɚ] n. [U] 行為，舉止

4. **canoe** [kəˋnu] n. [C] (用槳划的) 獨木舟
   canoe [kəˋnu] v. 划獨木舟

5. **constructive** [kən`strʌktɪv] adj. 有建設性的，有用的
   💡 constructive suggestions/advice 有建設性的建議 / 意見

6. **convince** [kən`vɪns] v. 使相信 <of, that>；說服 <to> 同 persuade
   convinced [kən`vɪnst] adj. 確信的 <of, that> 反 unconvinced；虔誠的
   convincing [kən`vɪn,sɪŋ] adj. 有說服力的
   💡 convincing victory/win 大比數獲勝

7. **cooperation** [ko,ɑpə`reʃən] n. [U] 合作 <with, between>
   💡 in close cooperation 緊密合作

8. **cooperative** [ko`ɑpərətɪv] adj. 合作的 同 helpful 反 uncooperative
   cooperative [ko`ɑpərətɪv] n. [C] 合作企業

9. **economics** [,ikə`nɑmɪks] n. [U] 經濟學

10. **estimate** [`ɛstəmɪt] n. [C] 估價 <of, for>
    💡 a conservative/rough estimate 保守 / 粗略估計
    estimate [`ɛstəmet] v. 估計 <at, that>

11. **ethnic** [`ɛθnɪk] adj. 民族的，異國風味的
    💡 ethnic clothes/dishes 民族服裝 / 料理 |
    ethnic minority 少數民族
    ethnic [`ɛθnɪk] n. [C] 少數民族的一員

12. **fetch** [fɛtʃ] v. 拿取，取回 同 bring

💡 fetch up 偶然來到

fetch [fɛtʃ] n. [U] 拿取，取回

---

13. **guilty** [`gɪltɪ] adj. 內疚的 <about>；有罪的 <of> 反 innocent (guiltier | guiltiest)

💡 guilty conscience 問心有愧 | plead guilty 認罪

---

14. **humanity** [hju`mænətɪ] n. [U] 人類；仁慈

---

15. **install** [ɪn`stɔl] v. 安裝 反 uninstall；正式任命 <as>

---

16. **landscape** [`lænskep] n. [C] 風景

landscape [`lænskep] v. 做景觀美化

---

17. **makeup** [`mek,ʌp] n. [U] 化妝品

---

18. **motivation** [,motə`veʃən] n. [U] 積極性；[C] 動機 <for>

---

19. **nowadays** [`nauə,dez] adv. 現在，現今 同 today

---

20. **percentage** [pə`sɛntɪdʒ] n. [C] 百分比

💡 percentage points 百分點

---

21. **publisher** [`pʌblɪʃə] n. [C] 出版社

---

22. **reflect** [rɪ`flɛkt] v. 反映 <in>；深思 <on, that>

---

23. **satellite** [`sætḷ,aɪt] n. [C] 人造衛星 <by, via>

💡 satellite town 衛星城市，大都市周圍的城鎮

---

24. **tragic** [`trædʒɪk] adj. 悲慘的

💡 tragic heroes 悲劇英雄

---

25. **vessel** [ˋvɛsl] n. [C] 船 ⑥ ship；血管
💡 a rescue/cargo vessel 救生 / 貨船

Unit 5

1. **absolute** [ˋæbsə‚lut] adj. 全然的；絕對的
💡 in absolute terms 就其本身而言
absolutely [‚æbsəˋlutlɪ] adv. 全然地；當然

---

2. **annual** [ˋænjʊəl] adj. 一年一度的 ⑥ yearly；一年的 ⑥ yearly
💡 annual meeting/report 年度會議 / 報告 |
annual fee/budget 年費 / 年度預算

---

3. **atmosphere** [ˋætməs‚fɪr] n. [C][sing.] 大氣層 (the ~)；[sing.] 氣氛

---

4. **breed** [brid] n. [C] 品種
breed [brid] v. 繁殖 (bred | bred | breeding)
breeding [ˋbridɪŋ] n. [U] 繁殖

---

5. **cargo** [ˋkɑrgo] n. [C][U] (船或飛機載的) 貨物 (pl. cargoes, cargos)

---

6. **communication** [kə‚mjunəˋkeʃən] n. [U] 溝通 <in, with, between>

---

7. **consumer** [kənˋsumɚ] n. [C] 消費者
💡 consumer demand/rights 消費者需求 / 權益

---

8. **council** [ˋkaʊnsl̩] n. [C] (地方、鎮、市的) 政務委員會，議會
   💡 student council 學生會

9. **critical** [ˋkrɪtɪkl̩] adj. 批評的 <of>；至關重要的 <to> 同 crucial
   💡 critical remark/decision 批判評論 / 重要決定

10. **cruelty** [ˋkruəltɪ] n. [C][U] 殘忍，殘酷 <of>；虐待 <to> 反 kindness (pl. cruelties)

11. **eventual** [ɪˋvɛntʃʊəl] adj. 最後的，最終的
    eventually [ɪˋvɛntʃʊlɪ] adv. 最後，終於

12. **fiction** [ˋfɪkʃən] n. [U] 小說 反 non-fiction；[C][U] 虛構的故事 反 fact
    💡 a piece/work of fiction 一部小說

13. **genius** [ˋdʒinjəs] n. [C] 天才；[U] 才智，天賦 (pl. geniuses, genii)
    💡 have a genius for sth 對…方面很有天分

14. **identical** [aɪˋdɛntɪkl̩] adj. 同樣的 <to, with>

15. **influential** [ˏɪnflʊˋɛnʃəl] adj. 有影響力的 <in>

16. **interpret** [ɪnˋtɝprɪt] v. 解釋 <as>；口譯，翻譯

17. **manufacturer** [ˏmænjəˋfæktʃərɚ] n. [C] 製造商 同 maker

18. **memorial** [məˋmorɪəl] adj. 紀念的，追悼的

memorial [mə`mɔrɪəl] n. [C] 紀念碑 <to>

19. **numerous** [`njumərəs] adj. 許多的，大量的 (同) many
   💡 too numerous to mention/list 不勝枚舉

20. **observation** [ˌɑbzɚ`veʃən] n. [C][U] 觀察 <of>；[C] 評論 <on, about>

21. **predict** [prɪ`dɪkt] v. 預測，預料 <that> (同) forecast
   predictable [prɪ`dɪktəbl̩] adj. 可預測的，可預料的

22. **quarrel** [`kwɔrəl] n. [C] 爭吵 <about, over, with>
   quarrel [`kwɔrəl] v. 吵架 <about, over, with>
   quarrelsome [`kwɔrəlsəm] adj. 愛爭吵的 (同) argumentative

23. **reform** [rɪ`fɔrm] n. [C][U] 改革，改進 <of, to>
   💡 push through reforms 使改革通過
   reform [rɪ`fɔrm] v. 改革
   reformation [ˌrɛfə`meʃən] n. [C][U] 改革；[sing.] 宗教改革 (the ~)

24. **significance** [sɪg`nɪfəkəns] n. [U] 重要 <of, for, to> (反) insignificance

25. **transform** [træns`fɔrm] v. 徹底改變 <into>

Unit 6 ⚓

1. **absorb** [əb`zɔrb] v. 吸收 (液體、氣體等)

💡 be absorbed in... 沉迷，沉浸於…

2. **application** [ˌæpləˋkeʃən] n. [C] 申請 <for>；[U] 應用
   💡 fill in/out an application form 填申請表

3. **attraction** [əˋtrækʃən] n. [U] 吸引力
   💡 hold/have an attraction for/towards... 對…有吸引力

4. **cabinet** [ˋkæbənɪt] n. [C] 櫥櫃 同 cupboard

5. **carrier** [ˋkærɪɚ] n. [C] 運輸工具 (車或船)；搬運工
   💡 aircraft carrier 航空母艦

6. **construction** [kənˋstrʌkʃən] n. [C] 建築物；[U] 建造

7. **contest** [ˋkɑntɛst] n. [C] 競爭，比賽
   contest [kənˋtɛst] v. 角逐

8. **criticism** [ˋkrɪtəˌsɪzəm] n. [C][U] 批評，挑剔 <of, about> 反 praise

9. **curiosity** [ˌkjʊrɪˋɑsətɪ] n. [U] 好奇心
   💡 out of curiosity 出於好奇 | Curiosity killed the cat.
   【諺】好奇心會害死貓。(過於好奇會惹禍上身)

10. **definite** [ˋdɛfənɪt] adj. 明確的 同 clear 反 indefinite
    definitely [ˋdɛfənɪtlɪ] adv. 毫無疑問地 同 certainly

11. **evidence** [ˋɛvədəns] n. [U] 證據 <of, on, for>
    evidence [ˋɛvədəns] v. 透過…證明

12. **evident** [ˋɛvədənt] adj. 明顯的 同 obvious, clear

evidently [ˋɛvədəntlɪ] adj. 顯然地 同 obviously, clearly；據說 同 apparently

13. **flexible** [ˋflɛksəbḷ] adj. 可彎曲的 反 rigid；可變通的，靈活的 同 pliable 反 inflexible

14. **grace** [gres] n. [U] 優雅 <with> 同 gracefulness
grace [gres] v. 使增添光彩

15. **ignorance** [ˋɪgnərəns] n. [U] 無知 <of, about>
💡 in ignorance of sth 不知道…

16. **intention** [ɪnˋtɛnʃən] n. [C][U] 意圖 <of>

17. **knob** [nɑb] n. [C] 圓形的門把

18. **merit** [ˋmɛrɪt] n. [C] 優點 (usu. pl.) <of> 同 strength
merit [ˋmɛrɪt] v. 值得 同 deserve

19. **moderate** [ˋmɑdərɪt] adj. 中等的，適度的；普通的

20. **occasional** [əˋkeʒənḷ] adj. 偶爾的
occasionally [əˋkeʒənḷɪ] adv. 偶爾

21. **prime** [praɪm] adj. 首要的 同 main
💡 prime minister 首相 | prime number 質數
prime [praɪm] n. [sing.] 全盛時期

22. **rebel** [ˋrɛbḷ] n. [C] 反叛者
rebel [rɪˋbɛl] v. 反抗；反叛 <against, at>

23. **refugee** [͵rɛfjuˋdʒi] n. [C] 難民

24. **spark** [spɑrk] n. [C] 火花

 spark [spɑrk] v. 發出火花；引起 同 cause

25. **tremble** [ˋtrɛmbl̩] v. (通常因寒冷、害怕或情緒激動) 顫抖 <with> 同 quiver

 tremble [ˋtrɛmbl̩] n. [U] 顫抖 (a ～)

Unit 7

1. **adequate** [ˋædəkwɪt] adj. 足夠的 <for> 反 inadequate

 adequately [ˋædəkwɪtlɪ] adv. 充足地 同 sufficiently 反 inadequately

 adequacy [ˋædəkwəsɪ] n. [U] 適當性 反 inadequacy

2. **category** [ˋkætə͵gorɪ] n. [C] 種類，類別 同 class (pl. categories)

 categorize [ˋkætəgə͵raɪz] v. 分類 同 classify

 categorization [͵kætəgəraɪˋzeʃən] n. [U] 分類 同 classification

3. **celebration** [͵sɛləˋbreʃən] n. [C] 慶祝會；[U] 慶祝

4. **charity** [ˋtʃærətɪ] n. [C] 慈善事業；[U] 慈悲 (pl. charities)

 💡 Charity begins at home. 【諺】慈善從家中做起。

5. **competition** [͵kɑmpəˋtɪʃən] n. [C] 比賽；[U] 競爭 <for>

---

6. **declare** [dɪˋklɛr] v. 宣布

7. **delight** [dɪˋlaɪt] n. [C] 使人高興的人或物; [U] 高興
   <with> ㊕ joy
   💡 the delights of sth …的樂趣
   delight [dɪˋlaɪt] v. 使高興
   💡 delight in sth 從…中取樂

8. **dependent** [dɪˋpɛndənt] adj. 需要照顧的 ㊂
   independent
   💡 dependent on/upon sth 由…來決定
   dependent [dɪˋpɛndənt] n. [C] 要照顧的人
   dependence [dɪˋpɛndəns] n. [U] 依賴 <on, upon> ㊂
   independence

9. **desperate** [ˋdɛspərɪt] adj. 拼命的; 嚴重的
   desperately [ˋdɛspərɪtlɪ] adv. 非常地
   desperation [ˌdɛspəˋreʃən] n. [U] 奮力一搏

10. **exception** [ɪkˋsɛpʃən] n. [C][U] 例外
    💡 make no exception(s) 沒有例外 |
    take exception to sth/sb 因為…而不悅

11. **fossil** [ˋfɑsḷ] n. [C] 化石
    fossil [ˋfɑsḷ] adj. 化石的

12. **guarantee** [ˌgærənˋti] v. 保證
    guarantee [ˌgærənˋti] n. [C] 保證 ㊕ assurance

13. **illustrate** [ˋɪləstret] v. 用例子說明 ㊕ demonstrate

14. **interact** [ˌɪntə`ækt] v. 互動 <with>

15. **legend** [`lɛdʒənd] n. [C] 傳說

16. **messenger** [`mɛsn̩dʒɚ] n. [C] 信差
    💡 shoot the messenger 責備帶來壞消息的人

17. **multiple** [`mʌltəpl̩] adj. 多數的 同 many
    multiple [`mʌltəpl̩] n. [C] 倍數

18. **offense** [ə`fɛns] n. [C] 犯罪行為 同 crime；[U] 冒犯 <to>

19. **phenomenon** [fə`namə͵nan] n. [C] 現象 (pl. phenomena)

20. **physical** [`fɪzɪkl̩] adj. 身體的
    physically [`fɪzɪkl̩ɪ] adv. 身體上地

21. **productive** [prə`dʌktɪv] adj. 多產的 反 unproductive

22. **recall** [rɪ`kɔl] v. 想起 同 recollect；召回
    recall [`ri͵kɔl] n. [U] 記性；[C] 召回 (usu. sing.) <of>

23. **reluctant** [rɪ`lʌktənt] adj. 不情願的 <to> 反 willing
    reluctantly [rɪ`lʌktəntlɪ] adv. 不情願地

24. **surgery** [`sɝdʒərɪ] n. [U] 外科手術
    💡 have/undergo/do/perform/carry out surgery 接受 / 執行手術｜surgery on/for sth 在…(部位) / 為…(疾病) 的手術

25. **triumph** [`traɪəmf] n. [C] 大成功，大勝利 <over, of>

triumph [`traɪəmf] v. 戰勝，打敗 <over>
triumphant [traɪ`ʌmfənt] adj. 勝利的

Unit 8

1. **admission** [əd`mɪʃən] n. [C][U] 承認 ⑰ confession；入場許可 <to>

2. **circular** [`sɝkjələ] adj. 圓形的

3. **collapse** [kə`læps] n. [U] 倒塌，瓦解
   collapse [kə`læps] v. 倒塌；崩潰

4. **contrast** [`kɑntræst] n. [C][U] 對比，對照 <with, to>
   contrast [kən`træst] v. 形成對比，對照 <with>

5. **convention** [kən`vɛnʃən] n. [C][U] 傳統，常規

6. **defeat** [dɪ`fit] n. [C][U] 失敗
   defeat [dɪ`fit] v. 擊敗 ⑰ beat

7. **deserve** [dɪ`zɝv] v. 值得，應得 <to>

8. **disorder** [dɪs`ɔrdɚ] n. [U] 凌亂，雜亂 <in> ⑮ order
   disorder [dɪs`ɔrdɚ] v. 使失調
   disorderly [dɪs`ɔrdəlɪ] adj. 雜亂的

9. **distinguish** [dɪ`stɪŋgwɪʃ] v. 區分，區別 <from, between> ⑰ differentiate

10. **exhibit** [ɪg`zɪbɪt] n. [C] 展覽品

exhibit [ɪgˋzɪbɪt] v. 展出 ⑤ display, show

11. **explosive** [ɪkˋsplosɪv] adj. 易爆炸的
   explosive [ɪkˋsplosɪv] n. [C][U] 炸藥

12. **frame** [frem] n. [C] 畫框
   frame [frem] v. 鑲了框

13. **gulf** [gʌlf] n. [C] 海灣

14. **immigrant** [ˋɪməgrənt] n. [C] (外來的) 移民

15. **invest** [ɪnˋvɛst] v. 投資 <in>
   investment [ɪnˋvɛstmənt] n. [C][U] 投資

16. **magnificent** [mægˋnɪfəsn̩t] adj. 壯觀的 ⑤ splendid
   magnificently [mægˋnɪfəsn̩tlɪ] adv. 極好地
   magnificence [mægˋnɪfəsn̩s] n. [U] 極好；壯麗

17. **miserable** [ˋmɪzrəbl̩] adj. 悲慘的
   miserably [ˋmɪzrəblɪ] adv. 悲慘地

18. **nevertheless** [͵nɛvəðəˋlɛs] adv. 不過，儘管如此 ⑤
   nonetheless

19. **oppose** [əˋpoz] v. 反對

20. **profession** [prəˋfɛʃən] n. [C] (需要專業技能的) 職業

21. **recovery** [rɪˋkʌvrɪ] n. [sing.][U] 康復 <from>

22. **refer** [rɪˋfɝ] v. 提到，談及 <to, as> (referred |
   referred | referring)

23. **representation** [ˌrɛprɪzɛnˈteʃən] n. [U] 代表；代表權

24. **tendency** [ˈtɛndənsɪ] n. [C] (思想或行為等) 傾向 <to> (pl. tendencies)

25. **urgent** [ˈɝdʒənt] adj. 緊急的 同 pressing

Unit 9

1. **abandon** [əˈbændən] v. 拋棄
   abandoned [əˈbændənd] adj. 被拋棄的

2. **adopt** [əˈdɑpt] v. 採用；領養
   adoption [əˈdɑpʃən] n. [U] 採用；[C][U] 收養

3. **civilization** [ˌsɪvl̩əˈzeʃən] n. [U] 文明

4. **colleague** [ˈkɑlig] n. [C] 同事 同 co-worker

5. **creation** [krɪˈeʃən] n. [U] 創造 <of>

6. **defend** [dɪˈfɛnd] v. 防禦，防衛 <against, from>

7. **detective** [dɪˈtɛktɪv] n. [C] 偵探 (abbr. Det.)
   detective [dɪˈtɛktɪv] adj. 偵探的

8. **distinguished** [dɪˈstɪŋgwɪʃt] adj. 傑出的

9. **economic** [ˌɛkəˈnɑmɪk] adj. 經濟的

10. **exposure** [ɪkˈspoʒɚ] n. [U] 暴露，接觸 <to>

11. **fulfill** [fʊlˈfɪl] v. 實現，達到 (目標)

fulfillment [fʊlˋfɪlmənt] **n.** [U] 實現

12. **gender** [ˋdʒɛndɚ] **n.** [C][U] 性別 ⓢ sex

13. **harsh** [hɑrʃ] **adj.** 嚴厲的 ⓢ severe

14. **including** [ɪnˋkludɪŋ] **prep.** 包括 (abbr. incl.) ⓐ excluding

15. **infant** [ˋɪnfənt] **n.** [C] 嬰孩

16. **investigation** [ɪn͵vɛstəˋgeʃən] **n.** [C][U] 調查 <of, into>
    💡 be under investigation 正在展開調查中

17. **literature** [ˋlɪtərətʃɚ] **n.** [U] 文學

18. **minister** [ˋmɪnɪstɚ] **n.** [C] 部長 <of, for>

19. **monitor** [ˋmɑnətɚ] **n.** [C] 監視器
    monitor [ˋmɑnətɚ] **v.** 監看

20. **occupation** [͵ɑkjəˋpeʃən] **n.** [C] 職業；[U] 占領

21. **overlook** [͵ovɚˋlʊk] **v.** 忽略；俯瞰

22. **promising** [ˋprɑmɪsɪŋ] **adj.** 有前途的，有希望的

23. **refusal** [rɪˋfjuzl̩] **n.** [C][U] 拒絕

24. **reservation** [͵rɛzɚˋveʃən] **n.** [C] 預定

25. **transfer** [ˋtrænsfɝ] **n.** [C][U] 轉調 (地點、工作、環境)
    <to>
    transfer [trænsˋfɝ] **v.** 搬移 (transferred | transferred |

transferring)

Unit 10

1. **abstract** [`æbstrækt] adj. 抽象的 ⊗ concrete

2. **agency** [`edʒənsɪ] n. [C] 代理機構 (pl. agencies)
   💡 through the agency of 由於…的推動下

3. **classification** [ˌklæsəfə`keʃən] n. [C][U] 分類，類別

4. **competitive** [kəm`pɛtətɪv] adj. 競爭的

5. **defense** [dɪ`fɛns] n. [C][U] 防禦 <of, against>

6. **differ** [`dɪfɚ] v. 有區別 <from, in>

7. **distribution** [ˌdɪstrə`bjuʃən] n. [C][U] 分配，分發

8. **durable** [`djurəbl̩] adj. 耐用的，持久的 ⓢ hard-wearing

9. **extent** [ɪk`stɛnt] n. [U] 程度 <of>
   💡 to the extent of 到達相當程度 | to some extent 到達某種程度 | to such an extent 到…的程度

10. **furthermore** [`fɝðɚˌmor] adv. 而且，此外 ⓢ moreover

11. **generation** [ˌdʒɛnə`reʃən] n. [C] 一代 (人)，同代人

12. **hesitation** [ˌhɛzə`teʃən] n. [C][U] 猶豫

13. **impact** [`ɪmpækt] n. [C][U] 影響，衝擊 <on>

impact [ɪm`pækt] v. 衝擊，對⋯產生影響 <on> 同 affect

14. **ingredient** [ɪn`gridɪənt] n. [C] 材料；成分

15. **involve** [ɪn`vɑlv] v. 包含 同 entail
involvement [ɪn`vɑlvmənt] n. [U] 參與，投入 <in, with> 同 participation
involved [ɪn`vɑlvd] adj. 參與

16. **modest** [`mɑdɪst] adj. 適中的，不大的
modestly [`mɑdɪstlɪ] adv. 謙虛地

17. **needy** [`nidɪ] adj. 貧窮的 同 poor, penniless (needier | neediest)

18. **objective** [əb`dʒɛktɪv] n. [C] 目標 同 goal
objective [əb`dʒɛktɪv] adj. 客觀的 同 unbiased 反 subjective

19. **overnight** [,ovɚ`naɪt] adv. 在晚上，過夜
overnight [,ovɚ`naɪt] adj. 一整夜的

20. **peer** [pɪr] n. [C] 同儕 (usu. pl.)
peer [pɪr] v. 仔細看，費力看 <at, into>

21. **prompt** [prɑmpt] v. 促使，導致 同 provoke
prompt [prɑmpt] adj. 迅速的 同 immediate
prompt [prɑmpt] n. [C] 給⋯提詞
promptly [`prɑmptlɪ] adv. 迅速地

22. **relieve** [rɪ`liv] v. 緩解 (令人不快的局勢)

relieved [rɪ`livd] adj. 放心的，寬慰的

23. **restriction** [rɪ`strɪkʃən] n. [C] 限制 <on> 同 limitation

24. **species** [`spiʃɪz] n. [C] (生物分類) 種 同 type (pl. species)

25. **vast** [væst] adj. (數量) 龐大的 同 huge

Unit 11

1. **accent** [`æksɛnt] n. [C] 重音；口音
   accent [`æksɛnt] v. 在…標上重音

2. **adjust** [ə`dʒʌst] v. 調整 同 adapt
   adjustment [ə`dʒʌstmənt] n. [C][U] 調整 <to, for>

3. **appreciation** [ə,priʃɪ`eʃən] n. [U] 感謝 <of, for>；鑑賞力 <of, for>

   💡 in appreciation of... 感謝…

4. **coarse** [kors] adj. 粗糙的 同 rough 反 smooth (coarser | coarsest)

5. **consult** [kən`sʌlt] v. 商量 <with>

6. **defensive** [dɪ`fɛnsɪv] adj. 防禦性的 反 offensive

7. **despite** [dɪ`spaɪt] prep. 儘管 同 in spite of

8. **diligent** [`dɪlədʒənt] adj. 勤勉的 <in, about>

(同) hard-working

9. **diverse** [daɪ`vɝs] adj. 各式各樣的；不同的

10. **dynasty** [`daɪnəstɪ] n. [C] 王朝 (pl. dynasties)

11. **facility** [fə`sɪlətɪ] n. [sing.] 才能 <for> (同) talent；[C] 設施 (usu. pl.) (pl. facilities)
    💡 public facilities 公共設施

12. **goods** [gʊdz] n. [pl.] 商品
    💡 deliver/come up with the goods 不負所望

13. **incredible** [ɪn`krɛdəbl] adj. 不可思議的 (同) unbelievable

14. **inspire** [ɪn`spaɪr] v. 鼓舞
    inspiring [ɪn`spaɪrɪŋ] adj. 鼓舞人心的 (反) uninspiring

15. **insurance** [ɪn`ʃʊrəns] n. [U] 保險
    insure [ɪn`ʃʊr] v. 投保，給…保險 <for, against>

16. **isolation** [ˌaɪsḷ`eʃən] n. [U] 孤獨 <from>；隔離 <from>

17. **monument** [`mɑnjəmənt] n. [C] 紀念碑 <to>

18. **neglect** [nɪ`glɛkt] n. [U] 忽視 <of>；疏於照顧
    neglect [nɪ`glɛkt] v. 忽視；疏於照顧

19. **pace** [pes] n. [C] 一步 (同) step；[U] 步調
    pace [pes] v. 踱步

20. **persuasive** [pɚ`swesɪv] adj. 有說服力的
    persuasively [pɚ`swesɪvlɪ] adv. 有說服力地

21. **philosophy** [fə`lɑsəfɪ] n. [U] 哲學；[C] 人生哲學 (pl. philosophies)

22. **pursue** [pɚ`su] v. 從事；追求

23. **renew** [rɪ`nju] v. 更新；(中斷後) 再繼續 圓 resume

24. **retreat** [rɪ`trit] n. [C][U] 撤退 反 advance
    retreat [rɪ`trit] v. 撤退 <from> 反 advance

25. **revolution** [,rɛvə`luʃən] n. [C][U] 革命 圓 rebellion；旋轉 圓 spin

---

Unit 12 ☸

1. **acceptance** [ək`sɛptəns] n. [U] 接受

2. **access** [`æksɛs] n. [U] 通道 <to>
   access [`æksɛs] v. (從電腦) 讀取 (資料)

3. **ashamed** [ə`ʃemd] adj. 羞愧的，慚愧的 <of> 反 unashamed

4. **aspect** [`æspɛkt] n. [C] 層面 <of> 圓 point

5. **comedy** [`kɑmədɪ] n. [C] 喜劇 (pl. comedies)

6. **contrary** [`kɑntrɛrɪ] n. [C] 相反 (the ~) 圓 reverse (pl. contraries)
   contrary [`kɑntrɛrɪ] adj. 相反的 <to> 圓 opposing

7. **demonstrate** [`dɛmən,stret] v. 顯示 圓 show

8. **discipline** [`dɪsəplɪn] n. [U] 紀律，訓練
   💡 self-discipline 自我要求
   discipline [`dɪsəplɪn] v. 處罰；教養

9. **dominant** [`dɑmənənt] adj. 主導的，主要的

10. **efficiency** [ɪ`fɪʃənsɪ] n. [U] 效率 🈺 inefficiency

11. **fantastic** [fæn`tæstɪk] adj. 極好的 🈔 great

12. **infection** [ɪn`fɛkʃən] n. [U] 感染

13. **instinct** [`ɪnstɪŋkt] n. [C][U] 直覺，本能 🈔 intuition

14. **labor** [`lebɚ] n. [U] 勞動
    labor [`lebɚ] v. 辛勞工作，苦幹 <over>

15. **learned** [`lɝnɪd] adj. 學識淵博的

16. **mild** [maɪld] adj. (天氣) 溫和的
    mildly [`maɪldlɪ] adv. 溫和地

17. **mysterious** [mɪ`stɪrɪəs] adj. 神祕的
    mysteriously [mɪ`stɪrɪəslɪ] adv. 神祕地

18. **occupy** [`ɑkjə,paɪ] v. 占領
    occupied [`ɑkjə,paɪd] adj. 有人使用的

19. **passive** [`pæsɪv] adj. 被動的，消極的

20. **percent** [pɚ`sɛnt] n. [C] 百分之…

21. **philosophical** [,fɪlə`sɑfɪk!] adj. 豁達的 <about>
    philosophically [,fɪlə`sɑfɪklɪ] adv. 豁達地

22. **pursuit** [pɚˋsut] n. [U] 追趕；追求

23. **rainfall** [ˋren͵fɔl] n. [C][U] 降雨量

24. **reputation** [͵rɛpjəˋteʃən] n. [C] 名聲，名譽

25. **revise** [rɪˋvaɪz] v. 修訂，修改

Unit 13

1. **accidental** [͵æksəˋdɛntḷ] adj. 意外的 ⊛ deliberate
   accidentally [͵æksəˋdɛntḷɪ] adv. 意外地 ⊛ deliberately

2. **assistance** [əˋsɪstəns] n. [U] 幫助，援助

3. **bankrupt** [ˋbæŋkrʌpt] adj. 破產的
   bankrupt [ˋbæŋkrʌpt] v. 使破產 ⊜ ruin
   bankrupt [ˋbæŋkrʌpt] n. [C] 破產者
   bankruptcy [ˋbæŋkrʌpsɪ] n. [C][U] 破產 (pl. bankruptcies)

4. **code** [kod] n. [C][U] 密碼 (pl. codes)
   code [kod] v. 用密碼寫

5. **commerce** [ˋkɑmɚs] n. [U] 商業，貿易 ⊜ trade

6. **convey** [kənˋve] v. 傳達 (思想、感情等) ⊜ communicate；運送

7. **dense** [dɛns] adj. 密集的 (denser | densest)

8. **disguise** [dɪsˋgaɪz] v. 假扮，喬裝 <as>

disguise [dɪsˋgaɪz] n. [C][U] 喬裝，偽裝 <in>

9. **elementary** [ˌɛləˋmɛntərɪ] adj. 基礎的

10. **emphasis** [ˋɛmfəsɪs] n. [C][U] 強調，重視 <on> 同 stress (pl. emphases)

11. **forecast** [ˋforˌkæst] n. [C] 預報
 forecast [ˋforˌkæst] v. 預報 同 predict (forecast, forecasted | forecast, forecasted | forecasting)

12. **informative** [ɪnˋfɔrmətɪv] adj. 給予知識的，提供資訊的 同 instructive

13. **instruct** [ɪnˋstrʌkt] v. 教導 <in>

14. **issue** [ˋɪʃʊ] n. [C] 議題
 💡 at issue 討論的焦點
 issue [ˋɪʃʊ] v. 公布

15. **largely** [ˋlɑrdʒlɪ] adv. 主要地

16. **objection** [əbˋdʒɛkʃən] n. [C][U] 反對 <to>
 💡 raise an objection to sth 對…提出異議

17. **otherwise** [ˋʌðɚˌwaɪz] adv. 否則

18. **outcome** [ˋaʊtˌkʌm] n. [C] 結果 <of> 同 result

19. **permanent** [ˋpɝmənənt] adj. 永久的 反 impermanent, temporary
 💡 permanent job 固定工作

20. **pessimistic** [ˌpɛsəˈmɪstɪk] adj. 悲觀的 <about> 同 gloomy 反 optimistic

21. **portable** [ˈpɔrtəbḷ] adj. 手提式的，可攜帶的

22. **recognition** [ˌrɛkəgˈnɪʃən] n. [U] 認出；[sing.] 承認 同 acceptance

23. **reduction** [rɪˈdʌkʃən] n. [C][U] 減少，縮小 <in, of> 反 increase

24. **resemble** [rɪˈzɛmbḷ] v. 與⋯相似

25. **ruin** [ˈruɪn] v. 毀壞 同 wreck
    ruin [ˈruɪn] n. [C] 廢墟；[U] 毀壞 同 destruction

Unit 14 ☸

1. **accomplish** [əˈkamplɪʃ] v. 完成，實現 同 achieve
   accomplishment [əˈkamplɪʃmənt] n. [C] 成果 同 achievement；[U] 完成

2. **authority** [əˈθɔrətɪ] n. [C] 當局；[U] 權力 <to, over> (pl. authorities)

3. **capitalism** [ˈkæpətḷˌɪzəm] n. [U] 資本主義

4. **concentrate** [ˈkansṇˌtret] v. 專心 <on>

5. **cope** [kop] v. (成功地) 應付，處理 <with> 同 manage

6. **delicate** [ˈdɛləkət] adj. 易碎的，脆弱的 同 fragile；精細的

delicately [ˋdɛlɪkətlɪ] adv. 小心翼翼地

delicacy [ˋdɛləkəsɪ] n. [C] 佳肴；[U] 易碎 (pl. delicacies)

7. **destruction** [dɪˋstrʌkʃən] n. [U] 破壞

8. **dismiss** [dɪsˋmɪs] v. 解散

   dismissal [dɪsˋmɪsl] n. [C][U] 解僱

9. **eliminate** [ɪˋlɪməˏnet] v. 排除 <from>

   elimination [ɪˏlɪməˋneʃən] n. [U] 消除

10. **engineering** [ˏɛndʒəˋnɪrɪŋ] n. [U] 工程學

11. **formula** [ˋfɔrmjələ] n. [C] 方法 <for>；公式 (pl. formulas, formulae)

12. **inspiration** [ˏɪnspəˋreʃən] n. [U] 靈感 <from>

13. **instructor** [ɪnˋstrʌktɚ] n. [C] 教練

14. **literary** [ˋlɪtəˏrɛrɪ] adj. 文學的

15. **outstanding** [autˋstændɪŋ] adj. 傑出的，優秀的 圓 excellent

16. **overthrow** [ˏovɚˋθro] v. 推翻 (overthrew | overthrown | overthrowing)

17. **photography** [fəˋtɑgrəfɪ] n. [U] 攝影

18. **plot** [plɑt] n. [C] (故事的) 情節

    plot [plɑt] v. 密謀 <to, against> 圓 conspire (plotted |

plotted | plotting)

19. **potential** [pəˋtɛnʃəl] adj. 潛在的 同 possible
    potential [pəˋtɛnʃəl] n. [U] 潛力 <for>
    potentially [pəˋtɛnʃəlɪ] adv. 潛在地

20. **preserve** [prɪˋzɝv] v. 維持
    preserve [prɪˋzɝv] n. [C] 保護區
    preservative [prɪˋzɝvətɪv] n. [C][U] 防腐劑

21. **resign** [rɪˋzaɪn] v. 辭職 <from>

22. **resolution** [ˏrɛzəˋluʃən] n. [C] 決心 同 determination
    resolute [ˋrɛzəˏlut] adj. 堅決的 同 determined, headstrong 反 irresolute
    resolutely [ˋrɛzəˏlutlɪ] adv. 堅決地

23. **retain** [rɪˋten] v. 保留

24. **scenery** [ˋsinərɪ] n. [U] 風景

25. **theme** [θim] n. [C] 主題

1. **accuracy** [ˋækjərəsɪ] n. [U] 準確性 反 inaccuracy

2. **alcohol** [ˋælkəˏhɔl] n. [U] 酒 (精)

3. **biology** [baɪˋɑlədʒɪ] n. [U] 生物學
   biologist [baɪˋɑlədʒɪst] n. [C] 生物學家

4. **carve** [kɑrv] v. 雕刻 <out of, from>

5. **concerning** [kən`sɜnɪŋ] prep. 關於

6. **digest** [`daɪdʒɛst] n. [C] 摘要，文摘 匾 summary
   digest [daɪ`dʒɛst] v. 消化；理解

7. **disaster** [dɪz`æstə] n. [C][U] 災禍 匾 catastrophe

8. **district** [`dɪstrɪkt] n. [C] 地區，區域

9. **enormous** [ɪ`nɔrməs] adj. 巨大的 匾 huge, immense

10. **era** [`ɪrə] n. [C] 時代，年代

11. **financial** [faɪ`nænʃəl] adj. 財務的
    financially [faɪ`nænʃəlɪ] adv. 財務地
    💡 financially embarrassed 拮据的

12. **fort** [fort] n. [C] 要塞 匾 fortress

13. **intellectual** [ˌɪntl̩`ɛktʃuəl] adj. 有智能的
    intellectual [ˌɪntl̩`ɛktʃuəl] n. [C] 知識分子

14. **interaction** [ˌɪntə`ækʃən] n. [C][U] 互動，交流 <between, with>

15. **magnetic** [mæg`nɛtɪk] adj. 有磁性的；富有魅力的

16. **participation** [pɑrˌtɪsə`peʃən] n. [U] 參加，參與 <in>

17. **portray** [por`tre] v. 描寫，描繪

18. **primitive** [`prɪmətɪv] adj. 原始的 反 advanced, modern

19. **privilege** [ˈprɪvlɪdʒ] n. [C][U] 特權
    💡 enjoy/exercise a privilege 享受 / 行使特權
    privilege [ˈprɪvlɪdʒ] v. 給予特權 同 favor
    privileged [ˈprɪvlɪdʒd] adj. 擁有特權的

20. **prominent** [ˈprɑmənənt] adj. 重要的，著名的
    prominently [ˈprɑmənəntlɪ] adv. 突出地

21. **reward** [rɪˈwɔrd] n. [C][U] 獎賞，報酬 <for>
    reward [rɪˈwɔrd] v. 獎賞 <with, for>

22. **rhythm** [ˈrɪðəm] n. [C][U] 韻律，節奏
    rhythmic [ˈrɪðmɪk] adj. 有節奏的
    rhythmically [ˈrɪðmɪklɪ] adv. 有節奏地

23. **scoop** [skup] n. [C] (挖冰淇淋或粉狀物的) 勺子
    scoop [skup] v. 舀出

24. **shelter** [ˈʃɛltɚ] n. [C] 收容所
    shelter [ˈʃɛltɚ] v. 庇護，保護

25. **visual** [ˈvɪʒʊəl] adj. 視覺的，視力的
    visualize [ˈvɪʒʊəlˌaɪz] v. 想像 同 imagine

Unit 16

1. **acid** [ˈæsɪd] n. [C][U] 酸
   acid [ˈæsɪd] adj. 酸的
   💡 acid rain 酸雨

2. **bond** [bɑnd] n. [C] 羈絆，束縛 <between, with>
   bond [bɑnd] v. 黏合 <to>；建立關係 <with>

3. **campaign** [kæm`pen] n. [C] 活動 <against, for>
   💡 advertising campaign 廣告宣傳活動
   campaign [kæm`pen] v. 參加活動 <against, for>

4. **clumsy** [`klʌmzɪ] adj. 笨拙的 (clumsier | clumsiest)

5. **conscience** [`kɑnʃəns] n. [C][U] 良心
   💡 in good conscience 憑良心說

6. **dispute** [dɪ`spjut] n. [C][U] 爭論 <over, with>
   💡 in dispute 在爭論中
   dispute [dɪ`spjut] v. 爭論

7. **drill** [drɪl] n. [C] 鑽子；[C][U] 練習，演習
   drill [drɪl] v. 鑽；反覆練習 <in>

8. **economy** [ɪ`kɑnəmɪ] n. [C] 經濟；[C][U] 節儉 (pl. economies)

9. **evaluate** [ɪ`vælju͵et] v. 評估，評價 同 assess；鑑定…的價值

10. **expand** [ɪk`spænd] v. 擴大 <into> 反 contract；膨脹
    💡 expand on 對…詳細說明

11. **functional** [`fʌŋkʃən!] adj. 實用的 同 utilitarian；功能性的；運作中的

12. **intensity** [ɪn`tɛnsətɪ] n. [U] 強烈，強度 <of>

13. **interfere** [ˌɪntɚˈfɪr] v. 干涉，介入 <in, with> 同 meddle

14. **manual** [ˈmænjʊəl] n. [C] 使用手冊
    manual [ˈmænjʊəl] adj. 用手操作的 反 automatic；體力的
    💡 manual mode 手動模式

15. **moreover** [morˈovɚ] adv. 而且 同 in addition

16. **peculiar** [pɪˈkjuljɚ] adj. 奇怪的 同 odd；獨特的 <to>
    peculiarly [pɪˈkjuljɚlɪ] adv. 奇怪地；特別 同 especially

17. **popularity** [ˌpɑpjəˈlærətɪ] n. [U] 受歡迎，流行

18. **possession** [pəˈzɛʃən] n. [U] 擁有；[C] 所有物 (usu. pl.)
    同 belongings
    💡 in possession of 擁有… | colonial possession 殖民地

19. **privacy** [ˈpraɪvəsɪ] n. [U] 隱私
    💡 invade/protect sb's privacy 侵犯 / 保護…的隱私

20. **publication** [ˌpʌbləˈkeʃən] n. [U] (書) 出版；公布
    <of>；[C] 出版物

21. **regarding** [rɪˈgɑrdɪŋ] prep. 關於 同 concerning, with
    regard to

22. **rural** [ˈrʊrəl] adj. 鄉村的 反 urban

23. **scratch** [skrætʃ] n. [C] 刮傷，抓痕
    💡 without a scratch 毫髮無傷地
    scratch [skrætʃ] v. 搔，抓

24. **sculpture** [ˋskʌlptʃɚ] n. [C][U] 雕塑品

25. **tribal** [ˋtraɪbl] adj. 部落的
    💡 tribal art 部落藝術

Unit 17

1. **academic** [͵ækəˋdɛmɪk] adj. 學術的 反 non-academic ；
   學業的
   💡 academic subject/qualification 學科 / 學歷

2. **agent** [ˋedʒənt] n. [C] 代理商，代理人；特務
   💡 travel agent 旅行社代辦人

3. **capacity** [kəˋpæsətɪ] n. [C][U] 容量 <of> ；能力 <for>
   (pl. capacities)
   💡 storage capacity 儲存容量 |
   at full capacity (工廠) 全力生產

4. **circulation** [͵sɝkjəˋleʃən] n. [U] 循環；流傳 <in> ；[C]
   發行量 (usu. sing.)

5. **combination** [͵kɑmbəˋneʃən] n. [C][U] 結合；混和
   💡 combination lock 密碼鎖

6. **conservative** [kənˋsɝvətɪv] adj. 保守的；傳統的 同
   traditional
   conservative [kənˋsɝvətɪv] n. [C] 保守者

7. **distinct** [dɪˋstɪŋkt] adj. 有區別的 <from> ；明顯的 反

330 Level 4 Unit 17

indistinct
   💡 as distinct from 而不是

---

8. **dynamic** [daɪ`næmɪk] adj. 有活力的 🔄 energetic

---

9. **ensure** [ɪn`ʃʊr] v. 確保 <that>

---

10. **explosion** [ɪk`sploʒən] n. [C][U] 爆炸；[C] (情感) 爆發；激增
   💡 gas/nuclear explosion 氣體／核爆炸

---

11. **facial** [`feʃəl] adj. 臉部的
   💡 facial recognition 臉部辨識

---

12. **furious** [`fjʊrɪəs] adj. 狂怒的 <with, about, at, that>；猛烈的

---

13. **intensive** [ɪn`tɛnsɪv] adj. 密集的
   💡 intensive training 密集訓練

---

14. **lousy** [`laʊzɪ] adj. 糟糕的，差勁的 (lousier | lousiest)

---

15. **minimum** [`mɪnəməm] adj. 最小的，最少的 (abbr. min)
   minimum [`mɪnəməm] n. [C] 最小限度；最小值 (abbr. min) (pl. minima, minimums)

---

16. **polish** [`pɑlɪʃ] n. [sing.] 擦亮；[C][U] 上光劑
   polish [`pɑlɪʃ] v. 擦亮
   💡 polish up 改進，加強技能

---

17. **precise** [prɪ`saɪs] adj. 精確的，準確的 🔄 exact
   💡 to be precise 確切的說

precisely [prɪ`saɪslɪ] adv. 精確地，準確地

18. **realistic** [ˌrɪə`lɪstɪk] adj. 實際的，務實的 <about>；逼真的

19. **satisfaction** [ˌsætɪs`fækʃən] n. [U] 滿意 <with, from>
    ⓡ dissatisfaction
    💡 to sb's satisfaction 讓⋯滿意的是

20. **signature** [`sɪgnətʃɚ] n. [C] 簽名
    💡 put sb's signature to sth 在⋯上簽⋯的名字
    signature [`sɪgnətʃɚ] adj. 專屬於某人的，招牌的

21. **site** [saɪt] n. [C] (建物的) 位置 <of, for>；遺跡
    site [saɪt] v. 座落於

22. **slight** [slaɪt] adj. 輕微的，少量的 ⓡ big；苗條的，瘦小
    的 ⓡ stocky
    💡 not in the slightest 一點也不
    slight [slaɪt] n. [C] 輕視，冷落 ⓢ insult
    slight [slaɪt] v. 冷落，輕視 ⓢ insult

23. **status** [`stetəs] n. [C][U] 地位 ， 身分 ； [C] 狀況 (usu.
    sing.) (pl. statuses)
    💡 marital status 婚姻狀況

24. **transportation** [ˌtrænspɚ`teʃən] n. [U] 交通工具；運輸

25. **volunteer** [ˌvɑlən`tɪr] n. [C] 志工
    volunteer [ˌvɑlən`tɪr] v. 自願 <for, to>

Unit 18 ✹

1. **acquire** [ə`kwaɪr] v. 獲得 ⑰ obtain；學會

2. **ancestor** [`ænsɛstə] n. [C] 祖先 ⑰ forebear；原型，先驅 <of> ⑰ forerunner

3. **artistic** [ɑr`tɪstɪk] adj. 藝術的；有藝術造詣的

4. **circumstance** [`sɜkəm,stæns] n. [C] 狀況 (usu. pl.)；情勢

5. **comment** [`kɑmɛnt] n. [C][U] 評論 <about, on>
   💡 No comment. 不予置評。
   comment [`kɑmɛnt] v. 發表意見 <on, that>

6. **concrete** [kɑn`krit] adj. 具體的
   💡 concrete evidence 具體的證據
   concrete [`kɑnkrit] n. [U] 混凝土
   concrete [kɑn`krit] v. 用混凝土修築

7. **consistent** [kən`sɪstənt] adj. 一致的，符合的 <with>；始終如一的

8. **device** [dɪ`vaɪs] n. [C] 裝置
   💡 Bluetooth device 藍牙裝置

9. **distribute** [dɪ`strɪbjut] v. 分送，分發 <to> ⑰ give out

10. **electronics** [ɪ,lɛk`trɑnɪks] n. [U] 電子學

11. **expose** [ɪk`spoz] v. 暴露 <to>；揭露，揭發 ⑰ reveal

12. **fame** [fem] n. [U] 名譽

💡 fame and fortune 名利

---

13. **formation** [fɔr`meʃən] n. [U] 組成 <of>；形成 <of>
    💡 in formation 以…隊形

---

14. **generosity** [ˌdʒɛnə`rɑsətɪ] n. [U] 慷慨，大方 <to>

---

15. **intimate** [`ɪntəmɪt] adj. 親密的
    intimate [`ɪntəmɪt] n. [C] 密友

---

16. **luxurious** [lʌg`ʒʊrɪəs] adj. 豪華的

---

17. **mutual** [`mjutʃʊəl] adj. 互相的
    💡 mutual friend 共同朋友
    mutually [`mjutʃʊəlɪ] adv. 互相地
    💡 mutually exclusive 互斥的

---

18. **possess** [pə`zɛs] v. 擁有

---

19. **prevention** [prɪ`vɛnʃən] n. [U] 預防 <of>
    💡 Prevention is better than cure. 【諺】預防勝於治療。

---

20. **recipe** [`rɛsəpɪ] n. [C] 食譜 <for>

---

21. **scarcely** [`skɛrslɪ] adv. 幾乎不 同 hardly ；一…就… 同 hardly, barely

---

22. **software** [`sɔft,wɛr] n. [U] 軟體

---

23. **solar** [`solɚ] adj. 太陽的，太陽能的
    💡 solar system 太陽系

---

24. **submarine** [`sʌbmə,rin] n. [C] 潛水艇

submarine [`sʌbmə,rin] adj. 海底的，海面下的

25. **virus** [`vaɪrəs] n. [C] 病毒；電腦病毒 (pl. viruses)
💡 virus infection 病毒感染

Unit 19 ☸

1. **adapt** [ə`dæpt] v. 使適應 <to>；改編 <for>
   adaptable [ə`dæptəbl̩] adj. 能適應的 <to>；適應力強的

2. **apparent** [ə`pɛrənt] adj. 顯而易見的 ⊜ obvious
   apparently [ə`pɛrəntlɪ] adv. 明顯地

3. **composition** [,kɑmpə`zɪʃən] n. [U] 構成；(音樂) 創作

4. **concentration** [,kɑnsn̩`treʃən] n. [U] 專注，專心 <on>
   💡 lose concentration 失去專注

5. **construct** [kən`strʌkt] v. 建造 <from, out of, of>

6. **content** [`kɑntɛnt] n. [U] 內容；[pl.] 內容物；目錄 (~s)
   content [kən`tɛnt] adj. 滿足的，滿意的 <with, to>
   content [kən`tɛnt] v. 使滿足，使滿意
   contentment [kən`tɛntmənt] n. [U] 滿足

7. **demand** [dɪ`mænd] n. [C] 要求 <for, on>；[U] 需要 <for>
   💡 on demand 在有需求時
   demand [dɪ`mænd] v. 要求 <that>
   💡 demand sth from sb 向⋯要求⋯

demanding [dɪˋmændɪŋ] adj. 要求高的

8. **earnest** [ˋɝnɪst] adj. 認真的，誠摯的

   earnest [ˋɝnɪst] n. [U] 認真 <in>

9. **elsewhere** [ˋɛls͵wɛr] adv. 別處

10. **feedback** [ˋfid͵bæk] n. [U] 回饋 <on, from>

11. **founder** [ˋfaʊndɚ] n. [C] 創立者

12. **genuine** [ˋdʒɛnjʊɪn] adj. 真正的 同 real, authentic 反 false；真誠的 同 sincere

    genuinely [ˋdʒɛnjʊɪnlɪ] adv. 確實

13. **graduation** [͵grædʒʊˋeʃən] n. [C][U] 畢業 (典禮)

14. **invade** [ɪnˋved] v. 侵略；侵犯

15. **invention** [ɪnˋvɛnʃən] n. [C][U] 發明；捏造的故事

16. **manufacture** [͵mænjəˋfæktʃɚ] n. [U] 大量生產

    manufacture [͵mænjəˋfæktʃɚ] v. (大量) 生產；捏造 同 fabricate

17. **namely** [ˋnemlɪ] adv. 即，也就是說

18. **procedure** [prəˋsidʒɚ] n. [C] 程序，步驟 <for>

19. **promotion** [prəˋmoʃən] n. [C][U] 促銷 <of>；升遷；[U] 促進 <of>

20. **remarkable** [rɪˋmarkəbḷ] adj. 非凡的；引人注目的 <for>

remarkably [rɪˋmɑrkəblɪ] adv. 非凡 圊 surprisingly

21. **secure** [sɪˋkjʊr] v. 獲得；保衛 <against, from>；拴牢 <to sth>
    secure [sɪˋkjʊr] adj. 安心的 圂 insecure；安全的 <against, from>；堅固的 (securer | securest)
    💡 secure job/income 可靠的工作／收入

22. **spare** [spɛr] adj. 備用的 (sparer | sparest)
    💡 spare time 空閒時間
    spare [spɛr] v. 抽出 (時間)；避免
    spare [spɛr] n. [C] 備用品

23. **suspicious** [səˋspɪʃəs] adj. 懷疑的，可疑的 <of, about>

24. **tortoise** [ˋtɔrtəs] n. [C] 陸龜

25. **website** [ˋwɛb͵saɪt] n. [C] 網站

Unit 20

1. **aggressive** [əˋgrɛsɪv] adj. 有攻擊性的；積極的

2. **alternative** [ɔlˋtɝnətɪv] adj. 可替代的；非傳統的，另類的
    💡 alternative energy 可替代能源
    alternative [ɔlˋtɝnətɪv] n. [C] 可替代的方案或選項 <to>
    💡 have no alternative but to V 除了…別無選擇
    alternatively [ɔlˋtɝnətɪvlɪ] adv. 要不，或者

3. **anxiety** [æŋˋzaɪətɪ] n. [U] 焦慮 <about, over> 同 concern；渴望 <to, for>

4. **associate** [əˋsoʃɪˏet] adj. 副的
associate [əˋsoʃɪˏet] n. [C] (生意) 夥伴，同事 同 colleague
associate [əˋsoʃɪˏet] v. 聯想 <with>

5. **concept** [ˋkɑnsɛpt] n. [C] 概念，觀念 <of, that>

6. **consequence** [ˋkɑnsəˏkwɛns] n. [C] (常指不好的) 結果 <of, for>
💡 of little consequence 不重要的

7. **consume** [kənˋsum] v. 消耗；攝取

8. **curse** [kɝs] n. [C] 詛咒 <on, upon>
curse [kɝs] v. 詛咒，咒罵 <for>

9. **diversity** [daɪˋvɝsətɪ] n. [U] 多樣性；差異 (usu. sing.) <of> 同 variety
💡 biological diversity 生物多樣性｜
a diversity of opinions 不同的看法

10. **elastic** [ɪˋlæstɪk] adj. 有彈性的
elastic [ɪˋlæstɪk] n. [U] 鬆緊帶

11. **encounter** [ɪnˋkaʊntɚ] n. [C] 邂逅，不期而遇 <with, between>
encounter [ɪnˋkaʊntɚ] v. 不期而遇；遭遇

💡 encounter difficulties/resistance 遭遇困難 / 抵抗

12. **foundation** [faʊnˋdeʃən] n. [C] 地基 (usu. pl.);基金會;基礎;[U] 建立

13. **fundamental** [ˌfʌndəˋmɛntl̩] adj. 基礎的，基本的 同 basic;重要的 <to> 同 essential
fundamental [ˌfʌndəˋmɛntl̩] n. [C] 基本原則 (usu. pl.)

14. **grateful** [ˋgretfəl] adj. 感激的，感謝的 <for, to> 反 ungrateful

15. **identify** [aɪˋdɛntəˌfaɪ] v. 辨別 <as>；有同感 <with>

16. **invasion** [ɪnˋveʒən] n. [C][U] 侵略，入侵 <of>；侵犯 <of>

17. **marathon** [ˋmærəˌθɑn] n. [C] 馬拉松賽跑
💡 run the marathon 參加馬拉松

18. **opera** [ˋɑpərə] n. [C][U] 歌劇
💡 Taiwanese opera 歌仔戲

19. **professional** [prəˋfɛʃənl̩] adj. 職業的；專業的
💡 professional training 專業訓練
professional [prəˋfɛʃənl̩] n. [C] 專家，專業人士

20. **profitable** [ˋprɑfɪtəbl̩] adj. 賺錢的，獲利的 反 unprofitable

21. **proposal** [prəˋpozl̩] n. [C] 提議；求婚
💡 put forward/submit a proposal 提出提議

22. **remedy** [ˋrɛmədɪ] n. [C] 療法 <for> 同 cure；補救辦法 <for> 同 solution (pl. remedies)

💡 beyond remedy 無藥可救

remedy [ˋrɛmədɪ] v. 補救 同 put right

23. **spiritual** [ˋspɪrɪtʃʊəl] adj. 精神的，心靈的 反 material

24. **split** [splɪt] v. 劈開 <in>；分成 <into> (split | split | splitting)

split [splɪt] n. [C] 分歧 <between, in, within> 同 rift；裂縫

25. **sympathetic** [ˌsɪmpəˋθɛtɪk] adj. 有同情心的 <to> 反 unsympathetic

💡 lend a sympathetic ear to sb 以能同理的態度傾聽…的問題

Unit 21 ☸

1. **analyze** [ˋænḷˌaɪz] v. 分析

2. **assemble** [əˋsɛmbḷ] v. 集合 反 disassemble

3. **bridegroom** [ˋbraɪdˌgrum] n. [C] 新郎 (also groom)

4. **chorus** [ˋkorəs] n. [C] 合唱團 同 choir

5. **confusion** [kənˋfjuʒən] n. [C][U] 混亂；困惑

6. **criticize** [ˋkrɪtəˌsaɪz] v. 批評 <for> 反 praise

7. **cushion** [`kuʃən] n. [C] 坐墊，靠墊 (also pillow)
   cushion [`kuʃən] v. 對⋯起緩衝作用
   💡 cushion the blow 緩解打擊

8. **embassy** [`ɛmbəsɪ] n. [C] 大使館 (pl. embassies)

9. **emerge** [ɪ`mɝdʒ] v. 出現 <from, into>

10. **frequency** [`frikwənsɪ] n. [U] 頻率，次數 <of>

11. **globe** [glob] n. [C] 地球儀；世界 (the ~)

12. **hatred** [`hetrɪd] n. [U] 憎恨，敵意

13. **imaginative** [ɪ`mædʒə,netɪv] adj. 富有想像力的 圓
    inventive 反 unimaginative

14. **insert** [ɪn`sɝt] v. 插入 <in, into, between>
    insert [`ɪn,sɝt] n. [C] 插頁

15. **leisurely** [`liʒɚlɪ] adj. 悠閒的

16. **mislead** [mɪs`lid] v. 誤導 (misled | misled | misleading)
    misleading [mɪs`lidɪŋ] adj. 易誤導的

17. **muddy** [`mʌdɪ] adj. 泥濘的 (muddier | muddiest)

18. **partial** [`parʃəl] adj. 部分的；偏心的 圓 biased 反
    impartial
    💡 be partial to sth 偏好，喜好⋯

19. **prosperous** [`praspərəs] adj. 繁榮的，成功的 圓
    affluent

20. **psychology** [saɪ`kɑlədʒɪ] n. [U] 心理學

21. **robber** [`rɑbɚ] n. [C] 搶劫犯

22. **singular** [`sɪŋgjəlɚ] adj. 單數的；特別的
    singular [`sɪŋgjəlɚ] n. [sing.] 單數 (the ～)

23. **stab** [stæb] n. [C] 刺傷；突然的一陣感覺 <of>
    💡 have/make a stab at sth 嘗試
    stab [stæb] v. 刺 <in> (stabbed | stabbed | stabbing)
    💡 stab sb in the back 陷害…

24. **syllable** [`sɪləbl̩] n. [C] 音節

25. **vacancy** [`vekənsɪ] n. [C] (職位) 空缺 <for> (pl. vacancies)

Unit 22

1. **appoint** [ə`pɔɪnt] v. 委任，任命 <as>
   appointment [ə`pɔɪntmənt] n. [C] (相) 約 <with>；[C][U] 任命 <as>
   💡 by appointment 按約定

2. **assembly** [ə`sɛmblɪ] n. [C] 集會 (pl. assemblies)

3. **broom** [brum] n. [C] 掃把
   💡 a new broom sweeps clean 新官上任三把火

4. **civilian** [sə`vɪljən] adj. 一般平民的

civilian [sə`vɪljən] n. [C] 平民

---

5. **congratulate** [kən`grætʃə͵let] v. 恭喜 <on>
   congratulation [kən͵grætʃə`leʃən] n. [U] 祝賀；[pl.] 恭喜 (你) <on> (~s)

---

6. **curve** [kɝv] n. [C] 轉彎
   💡 <u>ahead of</u>/<u>behind</u> the curve 跟上潮流 / 落伍 |
   throw sb a curve 給…出難題
   curve [kɝv] v. 彎曲

---

7. **defensible** [dɪ`fɛnsəbl] adj. 易於防守 (also defendable)
   反 indefensible

---

8. **empire** [`ɛmpaɪr] n. [C] 帝國

---

9. **enclose** [ɪn`kloz] v. 隨信附上；圍繞
   enclosure [ɪn`kloʒɚ] n. [C] 附件

---

10. **freshman** [`frɛʃmən] n. [C] 大一新生 (pl. freshmen)

---

11. **grammar** [`græmɚ] n. [U] 文法

---

12. **hawk** [hɔk] n. [C] 鷹
    hawk [hɔk] v. 叫賣 同 peddle

---

13. **imitation** [͵ɪmə`teʃən] n. [C][U] 模仿 <of>

---

14. **intuition** [͵ɪntu`ɪʃən] n. [U] 直覺 <that>

---

15. **liar** [`laɪɚ] n. [C] 說謊的人，騙子

16. **misunderstand** [ˌmɪsʌndəˈstænd] v. 誤解
(misunderstood | misunderstood | misunderstanding)
misunderstanding [ˌmɪsʌndəˈstændɪŋ] n. [C][U] 誤會

17. **nationality** [ˌnæʃənˈælətɪ] n. [C][U] 國籍 (pl. nationalities)
💡 dual nationality 雙重國籍

18. **partnership** [ˈpɑrtnəˌʃɪp] n. [U] 合夥關係，夥伴關係

19. **publicity** [pʌbˈlɪsətɪ] n. [U] 宣傳

20. **publish** [ˈpʌblɪʃ] v. 出版，發表

21. **rusty** [ˈrʌstɪ] adj. 生鏽的 (rustier | rustiest)

22. **sketch** [skɛtʃ] n. [C] 素描 <of>
💡 sketch from nature 寫生
sketch [skɛtʃ] v. 畫素描
💡 sketch sth in 提供關於…的細節 | sketch sth out 概述

23. **stem** [stɛm] n. [C] (花草的) 莖
💡 from stem to stern 從頭到尾
stem [stɛm] v. 起源於 , 由…造成 <from> (stemmed | stemmed | stemming)

24. **technician** [tɛkˈnɪʃən] n. [C] 技師

25. **violate** [ˈvaɪəˌlet] v. 違反，違背 ⓢ flout

Unit 23 ☸

1. **aquarium** [əˋkwɛrɪəm] n. [C] 水族箱 (pl. aquariums, aquaria)

2. **assign** [əˋsaɪn] v. 定出 <for>；指派
   💡 assign sb to sth 指派⋯做
   assignment [əˋsaɪnmənt] n. [C] 工作
   💡 on assignment 執行任務

3. **bulletin** [ˋbʊlətn̩] n. [C] 公告；新聞快報

4. **clarify** [ˋklærəˏfaɪ] v. 闡明，澄清

5. **conquer** [ˋkɑŋkɚ] v. 克服

6. **damp** [dæmp] adj. 溼的，潮溼的 同 moist (damper, more damp | dampest, most damp)
   damp [dæmp] n. [U] 潮溼
   damp [dæmp] v. 使潮溼

7. **delightful** [dɪˋlaɪtfəl] adj. 令人愉快的

8. **endanger** [ɪnˋdendʒɚ] v. 危害

9. **entertain** [ˏɛntɚˋten] v. 娛樂 <with>
   entertainment [ˏɛntɚˋtenmənt] n. [C][U] 娛樂

10. **frost** [frɔst] n. [C][U] 霜
    💡 heavy/hard frost 嚴重的霜
    frost [frɔst] v. 結霜 <up, over>

11. **grammatical** [grə`mætɪkl] adj. 文法上的

12. **helicopter** [`hɛlɪ,kɑptɚ] n. [C] 直升機

13. **immigrate** [`ɪmə,gret] v. (外來的) 移民

14. **lecture** [`lɛktʃɚ] n. [C] 講座，課 <to, on, about>
    lecture [`lɛktʃɚ] v. 講課，講授 <on>

15. **lifeguard** [`laɪf,gɑrd] n. [C] 救生員

16. **modesty** [`mɑdəstɪ] n. [U] 謙虛
    💡 in all modesty 毫不誇張地說

17. **negotiate** [nɪ`goʃɪ,et] v. 談判，協商 <with>

18. **pasta** [`pɑstə] n. [U] 義大利麵食

19. **quilt** [kwɪlt] n. [C] 棉被
    quilt [kwɪlt] v. 縫棉被

20. **radar** [`redɑr] n. [C][U] 雷達 (裝置)
    💡 on/off sb's radar …知道 / 不知道 |
    beneath the/sb's radar 被…忘記，被…忽視

21. **scold** [skold] v. 責罵 <for>
    scold [skold] n. [C] 責罵

22. **skyscraper** [`skaɪ,skrepɚ] n. [C] 摩天大樓，超高層建築

23. **strive** [straɪv] v. 努力，奮鬥 <to>

24. **tense** [tɛns] adj. 緊張的 (tenser | tensest)
    tense [tɛns] v. (使) 緊繃

💡 tensed up 緊張的

tense [tɛns] n. [C][U] 時態

---

25. **violation** [,vaɪə`leʃən] n. [C][U] 違反，違背 <of> 同 flout

Unit 24 ※

1. **assurance** [ə`ʃʊrəns] n. [C] 保證 同 guarantee, promise

2. **assure** [ə`ʃʊr] v. 向…保證 <of>

3. **burglar** [`bɝglɚ] n. [C] (入室) 竊賊

4. **cliff** [klɪf] n. [C] 峭壁

5. **consequent** [`kɑnsə,kwɛnt] adj. 隨之而來的，因…而起的 同 resultant

   consequently [`kɑnsə,kwɛntlɪ] adv. 因此

6. **deadline** [`dɛdlaɪn] n. [C] 截止日期 <for>
   💡 meet/extend the deadline 趕上 / 延長截止日期

7. **demonstration** [,dɛmən`streʃən] n. [C][U] 演示，示範 <of>；[C] 示威活動 <against>

8. **enforce** [ɪn`fors] v. (強制) 執行
   enforcement [ɪn`forsmənt] n. [C][U] 執行
   💡 law enforcement officer 執法官員

9. **equip** [ɪ`kwɪp] v. 配備 <with> (equipped | equipped | equipping)

equipment [ɪˈkwɪpmənt] n. [U] 設備

---

10. **frown** [fraʊn] n. [C] 皺眉
 frown [fraʊn] v. 皺眉 <at>
 💡 frown on/upon sth 不贊成⋯

---

11. **graph** [græf] n. [C] 圖表
 graph [græf] v. 用圖表表示

---

12. **hive** [haɪv] n. [C] 蜂窩 ⑩ beehive；人群嘈雜之處
 💡 hive of activity/industry 繁忙的場所

---

13. **immigration** [ˌɪməˈgreʃən] n. [U] 移民 (入境) <into>

---

14. **lecturer** [ˈlɛktʃərə] n. [C] (大學) 講師 <in>

---

15. **lipstick** [ˈlɪpˌstɪk] n. [C][U] 唇膏，口紅

---

16. **mule** [mjul] n. [C] 騾子

---

17. **nightmare** [ˈnaɪtˌmɛr] n. [C] 惡夢，夢魘

---

18. **paw** [pɔ] n. [C] 爪子
 paw [pɔ] v. 用爪子抓 <at>

---

19. **rage** [redʒ] n. [C][U] 盛怒，暴怒
 💡 be all the rage 風靡一時
 rage [redʒ] v. 肆虐

---

20. **raisin** [ˈrezṇ] n. [C] 葡萄乾

---

21. **settler** [ˈsɛtlə] n. [C] 移居者

---

22. **spear** [spɪr] n. [C] 矛；魚叉

spear [spɪr] v. (用尖物) 戳，刺

23. **stroke** [strok] n. [C] 中風
    stroke [strok] v. 撫摸

24. **tickle** [ˋtɪkl] v. 搔癢
    💡 tickle sb's fancy 勾起…的興趣
    tickle [ˋtɪkl] n. [sing.] 搔…的癢

25. **voluntary** [ˋvɑlənˌtɛrɪ] adj. 自願的 反 involuntary, compulsory

---

Unit 25 ☸

1. **atom** [ˋætəm] n. [C] 原子

2. **autograph** [ˋɔtəˌgræf] n. [C] 親筆簽名
   autograph [ˋɔtəˌgræf] v. 在…上親筆簽名

3. **cane** [ken] n. [C] 拐杖；藤條

4. **commit** [kəˋmɪt] v. 犯 (罪、錯) (committed | committed | committing)
   💡 commit oneself …表態 | commit suicide 自殺

5. **constitution** [ˌkɑnstəˋtjuʃən] n. [C] 憲法

6. **decoration** [ˌdɛkəˋreʃən] n. [U] 裝潢，裝飾

7. **determination** [dɪˌtɝməˋneʃən] n. [U] 決心 <to>

8. **enlarge** [ɪnˋlɑrdʒ] v. 放大

💡 enlarge on/upon sth 詳細說明
enlargement [ɪn`lɑrdʒmənt] n. [U] 擴充 <of>

---

9. **evaluation** [ɪ,væljʊ`eʃən] n. [C] 評估

---

10. **furnish** [`fɝnɪʃ] v. 為…配備家具 <with>

---

11. **gratitude** [`grætə,tjud] n. [U] 感謝，感激 反 ingratitude

---

12. **homeland** [`hom,lænd] n. [C] 祖國

---

13. **impose** [ɪm`poz] v. 強制實行 <on, upon>

---

14. **lengthen** [`lɛŋθən] v. 加長，使變長 反 shorten

---

15. **liquor** [`lɪkɚ] n. [U] 烈酒

---

16. **murderer** [`mɝdərɚ] n. [C] 凶手，殺人犯 同 killer
💡 mass murderer 殺人狂

---

17. **nuclear** [`njukliɚ] adj. 核能的

---

18. **peep** [pip] n. [C] 偷看
peep [pip] v. 偷看，窺視 <at, into, through>

---

19. **reception** [rɪ`sɛpʃən] n. [C] 招待會，歡迎會
receptionist [rɪ`sɛpʃənɪst] n. [C] 接待員

---

20. **reflection** [rɪ`flɛkʃən] n. [C] 倒影，映像

---

21. **sew** [so] v. 縫紉，做針線活 <on> (sewed | sewn, sewed | sewing)
💡 sew up 縫合
sewing [`soɪŋ] n. [U] 縫紉

22. **splendid** [`splɛndɪd] adj. 壯麗的

23. **sue** [su] v. 控告 <for>

24. **timetable** [`taɪm͵tebḷ] n. [C] 時刻表

25. **welfare** [`wɛl͵fɛr] n. [U] 福祉 <of>
💡 on welfare 接受社會救濟

Unit 26

1. **atomic** [ə`tɑmɪk] adj. 原子的

2. **bargain** [`bɑrgɪn] n. [C] 便宜貨
💡 make a bargain 達成協議
bargain [`bɑrgɪn] v. 討價還價
💡 bargain sth away 便宜拋售…

3. **capitalist** [`kæpətḷɪst] n. [C] 資本家

4. **companion** [kəm`pænjən] n. [C] 夥伴，同伴

5. **consultant** [kən`sʌltṇt] n. [C] 顧問

6. **depart** [dɪ`pɑrt] v. 出發，離開 <for, from> 同 leave

7. **dew** [dju] n. [U] 露水

8. **exaggerate** [ɪg`zædʒə͵ret] v. 誇大，誇張

9. **explanation** [͵ɛksplə`neʃən] n. [C][U] 解釋，說明 <of, for>

10. **gaze** [gez] n. [C] 凝視 (usu. sing.)

    gaze [gez] v. 凝視 <at> 同 stare

11. **grave** [grev] n. [C] 墳墓，墓穴

    grave [grev] adj. 嚴重的 (graver｜gravest)

12. **honeymoon** [ˋhʌnɪˏmun] n. [C] 蜜月

    honeymoon [ˋhʌnɪˏmun] v. 度蜜月

13. **impression** [ɪmˋprɛʃən] n. [C] 印象 <of>

14. **librarian** [laɪˋbrɛrɪən] n. [C] 圖書館管理員

15. **loan** [lon] n. [C] 貸款

    💡 loan shark 放高利貸者

    loan [lon] v. 借出 <to>

16. **murmur** [ˋmɝmɚ] n. [C] 低語

    murmur [ˋmɝmɚ] v. 低聲說 <to>

17. **obtain** [əbˋten] v. 獲得 同 get

18. **perfume** [ˋpɝfjum] n. [C][U] 香水 同 fragrance

    perfume [ˋpɝfjum] v. 使香氣瀰漫

19. **recreation** [ˏrɛkrɪˋeʃən] n. [C][U] 娛樂，消遣

20. **register** [ˋrɛdʒɪstɚ] v. 註冊 <for> 同 enroll

    register [ˋrɛdʒɪstɚ] n. [C] 登記簿 <in>

21. **shade** [ʃed] n. [U] 陰涼處，陰暗處

    💡 put sb/sth in the shade 讓⋯黯然失色

    shade [ʃed] v. 遮擋 (光線)

22. **stingy** [ˋstɪndʒɪ] adj. 吝嗇的，小氣的 <with> (stingier | stingiest)

23. **telegraph** [ˋtɛləˏgræf] n. [U] 電報
telegraph [ˋtɛləˏgræf] v. 打電報

24. **timid** [ˋtɪmɪd] adj. 膽怯的 ⑩ shy ⑰ confident

25. **withdraw** [wɪθˋdrɔ] v. 領款 <from> (withdrew | withdrawn | withdrawing)
withdrawal [wɪθˋdrɔəl] n. [C][U] 提款

Unit 27

1. **accountant** [əˋkauntənt] n. [C] 會計師

2. **attach** [əˋtætʃ] v. 連接 <to> ⑩ stick
attachment [əˋtætʃmənt] n. [C] (機器的) 附件

3. **barrier** [ˋbærɪə] n. [C] 隔閡，障礙

4. **catalogue** [ˋkætlˏɔg] n. [C] 目錄 (also catalog)
catalogue [ˋkætlˏɔg] v. 記錄

5. **compose** [kəmˋpoz] v. 構成 <of> ⑩ consist of

6. **continual** [kənˋtɪnjuəl] adj. 不停的 ⑩ constant ⑰ sporadic

7. **departure** [dɪˋpartʃə] n. [C][U] 啟程，離開 <for, from> ⑰ arrival

8. **dignity** [ˋdɪgnətɪ] n. [U] 尊嚴，自尊 <with>

9. **exhaust** [ɪgˋzɔst] n. [U] (引擎排出的) 廢氣
   exhaust [ɪgˋzɔst] v. 耗盡 同 use up
   exhausted [ɪgˋzɔstɪd] adj. 筋疲力竭的 同 worn out
   exhaustion [ɪgˋzɔstʃən] n. [U] 筋疲力竭

10. **extend** [ɪkˋstɛnd] v. 擴展，擴大

11. **gear** [gɪr] n. [C][U] 排檔 <in>
    gear [gɪr] v. 使適合於 <to, toward>

12. **greasy** [ˋgrisɪ] adj. 油膩的 同 oily (greasier | greasiest)

13. **horizon** [həˋraɪzn̩] n. [sing.] 地平線 <on>
    💡 broaden/expand/widen sb's horizons 開闊眼界

14. **injure** [ˋɪndʒɚ] v. 傷害，損害 同 hurt, harm
    injured [ˋɪndʒɚd] adj. 受傷的
    injured [ˋɪndʒɚd] n. [pl.] 傷者 (the ~)

15. **limitation** [͵lɪməˋteʃən] n. [C][U] 限制 <on> 同 restriction

16. **lobster** [ˋlɑbstɚ] n. [C] 龍蝦；[U] 龍蝦肉

17. **noble** [ˋnobl̩] adj. 高尚的 (nobler | noblest)
    noble [ˋnobl̩] n. [C] 貴族

18. **option** [ˋɑpʃən] n. [C] 選擇

19. **philosopher** [fəˋlɑsəfɚ] n. [C] 哲學家

20. **recycle** [ri`saɪkl̩] v. 回收利用

21. **registration** [ˌrɛdʒɪ`streʃən] n. [U] 註冊
    💡 registration fee 掛號費

22. **shady** [`ʃedɪ] adj. 陰涼的，陰暗的 ⓢ dim (shadier | shadiest)

23. **stocking** [`stɑkɪŋ] n. [C] 長筒襪

24. **tension** [`tɛnʃən] n. [U] (精神上的) 緊張，焦慮

25. **tolerant** [`tɑlərənt] adj. 寬容的，寬大的 <of, toward> ⓐ intolerant

Unit 28

1. **accuse** [ə`kjuz] v. 指控，譴責 <of>

2. **audio** [`ɔdɪo] adj. 聲音的，錄音的
   audiovisual [ˌɔdɪo`vɪʒʊəl] adj. 視聽的

3. **blade** [bled] n. [C] 刀片，刀身

4. **chemistry** [`kɛmɪstrɪ] n. [U] 化學

5. **composer** [kəm`pozɚ] n. [C] 作曲家

6. **copper** [`kɑpɚ] n. [U] 銅
   copper [`kɑpɚ] adj. 銅的

7. **devise** [dɪ`vaɪz] v. 設計，想出

8. **diligence** [`dɪlədʒəns] n. [U] 勤勉

9. **expansion** [ɪk`spænʃən] n. [C][U] 擴張，擴大

10. **faithful** [`feθfəl] adj. 忠誠的，忠貞的 ⑯ loyal

11. **germ** [dʒɝm] n. [C] 細菌

12. **grind** [graɪnd] v. 研磨，磨碎 (ground | ground | grinding)
    💡 grind sb down 折磨，欺壓⋯
    grind [graɪnd] n. [sing.] 苦差事

13. **horrify** [`hɔrə͵faɪ] v. 使震驚 ⑯ appall
    horrified [`hɔrə͵faɪd] adj. 驚懼的
    horrifying [`hɔrə͵faɪɪŋ] adj. 令人驚懼的 ⑯ horrific

14. **inspection** [ɪn`spɛkʃən] n. [C][U] 檢查，檢驗

15. **linen** [`lɪnɪn] n. [U] 亞麻，亞麻布

16. **loyal** [`lɔɪəl] adj. 忠實的，忠誠的 <to>
    loyally [`lɔɪəlɪ] adv. 忠實地

17. **nonsense** [`nɑnsɛns] n. [U] 胡說，胡扯 ⑯ rubbish

18. **orbit** [`ɔrbɪt] n. [C] 軌道 <in>
    orbit [`ɔrbɪt] v. 沿軌道運行

19. **physicist** [`fɪzəsɪst] n. [C] 物理學家

20. **refund** [`rifʌnd] n. [C] 退款
    💡 tax refund 退稅 |

demand/claim a full refund 要求完全退款

refund [rɪˋfʌnd] v. 退費 🔘 reimburse

refundable [rɪˋfʌndəbl̩] adj. 可退費的

21. **regulate** [ˋrɛgjə‚let] v. 管理，管控

22. **shave** [ʃev] v. 剃去 (毛髮) <off>
   shave [ʃev] n. [C] 刮臉

23. **suggestion** [səgˋdʒɛstʃən] n. [C] 建議

24. **terror** [ˋtɛrɚ] n. [U] 恐懼 <in> 🔘 fear

25. **tomb** [tum] n. [C] 墳墓 🔘 grave

Unit 29

1. **acquaintance** [əˋkwentəns] n. [C] 泛泛之交

2. **autobiography** [‚ɔtəbaɪˋɑgrəfɪ] n. [C] 自 傳 (pl. autobiographies)

3. **blessing** [ˋblɛsɪŋ] n. [C] 祝福
   🕯 a blessing in disguise 因禍得福

4. **cherish** [ˋtʃɛrɪʃ] v. 珍惜，珍愛 🔘 treasure

5. **conference** [ˋkɑnfərəns] n. [C] 會議 <on>

6. **cord** [kɔrd] n. [C][U] 繩
   🕯 the umbilical cord 臍帶

7. **devote** [dɪ`vot] v. 奉獻 \<to>
   devoted [dɪ`votɪd] adj. 全心奉獻的，全心全意的

8. **diplomat** [`dɪplə,mæt] n. [C] 外交官

9. **fantasy** [`fæntəsɪ] n. [C][U] 妄想 (pl. fantasies)

10. **farewell** [,fɛr`wɛl] n. [C] 再見，告辭
    💡 a farewell party 告別會

11. **gigantic** [dʒaɪ`gæntɪk] adj. 巨大的 圓 enormous, huge

12. **halt** [hɔlt] n. [sing.] 停止 圓 stop
    💡 come to a halt 使停止
    halt [hɔlt] v. 停下 圓 stop

13. **hose** [hoz] n. [C] 橡皮水管 (pl. hose, hoses)
    hose [hoz] v. 用水管澆水、沖洗 \<down>

14. **insult** [`ɪnsʌlt] n. [C] 侮辱
    💡 add insult to injury 雪上加霜
    insult [ɪn`sʌlt] v. 侮辱

15. **logic** [`lɑdʒɪk] n. [U] 邏輯

16. **measurable** [`mɛʒrəbl̩] adj. 顯著的

17. **nursery** [`nɝsərɪ] n. [C] 幼兒園，托兒所 (pl. nurseries)

18. **orchestra** [`ɔrkɪstrə] n. [C] 管弦樂團

19. **pickle** [`pɪkl̩] n. [C] 酸黃瓜 (片)

20. **regulation** [,rɛgjə`leʃən] n. [C] 法規，條例

21. **rejection** [rɪ`dʒɛkʃən] n. [C][U] 拒絕 ⓐ acceptance

22. **sightseeing** [`saɪt,siɪŋ] n. [U] 觀光
    💡 go sightseeing 觀光

23. **sway** [swe] n. [U] 支配
    sway [swe] v. 搖擺，搖動 ⓐ wave

24. **translate** [`trænslet] v. 翻譯 <from, into>

25. **translation** [træns`leʃən] n. [C][U] 翻譯，譯本

Unit 30

1. **addict** [`ædɪkt] n. [C] 入迷的人 ⓐ fan
    addict [ə`dɪkt] v. 使沉迷 <to>
    addictive [ə`dɪktɪv] adj. 使人上癮的

2. **await** [ə`wet] v. 等候 ⓐ wait

3. **blink** [blɪŋk] v. 眨眼睛
    blink [blɪŋk] n. [sing.] 眨眼睛
    💡 on the blink 出毛病，故障

4. **chew** [tʃu] v. 咀嚼，嚼碎
    💡 chew sth over 仔細思考
    chew [tʃu] n. [C] 咀嚼

5. **congress** [`kɑŋgrəs] n. [C] 代表大會
    congressional [kən`grɛʃənl] adj. 會議的

6. **cottage** [ˋkɑtɪdʒ] n. [C] 小屋

7. **diagram** [ˋdaɪə‚græm] n. [C] 圖解
   diagram [ˋdaɪə‚græm] v. 圖解

8. **disappoint** [‚dɪsəˋpɔɪnt] v. 使失望 ⑮ let down
   disappointment [‚dɪsəˋpɔɪntmənt] n. [U] 失望
   disappointed [‚dɪsəˋpɔɪntɪd] adj. 失望的 <at, about>
   disappointing [‚dɪsəˋpɔɪntɪŋ] adj. 令人失望的

9. **fatal** [ˋfetl] adj. 致命的 ⑮ deadly

10. **favorable** [ˋfevrəbl̩] adj. 贊成的

11. **giggle** [ˋgɪgl̩] n. [C] 咯咯笑
    giggle [ˋgɪgl̩] v. 咯咯地笑 <at> ⑮ laugh

12. **haste** [hest] n. [U] 急忙 ⑮ hurry
    💡 More haste, less speed. 【諺】欲速則不達。 |
    Haste makes waste. 【諺】忙中有錯。

13. **housework** [ˋhaʊs‚wɝk] n. [U] 家事，家務

14. **intend** [ɪnˋtɛnd] v. 打算 <to>
    intended [ɪnˋtɛndɪd] adj. 為⋯打算的 <for>

15. **logical** [ˋlɑdʒɪkl̩] adj. 合理的，合乎邏輯的 ⑯ illogical

16. **mechanic** [məˋkænɪk] n. [C] 機械工，修理工
    mechanics [məˋkænɪks] n. [pl.] 方法，手段 (the ~)

17. **nutritious** [njuˋtrɪʃəs] adj. 有營養的 ⑮ nourishing

18. **panel** [`pænl] n. [C] 專家小組 <of>
    💡 panel discussion 專家小組討論

19. **pioneer** [ˌpaɪə`nɪr] n. [C] 拓荒者 ⓘ trailblazer
    pioneer [ˌpaɪə`nɪr] v. 成為先驅

20. **relaxation** [ˌrilæks`eʃən] n. [U] 放鬆

21. **relevant** [`rɛləvənt] adj. 有關的 <to> ⓐ irrelevant

22. **sincerity** [sɪn`sɛrətɪ] n. [U] 真誠，誠意 ⓐ insincerity

23. **systematic** [ˌsɪstə`mætɪk] adj. 有系統的 ⓘ organized ⓐ
    unsystematic

24. **translator** [træns`letɚ] n. [C] (筆譯) 譯者

25. **tumble** [`tʌmbl̩] v. 跌落，跌倒 <down> ⓘ fall
    tumble [`tʌmbl̩] n. [C] 跌倒

Unit 31

1. **allowance** [ə`lauəns] n. [C] 零用錢 ⓘ pocket money

2. **bald** [bɔld] adj. 禿頭的

3. **blossom** [`blɑsəm] n. [C][U] 花朵
    💡 in blossom 開花
    blossom [`blɑsəm] v. 開花；(關係) 深入發展 <into>

4. **choke** [tʃok] v. 噎住，窒息 <on>
    💡 choke sth back 抑制…

choke [tʃok] n. [C] 嗆到 (聲音)

5. **constitute** [ˈkɑnstəˌtjut] v. 構成

6. **coward** [ˈkaʊəd] n. [C] 懦夫，膽小鬼

7. **diploma** [dɪˈplomə] n. [C] 學位證書，文憑 <in> (pl. diplomas)

8. **discourage** [dɪsˈkɝɪdʒ] v. 使沮喪 同 dishearten 反 encourage
   discouragement [dɪsˈkɝɪdʒmənt] n. [U] 沮喪，氣餒
   discouraged [dɪsˈkɝɪdʒd] adj. 感覺沮喪的 同 demoralized 反 encouraged
   discouraging [dɪsˈkɝɪdʒɪŋ] adj. 令人沮喪的 反 encouraging

9. **fax** [fæks] n. [C][U] 傳真機
   fax [fæks] v. 傳真 <to>

10. **ferry** [ˈfɛrɪ] n. [C] (尤指定期的) 渡船 (pl. ferries)
    ferry [ˈfɛrɪ] v. (尤指定期的) 渡運，運送

11. **ginger** [ˈdʒɪndʒə] n. [U] 薑

12. **hasten** [ˈhesn̩] v. 催促

13. **humidity** [hjuˈmɪdətɪ] n. [U] 溼度

14. **intermediate** [ˌɪntəˈmidɪət] adj. 中級程度的
    intermediate [ˌɪntəˈmidɪət] n. [C] 中級學生
    intermediate [ˌɪntəˈmidɪˌet] v. 調解，調停

15. **loosen** [ˋlusn̩] v. 鬆開 同 slacken

16. **memorable** [ˋmɛmərəbl̩] adj. 令人難忘的 同 unforgettable

17. **obedience** [oˋbidɪəns] n. [U] 服從，遵從 反 disobedience

18. **perfection** [pɚˋfɛkʃən] n. [U] 完美
💡 to perfection 完美地

19. **plentiful** [ˋplɛntɪfəl] adj. 豐富的，充足的 同 abundant

20. **remark** [rɪˋmɑrk] n. [C] 評論 同 comment
remark [rɪˋmɑrk] v. 說起，談論

21. **resignation** [͵rɛzɪgˋneʃən] n. [C] 辭職信；[C][U] 辭職
同 leaving

22. **slogan** [ˋslogən] n. [C] 口號，標語 同 tag line

23. **technological** [͵tɛknəˋlɑdʒɪkl̩] adj. 科技的

24. **troublesome** [ˋtrʌbl̩səm] adj. 令人討厭的，棘手的 同 annoying

25. **vegetarian** [͵vɛdʒəˋtɛrɪən] n. [C] 素食者

Unit 32 ☸

1. **ambiguous** [æmˋbɪgjʊəs] adj. 模稜兩可的

2. **ballet** [bæ`le] n. [U] 芭蕾舞

3. **bounce** [baʊns] v. 彈起，彈跳
   bounce [baʊns] n. [C] 彈跳 (pl. bounces)

4. **circulate** [`sɝkjə,let] v. 循環 <through> 圙 flow

5. **convenience** [kən`vinjəns] n. [U] 便利，方便
   💡 convenience store 便利商店

6. **creep** [krip] v. 緩慢行進，悄悄移動 (crept | crept | creeping)

7. **disadvantage** [,dɪsəd`væntɪdʒ] n. [C][U] 劣勢，不利因素 圐 advantage
   disadvantage [,dɪsəd`væntɪdʒ] v. 使處於劣勢，使處於不利地位

8. **divine** [dɪ`vaɪn] adj. 神的，神聖的 (diviner | divinest)

9. **feast** [fist] n. [C] 盛宴 圙 banquet
   feast [fist] v. 盡情享用 <on>

10. **finance** [`faɪnæns] n. [C][U] 財務，財源
    finance [`faɪnæns] v. 提供資金 圙 fund

11. **glorious** [`glorɪəs] adj. 光榮的

12. **herd** [hɝd] n. [C] 獸群
    herd [hɝd] v. 放牧，將…趕成一群

13. **hurricane** [`hɝɪ,ken] n. [C] (尤指大西洋的) 颶風

14. **interruption** [ˌɪntəˈrʌpʃən] n. [C][U] 中斷，打斷

15. **loyalty** [ˈlɔɪəltɪ] n. [U] 忠誠，忠實 <to>

16. **memorize** [ˈmɛməˌraɪz] v. 熟記

17. **obedient** [oˈbidɪənt] adj. 服從的 <to> 反 disobedient
obediently [oˈbidɪəntlɪ] adv. 服從地

18. **persuasion** [pəˈsweʒən] n. [U] 說服，勸服

19. **plum** [plʌm] n. [C] 李子；梅子

20. **repetition** [ˌrɛpɪˈtɪʃən] n. [C][U] 重複

21. **respectful** [rɪˈspɛktfəl] adj. 恭敬的 <to, of> 反 disrespectful
respectfully [rɪˈspɛktfəlɪ] adv. 恭敬地

22. **socket** [ˈsɑkɪt] n. [C] (電源) 插座 同 outlet

23. **telescope** [ˈtɛləˌskop] n. [C] 望遠鏡

24. **twig** [twɪg] n. [C] 細枝 同 branch, stick

25. **vital** [ˈvaɪtl] adj. 重要的 <to> 同 crucial；維生的

Unit 33

1. **ambitious** [æmˈbɪʃəs] adj. 野心勃勃的，有抱負的 <for>

2. **bandage** [ˈbændɪdʒ] n. [C][U] 繃帶 <on, around>
bandage [ˈbændɪdʒ] v. 用繃帶包紮

3. **calculate** [ˋkælkjəˌlet] v. 計算 ⓘ work out

4. **clash** [klæʃ] n. [C] 衝突，打鬥 ⓘ fight
   clash [klæʃ] v. 衝突，打鬥 <with> ⓘ fight

5. **converse** [kənˋvɝs] v. 交談，談話 <with> ⓘ talk

6. **critic** [ˋkrɪtɪk] n. [C] 評論家 ⓘ reviewer

7. **disgust** [dɪsˋgʌst] n. [U] 反感，厭惡 <at> ⓘ dislike
   disgust [dɪsˋgʌst] v. 使作嘔，使厭惡
   disgusted [dɪsˋgʌstɪd] adj. 厭惡的，反感的 <with>
   disgusting [dɪsˋgʌstɪŋ] adj. 令人作嘔的 ⓘ revolting

8. **divorce** [dɪˋvors] n. [C][U] 離婚
   💡 get a divorce 獲准離婚 | divorce rate 離婚率
   divorce [dɪˋvors] v. 和⋯離婚

9. **fertile** [ˋfɝtl] adj. 肥沃的 ⓐ infertile

10. **flee** [fli] v. 逃跑，逃離 <from> ⓘ escape, run away
    (fled | fled | fleeing)

11. **gown** [gaʊn] n. [C] 禮服；長袍 ⓘ robe

12. **hook** [hʊk] n. [C] 掛鉤
    hook [hʊk] v. (用鉤子) 鉤住
    hooked [hʊkt] adj. 著迷的 <on>

13. **hush** [hʌʃ] n. [sing.] (突然的) 寂靜
    hush [hʌʃ] v. 使安靜

14. **isolate** [ˋaɪslˌet] v. 使隔離 <from>

isolated [`aɪslˌetɪd] adj. 孤立的，孤獨的

15. **luxury** [`lʌkʃərɪ] n. [U] 奢侈，奢華 ⑥ extravagance

16. **mercy** [`mɝsɪ] n. [U] 仁慈，寬恕 <on> ⑥ humanity
   💡 at the mercy of... 任由⋯擺布｜
   without mercy 毫無憐憫心地

17. **obstacle** [`ɑbstəkl] n. [C] 阻礙 <to> ⑥ hindrance

18. **pest** [pɛst] n. [C] 害蟲
   pesticide [`pɛstəˌsaɪd] n. [C][U] 殺蟲劑

19. **plumber** [`plʌmɚ] n. [C] 水管工人

20. **rescue** [`rɛskju] n. [C][U] 救援
   💡 come to sb's rescue 解救⋯
   rescue [`rɛskju] v. 拯救，救出 <from> ⑥ save

21. **restore** [rɪ`stor] v. 恢復

22. **spade** [sped] n. [C] 鏟子

23. **thorough** [θɝo] adj. 徹底的，完全的
   thoroughly [`θɝolɪ] adv. 徹底地

24. **vain** [ven] adj. 徒勞的，白費的 ⑥ useless
   💡 in vain 徒勞無功

25. **voyage** [`vɔɪɪdʒ] n. [C] 航海，航行
   💡 bon voyage 一路順風
   voyage [`vɔɪɪdʒ] v. 航行

Unit 34

1. **amuse** [ə`mjuz] v. 使開心，逗人笑 同 entertain
   amusement [ə`mjuzmənt] n. [U] 快樂，開心 <in, with>
   ♥ to sb's amusement 令…感到好笑的是
   amused [ə`mjuzd] adj. 逗樂的，覺得好笑的 <at, by>
   amusing [ə`mjuzɪŋ] adj. 引人發笑的，好笑的

2. **basin** [`besn̩] n. [C] 洗臉盆；一盆 (的量)

3. **calculation** [͵kælkjə`leʃən] n. [C][U] 計算

4. **classify** [`klæsə͵faɪ] v. 把…分類

5. **correspond** [͵kɔrə`spɑnd] v. 相當於 <to> 同 agree,
   tally；通信 <with>

6. **crunchy** [`krʌntʃɪ] adj. 鬆脆的，鮮脆的 (crunchier | crunchiest)
   crunch [krʌntʃ] v. (發出嘎吱聲地) 咀嚼 <on> 同 munch, chomp
   crunch [krʌntʃ] n. [C] (咀嚼、踩踏發出的) 嘎吱聲 (usu. sing.)

7. **disturb** [dɪ`stɝb] v. 打擾，干擾

8. **dodge** [dɑdʒ] v. 閃躲；躲避 同 evade
   dodge [dɑdʒ] n. [C] 逃避的妙招
   ♥ dodge ball 躲避球；躲避球遊戲

9. **fierce** [fɪrs] adj. 凶猛的 同 ferocious (fiercer | fiercest)

fiercely [ˋfɪrslɪ] adv. 激烈地

10. **fluent** [ˋfluənt] adj. (語言) 流利的 <in>
    fluently [ˋfluəntlɪ] adv. 流利地

11. **graceful** [ˋgresfəl] adj. 優雅的 ⑥ elegant

12. **hydrogen** [ˋhaɪdrədʒən] n. [U] 氫

13. **illustration** [ˏɪləsˋtreʃən] n. [C] 例子 ⑥ example,
    instance；插圖 ⑥ picture
    💡 by way of illustration 透過例證

14. **jealousy** [ˋdʒɛləsɪ] n. [C][U] 嫉妒 ⑥ envy (pl.
    jealousies)

15. **mechanical** [məˋkænɪk!] adj. 機械的
    mechanically [məˋkænɪkəlɪ] adv. 機械化地，習慣性地

16. **mere** [mɪr] adj. 僅僅的
    merely [ˋmɪrlɪ] adv. 僅僅，只 ⑥ only

17. **offend** [əˋfɛnd] v. 冒犯，得罪

18. **physician** [fəˋzɪʃən] n. [C] (尤指內科) 醫師

19. **poisonous** [ˋpɔɪzənəs] adj. 有毒的 ⑥ toxic

20. **resolve** [rɪˋzɑlv] v. 決定，決心；解決 ⑥ solve, settle
    resolve [rɪˋzɑlv] n. [U] 決心 ⑥ resolution

21. **retire** [rɪˋtaɪr] v. 退休
    retirement [rɪˋtaɪrmənt] n. [C][U] 退休

retired [rɪ`taɪrd] adj. 退休的

22. **sprinkle** [`sprɪŋkl] v. 撒，灑 <on, over>
sprinkle [`sprɪŋkl] n. [sing.] 少量
sprinkler [`sprɪŋklɚ] n. [C] 灑水器

23. **thoughtful** [`θɔtfəl] adj. 體貼的 ⑩ considerate, kind

24. **virtue** [`vɝtʃʊ] n. [C][U] 美德 ⑰ vice；優點 ⑩ advantage, merit
♥ Virtue is its own reward. 【諺】為善最樂。

25. **witness** [`wɪtnɪs] n. [C] 目擊者 <to>
witness [`wɪtnɪs] v. 目睹

Unit 35

1. **annoy** [ə`nɔɪ] v. 使惱怒 ⑩ irritate
annoying [ə`nɔɪɪŋ] adj. 使惱怒的 ⑩ irritating

2. **beggar** [`bɛgɚ] n. [C] 乞丐

3. **calorie** [`kælərɪ] n. [C] 卡路里 (pl. calories)

4. **claw** [klɔ] n. [C] 爪；螯
claw [klɔ] v. 用爪子抓

5. **costume** [`kɑstjum] n. [C][U] (尤指娛樂活動的) 服裝

6. **crush** [krʌʃ] n. [C] (短暫的) 迷戀 <on>
crush [krʌʃ] v. 壓碎，壓扁

7. **dominate** [`dɑmə,net] v. 主宰，支配

8. **draft** [dræft] n. [C] 草稿
   draft [dræft] v. 打草稿

9. **fireplace** [`faɪr,ples] n. [C] 壁爐

10. **fortunate** [`fɔrtʃənɪt] adj. 好運的 同 lucky 反
    unfortunate
    fortunately [`fɔrtʃənɪtlɪ] adv. 幸逼地 同 luckily 反
    unfortunately

11. **gracious** [`greʃəs] adj. 親切的

12. **identification** [aɪ,dɛntəfə`keʃən] n. [U] 辨認 (abbr. ID)

13. **imitate** [`ɪmə,tet] v. 模仿 同 mimic

14. **kettle** [`kɛtl̩] n. [C] 水壺

15. **merchant** [`mɝtʃənt] n. [C] 商人

16. **messy** [`mɛsɪ] adj. 凌亂的 同 chaotic；棘手的 (messier |
    messiest)

17. **offensive** [ə`fɛnsɪv] adj. 冒犯的，令人不愉快的 反
    inoffensive
    offensively [ə`fɛnsɪvlɪ] adv. 無禮地

18. **physics** [`fɪzɪks] n. [U] 物理學

19. **prediction** [prɪ`dɪkʃən] n. [C][U] 預測

20. **respectable** [rɪ`spɛktəbl̩] adj. 可敬的，值得尊敬的

respectably [rɪˋspɛktəblɪ] adv. 得體地

21. **revolutionary** [ˏrɛvəˋluʃənˏɛrɪ] adj. 革命性的
    revolutionary [ˏrɛvəˋluʃənˏɛrɪ] n. [C] 革命者 (pl. revolutionaries)

22. **statistic** [stəˋtɪstɪk] n. [C] (一項) 統計數據；[pl.] 統計資料 (~s)
    💡 become a statistic 成為交通事故的數據 (死於交通事故)

23. **tolerance** [ˋtɑlərəns] n. [U] 容忍 <of, toward> 反 intolerance

24. **waken** [ˋwekən] v. 喚醒，弄醒

25. **workplace** [ˋwɝkˏples] n. [sing.] 工作場所 (the ~)

Unit 36 ☸

1. **accompany** [əˋkʌmpənɪ] v. 陪同 同 go with；伴隨

2. **apology** [əˋpɑlədʒɪ] n. [C][U] 道歉 <to, for> (pl. apologies)

3. **bin** [bɪn] n. [C] 垃圾桶

4. **candidate** [ˋkændəˏdet] n. [C] 候選人 <for>

5. **commander** [kəˋmændɚ] n. [C] 指揮官

6. **counter** [ˋkauntɚ] n. [C] 櫃臺

♥ over the counter (尤指買藥時) 不憑處方箋 |
under the counter 祕密地，暗地裡

counter [ˋkaʊntɚ] v. 反駁

counter [ˋkaʊntɚ] adj. 相反的

counter [ˋkaʊntɚ] adv. 相反地 <to>

7. **cube** [kjub] n. [C] 立方體，立方形的東西

♥ ice/sugar cube 冰塊 / 方糖

cube [kjub] v. 將 (食物) 切丁

8. **dread** [drɛd] n. [U] 害怕，恐懼 ⑥ fear

dread [drɛd] v. 害怕，恐懼 ⑥ fear

9. **drift** [drɪft] v. 漂流；無意間發生 <into>

drift [drɪft] n. [C][U] 水流

10. **flatter** [ˋflætɚ] v. 奉承，諂媚

♥ flatter oneself 自命不凡，自視甚高 |
feel flattered 感到榮幸

flattery [ˋflætərɪ] n. [U] 奉承

11. **frustrate** [ˋfrʌstret] v. 使灰心，使氣餒

frustrated [ˋfrʌstretɪd] adj. 受挫的，沮喪的 <at, with>

frustrating [ˋfrʌstretɪŋ] adj. 令人氣餒的

12. **greeting** [ˋgritɪŋ] n. [C][U] 問候，招呼；[pl.] 祝詞 (～s)

13. **idiom** [ˋɪdɪəm] n. [C] 慣用語，成語

14. **imply** [ɪmˋplaɪ] v. 暗示 ⑥ hint

15. **kneel** [nil] v. 跪下 <down> (knelt, kneeled | knelt, kneeled | kneeling)

16. **microscope** [ˋmaɪkrə͵skop] n. [C] 顯微鏡 <under>

17. **millionaire** [͵mɪljəˋnɛr] n. [C] 百萬富翁

18. **orientation** [͵orɪɛnˋteʃən] n. [C][U] (價值觀等) 取向； [U] (新工作或新活動的) 培訓，訓練

19. **postage** [ˋpostɪdʒ] n. [U] 郵資

20. **pregnancy** [ˋprɛgnənsɪ] n. [C][U] 懷孕 (pl. pregnancies)

21. **reunion** [riˋjunjən] n. [C] 團聚，聚會

22. **romance** [roˋmæns] n. [C] 戀愛史，羅曼史

23. **stereo** [ˋstɛrɪo] n. [C] 立體音響 (pl. stereos)

24. **tolerate** [ˋtɑlə͵ret] v. 容忍 回 stand, bear

25. **wink** [wɪŋk] n. [C] 眨眼
    wink [wɪŋk] v. 眨眼 <at> 回 blink

Unit 37

1. **admirable** [ˋædmərəbl] adj. 值 得 讚 賞 的 回 commendable

2. **applicant** [ˋæpləkənt] n. [C] 申請者 <for>

3. **biography** [baɪˋɑgrəfɪ] n. [C][U] 傳 記 <of> (pl.

biographies)

4. **cease** [sis] v. 停止
   cease [sis] n. [U] 停止

5. **competitor** [kəm`pɛtətɚ] n. [C] 參賽者 圙 challenger

6. **courageous** [kə`redʒəs] adj. 勇敢的 圙 brave

7. **cue** [kju] n. [C] 提示，暗示
   💡 right on cue 正好在此時 |
      take sb's cue from sb/sth 照…的樣子做…
   cue [kju] v. 給予暗示

8. **drowsy** [`draʊzɪ] adj. 昏昏欲睡的 圙 sleepy (drowsier |
   drowsiest)

9. **dusty** [`dʌstɪ] adj. 滿是灰塵的 (dustier | dustiest)

10. **flea** [fli] n. [C] 跳蚤
    💡 flea market 跳蚤市場

11. **frustration** [frʌs`treʃən] n. [C][U] 挫折，沮喪

12. **grief** [grif] n. [C][U] 悲傷，悲痛

13. **idle** [`aɪdl̩] adj. 懶怠的 圙 lazy；(機器、工廠) 閒置的
    (idler | idlest)
    idle [`aɪdl̩] v. 虛度時間 <away>

14. **indication** [ˌɪndə`keʃən] n. [C][U] 指示，暗示 <of>

15. **lag** [læg] n. [C] 延遲，落差

💡 jet lag 時差

lag [læg] v. 落後 <behind> (lagged | lagged | lagging)

16. **mill** [mɪl] n. [C] 磨坊；工廠 ⓪ factory
    💡 steel mill 造鋼廠 | windmill 風車 |
    go through the mill 經歷許多困難
    mill [mɪl] v. 磨成粉
    miller [ˋmɪlɚ] n. [C] 磨坊主人

17. **ministry** [ˋmɪnɪstrɪ] n. [C] (政府的) 部 (pl. ministries)
    💡 the Ministry of Education 教育部

18. **orphan** [ˋɔrfən] n. [C] 孤兒
    orphan [ˋɔrfən] v. 使成為孤兒

19. **pregnant** [ˋprɛgnənt] adj. 懷孕的

20. **presentation** [͵prɛznˋteʃən] n. [C] 報告，演講 <on> ；
    [U] 外觀，呈現方式

21. **revenge** [rɪˋvɛndʒ] n. [U] 復仇，報復
    💡 in revenge for sth 為⋯復仇
    revenge [rɪˋvɛndʒ] v. 復仇，報復

22. **sacrifice** [ˋsækrə͵faɪs] n. [C][U] 犧牲
    sacrifice [ˋsækrə͵faɪs] v. 犧牲 <for>

23. **stripe** [straɪp] n. [C] 條紋
    💡 horizontal/vertical stripe 橫 / 直條紋
    striped [straɪpt] adj. 有條紋的

24. **torture** [ˋtɔrtʃɚ] n. [C][U] 折磨；拷打 <under>

torture [ˋtɔrtʃɚ] v. 使痛苦 <with, by> 同 torment；拷問

25. **wit** [wɪt] n. [U] 幽默風趣；[pl.] 頭腦，機智 (～s)
   💡 at sb's wits' end 束手無策 |
   frighten/scare sb out of sb's wits 把…嚇得魂不附體

Unit 38

1. **admiration** [͵ædməˋreʃən] n. [U] 讚賞，欽佩 <for>

2. **arch** [ɑrtʃ] n. [C] 拱門
   arch [ɑrtʃ] v. 拱起

3. **bloom** [blum] n. [C] 花 <in>
   💡 come into bloom 開始開花
   bloom [blum] v. 開花

4. **chamber** [ˋtʃembɚ] n. [C] 房間

5. **complicate** [ˋkɑmplə͵ket] v. 使複雜化
   💡 To complicate matters further... 讓事情更複雜的是…
   complicated [ˋkɑmplə͵ketɪd] adj. 複雜的

6. **courtesy** [ˋkɝtəsɪ] n. [U] 禮貌，禮節 同 politeness 反 discourtesy
   💡 courtesy of sb/sth 承蒙…的允許

7. **cunning** [ˋkʌnɪŋ] adj. 狡猾的，奸詐的 同 crafty, wily
   💡 as cunning as a fox 像狐狸一樣狡猾
   cunning [ˋkʌnɪŋ] n. [U] 狡猾，詭詐

8. **dye** [daɪ] n. [C][U] 染料
   dye [daɪ] v. 給…染色

9. **economical** [ˌɛkə`nɑmɪkl̩] adj. 節儉的，節約的 <of, with> ⓘ frugal ⓐ uneconomical

10. **flush** [flʌʃ] v. 沖馬桶；臉紅 ⓘ blush
    flush [flʌʃ] n. [C] 紅暈 ⓘ blush

11. **funeral** [`fjunərəl] n. [C] 葬禮

12. **guardian** [`gɑrdɪən] n. [C] 保護者 ⓘ custodian；監護人

13. **idol** [`aɪdl̩] n. [C] 偶像

14. **inflation** [ɪn`fleʃən] n. [U] 通貨膨脹

15. **landmark** [`lænd,mɑrk] n. [C] 地標

16. **miner** [`maɪnɚ] n. [C] 礦工

17. **mischief** [`mɪstʃɪf] n. [U] 惡作劇，淘氣
    ♥ make mischief 挑撥離間 | get into mischief 調皮搗蛋 |
    keep sb out of mischief 阻止…搗蛋

18. **oval** [`ovl̩] adj. 橢圓形的，卵形的
    oval [`ovl̩] n. [C] 橢圓形

19. **preservation** [ˌprɛzɚ`veʃən] n. [U] 維護，保護

20. **priority** [praɪ`ɔrətɪ] n. [C][U] 優先事項 (pl. priorities)
    ♥ take priority over... 優先於…

21. **revision** [rɪ`vɪʒən] n. [C][U] 修訂，修改 <to>

22. **seize** [siz] v. 抓住 圓 grab；沒收
   💡 seize the opportunity 抓住機會 |
   seize the day 把握現在

23. **summarize** [`sʌmə,raɪz] v. 概述

24. **tremendous** [trɪ`mɛndəs] adj. 巨大的 圓 huge；極好的
   圓 remarkable

25. **witch** [wɪtʃ] n. [C] 巫婆，女巫 (pl. witches)
   wizard [`wɪzəd] n. [C] 巫師，男巫

Unit 39

1. **agreeable** [ə`griəbl] adj. 令人愉快的 圓 pleasant 反
   disagreeable；欣然同意的 <to>

2. **arise** [ə`raɪz] v. 出現，產生 <from> (arose | arisen |
   arising)

3. **boast** [bost] v. 誇耀 <about, of>
   boast [bost] n. [C] 誇耀

4. **championship** [`tʃæmpɪən,ʃɪp] n. [C] 錦標賽，冠軍賽；
   冠軍地位

5. **conductor** [kən`dʌktə] n. [C] (樂隊、合唱團的) 指揮；
   列車長 圓 guard

6. **crack** [kræk] n. [C] 裂縫；爆裂聲

crack [kræk] v. 使破裂；(非法侵入) 電腦系統

7. **curl** [kɝl] n. [C][U] 捲髮
   curl [kɝl] v. 蜷曲

8. **earphone** [ˋɪr͵fon] n. [C] 耳機

9. **elegant** [ˋɛləgənt] adj. 優雅的，高雅的 同 stylish
   elegance [ˋɛləgəns] n. [U] 優雅

10. **foam** [fom] n. [U] 泡沫 同 froth
    foam [fom] v. 起泡沫 同 froth
    💡 foam at the mouth (因生病而) 口吐白沫

11. **gifted** [ˋgɪftɪd] adj. 有天賦的 同 talented

12. **guilt** [gɪlt] n. [U] 犯罪

13. **ignorant** [ˋɪgnərənt] adj. 無知的 <of, about>

14. **innocence** [ˋɪnəsn̩s] n. [U] 無罪，清白 反 guilt；天真，純真

15. **lawful** [ˋlɔfəl] adj. 合法的 同 legal

16. **mineral** [ˋmɪnərəl] n. [C] 礦物；礦物質
    mineral [ˋmɪnərəl] adj. 礦物的
    💡 mineral water 礦泉水

17. **motivate** [ˋmotə͵vet] v. 激勵，激發 <to>

18. **overcoat** [ˋovɚ͵kot] n. [C] 大衣

19. **proceed** [prəˋsid] v. 繼續做 <with>；接著做 <to>

20. **pronunciation** [prə͵nʌnsɪ`eʃən] n. [C][U] 發音

21. **rhyme** [raɪm] n. [C] 押韻詩
    rhyme [raɪm] v. 押韻 <with>

22. **shameful** [`ʃemfəl] adj. 可恥的，丟臉的 同 disgraceful

23. **surgeon** [`sɝdʒən] n. [C] 外科醫生

24. **urge** [ɝdʒ] n. [C] 衝動 <to>
    urge [ɝdʒ] v. 力勸，督促
    💡 urge sb on 激勵⋯

25. **workout** [`wɝk͵aʊt] n. [C] 運動，鍛鍊

Unit 40 ☸

1. **amateur** [`æmə͵tʃʊr] adj. 業餘的 反 professional
   amateur [`æmə͵tʃʊr] n. [C] 業餘者 反 professional

2. **aspirin** [`æspərɪn] n. [C][U] 阿斯匹靈 (pl. aspirin, aspirins)

3. **bracelet** [`breslɪt] n. [C] 手鐲，手鍊

4. **characteristic** [͵kærɪktə`rɪstɪk] n. [C] 特徵 <of>
   characteristic [͵kærɪktə`rɪstɪk] adj. 特有的，典型的 反 uncharacteristic

5. **confess** [kən`fɛs] v. 承認 (錯誤、罪行) 同 admit

6. **craft** [kræft] n. [C][U] 手工藝

7. **economist** [ɪˋkɑnəmɪst] n. [C] 經濟學家

8. **embarrass** [ɪmˋbærəs] v. 使尷尬
   embarrassment [ɪmˋbærəsmənt] n. [U] 尷尬
   embarrassed [ɪmˋbærəst] adj. 尷尬的 <at, about>
   embarrassing [ɪmˋbærəsɪŋ] adj. 令人尷尬的

9. **forbid** [fəˋbɪd] v. 禁 止 <from, to> 反 allow, permit
   (forbade | forbidden | forbidding)
   forbidden [fəˋbɪdn̩] adj. 被禁止的

10. **glimpse** [glɪmps] n. [C] 一瞥
    glimpse [glɪmps] v. 瞥見

11. **hardware** [ˋhɑrd͵wɛr] n. [U] 五金製品；(電腦) 硬體

12. **imaginary** [ɪˋmædʒə͵nɛrɪ] adj. 虛構的，想像的

13. **input** [ˋɪn͵pʊt] n. [C][U] 投入 <into> 反 output
    input [ˋɪn͵pʊt] v. (將資訊) 輸入 <into> 反 output
    (input, inputted | input, inputted | inputting)

14. **lean** [lin] v. 傾斜，向一側歪斜
    💡 lean against sth 斜靠著 | lean on sb/sth 依靠…
    lean [lin] adj. (肉) 瘦的

15. **misfortune** [mɪsˋfɔrtʃən] n. [C][U] 不幸

16. **mountainous** [ˋmaʊntn̩əs] adj. 多山的

17. **parachute** [`pærə,ʃut] n. [C] 降落傘
    parachute [`pærə,ʃut] v. 跳傘

18. **prosper** [`prɑspɚ] v. 繁榮，興盛 ⓢ thrive

19. **prosperity** [prɑs`pɛrətɪ] n. [U] 繁榮，昌盛

20. **riddle** [`rɪdl] n. [C] 謎語 ⓢ puzzle；奧祕，費解的事 ⓢ
    mystery

21. **shift** [ʃɪft] n. [C] 改變 <in>；輪班
    shift [ʃɪft] v. 移動；推卸 (責任) <onto>
    💡 shift sb's ground 改變立場 |
      shift attention/focus/emphasis 轉移焦點

22. **surrender** [sə`rɛndɚ] v. 投降 <to> ⓢ give in；放棄 ⓢ
    relinquish
    surrender [sə`rɛndɚ] n. [U] 放棄

23. **usage** [`jusɪdʒ] n. [C][U] (語言的) 用法

24. **wreck** [rɛk] n. [C] 毀損的交通工具；沉船 ⓢ shipwreck
    wreck [rɛk] v. 破壞，毀壞 ⓢ ruin

25. **yawn** [jɔn] n. [C] 呵欠
    yawn [jɔn] v. 打呵欠

26. **youthful** [`juθfəl] adj. 年輕的，青春的 ⓢ young

Unit 1 ⚓

1. **abuse** [ə`bjus] n. [U] 虐待；濫用 同 misuse
   💡 sexual/physical/mental abuse 性 / 肉體 / 精神虐待
   abuse [ə`bjuz] v. 濫用；辱罵
   abusive [ə`bjusɪv] adj. 暴力的

2. **alien** [`eljən] adj. 外國的 同 foreign；截然不同的
   alien [`eljən] n. [C] 外國人 同 non-citizen；外星人

3. **boost** [bust] v. 舉起；增加
   💡 boost sb's ego 增加…的自信心
   boost [bust] n. [C] 增加；鼓舞

4. **certificate** [sə`tɪfəkɪt] n. [C] 證明書 (abbr. cert.) 同 certification
   💡 birth/marriage/death certificate 出生 / 結婚 / 死亡證明
   certificate [sə`tɪfəket] v. 用證書證明
   certificated [sə`tɪfəˌketɪd] adj. 合格的

5. **chubby** [`tʃʌbɪ] adj. 圓嘟嘟的，豐滿的 (chubbier | chubbiest)

6. **clause** [klɔz] n. [C] (法律等的) 條款；子句

7. **contend** [kən`tɛnd] v. 爭取 <for>；奮鬥 <with>；辯稱 <that> 同 insist

8. **drought** [draʊt] n. [C][U] 乾旱

9. **equation** [ɪ`kweʒən] n. [C] 方程式；[U] 同等看待

10. **equivalent** [ɪ`kwɪvələnt] n. [sing.] 同等的事物
    equivalent [ɪ`kwɪvələnt] adj. 同等的 <to>

11. **excessive** [ɪk`sɛsɪv] adj. 過度的

12. **incorporate** [ɪn`kɔrpə,ret] v. 包含 <in, into>

13. **intent** [ɪn`tɛnt] n. [U] 意圖，目的 ⓢ intention
    intent [ɪn`tɛnt] adj. 熱切的，專注的

14. **loop** [lup] n. [C] 圈，環
    💡 knock/throw sb for a loop 使很吃驚 |
    in/on a loop 迴圈方式
    loop [lup] v. 纏繞
    💡 loop the loop 盤旋

15. **olive** [`ɑlɪv] adj. 橄欖綠的
    olive [`ɑlɪv] n. [C] 橄欖

16. **overtake** [,ovə`tek] v. 超過；突然遭遇 (overtook |
    overtaken | overtaking)

17. **pension** [`pɛnʃən] n. [C] 退休金
    pension [`pɛnʃən] v. 給退休金使其退休 <off>

18. **provision** [prə`vɪʒən] n. [C][U] 準備；[pl.] 糧食 (~s)

19. **sequence** [`sikwəns] n. [C][U] 一連串的事物 <of>；順序
    sequence [`sikwəns] v. 安排⋯的順序

20. **skull** [skʌl] n. [C] 頭顱
    💡 get sth into/through your thick skull 弄明白⋯ (用於

生氣並覺得對方很愚笨時) |
skull and crossbones 骷髏圖

21. **sneak** [snik] v. 偷偷地溜走 ⑮ creep (sneaked, snuck | sneaked, snuck | sneaking)
   💡 sneak a <u>look/glance</u> at... 偷偷看… |
   sneak up on 不知不覺地來到
   sneak [snik] n. [C] 告密者 ⑮ snitch

22. **storage** [`stɔrɪdʒ] n. [U] 貯藏；儲存
   💡 in storage 存放著

23. **theoretical** [θɪə`rɛtɪkl̩] adj. 理論上的
   theoretically [ˌθɪə`rɛtɪkl̩ɪ] adv. 理論上地

24. **volcano** [vɑl`keno] n. [C] 火山 (pl. volcanoes, volcanos)
   volcanic [vɑl`kænɪk] adj. 火山的

25. **worthy** [`wɝðɪ] adj. 值得的 <of> (worthier | worthiest)

Unit 2

1. **acknowledge** [ək`nɑlɪdʒ] v. 承認
   acknowledgement [ək`nɑlɪdʒmənt] n. [C][U] 感謝 (also acknowledgment)

2. **alliance** [ə`laɪəns] n. [C] 同盟

3. **carbon** [`kɑrbən] n. [C] 副本；[U] 碳

💡 carbon copy 副本；酷似的東西 | carbon paper 複寫紙

---

4. **chaos** [ˋkeɑs] n. [U] 大混亂

   chaotic [keˋɑtɪk] adj. 混亂的

---

5. **cling** [klɪŋ] v. 緊貼；緊抓；依附；堅守 <to> (clung | clung | clinging)

---

6. **compassion** [kəmˋpæʃən] n. [U] 同情 <for>

---

7. **conviction** [kənˋvɪkʃən] n. [C][U] 定罪 <for> 反 acquittal；[C] 信念 <that>；[U] 堅定，堅信

---

8. **ecology** [iˋkɑlədʒɪ] n. [U] 生態

   ecologist [iˋkɑlədʒɪst] n. [C] 生態學家

---

9. **errand** [ˋɛrənd] n. [C] 跑腿，差事

   💡 go on/run errands 跑腿 | errand of mercy 雪中送炭

---

10. **exceptional** [ɪkˋsɛpʃən]] adj. 特殊的 反 unexceptional；優異的 同 outstanding

---

11. **executive** [ɪgˋzɛkjʊtɪv] n. [C] 主管級人員

    💡 the executive (政府的) 行政部門

    executive [ɪgˋzɛkjʊtɪv] adj. 執行的，行政的

---

12. **infect** [ɪnˋfɛkt] v. 感染 <with>

---

13. **interference** [͵ɪntɚˋfɪrəns] n. [U] 干涉 <in>

---

14. **maintenance** [ˋmentənəns] n. [U] 保養，維修

---

15. **marine** [məˋrin] adj. 海洋的

♥ marine law/court 海事法 / 法庭 |
marine life 海洋生物 | marine transportation 海運
marine [mə`rin] n. [C] 海軍陸戰隊員
♥ the Marine Corps 海軍陸戰隊

---

16. **overturn** [,ovə`tɜ·n] v. 翻倒；推翻

---

17. **personnel** [,pɜ·sn̩`ɛl] n. [pl.] 人員
♥ recruit/increase/reduce personnel 招募 / 增加 / 減少
職員

---

18. **qualify** [`kwɑlə,faɪ] v. 有資格 <for, to>
qualified [`kwɑlə,faɪd] adj. 有資格的

---

19. **shortage** [`ʃɔrtɪdʒ] n. [C][U] 短缺
♥ coal/fuel/water/food shortage 煤 / 燃料 / 水 / 食物的
短缺

---

20. **slap** [slæp] n. [C] 拍擊
♥ receive/get a slap 挨耳光 |
slap on the wrist 溫和的警告 | slap in the face 侮辱
slap [slæp] v. 打耳光 ⑥ smack ；(生氣的) 隨意扔放
(slapped | slapped | slapping)
slap [slæp] adv. 猛然地

---

21. **sober** [`sobə·] adj. 清醒的 (soberer | soberest)
♥ stay sober 保持清醒，冷靜
sober [`sobə·] v. 醒酒 <up>

---

22. **thrive** [θraɪv] v. 繁榮；茂盛 (throve | thriven | thriving)

💡 thrive on... 享受…；善於…

23. **version** [ˋvɝʒən] n. [C] 版本；說法 <of>

24. **worship** [ˋwɝʃɪp] n. [U] 崇拜；敬拜
    worship [ˋwɝʃɪp] v. 崇拜；敬拜

25. **yield** [jild] v. 屈服，讓步 <to> 同 give way；產出
    yield [jild] n. [C] 產量，利潤

Unit 3

1. **abnormal** [æbˋnɔrml̩] adj. 異常的 反 normal

2. **abolish** [əˋbɑlɪʃ] v. 廢除
   abolition [ˌæbəˋlɪʃən] n. [U] 廢除 <of>

3. **adolescent** [ˌædl̩ˋɛsn̩t] adj. 青春期的
   adolescent [ˌædl̩ˋɛsn̩t] n. [C] 青少年

4. **allocate** [ˋæləˌket] v. 分配；撥出 <to, for>
   allocation [ˌæləˋkeʃən] n. [C] 分配額

5. **browse** [brauz] v. 瀏覽 <through>
   browse [brauz] n. [C] 瀏覽

6. **celebrity** [səˋlɛbrətɪ] n. [C] 名人 同 star；[U] 名聲 同 fame (pl. celebrities)

7. **choir** [ˋkwaɪr] n. [C] 合唱團，唱詩班

8. **colonial** [kəˋlonɪəl] adj. 殖民的

colonial [kə`lonɪəl] n. [C] 殖民地居民

9. **compromise** [`kɑmprə‚maɪz] n. [C][U] 妥協
   💡 make/reach a compromise 達成妥協
   compromise [`kɑmprə‚maɪz] v. 妥協 <with>

10. **coordinate** [ko`ɔrd‚net] v. 協調
    coordinate [ko`ɔrdn̩ɪt] n. [C] 坐標
    coordinate [ko`ɔrd‚net] adj. 對等的
    coordination [ko‚ɔrdn̩`eʃən] n. [U] 協調 <between, of>
    coordinator [ko`ɔrdn̩‚etɚ] n. [C] 協調者

11. **elaborate** [ɪ`læbərət] adj. 精細的 ⑩ intricate
    elaborate [ɪ`læbə‚ret] v. 詳述 <on, upon> ⑩ enlarge

12. **eternal** [ɪ`tɝnl̩] adj. 永恆的
    💡 hope springs eternal 希望常在
    eternally [ɪ`tɝnl̩ɪ] adv. 總是 ⑩ constantly

13. **exotic** [ɪg`zɑtɪk] adj. 外來的，異國風味的
    exotic [ɪg`zɑtɪk] n. [C] 外來種

14. **extraordinary** [ɪk`strɔrdn̩‚ɛrɪ] adj. 意想不到的 ⑩
    incredible

15. **flip** [flɪp] v. 快速翻動 <over> (flipped | flipped |
    flipping)
    💡 flip out/flip your lid 勃然大怒 |
       flip through sth 快速翻閱
    flip [flɪp] n. [C] 輕輕一彈

16. **infinite** [ˋɪnfənɪt] adj. 無限的 (反) finite
    💡 in sb's infinite wisdom 以⋯無比的智慧

17. **kidnap** [ˋkɪdnæp] v. 綁架 (同) abduct, seize
    kidnapper [ˋkɪdnæpɚ] n. [C] 綁架者 (also kidnaper)

18. **medication** [ˌmɛdɪˋkeʃən] n. [C][U] 藥物 <for>
    💡 on medication 服藥中

19. **parallel** [ˋpærəˌlɛl] adj. 平行的 <with, to>
    parallel [ˋpærəˌlɛl] n. [C] 平行線；相似點
    parallel [ˋpærəˌlɛl] v. 與⋯相對應

20. **plead** [plid] v. 懇求 <with> (同) beg (pleaded, pled |
    pleaded, pled | pleading)
    pleading [ˋplidɪŋ] adj. 哀求的
    pleadingly [ˋplidɪŋlɪ] adv. 哀求地

21. **quest** [kwɛst] n. [C] 追求 <for>

22. **skeleton** [ˋskɛlətn̩] n. [C] 骨骼；骨架 <of>
    💡 skeleton in the/your closet 醜事

23. **slavery** [ˋslevərɪ] n. [U] 奴隸 (反) freedom

24. **statistical** [stəˋtɪstɪkl̩] adj. 統計上的

25. **toll** [tol] n. [C] 通行費；鳴鐘
    💡 take a/its toll (on sb/sth) (對⋯) 造成損害
    toll [tol] v. 鳴鐘

Unit 4

1. **abortion** [ə`bɔrʃən] n. [C][U] 墮胎 ⓐ termination
   🔍 have/get an abortion 墮胎 |
   support/oppose abortion 支持 / 反對墮胎

2. **accommodate** [ə`kɑmə‚det] v. 能容納；適應 <to>

3. **advocate** [`ædvəkət] n. [C] 擁護者 <of>
   advocate [`ædvə‚ket] v. 主張
   advocacy [`ædvəkəsɪ] n. [U] 提倡

4. **ally** [`ælaɪ] n. [C] 同盟國 (pl. allies)
   ally [`ælaɪ] v. 結盟 <with, to>

5. **ceremony** [`sɛrə‚monɪ] n. [C] 儀式 (pl. ceremonies)

6. **circuit** [`sɝkət] n. [C] 繞行一周 <of>；巡迴

7. **commitment** [kə`mɪtmənt] n. [C] 承諾；[U] 致力

8. **conceal** [kən`sil] v. 隱瞞 <from>；藏

9. **confidential** [‚kɑnfə`dɛnʃəl] adj. 機密的

10. **consumption** [kən`sʌmpʃən] n. [U] 消耗

11. **corporate** [`kɔrpərɪt] adj. 公司的

12. **evolve** [ɪ`vɑlv] v. 進化；發展 <from, into>

13. **extensive** [ɪk`stɛnsɪv] adj. 大面積的

14. **graphic** [`græfɪk] adj. 生動的 ⓐ vivid

graphic [`græfɪk] n. [C] 圖像

15. **grim** [grɪm] adj. 嚴肅的；憂愁的 (grimmer | grimmest)

16. **interior** [ɪn`tɪrɪə] adj. 內部的 反 exterior
   interior [ɪn`tɪrɪə] n. [C] 內部 <of> 反 exterior

17. **legendary** [`lɛdʒənd,ɛrɪ] adj. 傳說的；有名的

18. **metaphor** [`mɛtəfə] n. [C] 暗喻
   metaphorical [,mɛtə`fɔrɪkl] adj. 暗喻的

19. **participant** [pə`tɪsəpənt] n. [C] 參加者 <in>

20. **portfolio** [port`folɪ,o] n. [C] 資料夾，公事包；作品集
   (pl. portfolios)

21. **ragged** [`rægɪd] adj. 破爛的；凹凸不平的

22. **soak** [sok] v. 泡；溼透
   💡 soak up sth 吸收…(液體或資訊)；盡情享受…(氣氛)；
   耗盡…(金錢)
   soak [sok] n. [C] 浸泡 <in>

23. **spicy** [`spaɪsɪ] adj. 辛辣的 (spicier | spiciest)

24. **stimulate** [`stɪmjə,let] v. 促進；激發

25. **torment** [`tɔrmɛnt] n. [U] (精神上的) 折磨 <in> 同
   anguish
   torment [tɔr`mɛnt] v. 折磨 同 torture

Unit 5

1. **abrupt** [ə`brʌpt] adj. 突然的；唐突的
   abruptly [ə`brʌptlɪ] adv. 突然地；陡峭地

2. **acute** [ə`kjut] adj. 敏感的；劇烈的；急性的 (acuter | acutest)

3. **affection** [ə`fɛkʃən] n. [C][U] 喜愛 ⑰ fondness；感情 <for>
   💡 win sb's affections 贏得…的愛

4. **alongside** [ə`lɔŋ`saɪd] prep. 在旁邊；並排
   alongside [ə`lɔŋ`saɪd] adv. 與…一起

5. **clarity** [`klærətɪ] n. [U] 清楚；清澈

6. **comparable** [`kɑmpərəbl̩] adj. 可相比的；可比擬的 <to, with>

7. **consent** [kən`sɛnt] n. [U] 同意 <to>
   💡 give sb's consent to... …的同意 |
   without sb's consent 未經…的同意 |
   by common consent 大多數人同意
   consent [kən`sɛnt] v. 同意 <to>

8. **convert** [kən`vɝt] v. 轉變；換算；改信仰 <to, into>

9. **corporation** [ˌkɔrpə`reʃən] n. [C] 大公司 (abbr. Corp.)

10. **discrimination** [dɪˌskrɪmə`neʃən] n. [U] 歧視

♥ racial/sex/age discrimination 種族 / 性別 / 年齡歧視

11. **exaggeration** [ɪgˌzædʒəˈreʃən] n. [U] 誇張，誇大

12. **external** [ɪkˈstɝnḷ] adj. 外面的 ⊘ internal
    externals [ɪkˈstɝnḷz] n. [pl.] 外表

13. **hence** [hɛns] adv. 因此 ⊜ therefore

14. **indifferent** [ɪnˈdɪfərənt] adj. 漠不關心的 <to>

15. **interpretation** [ɪnˌtɝprɪˈteʃən] n. [C][U] 詮釋 <of>

16. **mammal** [ˈmæmḷ] n. [C] 哺乳類動物

17. **nonprofit** [nɑnˈprɑfɪt] adj. 非營利的

18. **passionate** [ˈpæʃənɪt] adj. 熱中的 <about>
    passionately [ˈpæʃənɪtlɪ] adv. 熱烈地

19. **premature** [ˌpriməˈtjʊr] adj. 過早的
    prematurely [ˌpriməˈtjʊrlɪ] adv. 過早地

20. **rear** [rɪr] adj. 後面的 ⊘ front
    rear [rɪr] n. [U] 後面 (the ~) <of>
    ♥ bring up the rear 走在最後面，殿後
    rear [rɪr] v. 撫養 ⊜ raise
    ♥ rear its (ugly) head (令人不開心的事) 發生

21. **series** [ˈsɪrɪz] n. [C] 一連串 <of> (pl. series)

22. **sophisticated** [səˈfɪstɪˌketɪd] adj. 世故老練的；精密的

23. **sponge** [spʌndʒ] n. [C] 海綿

sponge [spʌndʒ] v. 用海綿擦洗；吸

24. **strap** [stræp] n. [C] …帶
strap [stræp] v. 用帶子繫 (strapped | strapped | strapping)
💡 strap sb in 為…繫好安全帶 | strap sth up 包紮

25. **transformation** [ˌtrænsfɚˋmeʃən] n. [U] 變化 ；(生物) 蛻變，型態改變

Unit 6

1. **absurd** [əbˋsɝd] adj. 荒謬的 🔄 ridiculous
absurdity [əbˋsɝdətɪ] n. [C] 荒謬之事 ；[U] 荒謬 (pl. absurdities)
absurdly [əbˋsɝdlɪ] adv. 荒謬地 🔄 ridiculously

2. **administration** [ədˌmɪnəˋstreʃən] n. [C] 政府 ；[U] 行政，管理

3. **agricultural** [ˌægrɪˋkʌltʃərəl] adj. 農業的 🔄 farming

4. **alternate** [ˋɔltɚnɪt] adj. 交替的
alternate [ˋɔltɚˌnet] v. 使交替 <between, with>
alternate [ˋɔltɚnɪt] n. [C] 替代者 🔄 substitute
alternately [ˋɔltɚnɪtlɪ] adv. 交替地
alternation [ˌɔltɚˋneʃən] n. [C][U] 交替

5. **architecture** [ˋɑrkəˌtɛktʃɚ] n. [U] 建築學；建築物

6. **cocaine** [ko`ken] n. [U] 古柯鹼

7. **compensate** [`kɑmpən,set] v. 彌補 <for> 同 make up for；賠償 <for>

8. **conservation** [,kɑnsɚ`veʃən] n. [U] (資源) 保存；(自然) 保護

💡 conservation of water/fuel 節約用水 / 燃料

9. **copyright** [`kɑpɪ,raɪt] n. [C][U] 版權 <on, in>

💡 hold/own a copyright 持有版權

copyright [`kɑpɪ,raɪt] v. 獲得版權

10. **correspondent** [,kɔrə`spɑndənt] n. [C] 記者

correspondent [,kɔrə`spɑndənt] adj. 相符的 <with, to> 同 equivalent

11. **epidemic** [,ɛpə`dɛmɪk] n. [C] 流行病

epidemic [,ɛpə`dɛmɪk] adj. 流行的

12. **exceed** [ɪk`sid] v. 超越 (法律或命令的) 限制

13. **facilitate** [fə`sɪlə,tet] v. 促使

14. **immune** [ɪ`mjun] adj. 有免疫力的 <to>；不受影響的 <to>；免於…的 <from>

💡 immune system 免疫系統

immunity [ɪ`mjunətɪ] n. [U] 免疫力

15. **juvenile** [`dʒuvənl̩] adj. 少年的；不成熟的 同 childish

💡 juvenile crime 少年犯罪

juvenile [ˋdʒuvənḷ] n. [C] 未成年人

16. **manipulate** [məˋnɪpjə͵let] v. (熟練地) 操作；操縱
   manipulation [mə͵nɪpjəˋleʃən] n. [C][U] 操縱
   manipulative [məˋnɪpjə͵letɪv] adj. 有控制慾的
   manipulator [məˋnɪpjə͵letɚ] n. [C] 操縱者

17. **mock** [mɑk] adj. 假的 ⑩ sham
   mock [mɑk] v. 嘲弄
   mock [mɑk] n. [C] 模擬考試
   mockery [ˋmɑkərɪ] n. [U] 嘲弄
   💡 make a mockery of 嘲弄

18. **peasant** [ˋpɛznt] n. [C] 農民

19. **penetrate** [ˋpɛnə͵tret] v. 穿透
   penetrating [ˋpɛnə͵tretɪŋ] adj. 刺耳的 ⑩ piercing；銳利
   的
   penetration [͵pɛnəˋtreʃən] n. [U] 滲入；洞察力

20. **prescription** [prɪˋskrɪpʃən] n. [C] 處方箋

21. **recommendation** [͵rɛkəmɛnˋdeʃən] n. [C][U] 推薦；
   [C] 建議

22. **souvenir** [͵suvəˋnɪr] n. [C] 紀念品

23. **stumble** [ˋstʌmbḷ] v. 絆倒 ⑩ trip；結巴地說
   stumble [ˋstʌmbḷ] n. [C] 絆倒

24. **subtle** [ˋsʌtḷ] adj. 微妙的；巧妙的 (subtler | subtlest)

25. **trauma** [ˋtraʊmə] n. [C][U] 精神創傷 (pl. traumas, traumata)
traumatic [trɔˋmætɪk] adj. 衝擊性的

Unit 7

1. **accelerate** [ækˋsɛləˌret] v. 促進
acceleration [ækˌsɛləˋreʃən] n. [U] 加速

---

2. **alcoholic** [ˌælkəˋhɔlɪk] adj. 酒精的 ⓐ nonalcoholic
alcoholic [ˌælkəˋhɔlɪk] n. [C] 酗酒者

---

3. **allergy** [ˋælɚdʒɪ] n. [C][U] 過敏 <to> (pl. allergies)

---

4. **amend** [əˋmɛnd] v. 修正

---

5. **coffin** [ˋkɔfɪn] n. [C] 棺材
💡 the final nail in the coffin 致命打擊，導致失敗的事件

---

6. **complexity** [kəmˋplɛksətɪ] n. [C] 複雜的事物；[U] 複雜 (pl. complexities)

---

7. **considerate** [kənˋsɪdərɪt] adj. 體貼的，周到的 ⓢ thoughtful ⓐ inconsiderate

---

8. **courteous** [ˋkɝtɪəs] adj. 禮貌的 ⓐ discourteous

---

9. **cuisine** [kwɪˋzin] n. [C][U] 菜肴，烹飪

---

10. **descriptive** [dɪˋskrɪptɪv] adj. 描述的

11. **expedition** [ˌɛkspɪˈdɪʃən] n. [C] 探險，遠征

12. **fatigue** [fəˈtig] n. [U] 疲憊，疲勞 ⓢ exhaustion
fatigue [fəˈtig] v. 使疲倦

13. **heritage** [ˈhɛrətɪdʒ] n. [C][U] (文化) 遺產

14. **innovative** [ˈɪnəˌvetɪv] adj. 創新的

15. **legislation** [ˌlɛdʒɪsˈleʃən] n. [U] 立法，法規

16. **mechanism** [ˈmɛkəˌnɪzəm] n. [C] 機件，機械零件

17. **monopoly** [məˈnɑplɪ] n. [C] 壟斷 <on> (pl. monopolies)

18. **perceive** [pəˈsiv] v. 察覺，注意到

19. **perception** [pəˈsɛpʃən] n. [C] 看法 <of>；[U] 洞察力
perceptive [pəˈsɛptɪv] adj. 敏銳的，有洞察力的
perceptible [pəˈsɛptəbl] adj. 可察覺的 ⓢ noticeable ⓐ imperceptible

20. **presidency** [ˈprɛzədənsɪ] n. [C] 總統任期，總統職位 (pl. presidencies)

21. **rehearsal** [rɪˈhɜsl] n. [C][U] 排演，排練，預演

22. **specialist** [ˈspɛʃəlɪst] n. [C] 專家 <in> ⓢ expert

23. **substitute** [ˈsʌbstəˌtjut] n. [C] 替代品 <for>
substitute [ˈsʌbstəˌtjut] v. 代替 <for> ⓢ replace
substitution [ˌsʌbstəˈtjuʃən] n. [C][U] 代替

24. **superb** [sʊ`pɜ·b] adj. 極好的 (同) excellent

25. **ultimate** [`ʌltəmɪt] adj. 最終的 (同) final；根本的，基本的 (同) basic, fundamental
   ultimate [`ʌltəmɪt] n. [U] 極品

Unit 8

1. **accommodation** [ə,kɑmə`deʃən] n. [C][U] 和解，調節；[pl.] 住宿 (~s)
   💡 reach an accommodation with sb 和…達成和解

2. **allergic** [ə`lɜ·dʒɪk] adj. 過敏的 <to>

3. **ample** [`æmpḷ] adj. 寬敞的，足夠的 (同) sufficient, plenty；豐富的 (ampler | amplest)

4. **applause** [ə`plɔz] n. [U] 鼓掌

5. **commission** [kə`mɪʃən] n. [C][U] 委任；佣金
   commission [kə`mɪʃən] v. 委任

6. **contagious** [kən`tedʒəs] adj. (疾病) 接觸性傳染的；(情緒等) 易感染的

7. **curriculum** [kə`rɪkjələm] n. [C] 課程 (pl. curriculums, curricula)

8. **debris** [də`bri] n. [U] 碎片，殘骸

9. **essence** [`ɛsn̩s] n. [U] 本質 <of>

10. **expertise** [ˌɛkspɚ`tiz] n. [U] 專門技能，專門知識 <in>

11. **format** [`fɔrmæt] n. [C][U] (整體的) 安排
    format [`fɔrmæt] v. 格式化 (formatted | formatted | formatting)

12. **indispensable** [ˌɪndɪ`spɛnsəbl] adj. 不可或缺的 <to, for> 同 essential, necessary 反 dispensable
    indispensably [ˌɪndɪ`spɛnsəblɪ] adv. 不可或缺地

13. **layer** [`leɚ] n. [C] 層
    layer [`leɚ] v. 分層放置

14. **lest** [lɛst] conj. 以免

15. **milestone** [`maɪlˌston] n. [C] 里程碑 同 landmark

16. **persist** [pɚ`sɪst] v. 堅持 <in, with>

17. **preference** [`prɛfrəns] n. [C][U] 偏好 <for>

18. **productivity** [ˌprodʌk`tɪvətɪ] n. [U] 生產力

19. **profile** [`profaɪl] n. [C] 簡介
    💡 in profile 側面地 |
      keep a high/low profile 保持高調 / 低調
    profile [`profaɪl] v. 簡介

20. **purchase** [`pɝtʃəs] n. [C][U] 購買
    purchase [`pɝtʃəs] v. 購買 <from>

21. **reminder** [rɪ`maɪndɚ] n. [C] 提醒人的事物 <to>

22. **specialty** [ˋspɛʃəltɪ] n. [C] 專長；特產 (pl. specialties)

23. **surveillance** [sɚˋveləns] n. [C] 監視

24. **therapy** [ˋθɛrəpɪ] n. [C][U] 療法 (pl. therapies)

25. **undermine** [ˌʌndɚˋmaɪn] v. 侵蝕…的底部；逐漸損害

Unit 9

1. **accord** [əˋkɔrd] n. [C][U] 符合，一致
   💡 with one accord 一致地
   accord [əˋkɔrd] v. 一致 <with>；給予

2. **analyst** [ˋænlɪst] n. [C] 分析家

3. **appliance** [əˋplaɪəns] n. [C] (家用) 電器 📖 device (pl. appliances)

4. **arouse** [əˋraʊs] v. 喚醒 📖 awake；引起

5. **commodity** [kəˋmɑdətɪ] n. [C] 貨物，商品 (pl. commodities)

6. **controversial** [ˌkɑntrəˋvɝʃəl] adj. 引起爭議的

7. **decent** [ˋdisn̩t] adj. 合理的，像樣的

8. **ecological** [ˌikəˋlɑdʒɪkəl] adj. 生態的

9. **execute** [ˋɛksɪ͵kjut] v. (依法) 處死；實行

10. **explicit** [ɪkˋsplɪsɪt] adj. 明白清楚的

11. **foul** [faʊl] adj. 骯髒惡臭的 (同) disgusting ; 充滿髒話的 (同) offensive

  foul [faʊl] n. [C] 犯規

  foul [faʊl] v. 弄髒

  foul [faʊl] adv. 違反規則地

12. **genetic** [dʒə`nɛtɪk] adj. 基因的，遺傳學的

  💡 genetic engineering 基因工程

  genetically [dʒə`nɛtɪklɪ] adv. 基因地，遺傳學地

  geneticist [dʒə`nɛtɪsɪst] n. [C] 遺傳學者

13. **likelihood** [`laɪklɪˌhʊd] n. [U] 可能性

14. **manifest** [`mænəˌfɛst] v. 證明，顯示 <in>

  manifest [`mænəˌfɛst] adj. 顯而易見的 <in> (同) clear

  manifestation [ˌmænəfɛs`teʃən] n. [C][U] 表示，表明 <of>

15. **miniature** [`mɪnɪətʃə] adj. 小型的

  miniature [`mɪnɪətʃə] n. [C] 小畫像

  💡 in miniature 縮小的

16. **muscular** [`mʌskjələ] adj. 肌肉的

17. **petition** [pə`tɪʃən] n. [C] 請願書

18. **provoke** [prə`vok] v. 激怒 (同) goad；引起

19. **pulse** [pʌls] n. [C] 脈搏

  pulse [pʌls] v. 搏動，跳動 (同) throb

20. **radical** [`rædɪkl̩] adj. 激進的

radical [ˋrædɪkl̩] n. [C] 激進分子
radically [ˋrædɪklɪ] adv. 徹底地

21. **removal** [rɪˋmuvl̩] n. [U] 去除

22. **specimen** [ˋspɛsəmən] n. [C] 樣本 <of> 同 sample ；標
本 <of>

23. **tactic** [ˋtæktɪk] n. [C] 手段；[pl.] 戰術 (～s)
tactical [ˋtæktɪkl̩] adj. 策略上的 同 strategic

24. **unprecedented** [ʌnˋprɛsəˌdɛntɪd] adj. 空前的，史無前例
的

25. **vacuum** [ˋvækjʊəm] n. [C] 真空 (pl. vacuums, vacua)
vacuum [ˋvækjʊəm] v. 用吸塵器清掃

Unit 10

1. **accounting** [əˋkaʊntɪŋ] n. [U] 會計

2. **anonymous** [əˋnɑnəməs] adj. 不知名的，匿名的
anonymously [əˋnɑnəməslɪ] adv. 不知名地，匿名地

3. **array** [əˋre] n. [C] 大批，大量

4. **asset** [ˋæsɛt] n. [C] 資產

5. **communism** [ˋkɑmjʊˌnɪzəm] n. [U] 共產主義

6. **core** [kor] n. [C] 核心

💡 to the core 徹底的

7. **declaration** [ˌdɛklə`reʃən] n. [C][U] 宣布

8. **ecosystem** [`iko͵sɪstəm] n. [C] 生態系統

9. **extinct** [ɪk`stɪŋkt] adj. 絕種的
   extinction [ɪk`stɪŋkʃən] n. [U] 絕種

10. **gathering** [`gæðərɪŋ] n. [C] 聚會 <of>

11. **highlight** [`haɪ͵laɪt] v. 強調
    highlight [`haɪ͵laɪt] n. [C] 最精采的部分

12. **mainstream** [`men͵strim] n. [C] 主流 (the ~)
    mainstream [`men͵strim] adj. 主流的
    mainstream [`men͵strim] v. 為大眾所接受

13. **massive** [`mæsɪv] adj. 巨大的 ⑯ huge, big
    massively [`mæsɪvlɪ] adv. (程度、量等) 龐大地，非常

14. **modify** [`madə͵faɪ] v. 修改，調整 ⑯ adapt
    modification [ˌmadəfə`keʃən] n. [C][U] 修 改 ， 調整
    <to> ⑯ adaptation

15. **opposition** [ˌapə`zɪʃən] n. [U] 反對

16. **overall** [ˌovɚ`ɔl] adj. 全面的
    overall [ˌovɚ`ɔl] adv. 大致上
    overall [`ovɚ͵ɔl] n. [C] 工作服

17. **pitcher** [`pɪtʃɚ] n. [C] 投手

18. **pyramid** [ˋpɪrəmɪd] n. [C] 金字塔

19. **rail** [rel] n. [C] 圍欄
    railing [ˋrelɪŋ] n. [C] 柵欄

20. **regardless** [rɪˋgɑrdlɪs] adj. 不管 <of>
    regardless [rɪˋgɑrdlɪs] adv. 無論如何

21. **reservoir** [ˋrɛzɚˏvɔr] n. [C] 蓄水池

22. **spectacular** [spɛkˋtækjəlɚ] adj. 精采的
    spectacular [spɛkˋtækjəlɚ] n. [C] 精采的演出 ⓢ show

23. **terminal** [ˋtɝmən!] n. [C] 終點站
    terminal [ˋtɝmən!] adj. (疾病) 末期的

24. **update** [ˋʌpˏdet] n. [C] 最新消息 <on>
    update [ʌpˋdet] v. 更新

25. **verbal** [ˋvɝb!] adj. 言語的
    ♥ verbal abuse 語言攻擊
    verbal [ˋvɝb!] n. [C][U] 從動詞衍生出來的動名詞、不定詞及分詞等

Unit 11

1. **acquaint** [əˋkwent] v. 使熟悉 <with>

2. **anticipate** [ænˋtɪsəˏpet] v. 預期 <that>；期待 ⓢ look forward to

3. **arrogant** [`ærəgənt] adj. 傲慢的

   arrogance [`ærəgəns] n. [U] 傲慢

4. **athletics** [æθ`lɛtɪks] n. [U] 體育運動

5. **awe** [ɔ] n. [U] 敬畏 <with, in>

   💡 be/stand in awe of sb 對…心存敬畏

   awe [ɔ] v. 使敬畏

6. **communist** [`kɑmjʊ͵nɪst] adj. 共產主義的

   💡 the Communist Party 共產黨

   communist [`kɑmjʊ͵nɪst] n. [C] 共產主義者

7. **coverage** [`kʌvərɪdʒ] n. [U] 新聞報導；保險 (範圍) <for>

   💡 media/press coverage 媒體報導 |
   medical coverage 醫療保險

8. **deficit** [`dɛfəsɪt] n. [C] 赤字，虧損 <of, in>

   💡 trade deficit 貿易逆差

9. **extension** [ɪk`stɛnʃən] n. [C][U] 延伸，擴大 <of>；[C] 延期；分機

10. **federal** [`fɛdərəl] adj. 聯邦政府的

   💡 federal laws 聯邦法

   federation [͵fɛdə`reʃən] n. [C] 聯邦

11. **generate** [`dʒɛnə͵ret] v. 產生，引起

   💡 generate interest/income 產生興趣 / 收入

12. **hostile** [`hɑstḷ] adj. 有敵意的 <to, toward>；反對的 <to>；艱苦惡劣的；敵軍的

13. **mansion** [`mænʃən] n. [C] 豪宅

14. **mount** [maʊnt] n. [C] 山 (abbr. Mt)
    mount [maʊnt] v. 增加；準備發起；攀登 同 ascend

15. **performer** [pɚ`fɔrmɚ] n. [C] 表演者

16. **plea** [pli] n. [C] 懇求 <for, to>

17. **questionnaire** [ˌkwɛstʃən`ɛr] n. [C] 問卷

18. **recite** [rɪ`saɪt] v. 背誦，朗誦
    recital [rɪ`saɪtḷ] n. [C] 獨奏會

19. **revenue** [`rɛvəˌnju] n. [C][U] 收入，收益

20. **sponsor** [`spɑnsɚ] n. [C] 保證人；贊助者
    sponsor [`spɑnsɚ] v. 贊助

21. **stock** [stɑk] n. [C][U] 存貨；股票，股份
    💡 in/out of stock 有 / 沒有庫存 |
    stock exchange 股票 (或證券) 交易所

22. **texture** [`tɛkstʃɚ] n. [C][U] 質地；口感
    texture [`tɛkstʃɚ] v. 使具有特別的質地

23. **tribute** [`trɪbjut] n. [C][U] 表尊敬的行為；貢品，禮物
    💡 be a tribute to sb/sth 顯示…(價值、長處) 的證據

24. **vague** [veg] adj. 粗略的 <about>；模糊的 同 indistinct

(vaguer | vaguest)

💡 have a vague impression of sth 對…印象模糊

vaguely [ˋveglɪ] adv. 模糊地 反 clearly

25. **wildlife** [ˋwaɪld͵laɪf] n. [U] 野生生物

💡 wildlife conservation 野生生物保育

Unit 12 ☸

1. **accessible** [ækˋsɛsəb!] adj. 易接近的，易得到的 <to, by>

2. **acquisition** [͵ækwəˋzɪʃən] n. [U] 獲得 <of>；[C] 收購品

💡 language acquisition 語言習得

3. **antique** [ænˋtik] adj. 年代久遠的，古董的
   antique [ænˋtik] n. [C] 古董

4. **assess** [əˋsɛs] v. 評估 同 judge；估計 <at>
   assessment [əˋsɛsmənt] n. [C][U] 評估；估算

💡 risk assessment 風險評估

5. **ban** [bæn] n. [C] 禁止 <on>

💡 impose/lift a ban 頒布 / 解除禁令

   ban [bæn] v. 禁 止 <from> 同 prohibit 反 allow
   (banned | banned | banning)

6. **commute** [kəˋmjut] v. 通勤 <to, from, between>

7. **contemporary** [kənˋtɛmpə͵rɛrɪ] adj. 當 代 的 同
   modern；同時代的

contemporary [kən`tɛmpə,rɛrɪ] n. [C] 同 時 代 的 人 <of> (pl. contemporaries)

---

8. **cruise** [kruz] n. [C] 乘船遊覽
   cruise [kruz] v. 乘船遊覽

---

9. **depict** [dɪ`pɪkt] v. 描繪，描寫
   💡 depict sb/sth as 將…描繪成
   depiction [dɪ`pɪkʃən] n. [C][U] 描繪，描寫 <of>

---

10. **fabric** [`fæbrɪk] n. [C][U] 布料 🔄 material；[sing.] 結構 <of>
    💡 cotton/wool/silk fabric 棉 / 羊毛 / 絲布料 | the fabric of society 社會結構

---

11. **flexibility** [,flɛksə`bɪlətɪ] n. [U] 易曲性；柔軟度

---

12. **genre** [`ʒɑnrə] n. [C] 體裁，類型

---

13. **howl** [haʊl] n. [C] (狼、狗) 嗥叫聲 <of>；怒吼 <of> (usu. pl.)
    💡 the howl of the wind 風的呼嘯聲
    howl [haʊl] v. (狼、狗) 嗥叫；怒吼 <for>

---

14. **midst** [mɪdst] n. [U] 中間；期間 <of> 🔄 middle
    midst [mɪdst] prep. 在…之間

---

15. **nasty** [`næstɪ] adj. 惡意的 <to> 🔄 mean；粗魯的 (nastier | nastiest)
    nastily [`næstəlɪ] adv. 不友善地

---

16. **pledge** [plɛdʒ] n. [C] 誓言，諾言 <to> 同 commitment；
擔保品 <of>
pledge [plɛdʒ] v. 發誓，承諾 <to>

17. **prey** [pre] n. [sing.] 獵物 反 predator；受害者，受騙者
❦ be/fall prey to sb/sth 受…捕食；受…所害
prey [pre] v. 捕食 <on, upon>；坑騙 <on, upon>

18. **random** [`rændəm] adj. 任意的，隨機的
❦ at random 任意地，隨意地
randomly [`rændəmlɪ] adv. 任意地，隨意地

19. **refuge** [`rɛfjudʒ] n. [U] 避難，庇護 <from>；[C] 避難
所，庇護所 <from>

20. **reverse** [rɪ`vɝs] v. 使反轉
reverse [rɪ`vɝs] adj. 相反的
reverse [rɪ`vɝs] n. [C][U] 相反
❦ put sth in(to) reverse 使出現逆轉
reversal [rɪ`vɝsl̩] n. [C][U] 逆轉 <of, in>

21. **strain** [stren] n. [C][U] 緊張；[sing.] 負擔 <on>
strain [stren] v. 使緊繃，竭力；弄傷 (身體、肌肉)
strained [strend] adj. 緊張的，緊繃的 同 tense

22. **toxic** [`tɑksɪk] adj. 有毒的 同 poisonous
❦ toxic fumes/gases/substances 有毒的煙霧 / 氣體 / 物質

23. **transaction** [træns`ækʃən] n. [C][U] 交易

24. **vendor** [`vɛndɚ] n. [C] 小販

25. **via** [`vaɪə] prep. 經由;藉由

Unit 13 ☸

1. **abundant** [ə`bʌndənt] adj. 豐富的 同 plentiful 反 scarce

2. **activist** [`æktɪvɪst] n. [C] 積極分子
   💡 animal rights activist 保護動物權益的積極分子

3. **administrative** [əd`mɪnə,stretɪv] adj. 行政的,管理的
   💡 administrative duty 行政責任

4. **apt** [æpt] adj. 適切的 <for> 同 appropriate;有…傾向的 <to>
   aptitude [`æptə,tjud] n. [C][U] 天賦,才能 <for> 同 talent

5. **barren** [`bærən] adj. 貧瘠的 同 infertile;無成果的

6. **beloved** [bɪ`lʌvd] adj. 摯愛的 <by, of>
   beloved [bɪ`lʌvd] n. [C] 所愛的人

7. **compatible** [kəm`pætəbl̩] adj. (尤指電器、軟體等) 相容的 <with>;投緣的 <with>

8. **density** [`dɛnsətɪ] n. [U] 密度
   💡 population density 人口密度

9. **derive** [də`raɪv] v. 起源於 <from>;得到 (樂趣等) <from>

10. **fiber** [ˋfaɪbɚ] n. [C][U] (衣服) 纖維；[U] (食物) 纖維素
   同 roughage
   ♥ artificial fiber 人造纖維 |
     high-/low-fiber diet 高 / 低纖飲食

11. **fluid** [ˋfluɪd] n. [C][U] 流質
   fluid [ˋfluɪd] adj. 流暢的 同 flow；不穩定的

12. **glare** [glɛr] n. [C] 怒視
   glare [glɛr] v. 怒視 <at> 同 glower

13. **legitimate** [lɪˋdʒɪtəmɪt] adj. 合法的 同 legal 反
   illegitimate；合理的 同 justifiable, valid
   legitimate [lɪˋdʒɪtə͵met] v. 使合法 同 legitimize

14. **migration** [maɪˋgreʃən] n. [C][U] 遷移，移居
   migrate [ˋmaɪgret] v. 遷移 <to>

15. **neutral** [ˋnjutrəl] adj. 中立的 同 impartial, unbiased
   ♥ remain/stay neutral 保持中立
   neutral [ˋnjutrəl] n. [C] 中立國；[U] (汽車) 空檔 <in,
   into>

16. **plunge** [plʌndʒ] n. [C] (某人或某物) 突然落下 <into>；
   暴跌 <in>
   ♥ take the plunge (深思後) 毅然決定
   plunge [plʌndʒ] v. 突然墜落 <over, off, into>；暴跌
   <to>

17. **prior** [ˋpraɪɚ] adj. 較早的，先前的 同 previous

♥ prior to sth 在…之前

prior [ˋpraɪə] adv. 在先，事先

prior [ˋpraɪə] n. [C] 小修道院院長

18. **residence** [ˋrɛzədəns] n. [C] 住所；[U] 定居 ⓢ residency

19. **ridiculous** [rɪˋdɪkjələs] adj. 可笑的，荒唐的 ⓢ absurd

ridicule [ˋrɪdɪ͵kjul] n. [U] 嘲笑，嘲弄 ⓢ mockery

ridicule [ˋrɪdɪ͵kjul] v. 嘲笑，嘲弄 ⓢ mock

20. **saint** [sent] n. [C] 聖人，聖徒 (abbr. St, St.)；至善之人

saint [sent] v. 指定…為聖徒

21. **scent** [sɛnt] n. [C] 香味 <of> ⓢ fragrance；氣味

scent [sɛnt] v. 使有香味；(動物) 嗅出

22. **suburban** [səˋbɝbən] adj. 郊區的

23. **trait** [tret] n. [C] 特徵，特質

♥ personality/character trait 人格特質

24. **transparent** [trænsˋpɛrənt] adj. 透明的 ⓢ clear；易懂的

25. **viable** [ˋvaɪəbl] adj. 可行的

Unit 14

1. **administrator** [ədˋmɪnə͵stretə] n. [C] 管理者

2. **alter** [ˋɔltə] v. 改變

alteration [ˌɔltəˈreʃən] n. [C][U] 改變 <to>

3. **arena** [əˈrinə] n. [C] (運動) 競技場；界

4. **behalf** [bɪˈhæf] n. [C] 代表⋯；為了幫助⋯

5. **belongings** [bəˈlɔŋɪŋz] n. [pl.] 所有物 同 possession

6. **beware** [bɪˈwɛr] v. 當心，注意 <of>

7. **caution** [ˈkɔʃən] n. [U] 謹慎 <with>；[C][U] 告誡
   💡 throw/cast caution to the winds 不顧風險，魯莽行事
   caution [ˈkɔʃən] v. 告誡 <against>

8. **competence** [ˈkɑmpətəns] n. [U] 能力 <in, of>

9. **destination** [ˌdɛstəˈneʃən] n. [C] 目的地
   💡 holiday/tourist destination 渡假勝地

10. **destructive** [dɪˈstrʌktɪv] adj. 破壞性的 <to>

11. **forge** [fɔrdʒ] v. 偽造

12. **immense** [ɪˈmɛns] adj. 極大的 同 enormous
    immensely [ɪˈmɛnslɪ] adv. 非常 同 enormously, extremely

13. **implement** [ˈɪmpləˌmɛnt] v. 實施 (計畫等)
    implement [ˈɪmpləmənt] n. [C] 工具，器具

14. **likewise** [ˈlaɪkˌwaɪz] adv. 同樣地 同 similarly

15. **naive** [nɑˈiv] adj. 天真無知的 (naiver｜naivest)
    naively [nɑˈivlɪ] adv. 天真無知地

416 Level 5-1 Unit 14

16. **norm** [nɔrm] n. [C] 準則 (usu. pl.)；常態 (the 〜)

17. **poetic** [po`ɛtɪk] adj. 詩的；詩意的
    poetically [po`ɛtɪklɪ] adv. 富有詩意地

18. **resort** [rɪ`zɔrt] n. [C] 遊覽地；[C][U] 手段
    resort [rɪ`zɔrt] v. 訴諸於… <to>

19. **rigid** [`rɪdʒɪd] adj. 僵硬的；嚴格的 ㊁ inflexible ㊃ flexible
    rigidly [`rɪdʒɪdlɪ] adv. 嚴格地

20. **setting** [`sɛtɪŋ] n. [C] 環境 <for>；背景

21. **sow** [so] v. 播種；引起 (sowed | sown, sowed | sowing)
    sow [so] n. [C] 母豬

22. **sturdy** [`stɝdɪ] adj. 結實的，堅固的 (sturdier | sturdiest)

23. **superstition** [ˌsupɚ`stɪʃən] n. [C][U] 迷信

24. **trigger** [`trɪgɚ] n. [C] 扳機；(引起反應的) 一件事或情況 <for>
    trigger [`trɪgɚ] v. 引發 <off>

25. **vicious** [`vɪʃəs] adj. 惡意的 ㊁ malicious；殘暴的 ㊁ violent
    ♥ vicious circle 惡性循環

1. **adore** [ə`dor] v. 熱愛，崇拜
   adoration [,ædə`reʃən] n. [U] 熱愛，崇拜
   adorable [ə`dorəbl] adj. 可愛的，討人喜歡的

---

2. **articulate** [ɑr`tɪkjə,let] v. 清楚表達
   articulate [ɑr`tɪkjəlɪt] adj. 能清楚表達的
   articulation [ɑr,tɪkjə`leʃən] n. [U] 表達

---

3. **attribute** [ə`trɪbjut] v. 把…歸因於… <to>

---

4. **beneficial** [,bɛnə`fɪʃəl] adj. 有益的 <to, for>
   beneficially [,bɛnə`fɪʃəlɪ] adv. 有益地
   beneficiary [,bɛnə`fɪʃərɪ] n. [C] 受益人 <of> (pl. beneficiaries)

---

5. **biological** [,baɪə`lɑdʒɪkl] adj. 生物的
   💡 biological diversity 生物多樣性 |
   biological parents 親生父母

---

6. **bodyguard** [`bɑdɪ,gɑrd] n. [C] 保鏢

---

7. **component** [kəm`ponənt] n. [C] 構成要素，成分 <of>
   🔄 constituent
   component [kəm`ponənt] adj. 構成的，組成的 🔄
   constituent

---

8. **compound** [`kɑmpaʊnd] n. [C] 化合物 <of>
   compound [kəm`paʊnd] v. 使惡化；混和 <with>

compound [ˋkɑmpaʊnd] adj. 合成的，複合的

9. **crucial** [ˋkruʃəl] adj. 極重要的 <to> 同 vital, critical, essential

10. **diagnosis** [ˌdaɪəgˋnosɪs] n. [C][U] 診斷 <of> (pl. diagnoses)
    🔰 initial diagnosis 初步診斷

11. **discriminate** [dɪˋskrɪməˌnet] v. 歧視 <against>；辨別，區分 <from, between> 同 differentiate

12. **gross** [gros] adj. 總共的；嚴重的
    🔰 gross income 總收入
    gross [gros] v. 獲得…總收入
    gross [gros] n. [sing.] 總收入；[C] 籮 (12 打，144 個) (pl. gross)

13. **incentive** [ɪnˋsɛntɪv] n. [C][U] 刺激，誘因 <to>
    incentive [ɪnˋsɛntɪv] adj. 激勵的

14. **indigenous** [ɪnˋdɪdʒənəs] adj. 本地的，本土的 <to> 同 native
    🔰 indigenous species 本土物種

15. **mint** [mɪnt] n. [C][U] 薄荷；[C] 鑄幣廠

16. **nowhere** [ˋnoˌhwɛr] adv. 任何地方都沒…
    🔰 go/get/head nowhere 一無所成 | nowhere near 絕非
    nowhere [ˋnoˌhwɛr] pron. [U] 無處

17. **offering** [ˋɔfərɪŋ] n. [C] 供品

18. **precaution** [prɪˋkɔʃən] n. [C] 預防措施 <against>
    💡 safety precautions 安全防範措施 |
    take the precaution of V-ing 做…來當預防措施

19. **riot** [ˋraɪət] n. [C] 暴動
    💡 provoke/spark a riot 引起暴動
    riot [ˋraɪət] v. 暴動
    riotous [ˋraɪətəs] adj. 狂歡的 ⑩ wild；暴亂的

20. **ritual** [ˋrɪtʃʊəl] n. [C][U] 儀式；慣例
    ritual [ˋrɪtʃʊəl] adj. 慣例的

21. **straightforward** [ˌstretˋfɔrwəd] adj. 直率的；明白的 ⑩
    easy ⑫ complicated

22. **subsequent** [ˋsʌbsɪˌkwɛnt] adj. 隨後的，接下來的 <to>
    ⑫ previous
    subsequently [ˋsʌbsɪˌkwɛntlɪ] adv. 隨後 ⑫ previously

23. **supervisor** [ˌsupəˋvaɪzə] n. [C] 監督者，主管

24. **trivial** [ˋtrɪvɪəl] adj. 微不足道的

25. **vulnerable** [ˋvʌlnərəbl] adj. 脆弱的，易受攻擊的 <to>
    ⑫ invulnerable

Unit 16

1. **adverse** [əd`vɝs] adj. 不利的

2. **ass** [æs] n. [C] 傻瓜 ⓢ fool

3. **bid** [bɪd] n. [C] 招標 <for>；競爭
   - 💡 make a bid for... 對…出價 |
     win/lose a bid 得標 / 未得標

   bid [bɪd] v. 出價 <for> (bid | bid | bidding)
   - 💡 bid up sth 抬高…的價格；競出高價購買… |
     bid against sb 與…爭相出高價競標

4. **blast** [blæst] n. [C] 一陣強風；爆炸
   - 💡 blast from the past 舊物，故人 | full blast 最響亮地

   blast [blæst] v. 爆破；發出刺耳聲

5. **bound** [baʊnd] v. 與…接界 <by>；彈跳

   bound [baʊnd] n. [C] 跳躍；[pl.] 限定區域 (~s) <of>
   - 💡 by/in leaps and bounds 非常迅速地

   bound [baʊnd] adj. 一定會 <to>
   - 💡 bound and determined 一定要 | bound up 緊密相關的

6. **cognitive** [`kɑɡnətɪv] adj. 認知的

7. **comprehend** [ˌkɑmprɪ`hɛnd] v. 理解 ⓢ understand, grasp

8. **comprehension** [ˌkɑmprɪ`hɛnʃən] n. [U] 理解力 ⓢ understanding

comprehensible [ˌkɑmprɪˋhɛnsəbl] adj. 可理解的 <to>
圓 understandable 反 incomprehensible

9. **dilemma** [dəˋlɛmə] n. [C] 進退兩難
💡 caught in a dilemma 處於兩難的情況 | confronted/
faced with a dilemma 面對進退兩難的情況 | moral/
ethical dilemma 道德 / 倫理兩難

10. **distinction** [dɪˋstɪŋkʃən] n. [C][U] 區別，差異
<between>

11. **franchise** [ˋfræntʃaɪz] n. [C] 特許經營權；[sing.] 選舉權
(the ~)

12. **habitat** [ˋhæbəˌtæt] n. [C][U] (動物的) 棲息地

13. **index** [ˋɪndɛks] n. [C] 索引 (pl. indexes, indices)
💡 index finger 食指
index [ˋɪndɛks] v. 編索引

14. **infrastructure** [ˋɪnfrəˌstrʌktʃɚ] n. [C] 基礎建設 (usu.
sing.)

15. **noticeable** [ˋnotɪsəbl] adj. 明顯的
noticeably [ˋnotɪsəblɪ] adv. 明顯地

16. **obligation** [ˌɑbləˋgeʃən] n. [C] 義務 <to>
obligatory [əˋblɪgəˌtorɪ] adj. 必須做的 圓 compulsory,
mandatory 反 optional

17. **opponent** [ə`ponənt] n. [C] 對手 同 adversary；反對者 <of>

18. **prejudice** [`prɛdʒədɪs] n. [C][U] 偏見 <against, for>
    💡 eliminate/dispel the prejudice 摒除偏見 |
    racial/sexual prejudice 種族 / 性別偏見
    prejudice [`prɛdʒədɪs] v. 使有偏見 <against>
    prejudiced [`prɛdʒədɪst] adj. 有偏見的 <against>

19. **rival** [`raɪvl] adj. 競爭的
    rival [`raɪvl] n. [C] 對手 <for> 同 competitor
    rival [`raɪvl] v. 與…相匹敵 <in, for>

20. **salon** [sə`lɑn] n. [C] 美髮廳，美髮沙龍

21. **striking** [`straɪkɪŋ] adj. 驚人的 同 marked
    💡 striking contrast/similarity 驚人的對比 / 相似

22. **supposedly** [sə`pozɪdlɪ] adv. 大概

23. **transmission** [træns`mɪʃən] n. [U] 傳播 <of> 同 transfer

24. **undergo** [ˌʌndɚ`go] v. 經歷；接受 (underwent | undergone | undergoing)

25. **whatsoever** [ˌhwɑtso`ɛvɚ] pron. 無論什麼
    whatsoever [ˌhwɑtso`ɛvɚ] adj. 無論什麼的

Unit 17 ☸

1. **agenda** [ə`dʒɛndə] n. [C] 議題 <on>
   💡 on the agenda 在議程上 ｜ set the agenda 制定議程

2. **assault** [ə`sɔlt] n. [C][U] 襲擊 <on>
   💡 sexual/indecent assault 性侵害 / 猥褻行為 ｜
   assault and battery 暴力毆打 ｜
   make an assault on sb/sth 攻擊… ; 抨擊…
   assault [ə`sɔlt] v. 攻擊 ; 擾人

3. **boom** [bum] n. [C] (商業) 繁榮 <in> (usu. sing.) ; 熱潮
   boom [bum] v. 發出轟鳴聲 <out> ; 迅速發展

4. **boxer** [`bɑksə] n. [C] 拳擊手

5. **breakthrough** [`brek,θru] n. [C] 突破 <in>

6. **conduct** [kən`dʌkt] v. 實行，安排
   💡 conduct oneself …舉止表現
   conduct [`kɑndʌkt] n. [U] 舉止

7. **conform** [kən`fɔrm] v. 順從 (規範) <to> ; 符合 <to, with>

8. **confrontation** [,kɑnfrən`teʃən] n. [C] 衝突 <with, between>

9. **diminish** [də`mɪnɪʃ] v. 減少，縮小 圓 reduce
   💡 diminish sb's resolution 削弱…的決心 ｜
   diminish in value 價值滑落

10. **distract** [dɪ`strækt] v. 使分心 <from> 同 divert
   distracted [dɪ`stræktɪd] adj. 心煩意亂的 <by>

11. **horizontal** [ˌhɔrə`zɑntl] adj. 水平的
   horizontal [ˌhɔrə`zɑntl] n. [sing.] 水平線 (the ~)

12. **initiate** [ɪ`nɪʃɪˌet] v. 發起
   initiate [ɪ`nɪʃɪˌet] adj. 新加入的
   initiate [ɪ`nɪʃɪˌet] n. [C] 新進者
   initiation [ɪˌnɪʃɪ`eʃən] n. [U] (正式的) 開始 <of>

13. **institute** [`ɪnstəˌtjut] n. [C] 研究機構 <of, for>
   institute [`ɪnstəˌtjut] v. 制定，建立

14. **obscure** [əb`skjʊr] adj. 模糊不清的；偏僻的
   obscure [əb`skjʊr] v. 掩蔽
   obscurity [əb`skjʊrətɪ] n. [U] 模糊；默默無聞

15. **opt** [ɑpt] v. 選擇 <for, to>

16. **preliminary** [prɪ`lɪməˌnɛrɪ] adj. 初步的 同 initial
   preliminary [prɪ`lɪməˌnɛrɪ] n. [C] 預賽 (usu. pl.) (pl. preliminaries)

17. **prospect** [`prɑspɛkt] n. [C][U] 可能性；前景 (usu. pl.)
   💡 career/job/business prospects 事業 / 工作 / 商業前景 |
   in prospect 即將到來的
   prospect [`prɑspɛkt] v. 探勘 <for>

18. **recession** [rɪ`sɛʃən] n. [C][U] 經濟蕭條

19. **sandal** [`sændl] n. [C] 涼鞋

20. **scheme** [skim] n. [C] 計畫，方案 <for, to> 同 program
scheme [skim] v. 密謀 <against, to> 同 plot

21. **structural** [`strʌktʃərəl] adj. 結構上的
💡 structural damage/changes/defects 結構上的損害 / 改變 / 缺陷

22. **sustain** [sə`sten] v. 維持 (生命) 同 maintain

23. **undoubtedly** [ʌn`daʊtɪdlɪ] adv. 確實地，無疑地

24. **venture** [`vɛntʃɚ] n. [C] (有風險的) 企業
venture [`vɛntʃɚ] v. 冒險去；冒昧地說 <to>

25. **whereabouts** [`wɛrə,baʊts] n. [pl.] (某人或某物的) 行蹤 <of>
whereabouts [,wɛrə`baʊts] adv. (詢問) 在哪

Unit 18 ☸

1. **aggression** [ə`grɛʃən] n. [U] 攻擊

2. **assert** [ə`sɝt] v. 宣稱；堅持
💡 assert oneself 堅持己見 | assert sb's rights/independence/superiority 堅持⋯權利 / 獨立 / 優勢
assertion [ə`sɝʃən] n. [C][U] 主張 <that> 同 claim
assertive [ə`sɝtɪv] adj. 自信的 反 submissive

3. **bruise** [bruz] n. [C] 瘀傷；(水果) 碰傷

   bruise [bruz] v. 使出現傷痕，碰傷

4. **bully** [ˋbʊlɪ] n. [C] 欺負弱小的人 (pl. bullies)

   💡 bully for sb (表諷刺)⋯太棒了

   bully [ˋbʊlɪ] v. 欺負；強迫

   💡 bully sb into/out of 強迫人去做 / 停止做⋯

5. **bureau** [ˋbjʊro] n. [C] 局 (pl. bureaus, bureaux)

6. **consecutive** [kənˋsɛkjətɪv] adj. 連續的

7. **currency** [ˋkɝənsɪ] n. [C][U] 貨幣 (pl. currencies)

8. **devotion** [dɪˋvoʃən] n. [U] 致力於 <to>

9. **dissolve** [dɪˋzɑlv] v. 融化 <in>；結束

   💡 dissolve into tears/laughter 情不自禁哭了 / 笑了

10. **distinctive** [dɪˋstɪŋktɪv] adj. 獨特的 📵 characteristic

    💡 distinctive smell/taste 獨特的氣味 / 味道

11. **dreadful** [ˋdrɛdfəl] adj. 討厭的，糟透的 📵 terrible

12. **housing** [ˋhaʊzɪŋ] n. [U] 住宅；住宅供給

13. **insight** [ˋɪnˌsaɪt] n. [C][U] 理解，洞察力 <into>

14. **journalist** [ˋdʒɝnḷɪst] n. [C] 新聞記者

15. **optional** [ˋɑpʃənḷ] adj. 可選擇的

16. **organism** [ˋɔrgənˌɪzəm] n. [C] 有機體，生物

17. **presumably** [prɪ`zuməblɪ] adv. 可能，大概

18. **ratio** [`reʃo] n. [C] 比率 (pl. ratios)

19. **scandal** [`skændl̩] n. [C][U] 醜聞；恥辱
    💡 sex/political/financial scandal 性 / 政治 / 金融醜聞 |
    cause/create a scandal 變成醜聞 |
    scandal broke 醜聞曝光
    scandalous [`skændələs] adj. 誹謗性的

20. **segment** [`sɛgmənt] n. [C] 部分 <of>
    segment [`sɛgmənt] v. 分割 <into>

21. **supervision** [ˌsupɚ`vɪʒən] n. [U] 監督
    💡 under sb's supervision 在⋯的監督下

22. **symbolic** [sɪm`bɑlɪk] adj. 象徵性的 <of>

23. **valid** [`vælɪd] adj. 正當的；有效的
    validity [və`lɪdətɪ] n. [U] 正當性；效力

24. **wheelchair** [`wil`tʃɛr] n. [C] 輪椅

25. **whereas** [hwɛr`æz] conj. 然而

Unit 19 ☸

1. **agony** [`ægənɪ] n. [C][U] (精神或肉體上) 極大的痛苦
    <in> (pl. agonies)
    agonize [`ægənaɪz] v. 苦惱 <over, about>

2. **assumption** [ə`sʌmpʃən] n. [C][U] 假定
   💡 on the assumption that... 在假定…的情況下

3. **burial** [`bɛrɪəl] n. [C][U] 葬禮

4. **calcium** [`kælsɪəm] n. [U] 鈣

5. **cathedral** [kə`θidrəl] n. [C] 大教堂

6. **contaminate** [kən`tæmə,net] v. (毒物、輻射等) 汙染
   <with>
   contamination [kən,tæmə`neʃən] n. [U] 汙染

7. **deadly** [`dɛdlɪ] adj. 致命的 ⓢ lethal;死一般的;極度的
   (deadlier | deadliest)
   deadly [`dɛdlɪ] adv. 極度地

8. **document** [`dɑkjə,mənt] n. [C] 文件
   document [`dɑkjə,mənt] v. 記錄

9. **donation** [do`neʃən] n. [C][U] 捐贈

10. **eloquent** [`ɛləkwənt] adj. 有說服力的
    eloquently [`ɛləkwəntlɪ] adv. 口才好地

11. **hypothesis** [haɪ`pɑθəsɪs] n. [C] 假設 ⓢ theory (pl.
    hypotheses)

12. **institution** [,ɪnstə`tjuʃən] n. [C] 機構

13. **justify** [`dʒʌstə,faɪ] v. 證明…合理

14. **nutrition** [nju`trɪʃən] n. [U] 營養

15. **output** [ˋaʊt͵pʊt] n. [U] 生產量
    output [ˋaʊt͵pʊt] v. 生產 (output, outputted | output, outputted | outputting)

16. **partly** [ˋpɑrtlɪ] adv. 部分地

17. **progressive** [prəˋgrɛsɪv] adj. 進步的
    progressive [prəˋgrɛsɪv] n. [C] 革新主義者

18. **recommend** [͵rɛkəˋmɛnd] v. 推薦 <for>

19. **sensation** [sɛnˋseʃən] n. [C][U] 知覺；[sing.] 轟動
    sensational [sɛnˋseʃənl] adj. 轟動的

20. **sentiment** [ˋsɛntəmənt] n. [C][U] 觀點；[U] 傷感

21. **syndrome** [ˋsɪn͵drom] n. [C] 綜合症

22. **theft** [θɛft] n. [C][U] 盜竊 <of>

23. **variation** [͵vɛrɪˋeʃən] n. [C][U] 變動 <on, in>；[C] 變奏曲

24. **widespread** [ˋwaɪd͵sprɛd] adj. 廣泛的

25. **witty** [ˋwɪtɪ] adj. 機智的 (wittier | wittiest)

Unit 20

1. **aisle** [aɪl] n. [C] 走道
   💡 go/walk down the aisle 結婚

2. **architect** [`ɑrkə,tɛkt] n. [C] 建築師

3. **astonish** [ə`stɑnɪʃ] v. 使驚訝 同 amaze
   astonishment [ə`stɑnɪʃmənt] n. [U] 驚訝 <in> 同 amazement
   astonished [ə`stɑnɪʃt] adj. 驚訝的 <to, at> 同 amazed
   astonishing [ə`stɑnɪʃɪŋ] adj. 令人驚訝的 同 amazing

4. **capability** [,kepə`bɪlətɪ] n. [C][U] 能力 <of, to> (pl. capabilities)

5. **cautious** [`kɔʃəs] adj. 謹慎的 <about>
   💡 cautious optimism 謹慎的樂觀態度

6. **chef** [ʃɛf] n. [C] 主廚 (pl. chefs)

7. **contemplate** [`kɑntəm,plet] v. 考慮；深思 同 consider
   contemplation [,kɑntəm`pleʃən] n. [U] 沉思

8. **decline** [dɪ`klaɪn] n. [sing.] 下降 <in>；衰退 (the ～) <in>
   decline [dɪ`klaɪn] v. 下降；衰退

9. **eligible** [`ɛlɪdʒəbl] adj. 有資格的 <to, for>
   💡 eligible for membership 有資格成為會員

10. **embrace** [ɪm`bres] v. 擁抱 同 hug
    embrace [ɪm`bres] n. [C] 擁抱

11. **evolution** [,ɛvə`luʃən] n. [U] 進化；發展

12. **impulse** [`ɪmpʌls] n. [C] 衝動 <to> 同 urge

💡 on impulse 衝動地

impulsive [ɪmˋpʌlsɪv] adj. 衝動的 🔄 impetuous, rash

impulsively [ɪmˋpʌlsɪvlɪ] adv. 衝動地

13. **intact** [ɪnˋtækt] adj. 未受損的 🔄 undamaged

14. **lawsuit** [ˋlɔ͵sut] n. [C] 訴訟 🔄 suit

15. **oversee** [͵ovɚˋsi] v. 監督 🔄 supervise (oversaw | overseen | overseeing)

16. **patrol** [pəˋtrol] n. [C][U] 巡邏 <on>

💡 patrol car/boat 巡邏車 / 艇

patrol [pəˋtrol] v. 巡邏 (patrolled | patrolled | patrolling)

17. **presidential** [͵prɛzəˋdɛnʃəl] adj. 總統的

18. **prolong** [prəˋlɔŋ] v. 延長 🔄 lengthen, extend

prolonged [prəˋlɔŋd] adj. 長時間的

19. **risky** [ˋrɪskɪ] adj. 危險的 🔄 dangerous (riskier | riskiest)

20. **sensitivity** [͵sɛnsəˋtɪvətɪ] n. [U] 敏感 <to>

21. **shed** [ʃɛd] v. 掉下；擺脫 (shed | shed | shedding)

💡 shed light on... 照亮…；為…提供解釋 |
shed blood 流血

shed [ʃɛd] n. [C] 車棚

22. **temptation** [tɛmpˋteʃən] n. [C] 誘惑物;[U] 誘惑

23. **virtual** [ˋvɝtʃʊəl] adj. 實質上的;(透過電腦) 虛擬的
    virtually [ˋvɝtʃʊəlɪ] adv. 實質上地

24. **vocal** [ˋvokl] adj. 直言不諱的 <about> 同 outspoken
    💡 vocal critic 直言不諱的批評
    vocal [ˋvokl] n. [C] 人聲演唱 (usu. pl.)

25. **workshop** [ˋwɝkˌʃɑp] n. [C] 工作坊

NOTE

進階

學習完一個回次後，
可以在該回次的☑打勾。
一起培養進階英文字彙力吧！

Level 5-2	①②③④⑤⑥⑦⑧⑨⑩ ⑪⑫⑬⑭⑮⑯⑰⑱⑲⑳

Level 6	①②③④⑤⑥⑦⑧⑨⑩ ⑪⑫⑬⑭⑮⑯⑰⑱⑲⑳ ㉑㉒㉓㉔㉕㉖㉗㉘㉙㉚ ㉛㉜㉝㉞㉟㊱㊲㊳㊴㊵

Unit 1

1. **attendance** [əˋtɛndəns] n. [U] 出席 <in, at>
   💡 take attendance 點名 |
   regular/poor attendance at school 都有 / 不常去上學

2. **briefcase** [ˋbrifkes] n. [C] 公事包

3. **clinical** [ˋklɪnɪkḷ] adj. 臨床的

4. **compliment** [ˋkɑmpləmənt] n. [C] 讚美 <on>
   💡 take sth as a compliment 把…視為稱讚
   compliment [ˋkɑmplə͵mɛnt] v. 讚美，稱讚 <on>

5. **conversion** [kənˋvɝʒən] n. [C][U] 轉變 <to, from, into>

6. **defendant** [dɪˋfɛndənt] n. [C] 被告

7. **directory** [dəˋrɛktərɪ] n. [C] 姓名地址錄，通訊錄，名錄 (pl. directories)
   💡 business directory 企業名錄

8. **entitle** [ɪnˋtaɪtḷ] v. 為 (書籍等) 命名；使享有…資格或權利 <to>
   💡 entitle sb to do sth 使有權做…

9. **exterior** [ɪkˋstɪrɪɚ] n. [C] 外表 反 interior
   💡 the exterior of a building 建築物的外部
   exterior [ɪkˋstɪrɪɚ] adj. 外部的 反 interior

10. **gloomy** [`glumɪ] adj. 沮喪的；陰暗的 (gloomier | gloomiest)

11. **ideology** [ˌaɪdɪˋɑlədʒɪ] n. [C][U] 意識形態，思想體系 (pl. ideologies)

12. **interval** [ˋɪntəvl] n. [C] (時間或空間的) 間隔
    🔮 at regular intervals 相隔一定的時間或距離

13. **masterpiece** [ˋmæstəˌpis] n. [C] 傑作 ⑩ masterwork

14. **narrative** [ˋnærətɪv] n. [C] 故事，敘述 ⑩ story
    narrative [ˋnærətɪv] adj. 敘述的

15. **pastry** [ˋpestrɪ] n. [U] 油酥麵團；[C] (派、塔等) 油酥糕點 (pl. pastries)

16. **porch** [pɔrtʃ] n. [C] 門廊

17. **quota** [ˋkwotə] n. [C] 配額，限額 <of, on>
    🔮 introduce/lift a quota on sth 對…設定 / 解除限額

18. **republican** [rɪˋpʌblɪkən] n. [C] 共和主義者
    republican [rɪˋpʌblɪkən] adj. 共和的

19. **scope** [skop] n. [U] 範圍 <of, beyond, within>；機會 <for> ⑩ potential
    🔮 widen/narrow the scope of sth 擴大 / 縮小…的範圍

20. **sibling** [ˋsɪblɪŋ] n. [C] 手足，兄弟姊妹
    🔮 sibling rivalry 手足鬩牆，兄弟姊妹之間的競爭

21. **spectrum** [`spɛktrəm] n. [C] 光譜；範圍 <of> (pl. spectra, spectrums)

22. **stink** [stɪŋk] n. [C] 臭味 <of>
    💡 the stink of smoke/sweat 菸 / 汗臭味 |
    cause a stink 引起軒然大波 |
    give sb the stink eye 非常不滿地看著…
    stink [stɪŋk] v. 發出惡臭 <of>；讓人感到糟糕，討厭 (stank, stunk | stunk | stinking)

23. **testify** [`tɛstə,faɪ] v. (尤指出庭) 作證 <for, against>
    💡 testify for/against sb 作有利 / 不利於…的證詞

24. **trim** [trɪm] v. 修剪；削除 <off>；裝飾 <with> (trimmed | trimmed | trimming)
    trim [trɪm] n. [C] 修剪 (usu. sing.)
    trim [trɪm] adj. 苗條健康的 (trimmer | trimmest)

25. **verdict** [`vɝdɪkt] n. [C] 判決，裁決

●━━━━━━━━━━━━━━━━━━━━━━━●

Unit 2

1. **attic** [`ætɪk] n. [C] 閣樓

2. **bronze** [branz] n. [U] 青銅；[C] 銅牌 圓 bronze medal
    💡 the Bronze Age 青銅器時代
    bronze [branz] adj. 古銅色的
    bronze [branz] v. 使成古銅色

3. **cluster** [`klʌstɚ] n. [C] 串，團，群
   💡 a cluster of grapes/stars 一串葡萄 / 一群星星
   cluster [`klʌstɚ] v. 聚集，群集 <around>

4. **comply** [kəm`plaɪ] v. 遵從，遵守 <with>

5. **convict** [kən`vɪkt] v. 宣判⋯有罪 <of>
   convict [`kɑnvɪkt] n. [C] 囚犯

6. **defy** [dɪ`faɪ] v. 違抗

7. **disapprove** [ˌdɪsə`pruv] v. 不贊同，不認可，反對 <of>
   反 approve
   disapproval [ˌdɪsə`pruvl] n. [U] 不贊同，不認可，反對
   <of> 反 approval
   💡 shake sb's head in/with disapproval 搖頭表示反對

8. **entity** [`ɛntətɪ] n. [C] 獨立存在的個體，實體

9. **fabulous** [`fæbjələs] adj. 很棒的 同 wonderful

10. **gorgeous** [`gɔrdʒəs] adj. 非常漂亮的，很美的；美好的，
    令人愉快的 同 lovely

11. **idiot** [`ɪdɪət] n. [C] 笨蛋
    idiotic [ˌɪdɪ`ɑtɪk] adj. 愚蠢至極的

12. **intervention** [ˌɪntɚ`vɛnʃən] n. [C][U] 干涉，介入 <in>

13. **mattress** [`mætrəs] n. [C] 床墊

14. **negotiation** [nɪˌgoʃɪ`eʃən] n. [C][U] 商議，協商，談判
    <with, between, under>

💡 in negotiation with sb on sth 與…針對…進行協商

---

15. **patch** [pætʃ] n. [C] 補丁；(與周圍不同的) 一小片 <of>
   💡 a patch of shade 一片陰涼處
   patch [pætʃ] v. 補綴，修補
   💡 patch things up with sb 和…重修舊好 |
   patch up sth 修補 (物品、關係)

---

16. **practitioner** [præk`tɪʃənɚ] n. [C] (醫界等的) 從業人員
   💡 medical/legal practitioner 醫生 / 律師

---

17. **racism** [`resɪzəm] n. [U] 種族歧視

---

18. **resemblance** [rɪ`zɛmbləns] n. [C][U] 相 似 <to, between>
   💡 striking resemblance between A and B …和…非常相似之處

---

19. **scramble** [`skræmbl̩] v. (手腳並用地) 攀爬；爭搶 <for>
   💡 scramble to sb's feet 急忙站起來
   scramble [`skræmbl̩] n. [sing.] 攀登；爭搶 <for>

---

20. **siege** [sidʒ] n. [C][U] 圍攻；包圍
   💡 withstand a siege 抵抗圍攻 | raise/lift a siege 解除圍攻

---

21. **speculate** [`spɛkjə,let] v. 推測 <about, on>；做投機買賣 <in, on>
   speculation [,spɛkjə`leʃən] n. [C][U] 推測 <about>
   💡 pure/mere speculation 毫無根據的臆測

---

22. **straighten** [ˈstretn̩] v. 弄直 <out>；整理 <up>
    💡 straighten up 挺直身體 |
    straighten sth out 弄直…；解決…

23. **theology** [θiˈɑlədʒɪ] n. [U] 神學

24. **triple** [ˈtrɪpl̩] adj. 三倍的；由三部分組成的
    triple [ˈtrɪpl̩] v. (使) 成為三倍
    triple [ˈtrɪpl̩] n. [C] 三個一組；(棒球的) 三壘打

25. **versus** [ˈvɜsəs] prep. 與…對抗，…對… ；與…對比
    (abbr. vs.) 📖 against

Unit 3

1. **attorney** [əˈtɜnɪ] n. [C] 律師 📖 lawyer
    💡 defense attorney 辯護律師

2. **bulk** [bʌlk] n. [C] 巨大的東西，龐然大物 (usu. sing.)；
    [sing.] 大部分 (the ~) <of>
    💡 in bulk 大量地

3. **coherent** [koˈhɪrənt] adj. (論述等) 條理清楚的，合乎邏
    輯的，連貫的；(人) 說話有條理的

4. **comprise** [kəmˈpraɪz] v. 包含，包括；組成 📖 make up

5. **correlation** [ˌkɔrəˈleʃən] n. [C][U] 相互關係，相關性，
    關聯 <with, between>

6. **delegate** [`dɛlə,get] n. [C] 代表

   delegate [`dɛlə,get] v. 委任，委派 <to>

7. **disclose** [dɪs`kloz] v. 揭露，透露 ⑩ reveal

8. **entrepreneur** [,ɑntrəprə`nɝ] n. [C] 企業家

9. **faculty** [`fækl̩tɪ] n. [C][U] 全體教職員；[C] (感官、心智等的) 機能，能力 (usu. pl.) <of>
   🕯 the faculty of sight/hearing 視覺 / 聽覺 |
   critical faculties 判斷能力

10. **grant** [grænt] n. [C] (政府或機構的) 補助金
    🕯 research grant 研究補助金
    grant [grænt] v. 准予，給與；承認，同意
    🕯 take sth for granted 視…為理所當然

11. **illusion** [ɪ`luʒən] n. [C] 錯誤的想法或認知，幻想 <about>
    🕯 be under the illusion that... 存有…的幻想

12. **investigator** [ɪn`vɛstə,getɚ] n. [C] 調查者，調查員
    🕯 private investigator 私家偵探

13. **meantime** [`min,taɪm] n. [U] 期間
    meantime [`min,taɪm] adv. 在 此 期 間，同 時 ⑩ meanwhile

14. **nominate** [`nɑmə,net] v. 提名 <as, for>
    🕯 be nominated as sth 被提名為…

15. **patent** [`pætn̩t] n. [C][U] 專利 (權) <on, for>
    💡 apply for a patent on/for sth 為…申請專利 |
    sth be protected by patent …受專利保護
    patent [`pætn̩t] adj. 專利 (權) 的;明顯的 ⑤ obvious
    💡 patent medicine 專利藥品,成藥
    patent [`pætn̩t] v. 取得…的專利 (權)

16. **predator** [`prɛdətɚ] n. [C] 掠食者,肉食性動物

17. **rack** [ræk] n. [C] 架子
    rack [ræk] v. 折磨,使痛苦 <by, with>
    💡 rack sb's brain(s) 絞盡腦汁

18. **resident** [`rɛzədənt] n. [C] 居民;住院醫師
    resident [`rɛzədənt] adj. 居住的 <in>

19. **scrap** [skræp] n. [C] (紙、布等的) 小片,小塊,碎片;
    (資訊等的) 少量,一點點
    scrap [skræp] v. 放棄,捨棄 (scrapped | scrapped |
    scrapping)

20. **slam** [slæm] n. [C] 砰的一聲 (usu. sing.)
    slam [slæm] v. 砰地關上或放下;嚴厲批評,猛烈抨擊
    (slammed | slammed | slamming)
    💡 slam the door in sb's face 當…的面摔門;悍然拒絕…

21. **sphere** [sfɪr] n. [C] 球體;範圍,領域

22. **strand** [strænd] v. 使進退不得,使陷於困境;使 (船、
    魚等) 擱淺

strand [strænd] n. [C] (繩子、頭髮等的) 一縷，一絡

23. **therapist** [`θɛrəpɪst] n. [C] 治療師

24. **trophy** [`trofɪ] n. [C] 獎盃；戰利品

25. **vertical** [`vɝtɪkl] adj. 垂直的
    vertical [`vɝtɪkl] n. [C] 垂直的線或平面 (the ～)

Unit 4

1. **auction** [`ɔkʃən] n. [C][U] 拍賣
    💡 put sth up for auction 將…交付拍賣
    auction [`ɔkʃən] v. 拍賣 <off>

2. **bureaucracy** [bjʊ`rɑkrəsɪ] n. [C][U] 官僚的體制或作風

3. **coincidence** [ko`ɪnsədəns] n. [C][U] 巧合
    coincide [ˌkoɪn`saɪd] v. 同時發生 <with>；相符 <with>
    coincident [ko`ɪnsədənt] adj. 同時發生的 <with>
    coincidental [koˌɪnsə`dɛntl̩] adj. 巧合的

4. **compulsory** [kəm`pʌlsərɪ] adj. 強制性的
    💡 compulsory education 義務教育

5. **corridor** [`kɔrədɚ] n. [C] 走廊

6. **delegation** [ˌdɛlə`geʃən] n. [C] 代表團

7. **disconnect** [ˌdɪskə`nɛkt] v. 切斷 (水、電或瓦斯等)；切斷 (電話、網路等的連線)

8. **envious** [ˋɛnvɪəs] adj. 羨慕的，嫉妒的 <of>

9. **fascinate** [ˋfæsə͵net] v. 使著迷
   fascinated [ˋfæsə͵netɪd] adj. 著迷的 <by>
   fascinating [ˋfæsə͵netɪŋ] adj. 迷人的

10. **gravity** [ˋɡrævətɪ] n. [U] (地心) 引力，重力；重大，嚴重性

11. **implication** [͵ɪmplɪˋkeʃən] n. [C] 可能的影響或後果 (usu. pl.) <for>；[C][U] 含意，暗示

12. **irony** [ˋaɪrənɪ] n. [U] 嘲諷；[C][U] 出人意料或啼笑皆非的事

13. **mentor** [ˋmɛntɚ] n. [C] 指導者

14. **nomination** [͵nɑməˋneʃən] n. [C][U] 提名 <for>

15. **pathetic** [pəˋθɛtɪk] adj. 悲慘的；差勁的

16. **premier** [prɪˋmɪɚ] adj. 首要的，最重要的
    premier [prɪˋmɪɚ] n. [C] 首相，總理 圓 prime minister

17. **radiation** [͵redɪˋeʃən] n. [U] 輻射

18. **residential** [͵rɛzəˋdɛnʃəl] adj. 住宅的，有住宿設施的
    ♥ residential college 提供住宿的大學

19. **script** [skrɪpt] n. [C] 劇本，講稿；[C][U] 文字
    script [skrɪpt] v. 為 (電影、廣播、演講等) 寫劇本或講稿

20. **slot** [slɑt] n. [C] 溝槽；時段

💡 slot machine 吃角子老虎機
slot [slɑt] v. 將…插入或投入溝槽中

---

21. **spine** [spaɪn] n. [C] 脊椎 ⑩ backbone；(仙人掌、豪豬等的) 刺

---

22. **strategic** [strə`tidʒɪk] adj. 戰略的

---

23. **thereby** [ðɛr`baɪ] adv. 因此，藉此

---

24. **tuition** [tju`ɪʃən] n. [U] 學費；家教 <in>
💡 tuition fee 學費

---

25. **veteran** [`vɛtərən] n. [C] 老手，經驗豐富者；退伍軍人

Unit 5

1. **authorize** [`ɔθə,raɪz] v. 授權，認可
authorized [`ɔθə,raɪzd] adj. 經授權的，獲得授權的

---

2. **butcher** [`bʊtʃɚ] n. [C] 肉販，肉店；屠夫
💡 butcher's 肉店，肉鋪
butcher [`bʊtʃɚ] v. 屠殺

---

3. **collaboration** [kə,læbə`reʃən] n. [C][U] 合作 <with, between>

---

4. **concede** [kən`sid] v. 承認；讓出，讓與 <to>
💡 concede defeat 認輸

---

5. **corrupt** [kə`rʌpt] adj. 墮落的；貪汙腐敗的

---

corrupt [kə`rʌpt] v. 使墮落，使腐化

6. **deliberate** [dɪ`lɪbərɪt] adj. 刻意的 同 intentional 反 unintentional；慎重的
deliberate [dɪ`lɪbə,ret] v. 仔細考慮 <on, over, about>
deliberately [dɪ`lɪbərɪtlɪ] adv. 刻意地，故意 同 intentionally

7. **discourse** [`dɪskors] n. [C] 演講，論文 <on>

8. **envision** [ɪn`vɪʒən] v. 預想，設想

9. **filter** [`fɪltə] n. [C] 過濾器
💡 coffee filter paper 咖啡濾紙
filter [`fɪltə] v. 過濾，穿透；(消息) 走漏，逐漸傳開
💡 filter out sth 將…過濾掉，濾除

10. **greed** [grid] n. [U] 貪心 <for>

11. **indulge** [ɪn`dʌldʒ] v. 縱容；沉迷，沉溺 <in>
💡 indulge oneself in sth 沉迷於…
indulgence [ɪn`dʌldʒəns] n. [U] 縱容；沉迷，沉溺 <in>
indulgent [ɪn`dʌldʒənt] adj. 縱容的，溺愛的

12. **journalism** [`dʒɝnə,lɪzəm] n. [U] 新聞業，新聞工作

13. **merge** [mɝdʒ] v. 合併 <into, with>；融入，融合 <into, with>
merger [`mɝdʒə] n. [C] 合併 <of, with, between>

14. **nominee** [,nɑmə`ni] n. [C] 被提名人 <for>

15. **patron** [`petrən] n. [C] 贊助者 <of>；顧客，常客 ⓘ customer

patronage [`petrənɪdʒ] n. [U] 贊助；光顧

patronize [`petrə,naɪz] v. 以施恩或高人一等的態度對待；光顧

16. **premise** [`prɛmɪs] n. [C] 前提

17. **raid** [red] n. [C] 突擊，突襲 <on, against>；警方的突擊搜查 <on>

raid [red] v. 突擊，突襲；(警方) 突擊搜查

18. **respondent** [rɪ`spɑndənt] n. [C] (問卷調查等的) 受訪者

19. **sector** [`sɛktə] n. [C] (國家經濟或商業活動的) 領域，產業；戰區

💡 the manufacturing/financial/service sector 製造業 / 金融業 / 服務業

20. **smash** [smæʃ] v. 打碎，打破；猛擊

smash [smæʃ] n. [sing.] 破碎聲，碎裂聲；[C] 大受歡迎的歌曲或影片等 ⓘ smash hit

21. **sponsorship** [`spɑnsəʃɪp] n. [C][U] 資助，贊助

22. **submit** [səb`mɪt] v. 呈遞，提交 <to>；服從，順從，屈服 <to> ⓘ give in (submitted | submitted | submitting)

💡 submit oneself to sth 服從…，接受…

submission [səb`mɪʃən] n. [C][U] 呈交；[U] 服從，屈服，投降 ⓘ surrender

♟ be forced into submission 被迫屈服

23. **thesis** [`θisɪs] n. [C] 學位論文，畢業論文

24. **tumor** [`tumɚ] n. [C] 腫瘤
♟ benign/malignant tumor 良性 / 惡性腫瘤

25. **viewer** [`vjuɚ] n. [C] 觀眾

Unit 6

1. **autonomy** [ɔ`tɑnəmɪ] n. [U] 自 治（權）同 independence；自主（權）
♟ local/economic autonomy 地方自治 / 經濟自主

2. **canal** [kə`næl] n. [C] 運河

3. **collective** [kə`lɛktɪv] adj. 集體的，共同的，集合的
♟ collective noun 集合名詞
collective [kə`lɛktɪv] n. [C] 集體經營的農場或企業
collectively [kə`lɛktɪvlɪ] adv. 集體地，共同地，集合地

4. **conceive** [kən`siv] v. 想出，想像 <of>；懷孕
♟ conceive of sb/sth (as sth) 想像⋯（為⋯）
conceivable [kən`sivəbl̩] adj. 可想像的，可想見的，可能的 反 inconceivable

5. **corruption** [kə`rʌpʃən] n. [U] 貪汙腐敗

6. **democrat** [`dɛmə͵kræt] n. [C] 民主主義者；美國民主黨

員 (D-)

7. **disrupt** [dɪsˋrʌpt] v. 擾亂

8. **episode** [ˋɛpəˏsod] n. [C] 事件；(連載小說、連續劇等的) 一集，一回

9. **fiscal** [ˋfɪsk!] adj. 財政稅收的，金融的

10. **grieve** [griv] v. (因為某人去世而) 悲痛 <for, over>

11. **inevitable** [ɪnˋɛvətəb!] adj. 不可避免的，必然的 ⑩ unavoidable
   inevitably [ɪnˋɛvətəblɪ] adv. 不可避免地，必然地

12. **judicial** [dʒuˋdɪʃəl] adj. 司法的
   💡 judicial review 司法審查

13. **metropolitan** [ˏmɛtrəˋpɑlətṇ] adj. 大都會的，大都市的
   metropolitan [ˏmɛtrəˋpɑlətṇ] n. [C] 都市人

14. **notify** [ˋnotəˏfaɪ] v. 正式告知，通知 <of> ⑩ inform
   notification [ˏnotəfəˋkeʃən] n. [C][U] 通知 <of>
   💡 written notification 書面通知

15. **pedal** [ˋpɛd!] n. [C] 腳踏板
   pedal [ˋpɛd!] v. 騎腳踏車

16. **premium** [ˋprimɪəm] n. [C] 保險費，保費；額外的費用，附加費

17. **rally** [ˋrælɪ] n. [C] 大會；(價格、景氣等) 止跌回升，復甦 (pl. rallies)

rally [ˋrælɪ] v. 召集，集合；復甦，重振
💡 rally to sb's support 集結起來支持…

18. **resume** [rɪˋzum] v. (中斷後) 繼續，重新開始；回到，重返 (座位、職位等)
resume [ˋrɛzə͵me] n. [C] 履歷表 (also résumé)

19. **seminar** [ˋsɛmə͵nɑr] n. [C] 研討會
💡 hold/conduct a seminar 舉辦研討會

20. **smog** [smɑg] n. [C][U] 煙霧，霧霾，霾害

21. **spouse** [spaʊs] n. [C] 配偶

22. **subsidy** [ˋsʌbsə͵dɪ] n. [C] 補助金，補貼，津貼 (pl. subsidies)
💡 housing/agricultural subsidy 住房津貼 / 農業補助

23. **thigh** [θaɪ] n. [C] 大腿

24. **tuna** [ˋtunə] n. [C][U] 鮪魚 (pl. tuna, tunas)

25. **viewpoint** [ˋvju͵pɔɪnt] n. [C] 觀點 (pl. viewpoints)

Unit 7

1. **backyard** [ˋbækˋjɑrd] n. [C] 後院

2. **canvas** [ˋkænvəs] n. [U] 帆布；[C] 油畫 (pl. canvases)
canvas [ˋkænvəs] v. 用帆布覆蓋

3. **collector** [kə`lɛktə] n. [C] 收藏家；收取或收集…的人
   💡 tax/garbage/stamp collector 收稅員 / 收垃圾的人 / 集郵者

4. **conception** [kən`sɛpʃən] n. [C][U] 想法，概念，觀念 <of> 圓 concept, notion；懷孕

5. **counsel** [`kaʊnsl] n. [U] 建議，勸告 圓 advice
   💡 seek/reject counsel 尋求建議 / 不聽勸告
   counsel [`kaʊnsl] v. 建議，勸告 圓 advise

6. **denial** [dɪ`naɪəl] n. [C][U] 否認 <of>；拒絕 <of>
   💡 in denial (對事實等) 拒絕接受，拒絕承認

7. **doctrine** [`dɑktrɪn] n. [C][U] 教義，信條

8. **equity** [`ɛkwətɪ] n. [U] 公平，公正 圓 inequity

9. **fleet** [flit] n. [C] 艦隊；(同家公司的) 車隊或船隊等
   fleet [flit] adj. 能快速移動的，跑得快的
   fleeting [`flitɪŋ] adj. 短暫的，飛逝的 圓 brief

10. **grill** [grɪl] n. [C] 烤肉架，燒烤架；烤肉，燒烤的食物
    grill [grɪl] v. 用烤肉架燒烤 圓 barbecue；長時間審問，盤問 <about>

11. **inherent** [ɪn`hɪrənt] adj. 本質上的，固有的 <in>

12. **jug** [dʒʌg] n. [C] 罐，壺 圓 pitcher；一壺的量 (also jugful)
    jug [dʒʌg] v. 將…裝入罐或壺中；用陶罐燉煮 (兔肉等)

13. **minimal** [ˋmɪnɪml] adj. 極少或極小的，最低限度的

14. **notion** [ˋnoʃən] n. [C] 概念 <of>；(心血來潮或異想天開的) 想法
   💡 abstract notion 抽象概念 |
      dispel the notion that... 摒除⋯的想法

15. **pedestrian** [pəˋdɛstrɪən] n. [C] 行人
   💡 pedestrian area/walkway/crossing 步行區 / 人行道 /
      行人穿越道
   pedestrian [pəˋdɛstrɪən] adj. 平淡無奇的，缺乏想像力的

16. **prescribe** [prɪˋskraɪb] v. 開藥，開處方 <for>；(法律等)
   規定

17. **ranch** [ræntʃ] n. [C] 大牧場，大農場
   💡 cattle/sheep ranch 牧牛 / 羊場 |
      ranch house 牧場主人所住的房子；(屋頂平緩的) 平房
   ranch [ræntʃ] v. 經營大牧場或大農場
   rancher [ˋræntʃɚ] n. [C] 大牧場或大農場的經營者或工
   作者

18. **retail** [ˋritel] n. [U] 零售
   retail [ˋritel] adj. 零售的
   💡 retail trade/business 零售業
   retail [ˋritel] adv. 零售地
   retail [ˋritel] v. 零售 <at, for>
   retailer [ˋritelɚ] n. [C] 零售商

19. **senator** [ˋsɛnɪtɚ] n. [C] 參議員；評議委員

senate [`sɛnɪt] n. [C] (美國) 參議院 (usu. the S-)；(大學的) 評議會

20. **snatch** [snætʃ] v. 一下子搶走，一把抓起，奪取；抓住機會 (做)…，趁機抽空 (做)…

    snatch [snætʃ] n. [C] 奪取；片段，小量 <of>
    💡 in snatches 斷斷續續地

21. **squad** [skwɑd] n. [C] 分隊，小隊，小組
    💡 flying/drugs/rescue squad 霹靂 / 緝毒 / 救援小組

22. **substantial** [səb`stænʃəl] adj. (在數量、重要性等方面) 大的，可觀的；堅固的
    💡 substantial change/improvement/contribution/salary/meal 重大的改變 / 大幅的進步 / 重大的貢獻 / 優渥的薪水 / 豐盛的餐點

23. **threshold** [`θrɛʃold] n. [C] 門檻；閾，界限
    💡 pain threshold 忍痛力 |
    on the threshold of sth 即將…

24. **uncover** [ʌn`kʌvɚ] v. 打開…的蓋子；揭發，揭露

25. **vinegar** [`vɪnɪgɚ] n. [C][U] 醋

● ━━━━━━━━━━ ◆ ━━━━━━━━━━ ●

Unit 8

1. **ballot** [`bælət] n. [C][U] 無記名投票，投票表決；[C] 選票 ⑩ ballot paper

💡 count the ballots 計算選票，計票 |
ballot box 投票箱，票匭

ballot [`bælət] v. 要求…投票表決 <on>

---

2. **carnival** [`kɑrnəvḷ] n. [C][U] 嘉年華會

---

3. **columnist** [`kɑləmnɪst] n. [C] 專欄作家

---

4. **condemn** [kən`dɛm] v. 公開譴責 <as, for>；將…判刑 <to>

---

5. **counselor** [`kaʊnsələ] n. [C] 諮商師，顧問；(兒童夏令營的) 輔導員

---

6. **deploy** [dɪ`plɔɪ] v. 部署，調度 (軍隊、武器等)；運用 (資源等)

---

7. **documentary** [ˌdɑkjə`mɛntərɪ] n. [C] 紀錄片 <on, about>

documentary [ˌdɑkjə`mɛntərɪ] adj. 文件的，書面的；(電影等) 紀實的

---

8. **erect** [ɪ`rɛkt] v. 建立；使直立，豎起 🔄 put up
💡 erect a tent 搭帳篷
erect [ɪ`rɛkt] adj. 筆直的

---

9. **fluency** [`fluənsɪ] n. [U] 流利，流暢

---

10. **grip** [grɪp] n. [C] 抓牢，抓緊，緊握 (usu. sing.) <on>；[sing.] 掌握，控制 <on>
💡 get a grip (on oneself) 控制自己的情緒，鎮定自制，自我克制

grip [grɪp] v. 抓牢，抓緊，緊握；吸引，使感興趣
(gripped | gripped | gripping)

11. **inherit** [ɪnˋhɛrət] v. 繼承 <from>；遺傳 <from>
💡 inherited disease 遺傳病
inheritance [ɪnˋhɛrətəns] n. [C][U] 遺產 (usu. sing.)

12. **jury** [ˋdʒʊrɪ] n. [C] 陪審團；(競賽等的) 評審團 (pl. juries)
💡 be/sit/serve on a jury 擔任陪審員 |
the jury is (still) out on sth …仍未確定，尚無定論

13. **minimize** [ˋmɪnəˌmaɪz] v. 將…減到最低

14. **nutrient** [ˋnjutrɪənt] n. [C] 營養，養分，營養素，營養物質
nutrient [ˋnjutrɪənt] adj. 營養的

15. **perspective** [pɚˋspɛktɪv] n. [C] 觀點 <on, from> 同 viewpoint；[U] 理性客觀的判斷力
💡 from a different/historical/female perspective 從不同 / 歷史 / 女性的觀點來看 | from sb's perspective 從…的觀點來看
perspective [pɚˋspɛktɪv] adj. 透視畫法的

16. **presume** [prɪˋzum] v. 以為，認為，認定，假定 同 assume；冒昧，膽敢，擅自
presumption [prɪˋzʌmpʃən] n. [C] 假定，推測，以為，認為

17. **rational** [ˋræʃənl̩] adj. 合理的 反 irrational ; 理性的 反 irrational

18. **rhetoric** [ˋrɛtərɪk] n. [U] (煽動或浮誇的) 言詞，華麗的 詞藻，花言巧語；修辭學
   rhetorical [rɪˋtɔrɪkl̩] adj. 修辭學的，修辭上的

19. **sensor** [ˋsɛnsɚ] n. [C] 感應器，感應裝置

20. **sniff** [snɪf] v. 嗅，聞 <at>；吸鼻子
   💡 sniff at sth 對⋯嗤之以鼻 |
      sniff out sth 嗅出⋯；察覺⋯ | sniff around 四處探查
   sniff [snɪf] n. [C] 嗅聞或吸鼻子

21. **squash** [skwɑʃ] n. [C][U] 南瓜屬的植物或其果實 (pl. squashes, squash)；[U] 壁球
   squash [skwɑʃ] v. 塞進，擠進 <in, into> 同 squeeze；壓 扁，壓壞，壓爛 同 flatten

22. **successor** [səkˋsɛsɚ] n. [C] 繼任者 <to>

23. **thrill** [θrɪl] n. [C] 激動，興奮刺激，戰慄
   thrill [θrɪl] v. (使) 興奮，激動

24. **undergraduate** [͵ʌndɚˋgrædʒuɪt] n. [C] 大學生

25. **visa** [ˋvizə] n. [C] 簽證
   💡 entry/exit/transit visa 入境 / 出境 / 過境簽證 |
      tourist/student/work visa 觀光 / 學生 / 工作簽證

Unit 9

1. **banner** [ˋbænɚ] n. [C] 橫幅標語
   * under the banner of sth 以…為由，打著…的口號

2. **casino** [kəˋsino] n. [C] 賭場 (pl. casinos)

3. **combat** [ˋkɑmbæt] n. [C][U] 戰鬥
   combat [ˋkɑmbæt] v. 打擊 (combated, combatted | combated, combatted | combating, combatting)

4. **confession** [kənˋfɛʃən] n. [C][U] 坦白，供認
   * I have a confession (to make)... 我要坦白承認一件事…

5. **credibility** [͵krɛdəˋbɪlətɪ] n. [U] 可信度，信用

6. **depress** [dɪˋprɛs] v. 使沮喪
   depressed [dɪˋprɛst] adj. 沮喪的
   depressing [dɪˋprɛsɪŋ] adj. 令人沮喪的

7. **domain** [doˋmen] n. [C] 領域，範圍

8. **erupt** [ɪˋrʌpt] v. (火山) 爆發 <from>；(動亂、戰爭、抗議等) 突發 ⊜ break out
   eruption [ɪˋrʌpʃən] n. [C][U] (火山) 爆發 ；(動亂、戰爭、抗議等) 突發

9. **forum** [ˋforəm] n. [C] 討論會，研討會 <on, for>；網路論壇，討論區 (pl. forums, fora)

10. **guideline** [ˋgaɪd͵laɪn] n. [C] 指導方針 (usu. pl.) <on, for>

11. **initiative** [ɪˋnɪʃɪətɪv] n. [sing.] 主動，自主性，主導權 (the ～)
    💡 on sb's own initiative 主動地
    initiative [ɪˋnɪʃɪətɪv] adj. 開始的，發起的

12. **landlord** [ˋlænd͵lɔrd] n. [C] 房東或地主

13. **missionary** [ˋmɪʃə͵nɛrɪ] n. [C] 傳 教 士 (pl. missionaries)
    missionary [ˋmɪʃə͵nɛrɪ] adj. 傳教士的，傳教的
    💡 missionary zeal 傳教士般的狂熱，極度的熱忱

14. **observer** [əbˋzɝvɚ] n. [C] 觀察者，觀察員；觀察家，評論家

15. **pessimism** [ˋpɛsə͵mɪzəm] n. [U] 悲 觀 ，悲 觀 主 義 <about, over> 反 optimism
    pessimist [ˋpɛsəmɪst] n. [C] 悲觀的人 ，悲觀主義者 反 optimist (pl. pessimists)

16. **prevail** [prɪˋvel] v. 流行，盛行 <in, among>；占上風，占優勢，勝過 <over>
    💡 prevail on/upon sb 說服…
    prevailing [prɪˋvelɪŋ] adj. 普遍的，流行的 同 current

17. **rattle** [ˋrætl] v. 嘎嘎作響，發出卡嗒聲；使緊張，使惶恐不安

💡 rattle on 喋喋不休

rattle [ˋrætl̩] n. [C] (硬物碰撞等發出的) 嘎嘎聲，卡嗒聲 (usu. sing.)

18. **rib** [rɪb] n. [C] 肋骨；排骨

rib [rɪb] v. 揶揄，調侃，取笑 <about> 同 tease (ribbed | ribbed | ribbing)

19. **sentimental** [͵sɛntəˋmɛntl̩] adj. 情感的；多愁善感的，感傷的 <about>

20. **soar** [sor] v. 暴增；高聳，高飛翱翔

21. **squat** [skwɑt] adj. 矮胖的

squat [skwɑt] n. [C] 蹲，蹲著的姿勢

squat [skwɑt] v. 蹲；擅自非法占用 (房屋或土地) (squatted | squatted | squatting)

22. **suite** [swit] n. [C] (旅館等的) 套房

💡 honeymoon suite 蜜月套房

23. **thriller** [ˋθrɪlɚ] n. [C] 驚悚片或驚悚小說等文藝作品

24. **underline** [͵ʌndɚˋlaɪn] v. 在 (字句等) 之下劃線，(為了強調而) 將…劃底線；強調，突顯 同 highlight

underline [ˋʌndɚ͵laɪn] n. [C] 底線

25. **vomit** [ˋvɑmɪt] n. [U] 嘔吐物

vomit [ˋvɑmɪt] v. 嘔吐

Unit 10

1. **batch** [bætʃ] n. [C] 一批 <of>
   - 💡 a batch of letters 一批信件 |
     a fresh batch of bread 一爐剛烤好的麵包

2. **cemetery** [ˋsɛməˌtɛrɪ] n. [C] (常指非附屬於教會的) 基地 (pl. cemeteries)

3. **comedian** [kəˋmidɪən] n. [C] 喜劇演員

4. **confine** [kənˋfaɪn] v. 限制，使侷限於 <to> 同 restrict；關住，困住，使離不開

5. **creek** [krik] n. [C] 小溪

6. **deputy** [ˋdɛpjəˌtɪ] n. [C] 代理人，副手 (pl. deputies)
   - 💡 deputy governor/mayor/chairman 副州長 / 副市長 / 副主席

7. **dome** [dom] n. [C] 半球形屋頂，圓頂，穹頂
   - 💡 the dome of the sky 蒼穹
   dome [dom] v. 以圓頂覆蓋；使成半球形

8. **escalator** [ˋɛskəˌletə-] n. [C] 電扶梯，自動手扶梯
   - 💡 up/down escalator 向上 / 向下的電扶梯
   escalate [ˋɛskəˌlet] v. 上升，增加；擴大，惡化 <into>

9. **foster** [ˋfɔstə-] adj. 寄養的，(暫時) 收養的
   - 💡 foster children/parents 寄養孩童 / 父母 |
     foster family/home 寄養家庭

foster [`fɔstɚ] v. 培養，助長，促進 圓 encourage, promote；養育 (非親生子女)，收養
💡 foster an interest in sth 培養對…的興趣

---

10. **gut** [gʌt] n. [C] 腸道 圓 intestine；[pl.] 內臟 (~s)
💡 have the guts (to do sth) 有做…的膽識或勇氣 |
it takes guts to do sth 做…需要膽識或勇氣
gut [gʌt] v. 清除 (魚等) 的內臟 (gutted | gutted | gutting)

---

11. **inject** [ɪn`dʒɛkt] v. 注射 <into, with>；注入，增添 (活力、資金等) <into>
💡 inject money/capital into the business 為企業挹注資金

---

12. **laser** [`lezɚ] n. [C] 雷射
💡 laser printer 雷射印表機 | laser surgery 雷射手術

---

13. **moan** [mon] n. [C] 呻吟聲
moan [mon] v. 呻吟 圓 groan；發牢騷 <about> 圓 complain

---

14. **odds** [ɑdz] n. [pl.] 可能性
💡 the odds are in favor of/against sth …可能 / 不可能發生 | the odds are in sb's favor/against sb …可能 / 不可能成功

---

15. **petty** [`pɛtɪ] adj. 微不足道的，瑣碎的 圓 trivial (pettier | pettiest)

---

16. **proclaim** [pro`klem] v. 宣布，聲明，宣稱

💡 proclaim sb/sth/oneself sth 宣布或宣稱…為…

17. **realism** [ˋriəˌlɪzəm] n. [U] 務實，實際；(文學、藝術等的) 逼真，寫實 (主義)

18. **ridge** [rɪdʒ] n. [C] 山脊；(屋脊等) 狹長的隆起
    ridge [rɪdʒ] v. 使隆起成脊狀

19. **server** [ˋsɝvɚ] n. [C] 伺服器；服務生 同 waiter, waitress；(大湯匙等) 分菜用具；(網球、排球等的) 發球者

20. **sob** [sɑb] n. [C] 啜泣 (聲)，抽噎 (聲)，嗚咽 (聲)
    sob [sɑb] v. 啜泣，抽噎，嗚咽 (sobbed | sobbed | sobbing)

21. **stability** [stəˋbɪlətɪ] n. [U] 安定 (性)，穩定 (性) 反 instability
    💡 economic/political/emotional stability 經濟 / 政治 / 情緒的穩定

22. **supervise** [ˋsupɚˌvaɪz] v. 監督

23. **throne** [θron] n. [C] 王位 (usu. the ～)
    💡 succeed to the throne 繼承王位 |
    seize the throne 篡奪王位 |
    come to/ascend the throne 登上王位，即位

24. **undertake** [ˌʌndɚˋtek] v. 從事，進行，承擔 (任務等)；承諾，答應 (undertook | undertaken | undertaking)

25. **voucher** [ˋvaʊtʃɚ] n. [C] 抵用券，兌換券

💡 gift/travel voucher 禮券 / 旅遊券 |
voucher for a free meal/swim 免費用餐券 / 游泳券

Unit 11 ⛵

1. **betray** [bɪ`tre] v. 背叛，出賣 <to>；洩漏 (祕密、情感等)
   betrayal [bɪ`treəl] n. [C][U] 背叛
   betrayer [bɪ`treə] n. [C] 背叛者

2. **certainty** [`sɝtṇtɪ] n. [C] 確定的事；[U] 確切，確實

3. **commentary** [`kɑmən,tɛrɪ] n. [C][U] 實況報導 <on>；
   [C] 評論 <on>

4. **confront** [kən`frʌnt] v. 與⋯面對面或對峙；針對⋯提出
   質疑 <with>；面臨 <with>

5. **cripple** [`krɪpl̩] v. 使跛腳
   cripple [`krɪpl̩] n. [C] 跛子

6. **descend** [dɪ`sɛnd] v. 下降 <to>；傳承 <from>
   💡 be descended from sb 是⋯的後代
   descendant [dɪ`sɛndənt] n. [C] 子孫 <of> 反 ancestor

7. **donate** [`donet] v. 捐贈 <to>

8. **estate** [ə`stet] n. [C] 地產

9. **fraction** [`frækʃən] n. [C] 分數；極小部分

10. **haul** [hɔl] v. 拖拉；運送

💡 haul sb up 傳喚…(出庭)
haul [hɔl] n. [C] 運送的距離

---

11. **injection** [ɪn`dʒɛkʃən] n. [C][U] 注射

12. **lawmaker** [`lɔ,mekɚ] n. [C] 立法者，立法委員 同 legislator

13. **mode** [mod] n. [C] 模式

14. **operational** [,ɑpə`reʃən!] adj. 運作的
operationally [,ɑpə`reʃənəlɪ] adv. 操作上地

15. **phase** [fez] n. [C] 階段
💡 in phase 同步地，一致地
phase [fez] v. 分段實施

16. **profound** [prə`faʊnd] adj. 深奧的；深切的
profoundly [prə`faʊndlɪ] adv. 深切地

17. **realm** [rɛlm] n. [C] 領域

18. **rifle** [`raɪf!] n. [C] 來福槍
rifle [`raɪf!] v. (尤指為了行竊而) 迅速翻找 (書頁、櫃子等) <through>

19. **session** [`sɛʃən] n. [C] 會議；(活動、授課的) 期間
💡 hold a session on sth 開有關…的會

20. **soften** [`sɔfən] v. (使) 變軟，(使) 軟化；(使) 變得溫和，(使) 態度軟化
💡 soften sb up 減低…的防備 | soften the blow 減低衝擊

---

21. **stack** [stæk] n. [C] 一堆 <of>

    stack [stæk] v. 堆疊，堆積 <up>；使充滿 <with>

    💡 stack up against sb/sth 與…相比 |
        the odds are stacked against sb …處於不利的處境 |
        stack the deck 暗中做手腳

---

22. **supreme** [sə`prim] adj. 最高的，至高無上的

    💡 the Supreme Court 最高法院

---

23. **thrust** [θrʌst] v. 猛推或猛塞；刺；迫使 (thrust | thrust | thrusting)

    thrust [θrʌst] n. [C] 猛力一推；批評，抨擊

---

24. **undo** [ʌn`du] v. 解開；使回復原狀，消除 (影響等) (undid | undone | undoing)

---

25. **vow** [vaʊ] n. [C] 誓言

    💡 make/take a vow 發誓 |
        keep/break a vow 遵守 / 違背誓言

    vow [vaʊ] v. 發誓 <to, that>

Unit 12

1. **bias** [`baɪəs] n. [C][U] 偏見 <against, toward, in favor of>

    💡 racial/religious/political bias 種族 / 宗教 / 政治偏見 |
        root out a bias 根除偏見

    bias [`baɪəs] v. 使有偏見 <against, toward, in favor of>

    📖 prejudice

2. **chapel** [ˋtʃæpl̩] n. [C] (基督教的) 小教堂

3. **commentator** [ˋkɑmən͵tetɚ] n. [C] 評論員

4. **consensus** [kənˋsɛnsəs] n. [sing.] 共識

5. **criterion** [kraɪˋtɪrɪən] n. [C] 衡量標準 (usu. pl.) <for> (pl. criteria)

6. **despair** [dɪˋspɛr] n. [U] 絕望
   🕯 be the despair of sb 成為…的心病 ｜
   to sb's despair 令…絕望的
   despair [dɪˋspɛr] v. 絕望，死心 <of>

7. **donor** [ˋdonɚ] n. [C] 捐贈者
   🕯 blood donor 捐血者 ｜ organ donor 器官捐贈者

8. **ethic** [ˋɛθɪk] n. [C] 倫理，道德標準 (usu. pl.)

9. **fragment** [ˋfrægmənt] n. [C] 碎片 <of>
   fragment [ˋfræg͵mɛnt] v. (使) 破碎 <into>

10. **hazard** [ˋhæzɚd] n. [C] 危害物 <of, to>
    🕯 take the hazard 承受風險 ｜ at/in hazard 冒著危險地 ｜
    at all hazards 不顧一切危險地 ｜
    occupational hazard 職業性危害
    hazard [ˋhæzɚd] v. 使遭受危險；冒險猜測
    hazardous [ˋhæzɚdəs] adj. 危險的

11. **inning** [ˋɪnɪŋ] n. [C] (棒球中的) 回合，局

12. **league** [lig] n. [C] 聯盟

💡 in league with sb 與…勾結
league [lig] v. 結盟，聯合 <together>

13. **molecule** [ˋmɑlə͵kjul] n. [C] 分子
molecular [məˋlɛkjələ] adj. 分子的

14. **optimism** [ˋɑptə͵mɪzəm] n. [U] 樂觀 反 pessimism
optimist [ˋɑptə͵mɪst] n. [C] 樂觀的人 反 pessimist

15. **photographic** [͵fotəˋgræfɪk] adj. 攝影的

16. **prohibit** [proˋhɪbɪt] v. (以法律、規定等) 禁止 <from>

17. **reassure** [͵riəˋʃur] v. 使安心

18. **rim** [rɪm] n. [C] 邊緣
rim [rɪm] v. 環繞 (rimmed | rimmed | rimming)

19. **shareholder** [ˋʃɛr͵holdə] n. [C] 股東 同 stockholder

20. **sole** [sol] adj. 唯一的；獨占的，獨有的
sole [sol] n. [C] 腳底；鞋底
sole [sol] v. 把鞋子配上底
solely [ˋsollɪ] adv. 僅，只

21. **stain** [sten] n. [C] 汙漬；(名聲等的) 汙點
stain [sten] v. 弄髒 <with>；染色

22. **surplus** [ˋsɝplʌs] n. [C][U] 剩餘
surplus [ˋsɝplʌs] adj. 過剩的

23. **tick** [tɪk] n. [C] 滴答聲
tick [tɪk] v. 滴答響

24. **unemployment** [ˌʌnɪmˈplɔɪmənt] n. [U] 失業 (率)；失業救濟金
   🏮 eliminate/reduce unemployment 消除 / 減少失業率
   unemployed [ˌʌnɪmˈplɔɪd] adj. 失業的，沒有工作的
   🏮 the unemployed 失業人口

25. **warehouse** [ˈwɛrˌhaʊs] n. [C] 倉庫
   warehouse [ˈwɛrˌhaʊz] v. 存入倉庫

Unit 13

1. **bizarre** [bɪˈzɑr] adj. 怪異的

2. **characterize** [ˈkærɪktəˌraɪz] v. 描述特點 <as>；是⋯的特徵
   characterization [ˌkærɪktərəˈzeʃən] n. [C][U] (對劇中、書中人物的) 描寫或塑造

3. **commuter** [kəˈmjutɚ] n. [C] 通勤者

4. **constitutional** [ˌkɑnstəˈtjuʃənl] adj. 憲法允許的
   🏮 constitutional monarchy 君主立憲制
   constitutional [ˌkɑnstəˈtjuʃənl] n. [C] 健身散步

5. **crude** [krud] adj. 粗略的；粗俗的
   🏮 crude oil/sugar/rubber 原油 / 粗糖 / 生橡膠

6. **destiny** [ˈdɛstənɪ] n. [C] 命運

7. **doorway** [`dɔr,we] n. [C] 門口

8. **ethical** [`εθɪkḷ] adj. 道德的 ⑯ moral ⑰ unethical

9. **framework** [`frem,wɝk] n. [C] 架構

10. **heir** [εr] n. [C] 繼承人
    🔦 heir apparent 法定繼承人

11. **innovation** [,ɪnə`veʃən] n. [C] 新事物；[U] 創新
    innovate [`ɪnə,vet] v. 創新

12. **legacy** [`lεgəsɪ] n. [C] 遺產 ⑯ inheritance

13. **morality** [mɔ`rælətɪ] n. [U] 正當性 <of>；[C][U] 道德
    觀 (pl. moralities)

14. **orchard** [`ɔrtʃəd] n. [C] 果園
    🔦 apple/cherry orchard 蘋果 / 櫻桃園

15. **pickup** [`pɪk,ʌp] n. [C] 小卡車，皮卡 (also pickup
    truck)

16. **projection** [prə`dʒεkʃən] n. [U] 放映；[C] 預測

17. **rebellion** [rɪ`bεljən] n. [C][U] 叛亂 <against>；叛逆
    <against>
    🔦 suppress/crush a rebellion 鎮壓叛亂
    rebellious [rɪ`bεljəs] adj. 反叛的；叛逆的
    🔦 rebellious streak 叛逆的傾向 | rebellious troops 反叛軍
    rebelliously [rɪ`bεljəslɪ] adv. 叛逆地

18. **rip** [rɪp] v. 撕裂，撕碎；劃破 (ripped | ripped |

ripping)

rip [rɪp] n. [C] 裂口

---

19. **shatter** [ˈʃætɚ] v. 粉碎;破壞 <into>

    shattering [ˈʃætərɪŋ] adj. 令人震驚的,毀滅性的

---

20. **solo** [ˈsolo] n. [C] 獨奏 (pl. solos)

    solo [ˈsolo] adv. 單獨地

    solo [ˈsolo] adj. 單獨的

---

21. **stake** [stek] n. [C] 樁;利害關係 <in>

    💡 at stake 有失去的危險 | pull up stakes 移居他處;離職 |
    go to the stake for sth 為…不惜赴湯蹈火

    stake [stek] v. 用樁撐起 <up>;投注 <on>

    💡 stake out 標出界線;祕密監視 |
    stake a claim 宣布所有權

---

22. **suspend** [səˈspɛnd] v. 垂掛 <from>;暫緩,暫停;停學
    <from>

---

23. **tile** [taɪl] n. [C] 瓦片;磁磚

    tile [taɪl] v. 鋪上磁磚

---

24. **unfold** [ʌnˈfold] v. 展開;顯露,揭露 反 fold

---

25. **warrior** [ˈwɔrɪɚ] n. [C] 戰士

Unit 14 ⛵

1. **blur** [blɝ] n. [C] 模糊不清的事物

blur [blɝ] v. 變得模糊 (blurred | blurred | blurring)

2. **chord** [kɔrd] n. [C] 和絃
   💡 strike/touch a chord (with sb) 得到 (…的) 共鳴或贊同

3. **compact** [kəm`pækt] adj. 小巧的
   compact [`kɑmpækt] n. [C] 協定
   compact [kəm`pækt] v. 壓縮

4. **constraint** [kən`strent] n. [C] 束縛，限制 (usu. pl.)
   <on> 同 restriction；[U] 拘束
   💡 economic/legal/political constraints 經濟 / 法律 / 政
   治束縛

5. **crystal** [`krɪstl̩] n. [C][U] 水晶
   crystal [`krɪstl̩] adj. 清澈的，透明的
   💡 crystal clear 清澈晶瑩的；清楚明瞭的

6. **diagnose** [ˌdaɪəg`nos] v. 診斷 <as, with>
   💡 sb be diagnosed as having depression/diabetes/flu/
   cancer 被診斷患有憂鬱症 / 糖尿病 / 流感 / 癌症 |
   sb be diagnosed with depression/diabetes/flu/cancer
   被診斷患有憂鬱症 / 糖尿病 / 流感 / 癌症

7. **dough** [do] n. [C][U] 麵團

8. **exclaim** [ɪk`sklem] v. 突然大叫

9. **fraud** [frɔd] n. [C][U] 詐欺；[C] 騙子
   💡 commit fraud 詐欺

10. **herb** [ɝb] n. [C] 香料

    herbal [`ɝbl] adj. 草本的

11. **inquiry** [in`kwairi] n. [C][U] 詢問，查詢 <about>；調查 <into> 同 investigation (pl. inquiries)

12. **legislative** [`lɛdʒis,letiv] adj. 立法的

13. **mortality** [mɔr`tæləti] n. [U] 死亡數量；不免一死

    🔋 mortality rate 死亡率

14. **originality** [ə,ridʒə`næləti] n. [U] 獨創性

15. **pier** [pir] n. [C] 碼頭

16. **prone** [pron] adj. 容易…的，有…的傾向 <to>；俯臥的，趴著的

17. **recipient** [ri`sipiənt] n. [C] 收受者

18. **rod** [rad] n. [C] 釣竿

19. **sheer** [ʃir] adj. 全然的；陡峭的

    sheer [ʃir] adv. 垂直地

20. **sophomore** [`saf,mor] n. [C] (高中、大學的) 二年級學生

21. **stall** [stɔl] n. [C] 攤位；隔欄，欄舍，小隔間

    stall [stɔl] v. (把家畜) 關入畜舍中；拖延；(車、引擎等) 熄火，拋錨

22. **sustainable** [sə`stenəbḷ] adj. 可持續的

23. **tin** [tɪn] n. [C] (裝餅乾等的) 有蓋金屬盒或罐頭；[U] 錫

24. **unlock** [ʌn`lɑk] v. 打開門鎖
   💡 unlock the mystery/secret of sth 解開…之謎

25. **wary** [`wɛrɪ] adj. 小心的 <of>

Unit 15

1. **blush** [blʌʃ] n. [C] 臉紅
   blush [blʌʃ] v. 臉紅 <with>

2. **chore** [tʃor] n. [C] 雜務

3. **compassionate** [kəm`pæʃənɪt] adj. 有同情心的

4. **consultation** [ˌkɑnsḷ`teʃən] n. [U] 商議 <with>；諮詢 <with>

5. **custody** [`kʌstədɪ] n. [U] 監護權；拘留
   💡 joint custody 共同監護權 |
      take sb into custody 拘留…

6. **dialect** [`daɪəˌlɛkt] n. [C][U] 方言

7. **driveway** [`draɪvˌwe] n. [C] (連接公用道路與車庫或民宅等的) 車道

8. **exclude** [ɪk`sklud] v. 排除，不包含 <from> 反 include
   excluding [ɪk`skludɪŋ] prep. 除去

9. **freight** [fret] n. [U] 貨運；貨物
   💡 freight train 貨運列車

freight [fret] v. 運送 (貨物) <with>

10. **hockey** [`hɑkɪ] n. [U] 冰上曲棍球 ⓢ ice hockey

11. **insane** [ɪn`sen] adj. 瘋狂的
   💡 go insane 發瘋，瘋了 | the insane 精神病患者

12. **liability** [͵laɪə`bɪlətɪ] n. [C] 負債 (usu. pl.)；[U] 責任，
   義務 <for>

13. **mortgage** [`mɔrgɪdʒ] n. [C] (房屋) 貸款或抵押
   💡 take out/pay off a mortgage 取得 / 清償房貸 |
   mortgage interest rate 房貸利率
   mortgage [`mɔrgɪdʒ] v. 抵押

14. **outfit** [`aʊt͵fɪt] n. [C] (整套) 服裝
   outfit [`aʊt͵fɪt] v. 提供裝備，配置 <with> (outfitted |
   outfitted | outfitting)

15. **pillar** [`pɪlɚ] n. [C] 柱子，柱狀物；(團體中的) 核心人
   物，臺柱 <of>
   💡 from pillar to post 到處奔走，四處奔波 |
   pillar of strength 中流砥柱

16. **propaganda** [͵prɑpə`gændə] n. [U] (政治等的) 宣傳

17. **recruit** [rɪ`krut] v. 招募 <to, for>
   recruit [rɪ`krut] n. [C] 新兵；新進人員，新手
   💡 draft/drill/seek recruits 徵募 / 訓練 / 尋求新兵或新手
   recruitment [rɪ`krutmənt] n. [U] 招募

18. **sacred** [`sekrɪd] adj. 神聖的

19. **sheriff** [`ʃɛrɪf] n. [C] (縣、郡的) 治安官，警長

20. **sovereignty** [`savrɪntɪ] n. [U] 主權 <over>

21. **stance** [stæns] n. [C] 立場 <on>

22. **swap** [swap] v. 交換 <for, with> 同 exchange
    (swapped | swapped | swapping)
    swap [swap] n. [C] 交換 (usu. sing.)
    💡 do a swap 作交換

23. **torch** [tɔrtʃ] n. [C] 火炬；手電筒 同 flashlight
    💡 carry a torch for sb 暗戀…
    torch [tɔrtʃ] v. 縱火

24. **upgrade** [ʌp`gred] v. 升級 反 downgrade
    upgrade [`ʌp,gred] n. [C] 改進

25. **weird** [wɪrd] adj. 怪異的 同 strange

●━━━━━━━━━━◆━━━━━━━━━━●

Unit 16

1. **bolt** [bolt] n. [C] 門閂；閃電
   💡 make a bolt for sth 往…急忙逃走
   bolt [bolt] v. 奔逃，逃跑 <for>；囫圇吞嚥 <down> 同
   gobble

2. **chronic** [`kranɪk] adj. 慢性的 反 acute

3. **compel** [kəm`pɛl] v. 迫使 <to> (compelled | compelled | compelling)

4. **contempt** [kən`tɛmpt] n. [U] 輕蔑 <for>
   💡 hold sb/sth in contempt 輕視… |
   beneath contempt 令人不齒 | with contempt 輕蔑地

5. **customs** [`kʌstəmz] n. [pl.] 海關

6. **diameter** [daɪ`æmətɚ] n. [C][U] 直徑

7. **ego** [`igo] n. [C] 自我 (意識) 或自負 (pl. egos)
   💡 boost sb's ego 增強…的自信心

8. **exclusive** [ɪk`sklusɪv] adj. 獨有的，專用的，專有的
   💡 exclusive report/interview 獨家報導 / 採訪

9. **frontier** [frʌn`tɪr] n. [C] 國界；[sing.] (尤指十九世紀美國西部的) 邊疆

10. **honorable** [`ɑnərəbl] adj. 值得尊敬的

11. **installation** [ˌɪnstə`leʃən] n. [U] 安裝

12. **lounge** [laʊndʒ] n. [C] (飯店、機場等的) 休息室
    💡 the departure lounge 候機室
    lounge [laʊndʒ] v. 閒晃 <around>

13. **motive** [`motɪv] n. [C] 動機 <for>

14. **outlet** [`aʊtˌlɛt] n. [C] 宣洩方法 <for>；零售店

15. **pipeline** [`paɪpˌlaɪn] n. [C] (石油、瓦斯等的) 輸送管

💡 in the pipeline 正在進行中

16. **prophet** [ˋprɑfɪt] n. [C] 預言家，先知

17. **regime** [rɪˋʒim] n. [C] 政權

18. **saddle** [ˋsædl̩] n. [C] 馬鞍
    💡 in the saddle 掌權；騎馬
    saddle [ˋsædl̩] v. 使承擔 (責任) <with>
    saddler [ˋsædlɚ] n. [C] 馬具商

19. **shield** [ʃild] n. [C] 盾牌 (等保護物) <against>
    shield [ʃild] v. 保護 <from>

20. **spacious** [ˋspeʃəs] adj. 寬敞的 🔄 roomy

21. **startle** [ˋstɑrtl̩] v. 吃驚
    startling [ˋstɑrtl̩ɪŋ] adj. 令人吃驚的

22. **symptom** [ˋsɪmptəm] n. [C] 症狀 <of>；徵兆 <of> 🔄 indication

23. **tournament** [ˋtɝnəmənt] n. [C] 錦標賽
    💡 tennis/badminton/golf tournament 網球 / 羽球 / 高爾夫球錦標賽

24. **utility** [juˋtɪlətɪ] n. [C] 設施

25. **whine** [waɪn] n. [C] 哀鳴聲 (usu. sing.)
    whine [waɪn] v. 哀鳴

Unit 17

1. **bonus** [ˋbonəs] n. [C] 獎金，紅利

2. **chunk** [tʃʌŋk] n. [C] 厚塊
   💡 a chunk of meat/bread/wood/ice 一大塊肉 / 麵包 / 木頭 / 冰塊
   chunky [ˋtʃʌŋkɪ] adj. 厚重的，厚實的，沉甸甸的

3. **compensation** [ˌkɑmpənˋseʃən] n. [U] 賠償金
   💡 in compensation for sth 作為⋯的賠償

4. **continental** [ˌkɑntəˋnɛntl̩] adj. 大陸 (性) 的

5. **debut** [deˋbju] n. [C] 首次亮相

6. **diaper** [ˋdaɪəpə] n. [C] 尿布

7. **emission** [ɪˋmɪʃən] n. [C] (氣體、熱量、光線等的) 排放

8. **execution** [ˌɛksɪˋkjuʃən] n. [U] 實行

9. **galaxy** [ˋgæləksɪ] n. [C] 星系 (pl. galaxies)

10. **hormone** [ˋhɔrmon] n. [C] 荷爾蒙

11. **integrate** [ˋɪntəˌgret] v. 融合，融入 <into, with>

12. **lump** [lʌmp] n. [C] 腫塊；方糖
    💡 have a lump in sb's throat 哽咽
    lump [lʌmp] v. 把⋯湊在一起，歸攏在一起 <together>

13. **mumble** [ˋmʌmbl̩] v. 含糊地說，咕噥

mumble [ˋmʌmbl̩] n. [C] 喃喃自語 (usu. sing.)

14. **outsider** [aʊtˋsaɪdɚ] n. [C] 外人，局外人 ⓐ insider

15. **pirate** [ˋpaɪrət] n. [C] 海盜
    pirate [ˋpaɪrət] v. 盜版，剽竊

16. **proportion** [prəˋporʃən] n. [C] 部分；比例 ⓢ ratio
    ● in proportion to sth 與⋯成比例 |
    out of (all) proportion to sth 與⋯不成比例 |
    keep a sense of proportion 辨別輕重緩急
    proportion [prəˋporʃən] v. 使成比例，使協調 <to>

17. **reinforce** [͵rimˋfors] v. 加強
    reinforcement [͵rimˋforsmənt] n. [U] 加強

18. **salmon** [ˋsæmən] n. [C] 鮭魚 (pl. salmon)

19. **shiver** [ˋʃɪvɚ] n. [C] 顫抖
    shiver [ˋʃɪvɚ] v. (因寒冷或恐懼而) 顫抖 <with> ⓢ
    tremble

20. **sparkle** [ˋspɑrkl̩] v. 閃閃發光
    sparkle [ˋspɑrkl̩] n. [C][U] 光芒

21. **steer** [stɪr] v. 駕駛；引導
    ● steer the conversation away 轉移話題
    steer [stɪr] n. [C] 建議

22. **tackle** [ˋtækl̩] v. 處理或解決 (難題等)
    tackle [ˋtækl̩] n. [U] 工具

23. **traitor** [ˋtretɚ] n. [C] 背叛者，叛徒

24. **utilize** [ˋjutə͵laɪz] v. 使用

25. **wig** [wɪg] n. [C] 假髮

Unit 18

1. **booth** [buθ] n. [C] 小隔間 (pl. booths)
   💡 a phone booth 電話亭 | a polling/voting booth 投票間

2. **cite** [saɪt] v. 引用 ⑩ quote

3. **competent** [ˋkɑmpətənt] adj. 勝任的 <at> ⑫ incompetent

4. **contractor** [ˋkɑntræktɚ] n. [C] 承包商

5. **decay** [dɪˋke] n. [U] 腐敗；衰退，衰微
   decay [dɪˋke] v. 腐敗 ⑩ rot；衰退 ⑩ decline

6. **digestion** [daɪˋdʒɛstʃən] n. [U] 消化

7. **endorse** [ɪnˋdɔrs] v. (公開) 贊同，支持
   endorsement [ɪnˋdɔrsmənt] n. [C][U] 支持，認可

8. **exile** [ˋɛgzaɪl] n. [U] 流放，放逐
   exile [ˋɛgzaɪl] v. 流放，放逐

9. **gasp** [gæsp] n. [C] 喘氣或倒抽一口氣
   💡 the last gasp 最後一口氣，奄奄一息

gasp [gæsp] v. 喘氣 <for>；(因驚訝等) 倒抽一口氣，屏息

10. **hostage** [ˋhɑstɪdʒ] n. [C] 人質

11. **integration** [ˌɪntəˋgreʃən] n. [U] 整合，結合

12. **mandate** [ˋmændet] n. [C] (政黨等經選舉獲得的) 授權

13. **municipal** [mjuˋnɪsəpl] adj. 市政的
    💡 municipal government 市政府 | municipal election
    市政選舉 | municipal library 市立圖書館

14. **overhead** [ˌovəˋhɛd] adv. 在頭上方，在空中
    overhead [ˋovəˌhɛd] adj. 在頭上方的，高架的
    overhead [ˋovəˌhɛd] n. [C][U] (公司的) 經常性支出，
    營運成本

15. **placement** [ˋplesmənt] n. [C][U] 臨時工作或實習工作

16. **prosecution** [ˌprɑsɪˋkjuʃən] n. [C][U] 起訴

17. **render** [ˋrɛndə] v. 使變成 同 make；給與

18. **scan** [skæn] n. [C] 掃描
    scan [skæn] v. 審視；瀏覽 同 skim (scanned |
    scanned | scanning)

19. **shove** [ʃʌv] v. 猛推，推擠；隨便放，亂塞
    shove [ʃʌv] n. [C] 猛推，推擠

20. **specialize** [ˋspɛʃəˌlaɪz] v. 專攻 <in>

21. **stereotype** [ˋstɛrɪəˌtaɪp] n. [C] 刻板印象

stereotype [`stɛrɪə,taɪp] v. 以刻板印象看待⋯，把⋯定型 <as>

---

22. **tangle** [`tæŋgl] n. [C] 纏結的一團
    tangle [`tæŋgl] v. 纏結，纏住

---

23. **transit** [`trænzɪt] n. [U] 通過；運送
    💡 transit lounge 轉機候機室 ｜ transit visa 過境簽證
    transit [`trænsɪt] v. 通過，穿越

---

24. **variable** [`vɛrɪəbl] n. [C] 變數 ⓡ constant
    variable [`vɛrɪəbl] adj. 多變的

---

25. **wilderness** [`wɪldənɪs] n. [C] 荒地 (usu. sing.)

Unit 19

1. **boredom** [`bordəm] n. [U] 無聊

2. **citizenship** [`sɪtəzn̩,ʃɪp] n. [U] 公民身分

3. **compliance** [kəm`plaɪəns] n. [U] 遵守 <with>

4. **contradiction** [,kɑntrə`dɪkʃən] n. [C][U] 矛盾
   💡 in contradiction to sth 與⋯相反
   contradictory [,kɑntrə`dɪktərɪ] adj. 矛盾的 <to>

5. **deceive** [dɪ`siv] v. 欺騙 <into>

6. **dimension** [də`mɛnʃən] n. [C] 尺寸 (usu. pl.) ⓢ
   measurement；規模

7. **enterprise** [`ɛntə,praɪz] n. [C] 事業

8. **exploit** [ɪk`splɔɪt] v. 開發 (資源)；剝削
   exploit [ɪk`splɔɪt] n. [C] 英勇的行為 (usu. pl.)

9. **generator** [`dʒɛnə,retə] n. [C] 發電機

10. **hostility** [hɑs`tɪlətɪ] n. [U] 敵意 <to, toward>
    hostilities [hɑs`tɪlətɪs] n. [pl.] 戰爭，戰鬥

11. **integrity** [ɪn`tɛgrətɪ] n. [U] 正直；完整性 ⓢ unity

12. **masculine** [`mæskjəlɪn] adj. 男性的
    masculine [`mæskjəlɪn] n. [C] 陽性 (the ~)
    masculinity [,mæskjə`lɪnətɪ] n. [U] 男子氣概

13. **mustard** [`mʌstəd] n. [U] 芥末醬

14. **overwhelm** [,ovə`hwɛlm] v. (在情感等方面) 使深受影
    響 ⓢ overcome
    overwhelming [,ovə`hwɛlmɪŋ] adj. 無法抗拒的
    overwhelmingly [,ovə`hwɛlmɪŋlɪ] adv. 壓倒性地

15. **plural** [`plʊrəl] adj. 複數的
    plural [`plʊrəl] n. [C][U] 複數

16. **province** [`prɑvɪns] n. [C] 省

17. **rental** [`rɛntl̩] n. [C][U] 租金

18. **scar** [skɑr] n. [C] 傷疤；(心靈、精神上的) 創傷
    scar [skɑr] v. 留下傷疤 (scarred | scarred | scarring)

19. **shrug** [ʃrʌg] n. [C] 聳肩 (usu. sing.)
    shrug [ʃrʌg] v. 聳肩 (shrugged | shrugged | shrugging)

20. **specify** [ˋspɛsə͵faɪ] v. 詳細說明，明確指出

21. **stew** [stju] n. [C] 燉煮的食物
    stew [stju] v. 燉煮

22. **tempt** [tɛmpt] v. 引誘，吸引 <to>

23. **transition** [trænˋzɪʃən] n. [C][U] 轉變
    🍃 in transition 在過渡期

24. **vein** [ven] n. [C] 靜脈

25. **windshield** [ˋwɪnd͵ʃild] n. [C] 擋風玻璃

Unit 20

1. **boundary** [ˋbaʊndərɪ] n. [C] 邊界 (pl. boundaries)

2. **civic** [ˋsɪvɪk] adj. 市民的

3. **complication** [͵kɑmpləˋkeʃən] n. [C][U] 使更複雜或困難的事物

4. **controversy** [ˋkɑntrə͵vɝsɪ] n. [C][U] 爭議 <over, about> (pl. controversies)

5. **dedicate** [ˋdɛdə͵ket] v. 奉獻 <to>

6. **diplomatic** [ˌdɪpləˈmætɪk] adj. 有手腕的 <with> 同 tactful

7. **enthusiastic** [ɪnˌθjuzɪˈæstɪk] adj. 熱中的 <about>

8. **exploration** [ˌɛkspləˈreʃən] n. [C][U] 探索

9. **genetics** [dʒəˈnɛtɪks] n. [U] 遺傳學

10. **icon** [ˈaɪkɑn] n. [C] 圖示；偶像

11. **intensify** [ɪnˈtɛnsəˌfaɪ] v. 加強 同 heighten

12. **massage** [məˈsɑʒ] n. [C][U] 按摩
    massage [məˈsɑʒ] v. 按摩

13. **myth** [mɪθ] n. [C][U] 神話
    mythical [ˈmɪθɪkl̩] adj. 虛構的
    mythology [mɪˈθɑlədʒɪ] n. [C][U] 神話 (pl. mythologies)

14. **particle** [ˈpɑrtɪkl̩] n. [C] 微粒；極少量

15. **poke** [pok] v. 戳 <into>；伸出 <out of, through>
    poke [pok] n. [C] 戳

16. **quiver** [ˈkwɪvɚ] n. [C] 顫抖 <of>
    quiver [ˈkwɪvɚ] v. 顫抖 <with> 同 tremble

17. **repay** [rɪˈpe] v. 報答 <for> (repaid | repaid | repaying)
    repayment [rɪˈpemənt] n. [C][U] 償還

18. **scenario** [sɪˈnɛrɪˌo] n. [C] 情況，設想 (pl. scenarios)

19. **shuttle** [`ʃʌtl]　n.　[C] (往返兩地的) 接駁車
　　shuttle [`ʃʌtl]　v.　往返

20. **spectator** [`spɛktetɚ]　n.　[C] 觀眾

21. **stimulus** [`stɪmjələs]　n.　[C][U] 刺激 <to> (pl. stimuli)

22. **terrify** [`tɛrə͵faɪ]　v.　驚嚇
　　terrifying [`tɛrə͵faɪɪŋ]　adj.　嚇人的

23. **treaty** [`tritɪ]　n.　[C] 條約 (pl. treaties)

24. **venue** [`vɛnju]　n.　[C] (活動) 場地 <for>

25. **wither** [`wɪðɚ]　v.　枯萎；消失 <away>

26. **worthwhile** [`wɝθ`hwaɪl]　adj.　值得的

27. **yacht** [jɑt]　n.　[C] 遊艇
　　yacht [jɑt]　v.　駕遊艇

Unit 1

1. **admiral** [`ædmərəl] n. [C] 海軍上將

2. **annoyance** [ə`nɔɪəns] n. [U] 惱怒 圓 irritation

3. **arithmetic** [ə`rɪθmə,tɪk] n. [U] 算術
   arithmetic [,ærɪθ`mɛtɪk] adj. 算術的

4. **bilateral** [baɪ`lætərəl] adj. 雙邊的，雙方的

5. **broth** [brɔθ] n. [U] 高湯

6. **Celsius** [`sɛlsɪəs] n. [U] 攝氏

7. **colloquial** [kə`lokwɪəl] adj. 口語的

8. **consonant** [`kɑnsənənt] n. [C] 子音

9. **coral** [`kɔrəl] n. [U] 珊瑚
   coral [`kɔrəl] adj. 珊瑚色的

10. **courtyard** [`kort,jɑrd] n. [C] 中庭

11. **crossing** [`krɔsɪŋ] n. [C] 穿越道
    💡 zebra/railroad crossing 斑馬線 / 平交道

12. **detach** [dɪ`tætʃ] v. 拆開 <from> 圓 remove 反 attach；
    使分離 <from>

13. **enrich** [ɪn`rɪtʃ] v. 使 (心靈、生活等) 豐富
    enrichment [ɪn`rɪtʃmənt] n. [U] 豐富

14. **eternity** [ɪ`tɝnətɪ] n. [U] 永恆；[sing.] 漫長的時間

15. **hospitable** [ˋhɑspɪtəbl̩] adj. 友好熱情的 ， 好客的 <to> 同 welcoming

16. **liberate** [ˋlɪbəˌret] v. 解放，使自由 <from> 同 release

17. **merchandise** [ˋmɝtʃənˌdaɪz] n. [U] 貨品 同 product
    merchandise [ˋmɝtʃənˌdaɪz] v. 銷售

18. **nickel** [ˋnɪkl̩] n. [U] 鎳
    nickel [ˋnɪkl̩] v. 將⋯鍍上鎳

19. **notorious** [noˋtorɪəs] adj. 惡 名 昭 彰 的 <for> 同 infamous
    notoriously [noˋtorɪəslɪ] adv. (因惡名) 眾人皆知

20. **radius** [ˋredɪəs] n. [C] 半徑 (pl. radii, radiuses)

21. **solidarity** [ˌsɑləˋdærətɪ] n. [U] 團結
    💡 express solidarity with sb 表示和⋯的團結

22. **strangle** [ˋstræŋgl̩] v. 勒死；扼殺，壓制

23. **trek** [trɛk] n. [C] (徒步) 長途跋涉
    trek [trɛk] v. 徒步旅行 (trekked | trekked | trekking)

24. **vanilla** [vəˋnɪlə] n. [U] 香草

25. **veil** [vel] n. [C] 面紗；[sing.] 覆蓋物
    💡 draw a veil over sth 避而不談⋯
    veil [vel] v. 戴面紗；隱藏，遮掩

Unit 2

1. **advisory** [ədˋvaɪzərɪ] adj. 顧問的

2. **antibiotic** [ˌæntɪbaɪˋɑtɪk] n. [C] 抗生素
   antibiotic [ˌæntɪbaɪˋɑtɪk] adj. 抗生素的

3. **ascend** [əˋsɛnd] v. 上升，登上，攀登 ⊗ descend

4. **beforehand** [bɪˋfor,hænd] adv. 預先，事先

5. **blaze** [blez] n. [C] 火焰，大火
   🌻 a blaze of publicity 眾所周知的事
   blaze [blez] v. 熊熊燃燒；發光，閃耀
   🌻 blaze down (太陽) 炎炎照耀，閃耀

6. **brotherhood** [ˋbrʌðɚ,hʊd] n. [U] 手足情誼，親善友愛

7. **cement** [səˋmɛnt] n. [U] 水泥
   cement [səˋmɛnt] v. 加強，鞏固

8. **comet** [ˋkɑmɪt] n. [C] 彗星

9. **conspiracy** [kənˋspɪrəsɪ] n. [C][U] 共謀或密謀策劃 <to, against> (pl. conspiracies)
   conspire [kənˋspaɪr] v. 共謀 <to, against> 🔄 plot

10. **crutch** [krʌtʃ] n. [C] (夾在腋下用的) 拐杖 <on>

11. **cumulative** [ˋkjumjələtɪv] adj. 累積的

12. **defect** [ˋdifɛkt] n. [C] 毛病，缺陷
    🌻 birth/speech/hearing/heart/sight defect 先天性 / 言語 /

聽覺 / 心臟 / 視力缺陷

defect [dɪ`fɛkt] v. 投奔，叛離 <from, to>

13. **detain** [dɪ`ten] v. 羈押，拘留；耽擱 ⃝ delay

14. **examinee** [ɪg,zæmə`ni] n. [C] 應試者，考生

15. **examiner** [ɪg`zæmənɚ] n. [C] 主考官

16. **hybrid** [`haɪbrɪd] adj. 混合的
    hybrid [`haɪbrɪd] n. [C] 混合物 ⃝ mixture

17. **liberation** [,lɪbə`reʃən] n. [U] 解放 (運動)

18. **mimic** [`mɪmɪk] v. 模仿 ⃝ imitate (mimicked |
    mimicked | mimicking)
    mimic [`mɪmɪk] n. [C] 模仿者 ⃝ imitator

19. **nourish** [`nɝɪʃ] v. 提供營養或養育；懷有，培養
    nourishment [`nɝɪʃmənt] n. [U] 營養
    nourishing [`nɝɪʃɪŋ] adj. 有營養的

20. **orient** [`ɔrɪənt] n. [U] 東方國家 (the ～)
    orient [`ɔrɪ,ɛnt] v. 使適應 <to>

21. **rap** [ræp] n. [U] 饒舌音樂

22. **soothe** [suð] v. 安慰，撫慰 ⃝ calm；舒緩，減輕 (疼痛)

23. **stride** [straɪd] n. [C] 大步，闊步
    💡 make giant strides 突飛猛進 | get into sb's stride (工
    作) 漸入情況 | take sth in sb's stride 從容處理

stride [straɪd] v. 大步行走或跨越 <over> (strode | stridden | striding)

24. **underneath** [ˌʌndəˈniθ] prep. 在 … 之下 同 under, below, beneath
underneath [ˌʌndəˈniθ] adv. 在下面，在底下
underneath [ˌʌndəˈniθ] n. [sing.] 底部，下面
underneath [ˌʌndəˈniθ] adj. 底下的，下面的

25. **versatile** [ˈvɝsətḷ] adj. 多才多藝的；多功能的

Unit 3

1. **affiliate** [əˈfɪlɪet] n. [C] 隸屬機構，分支機構

2. **applicable** [ˈæplɪkəbḷ] adj. 適用的 <to>

3. **aspire** [əˈspaɪr] v. 渴望

4. **bleach** [blitʃ] n. [U] 漂白劑
bleach [blitʃ] v. (藉化學作用或因陽光) 漂白，褪色

5. **bureaucrat** [ˈbjʊrəˌkræt] n. [C] 官僚

6. **census** [ˈsɛnsəs] n. [C] 人口普查 (pl. censuses)

7. **commonwealth** [ˈkɑmənˌwɛlθ] n. [sing.] 聯邦，國協

8. **contention** [kənˈtɛnʃən] n. [C] 論點，看法；[U] 爭議，爭吵

9. **cub** [kʌb] n. [C] (狼、獅、熊等肉食性動物的) 幼獸

10. **cynical** [`sɪnɪkl̩] adj. 憤世嫉俗的

11. **detention** [dɪ`tɛnʃən] n. [U] 羈押，拘留

12. **drastic** [`dræstɪk] adj. 嚴厲的或激烈的
    drastically [`dræstɪklɪ] adv. 急劇地

13. **excerpt** [`ɛksɝpt] n. [C] 摘錄 <from>
    excerpt [ɪk`sɝpt] v. 摘錄

14. **fable** [`febl̩] n. [C] 寓言

15. **glacier** [`gleʃɚ] n. [C] 冰河

16. **hygiene** [`haɪdʒin] n. [U] 衛生
    🔎 food/personal/dental hygiene 食物 / 個人 / 口腔衛生

17. **linger** [`lɪŋgɚ] v. 留連 <on>

18. **navigate** [`nævə,get] v. 導航，向駕駛指示行車路線

19. **oath** [oθ] n. [C] (在法庭上的) 宣誓，誓言 (pl. oaths)
    🔎 under/on oath (尤指在法庭上) 發誓是真的

20. **orphanage** [`ɔrfənɪdʒ] n. [C] 孤兒院

21. **realization** [,rɪələ`zeʃən] n. [sing.] 領悟，意識到 🔄
    awareness

22. **sorrowful** [`sɑrofəl] adj. 悲傷的，傷心的 🔄 sad

23. **subjective** [səb`dʒɛktɪv] adj. 主觀的 🔄 objective
    subjective [səb`dʒɛktɪv] n. [C][U] 主詞，主格 (the ～)；
    主觀事物

24. **vigorous** [`vɪgərəs] adj. 活力充沛或強而有力的 同 energetic

25. **villain** [`vɪlən] n. [C] 惡棍，歹徒，流氓

Unit 4

1. **accumulate** [ə`kjumjə,let] v. 累積 同 build up

2. **affirm** [ə`fɝm] v. 斷言，確定 同 confirm

3. **assassinate** [ə`sæsə,net] v. 暗殺
   assassination [ə,sæsə`neʃən] n. [C][U] 暗殺

4. **astronaut** [`æstrə,nɔt] n. [C] 太空人

5. **blond** [bland] n. [C] (尤指) 金髮男子
   blonde [bland] n. [C] (尤指) 金髮女子
   blond [bland] adj. 金髮的 (男性常用 blond，女性常用 blonde)

6. **bypass** [`baɪ,pæs] n. [C] (繞過城市或城鎮的) 旁道，外環道路
   bypass [`baɪ,pæs] v. 繞過；越過，不顧

7. **ceramic** [sə`ræmɪk] adj. 陶器的，瓷器的
   ceramic [sə`ræmɪk] n. [C] 陶器，瓷器 (usu. pl.)

8. **communicative** [kə`mjunə,ketɪv] adj. 健談的

9. **contestant** [kən`tɛstənt] n. [C] 競爭者，參賽者

10. **cucumber** [ˋkjukʌmbɚ] n. [C][U] 黃瓜

11. **dedication** [dɛdəˋkeʃən] n. [U] 奉獻，盡心盡力 圓 commitment

12. **deter** [dɪˋtɝ] v. 阻止，使打消念頭 <from> (deterred | deterred | deterring)

13. **excess** [ˋɛksɛs] adj. 多餘的，過多的，過度的
    excess [ɪkˋsɛs] n. [sing.] 過度 <of>

14. **fragrance** [ˋfregrəns] n. [C][U] 芳香，香氣

15. **illuminate** [ɪˋlumə͵net] v. 照亮
    illumination [ɪ͵luməˋneʃən] n. [C][U] 照明

16. **imperial** [ɪmˋpɪrɪəl] adj. 帝國的，皇帝的
    imperialism [ɪmˋpɪrɪəlɪzəm] n. [U] 帝國主義

17. **lizard** [ˋlɪzɚd] n. [C] 蜥蜴

18. **odor** [ˋodɚ] n. [C][U] (常指難聞的) 氣味，臭味 <of>
    🔆 body odor 體臭

19. **offspring** [ˋɔf͵sprɪŋ] n. [C] 子女，孩子 (pl. offspring)

20. **outbreak** [ˋaʊt͵brek] n. [C] 爆發

21. **outward** [ˋaʊtwɚd] adj. 表面的
    outward [ˋaʊtwɚd] adv. 向外地 (also outwards)
    outwardly [ˋaʊtwɚdlɪ] adv. 表面上 圂 inwardly

22. **reckless** [ˋrɛkləs] adj. 魯莽的 <of> 圓 rash

recklessly [ˋrɛkləslɪ] adv. 魯莽地

23. **spacecraft** [ˋspes͵kræft] n. [C] 太空船 同 spaceship (pl. spacecraft)

24. **surname** [ˋsɝ͵nem] n. [C] 姓氏

25. **vitality** [vaɪˋtælətɪ] n. [U] 活力 同 vigor

Unit 5

1. **aboriginal** [͵æbəˋrɪdʒənl] adj. 原始的，土生土長的，原住民的
   aboriginal [͵æbəˋrɪdʒənl] n. [C] 原住民
   aborigine [͵æbəˋrɪdʒəni] n. [C] 原住民

2. **airway** [ˋɛr͵we] n. [C] 氣道

3. **apprentice** [əˋprɛntɪs] n. [C] 學徒

4. **asthma** [ˋæzmə] n. [U] 氣喘

5. **attendant** [əˋtɛndənt] n. [C] 接待員

6. **blot** [blɑt] v. (用紙或布) 吸乾 (blotted | blotted | blotting)
   💡 blot sth out 抹掉 (記憶)
   blot [blɑt] n. [C] 汙漬；(人格、名聲等的) 汙點 <on>
   💡 a blot on the landscape 破壞風景的東西

7. **calculator** [ˋkælkjə͵letɚ] n. [C] 計算機

8. **certify** [`sɝtə͵faɪ] v. 證實，證明
   certified [`sɝtə͵faɪd] adj. 有證書的

9. **compile** [kəm`paɪl] v. 彙編

10. **continuity** [͵kɑntə`nuətɪ] n. [U] 連續性

11. **cultivate** [`kʌltə͵vet] v. 耕種 圓 grow；培養或塑造

12. **dental** [`dɛntl̩] adj. 牙科的

13. **detergent** [dɪ`tɝdʒənt] n. [C][U] 清潔劑

14. **exclusion** [ɪk`skluʒən] n. [C][U] 排除，除外 <from, of>

15. **frantic** [`fræntɪk] adj. 忙亂的

16. **indifference** [ɪn`dɪfərəns] n. [U] 漠不關心 <to, toward>

17. **literacy** [`lɪtərəsɪ] n. [U] 知識，能力

18. **longevity** [lɑn`dʒɛvətɪ] n. [U] 長壽；壽命

19. **oriental** [͵orɪ`ɛntl̩] adj. 東方的
    oriental [͵orɪ`ɛntl̩] n. [C] 東方人

20. **outnumber** [͵aʊt`nʌmbɚ] v. 在數量上超過

21. **outright** [`aʊt͵raɪt] adj. 徹底的
    outright [͵aʊt`raɪt] adv. 當場地

22. **recreational** [͵rɛkrɪ`eʃənl̩] adj. 休閒娛樂的

23. **spontaneous** [spɑn`tenɪəs] adj. 自發的或不由自主的
    spontaneously [spɑn`tenɪəslɪ] adv. 自發地或不由自主地

24. **symbolize** [ˋsɪmbəˏlaɪz] v. 象徵 同 represent

25. **wardrobe** [ˋwɔrdrob] n. [C] 衣櫥

Unit 6

1. **algebra** [ˋældʒəbrə] n. [U] 代數

2. **astray** [əˋstre] adv. 迷路地；誤入歧途地
   💡 go astray 誤入歧途
   astray [əˋstre] adj. 迷路的；誤入歧途的

3. **awesome** [ˋɔsəm] adj. 很棒的

4. **banquet** [ˋbæŋkwɪt] n. [C] (正式的) 宴會

5. **blunt** [blʌnt] adj. 鈍的 反 sharp；直率的
   💡 blunt instrument 鈍器
   blunt [blʌnt] v. 使 (情感等) 減弱

6. **calligraphy** [kəˋlɪgrəfɪ] n. [U] 書法

7. **champagne** [ʃæmˋpen] n. [U] 香檳

8. **complement** [ˋkɑmpləˏmɛnt] v. 使完善，補足，與…互補或相配
   complement [ˋkɑmpləmənt] n. [C] 補充或襯托的事物 <to>
   complementary [ˏkɑmpləˋmɛntərɪ] adj. 互補的 <to>

9. **contradict** [ˏkɑntrəˋdɪkt] v. 與…矛盾；反駁

10. **curb** [kɝb] n. [C] 抑制 <on>

  curb [kɝb] v. 抑制

11. **destined** [ˋdɛstɪnd] adj. 命中注定的；預定前往⋯的 <for>

12. **devour** [dɪˋvaʊr] v. 狼吞虎嚥地吃光 圓 gobble

  💡 be devoured by sth 被 (焦慮等) 吞噬，內心充滿 (焦慮等)

13. **fascination** [ˌfæsəˋneʃən] n. [C][U] 魅力，吸引力；著迷 <with, for>

14. **graze** [grez] v. (牛、羊等) 吃草 <on>；擦傷，擦破

15. **induce** [ɪnˋdjus] v. 誘使 <to>；導致

16. **lullaby** [ˋlʌləˌbaɪ] n. [C] 催眠曲，搖籃曲 (pl. lullabies)

17. **lunar** [ˋlunɚ] adj. 月球的

  💡 lunar calendar 陰曆

18. **originate** [əˋrɪdʒəˌnet] v. 創始；開始 <in, from>

19. **oyster** [ˋɔɪstɚ] n. [C] 牡蠣

  💡 the world is sb's oyster ⋯可以隨心所欲

20. **paradox** [ˋpærəˌdɑks] n. [C][U] 矛盾的人或事物

21. **rehearse** [rɪˋhɝs] v. 預演

22. **solitary** [ˋsɑləˌtɛrɪ] adj. (喜歡) 獨處的

  solitary [ˋsɑləˌtɛrɪ] n. [U] 單獨監禁 (also solitary

confinement)

23. **spotlight** [`spɑt͵laɪt] n. [C] 大眾關注的焦點；聚光燈
    💡 under the spotlight 被徹底剖析 |
       in the spotlight 備受矚目的
    spotlight [`spɑt͵laɪt] v. 以聚光燈照亮 ; 使大眾關注 🔄
    highlight (spotlighted, spotlit | spotlighted, spotlit |
    spotlighting)

24. **telecommunications** [͵tɛləkə͵mjunə`keʃənz] n. [pl.] 電
    信 (科技)

25. **weary** [`wɪrɪ] adj. 疲倦的 (wearier | weariest)
    💡 weary of 對⋯感到厭倦的
    weary [`wɪrɪ] v. (使) 感到疲倦

Unit 7

1. **alienate** [`eljən͵et] v. 使疏遠 <from>
   alienation [͵eljən`eʃən] n. [U] 疏離感

2. **anthem** [`ænθəm] n. [C] (團體組織的) 頌歌
   💡 national/school anthem 國歌 / 校歌

3. **astronomer** [ə`strɑnəmɚ] n. [C] 天文學家

4. **bachelor** [`bætʃəlɚ] n. [C] 單身漢；學士
   💡 confirmed bachelor 單身且想保持此狀態的男子

5. **bodily** [`bɑdɪlɪ] adj. 身體的

bodily [ˋbɑdɪlɪ] adv. 整體地，整個地

6. **cape** [kep] n. [C] 岬，海角
   💡 the Cape of Good Hope 好望角

7. **captive** [ˋkæptɪv] adj. 被俘虜的；受制於人的，無選擇權的
   💡 hold/take sb captive 俘虜…
   captive [ˋkæptɪv] n. [C] 俘虜

8. **chemist** [ˋkɛmɪst] n. [C] 化學家

9. **complexion** [kəmˋplɛkʃən] n. [C] 臉色
   💡 pale/rosy/fair complexion 蒼白 / 紅潤 / 白皙的臉色

10. **convene** [kənˋvin] v. 召開

11. **curfew** [ˋkɝfju] n. [C][U] 宵禁
    💡 impose/lift a curfew 實施 / 解除宵禁

12. **dictate** [ˋdɪktet] v. 口述；命令 <to>

13. **differentiate** [ˌdɪfəˋrɛnʃɪ͵et] v. 辨別 <between, from>；
    使不同 <from>

14. **fertility** [fɝˋtɪlətɪ] n. [U] 肥沃；生育能力 ⊘ infertility

15. **grease** [gris] n. [U] 油
    grease [gris] v. 用油塗
    💡 grease sb's palm 向…行賄；收買

16. **infer** [ɪnˋfɝ] v. 推論 <from> (inferred | inferred | inferring)

17. **lush** [lʌʃ] adj. 茂盛的;豪華的

18. **ornament** [ˋɔrnəmɛnt] n. [C] 裝飾品;[U] 裝飾
    ornament [ˋɔrnəˌmɛnt] v. 裝飾,點綴 <with>

19. **outgoing** [ˋautˌgoɪŋ] adj. 外向的

20. **peacock** [ˋpiˌkɑk] n. [C] 孔雀

21. **pianist** [pɪˋænɪst] n. [C] 鋼琴家

22. **relentless** [rɪˋlɛntlɪs] adj. 持續的

23. **stimulation** [ˌstɪmjəˋleʃən] n. [U] 刺激

24. **vice** [vaɪs] n. [C] 壞習慣,惡習;[U] 罪行,惡行

25. **woodpecker** [ˋwudˌpɛkə] n. [C] 啄木鳥

Unit 8

1. **abundance** [əˋbʌndəns] n. [sing.] 大量 <of>;[U] 充足,
   富足

2. **align** [əˋlaɪn] v. (使) 成一直線,(使) 對齊
   💡 align oneself with sb/sth 與⋯結盟

3. **attain** [əˋten] v. 獲得 同 achieve
   attainment [əˋtenmənt] n. [U] 獲得 <of>

4. **beverage** [ˋbɛvrɪdʒ] n. [C] 飲料 (usu. pl.)

5. **bosom** [ˋbuzəm] n. [C] 前胸

💡 in the bosom of sth 在 (家庭等) 的關懷裡

---

6. **capsule** [`kæpsl̩] n. [C] 膠囊
   💡 time capsule 時光膠囊

---

7. **caretaker** [`kɛr,tekɚ] n. [C] 管理員 囘 custodian

---

8. **chestnut** [`tʃɛsnət] n. [C] 栗子
   💡 old chestnut 老掉牙的話題
   chestnut [`tʃɛsnət] adj. 栗色的，紅棕色的

---

9. **compute** [kəm`pjut] v. 計算 囘 calculate

---

10. **corpse** [kɔrps] n. [C] 屍體

---

11. **curry** [`kɝɪ] n. [C][U] 咖哩 (pl. curries)
    💡 curry powder 咖哩粉

---

12. **dictation** [dɪk`teʃən] n. [U] 聽寫

---

13. **disastrous** [dɪ`zæstrəs] adj. 災難性的 囘 catastrophic

---

14. **eccentric** [ɪk`sɛntrɪk] adj. 古怪的 囘 odd, weird, bizarre
    eccentric [ɪk`sɛntrɪk] n. [C] 怪人

---

15. **fertilizer** [`fɝtə,laɪzɚ] n. [C][U] 肥料

---

16. **harness** [`hɑrnɪs] n. [C] 馬具
    💡 in harness with 與…合作
    harness [`hɑrnɪs] v. (用馬具) 套牢，拴繫 <to>；利用 (太陽能等自然力)

---

17. **inflict** [ɪn`flɪkt] v. 施加 (痛苦等)，使遭受 (傷害等) <on>

18. **maiden** [`medn̩] adj. 初次的
    💡 maiden name 娘家的姓 |
       maiden voyage/flight 處女航 / 首次飛行
    maiden [`medn̩] n. [C] 少女

19. **overflow** [`ovɚ‚flo] n. [sing.] 容納不下 (的人或物) <of>
    💡 overflow of population 人口過剩
    overflow [‚ovɚ`flo] v. 溢出，滿出來，爆滿 <with>
    💡 be filled to overflowing 多到滿出來，滿溢的

20. **persistent** [pɚ`sɪstənt] adj. 堅持的，固執的；持續的
    💡 persistent offender 慣犯

21. **pimple** [`pɪmpl̩] n. [C] 青春痘，面皰

22. **remainder** [rɪ`mendɚ] n. [sing.] 剩餘的部分 (the ~) <of>

23. **subscription** [səb`skrɪpʃən] n. [C][U] 訂閱
    💡 renew/cancel a subscription 延長 / 取消訂閱

24. **suspension** [sə`spɛnʃən] n. [C][U] (作為處罰的) 暫令停
    止活動；(車輛等的) 懸吊系統，懸吊裝置
    💡 suspension bridge 吊橋

25. **workforce** [`wɝk‚fɔrs] n. [sing.] 勞動人口

———◆———◆———◆———

Unit 9

1. **abbreviate** [ə`brivɪ‚et] v. 縮寫 <to>

abbreviation [əˌbriviˈeʃən] n. [C] 縮寫 <for>

2. **acclaim** [əˈklem] n. [U] (公開的) 讚賞
   acclaim [əˈklem] v. (公開) 讚賞

3. **allege** [əˈlɛdʒ] v. (未經證實地) 宣稱

4. **audit** [ˈɔdɪt] n. [C] 審計，查帳

5. **booklet** [ˈbʊklət] n. [C] 小冊子

6. **boulevard** [ˈbʊləˌvɑrd] n. [C] 林蔭大道；大道 (abbr. Blvd.)

7. **caption** [ˈkæpʃən] n. [C] (照片、圖畫的) 說明文字
   caption [ˈkæpʃən] v. 圖片說明

8. **chant** [tʃænt] n. [C] 反覆呼喊或吟唱的詞語
   💡 Buddhist chant 佛教誦經
   chant [tʃænt] v. 唱聖歌

9. **chili** [ˈtʃɪlɪ] n. [C][U] 辣椒 (pl. chilies, chiles, chilis)
   (also chile, chili pepper)
   💡 chili sauce 辣椒醬

10. **computerize** [kəmˈpjutəˌraɪz] v. 電腦化
    computerization [kəmˌpjutərəˈzeʃən] n. [U] 電腦化

11. **cosmetic** [kazˈmɛtɪk] adj. 美容的；表面的 📖 superficial
    💡 cosmetic surgery 整形手術

12. **customary** [ˈkʌstəˌmɛrɪ] adj. 慣例的 📖 usual

13. **dictator** [`dɪktetɚ] n. [C] 獨裁者

14. **discharge** [`dɪs,tʃɑrdʒ] n. [C][U] 釋放；排放
    discharge [dɪs`tʃɑrdʒ] v. 准許…離開；排放

15. **firecracker** [`faɪr,krækɚ] n. [C] 鞭炮

16. **fortify** [`fɔrtə,faɪ] v. (在防禦、體力等方面) 增強，加強；
    強化 (食物) 的營養成分 <with>

17. **haunt** [hɔnt] v. (幽靈等) 時常出沒於；使困擾
    haunt [hɔnt] n. [C] 常去的地方

18. **inhabit** [ɪn`hæbɪt] v. 居住於

19. **majestic** [mə`dʒɛstɪk] adj. 雄偉的
    majestically [mə`dʒɛstɪklɪ] adv. 雄偉地

20. **patriot** [`petrɪət] n. [C] 愛國者

21. **polar** [`polɚ] adj. 極地的

22. **preventive** [prɪ`vɛntɪv] adj. 預防的
    preventive [prɪ`vɛntɪv] n. [C] 預防藥

23. **reproduce** [,riprə`djus] v. 重現；複製；繁殖
    reproduction [,riprə`dʌkʃən] n. [C] 複製品；[U] 複製；
    繁殖

24. **synonym** [`sɪnə,nɪm] n. [C] 同義字

25. **yoga** [`jogə] n. [U] 瑜伽

Unit 10

1. **abide** [ə`baɪd] v. 忍受；遵守 <by>
   abiding [ə`baɪdɪŋ] adj. 永久不變的

2. **accordance** [ə`kɔrdṇs] n. [U] 遵照

3. **alligator** [`ælə,getɚ] n. [C] 短吻鱷

4. **anchor** [`æŋkɚ] n. [C] 錨
   💡 at anchor 停泊 | cast/drop anchor 下錨 |
      weigh anchor 起錨
   anchor [`æŋkɚ] v. 停泊；使固定

5. **auditorium** [,ɔdə`torɪəm] n. [C] 禮堂 (pl. auditoriums,
   auditoria)

6. **boxing** [`bɑksɪŋ] n. [U] 拳擊

7. **breadth** [brɛdθ] n. [U] 寬度 <in>

8. **captivity** [kæp`tɪvətɪ] n. [U] 監禁
   💡 in captivity 被囚禁

9. **cholesterol** [kə`lɛstə,rol] n. [U] 膽固醇

10. **cigar** [sɪ`gɑr] n. [C] 雪茄

11. **comrade** [`kɑmræd] n. [C] 戰友

12. **cosmetics** [kɑz`mɛtɪks] n. [pl.] 化妝品

13. **dazzle** [`dæzl] v. 使目眩；使驚嘆

dazzle [ˋdæzl] n. [U] 耀眼

dazzling [ˋdæzlɪŋ] adj. 耀眼的;令人驚嘆的

14. **dictatorship** [dɪkˋtetɚˌʃɪp] n. [C] 獨裁統治的國家;[U] 獨裁統治

15. **dispensable** [dɪˋspɛnsəbḷ] adj. 非必要的 (反) indispensable

16. **flake** [flek] n. [C] (雪的) 小薄片;碎片

flake [flek] v. (成薄片) 剝落 <off>

17. **healthful** [ˋhɛlθfəl] adj. 有益健康的

18. **inquire** [ɪnˋkwaɪr] v. 詢問,查詢 <about>

🔱 inquire after sb/sth 問候…的健康狀況等

19. **martial** [ˋmɑrʃəl] adj. 戰鬥的,軍事的

🔱 martial law 戒嚴法,軍事法

20. **marvel** [ˋmɑrvḷ] n. [C] 奇蹟

marvel [ˋmɑrvḷ] v. 對…感到驚嘆

21. **pharmacy** [ˋfɑrməsɪ] n. [C] 藥房,藥局;[U] 藥劑學 (pl. pharmacies)

22. **prose** [proz] n. [U] 散文

23. **prototype** [ˋprotəˌtaɪp] n. [C] 原型 <for, of>

24. **reside** [rɪˋzaɪd] v. 居住,定居 <in>

25. **synthetic** [sɪnˋθɛtɪk] adj. 合成的,人造的

synthetic [sɪn`θɛtɪk] n. [C] 合成物 (usu. pl.)

synthesize [`sɪnθə͵saɪz] v. 合成

synthesis [`sɪnθəsɪs] n. [C] 綜合體 (pl. syntheses)

Unit 11

1. **abound** [ə`baʊnd] v. 為數眾多，有很多，多得很；盛產，充滿 <in, with>

2. **accountable** [ə`kaʊntəbl] adj. 負有責任的，有義務做說明的 <for, to>

3. **aluminum** [ə`lumənəm] n. [U] 鋁

4. **astronomy** [ə`strɑnəmɪ] n. [U] 天文學

5. **avert** [ə`vɝt] v. 轉移 <from>

6. **boycott** [`bɔɪ͵kɑt] n. [C] 抵制 <on, against>
   boycott [`bɔɪ͵kɑt] v. 抵制

7. **bulky** [`bʌlkɪ] adj. 龐大的 (bulkier | bulkiest)

8. **cardboard** [`kɑrd͵bord] n. [U] 厚紙板

9. **civilize** [`sɪvə͵laɪz] v. 教化
   civilized [`sɪvə͵laɪzd] adj. 文明的 ⃝反 uncivilized

10. **collision** [kə`lɪʒən] n. [C][U] 碰撞 <with>
    💡 head-on collision 迎頭相撞 |
    on a collision course 勢必發生衝突

collide [kə`laɪd] v. 抵觸 <with>

11. **concession** [kən`sɛʃən] n. [C][U] 讓步 <to>
   💡 make concessions to sb 對…讓步

12. **counterpart** [`kaʊntɚ‚pɑrt] n. [C] 相對應的人或事物

13. **deafen** [`dɛfən] v. 使聽不見

14. **diesel** [`dizl̩] n. [U] 柴油 (also diesel fuel)

15. **dispense** [dɪ`spɛns] v. 分發 <to>
   💡 dispense a prescription 按處方配藥 |
      dispense with sth 免除…

16. **folklore** [`fok‚lor] n. [U] 民間傳說

17. **imperative** [ɪm`pɛrətɪv] adj. 迫切的 圓 vital
    imperative [ɪm`pɛrətɪv] n. [C] 必須做的事

18. **intruder** [ɪn`trudɚ] n. [C] 侵入者

19. **mingle** [`mɪŋgl̩] v. 混合 <with> 圓 mix；交際 <with> 圓 circulate

20. **permissible** [pɚ`mɪsəbl̩] adj. (法律) 可容許的 圓 impermissible

21. **playwright** [`ple‚raɪt] n. [C] 劇作家 圓 dramatist

22. **radiate** [`redɪ‚et] v. 放射 <from>；散發情感
    radiate [`redɪət] adj. 有射線的；輻射狀的

23. **respective** [rɪ`spɛktɪv] adj. 各自的

respectively [rɪˋspɛktɪvlɪ] adv. 分別地

24. **retrieve** [rɪˋtriv] v. 檢索；取回 <from>
    retrieval [rɪˋtrivl̩] n. [U] 挽回

25. **tenant** [ˋtɛnənt] n. [C] 租客
    tenant [ˋtɛnənt] v. 租

Unit 12

1. **abstraction** [æbˋstrækʃən] n. [C][U] 抽象

2. **accumulation** [ə‚kjumjəˋleʃən] n. [C] 累積物；[U] 累積

3. **amid** [əˋmɪd] prep. 在 ⋯ 之 間 (also mid, amidst) 同 among

4. **aviation** [‚evɪˋeʃən] n. [U] 航空
    💡 aviation academy 航空學校 | aviation badge 飛行徽章

5. **brace** [bres] n. [C] 牙齒矯正器
    brace [bres] v. 支撐 <against>；使做好準備

6. **broaden** [ˋbrɔdn̩] v. 拓展
    💡 broaden sb's mind/horizons 拓展眼界，增廣見聞

7. **caffeine** [kæˋfin] n. [U] 咖啡因

8. **cardinal** [ˋkardn̩əl] n. [C] 紅衣主教
    cardinal [ˋkardn̩əl] adj. 基本的
    💡 cardinal number 基數

9. **clam** [klæm] n. [C] 蛤，蚌
   💡 clam up/shut up like a clam 沉默不語

---

10. **comparative** [kəm`pærətɪv] adj. 比較的

---

11. **concise** [kən`saɪs] adj. 簡潔的

---

12. **coupon** [`kupɑn] n. [C] 優待券

---

13. **deduct** [dɪ`dʌkt] v. 扣除 <from>

---

14. **diplomacy** [dɪ`pləməsɪ] n. [U] 外交手腕

---

15. **diversify** [də`vɝsə‚faɪ] v. 使多樣化 <into>

---

16. **gay** [ge] adj. 男同性戀的；鮮豔的
    gay [ge] n. [C] 男同性戀者

---

17. **inclusive** [ɪn`klusɪv] adj. 包含的 <of> 反 exclusive

---

18. **invaluable** [ɪn`væljəbl] adj. 無價的，無比貴重的，非常寶貴的 同 priceless

---

19. **miraculous** [mə`rækjələs] adj. 奇蹟似的

---

20. **pneumonia** [nju`monjə] n. [U] 肺炎
    💡 catch/get pneumonia 得肺炎

---

21. **refresh** [rɪ`frɛʃ] v. 使恢復活力；喚起記憶

---

22. **resistant** [rɪ`zɪstənt] adj. 抗拒的 <to>

---

23. **robust** [ro`bʌst] adj. 強健的；堅固的 同 sturdy

---

24. **screwdriver** [`skru‚draɪvɚ] n. [C] 螺絲起子

25. **tentative** [ˋtɛntətɪv] adj. 暫定的，不確定的
💡 tentative smile 遲疑或靦腆的微笑

Unit 13

1. **academy** [əˋkædəmɪ] n. [C] 學院

2. **adolescence** [͵ædəˋlɛsn̩s] n. [U] 青春期 ⑯ puberty

3. **analytical** [͵ænəˋlɪtɪkl̩] adj. 分析的 (also analytic)

4. **awhile** [əˋwaɪl] adv. 片刻

5. **brassiere** [brəˋzɪr] n. [C] 胸罩 (also bra)

6. **carefree** [ˋkɛr͵fri] adj. 無憂無慮的

7. **carton** [ˋkɑrtn̩] n. [C] 硬紙盒 <of>

8. **chimpanzee** [͵tʃɪmpænˋzi] n. [C] 黑猩猩 (also chimp)

9. **clasp** [klæsp] v. 抱緊 ⑯ hold
   clasp [klæsp] n. [C] 扣環

10. **compass** [ˋkʌmpəs] n. [C] 羅盤；圓規 (usu. pl.)
    compass [ˋkʌmpəs] v. 達到

11. **condense** [kənˋdɛns] v. 濃縮 <into, to>

12. **cowardly** [ˋkaʊə-dlɪ] adj. 膽小的

13. **deem** [dim] v. 認為 ⑯ consider

---

14. **directive** [də`rɛktɪv] n. [C] 指令，命令

15. **diversion** [də`vɝʒən] n. [C][U] 轉移；[C] 消遣

16. **geographical** [ˌdʒiə`græfɪkl] adj. 地理的 (also geographic)
geographically [ˌdʒiə`græfɪklɪ] adv. 地理上地

17. **intellect** [`ɪntəˌlɛkt] n. [U] 智慧

18. **invariably** [ɪn`vɛrɪəblɪ] adv. 總是，老是

19. **mischievous** [`mɪstʃɪvəs] adj. 搗蛋的 ⑥ naughty
mischievously [`mɪstʃɪvəslɪ] adv. 惡意地

20. **ponder** [`pɑndɚ] v. 仔細思考，考慮 <on, over> ⑥
consider

21. **renowned** [rɪ`naʊnd] adj. 著名的 <for, as>

22. **royalty** [`rɔɪəltɪ] n. [U] 王權；王室成員

23. **serving** [`sɝvɪŋ] n. [C] 一份

24. **thereafter** [ðɛr`æftɚ] adv. 從那以後，之後

25. **virgin** [`vɝdʒɪn] n. [C] 處女
virgin [`vɝdʒɪn] adj. 未開發的

Unit 14

1. **accessory** [æk`sɛsərɪ] n. [C] 裝飾品 (usu. pl.)；幫凶 <to>
(pl. accessories)

💡 accessory before/after the fact 事前 / 事後幫凶 |
auto/car accessory 汽車配件 |
fashion/computer accessory 時裝 / 電腦配件
accessory [æk`sɛsərɪ] adj. 輔助的

2. **accordingly** [ə`kɔrdɪŋlɪ] adv. 照著，相應地

3. **aesthetic** [ɛs`θɛtɪk] adj. 美學的 (also esthetic)

4. **animate** [`ænə,met] v. 使生氣勃勃
animate [`ænəmɪt] adj. 活的，有生命的 反 inanimate
animated [`ænə,metɪd] adj. 活躍的 同 lively
💡 animated cartoon 卡通影片
animation [,ænə`meʃən] n. [C] 動畫

5. **backbone** [`bæk,bon] n. [C] 脊椎 同 spine；支柱；[U]
勇氣

6. **breakdown** [`brek,daun] n. [C] 故障；崩潰

7. **cashier** [kæ`ʃɪr] n. [C] 收銀員

8. **catastrophe** [kə`tæstrəfɪ] n. [C] 大災難
catastrophic [,kætə`strɑfɪk] adj. 毀滅性的

9. **clearance** [`klɪrəns] n. [C][U] 間距；[U] 許可

10. **confederation** [kən,fɛdə`reʃən] n. [C][U] 同盟，聯盟

11. **correspondence** [,kɔrə`spɑndəns] n. [U] 通信

12. **cozy** [`kozɪ] adj. 舒適的 同 snug (cozier | coziest)

13. **default** [dɪ`fɔlt] n. [C][U] 拖欠
    default [dɪ`fɔlt] v. 拖欠 <on>

14. **diabetes** [ˌdaɪə`bitɪz] n. [U] 糖尿病
    diabetic [ˌdaɪə`bɛtɪk] adj. 糖尿病的

15. **disable** [dɪs`ebḷ] v. 使失能，使殘疾
    disabled [dɪs`ebḷd] adj. 失能的，殘疾的，有身心障礙的
    💡 the disabled 身心障礙者

16. **downward** [`daʊnwɚd] adj. 向下的
    💡 downward spiral 不斷下降
    downward [`daʊnwɚd] adv. 向下地；衰退地 (also downwards)

17. **geometry** [dʒi`amətrɪ] n. [U] 幾何學
    geometric [ˌdʒiə`mɛtrɪk] adj. 幾何的 (also geometrical)
    💡 geometric design 幾何圖案設計

18. **intimidate** [ɪn`tɪməˌdet] v. 恫嚇 <into>
    intimidated [ɪn`tɪməˌdetɪd] adj. 感到害怕的
    intimidating [ɪn`tɪməˌdetɪŋ] adj. 令人害怕的

19. **irritate** [`ɪrəˌtet] v. 使惱怒

20. **mobilize** [`mobəˌlaɪz] v. 動員 🔄 rally

21. **preview** [`priˌvju] n. [C] 試映 (會) 或試演
    preview [pri`vju] v. 觀看或舉辦⋯的試映會或試演

22. **sanitation** [ˌsænə`teʃən] n. [U] 衛生 (設備或系統)

23. **scenic** [`sinɪk] adj. 風景的

24. **skeptical** [`skɛptɪkl̩] adj. 懷疑的 <about, of>

25. **tornado** [tɔr`nedo] n. [C] 龍捲風 (pl. tornadoes, tornados)

Unit 15

1. **accusation** [ˌækjə`zeʃən] n. [C][U] 控訴

2. **addiction** [ə`dɪkʃən] n. [C][U] 上癮 <to>

3. **affectionate** [ə`fɛkʃənɪt] adj. 深情的 🔲 loving

4. **anticipation** [ænˌtɪsə`peʃən] n. [U] 期盼
   ♥ in anticipation of 預料到…

5. **badge** [bædʒ] n. [C] 徽章
   ♥ badge of sth …的象徵

6. **breakup** [`brek͵ʌp] n. [C][U] 瓦解；破裂

7. **casualty** [`kæʒʊəltɪ] n. [C] 死傷者，傷亡人員 (pl. casualties)
   ♥ light casualties 輕微的傷亡 |
   heavy/serious casualties 慘重的傷亡

8. **chairperson** [`tʃɛr͵pɝsn̩] n. [C] 主席 🔲 chair (pl. chairpersons)
   chairman [`tʃɛrmən] n. [C] 主席 🔲 chair, chairperson (pl. chairmen)

chairwoman [ˋtʃɛrˏwumən] n. [C] 女主席 同 chair, chairperson (pl. chairwomen)

9. **climax** [ˋklaɪmæks] n. [C] 高潮
   💡 come to/reach a climax 達到高潮
   climax [ˋklaɪmæks] v. 達到高潮 <with, in>

10. **congressman** [ˋkɑŋɡrəsmən] n. [C] 美國國會議員 (pl. congressmen)
    congresswoman [ˋkɑŋɡrəsˏwumən] n. [C] 美國國會女議員 (pl. congresswomen)

11. **crackdown** [ˋkrækˏdaun] n. [C] 鎮壓 (usu. sing.) <on>

12. **credible** [ˋkrɛdəbl̩] adj. 可信的 同 believable, convincing 反 incredible

13. **defiance** [dɪˋfaɪəns] n. [U] 違反

14. **disbelief** [ˏdɪsbəˋlif] n. [U] 懷疑，不相信 <in>

15. **eclipse** [ɪˋklɪps] n. [C] (日或月的) 虧蝕
    💡 solar/lunar eclipse 日蝕 / 月蝕 |
    partial/total eclipse 偏蝕 / 全蝕
    eclipse [ɪˋklɪps] v. 使相形見絀 <by>

16. **eyelid** [ˋaɪˏlɪd] n. [C] 眼皮，眼瞼

17. **glamorous** [ˋɡlæmərəs] adj. 有魅力的，迷人的

18. **jade** [dʒed] n. [U] 玉

19. **lifelong** [ˋlaɪfˏlɔŋ] adj. 終身的

20. **modernization** [ˌmɑdənəˈzeʃən] n. [U] 現代化

21. **priceless** [ˈpraɪsləs] adj. 無價的

22. **scorn** [skɔrn] n. [U] 鄙夷 <for> 同 contempt
    ♥ <u>pour/heap</u> scorn on <u>sb/sth</u> 對…嗤之以鼻
    scorn [skɔrn] v. 蔑視
    scornful [ˈskɔrnfəl] adj. 輕蔑的 <of> 同 contemptuous

23. **sculptor** [ˈskʌlptə] n. [C] 雕刻家，雕塑家

24. **sneeze** [sniz] n. [C] 噴嚏
    sneeze [sniz] v. 打噴嚏
    ♥ not to be sneezed at = nothing to sneeze at
    (金額等) 不可輕忽，非同小可

25. **transcript** [ˈtrænˌskrɪpt] n. [C] 文本

Unit 16

1. **accustom** [əˈkʌstəm] v. 使習慣，使適應 <to>
    accustomed [əˈkʌstəmd] adj. 習慣的 <to>

2. **airtight** [ˈɛrˌtaɪt] adj. 密封的；無懈可擊的
    ♥ airtight alibi 無懈可擊的不在場證明

3. **antonym** [ˈæntəˌnɪm] n. [C] 反義字 同 opposite

4. **barbarian** [barˈbɛrɪən] adj. 野蠻人的
    barbarian [barˈbɛrɪən] n. [C] 野蠻人；沒教養的人

barbaric [bɑr`bærɪk] adj. 野蠻的 ⑯ barbarous

5. **bribe** [braɪb] n. [C] 賄賂
   🔹 offer/give/pay a bribe 行賄 |
   take/accept a bribe 收受賄賂
   bribe [braɪb] v. 賄賂，行賄 <to>
   bribery [`braɪbərɪ] n. [U] 賄賂

6. **cater** [`ketɚ] v. 包辦宴席 <for>;迎合 (喜好或需求) <to>
   caterer [`ketərɚ] n. [C] 承辦宴席的人或業者

7. **charitable** [`tʃærətəbl̩] adj. 慈善的;仁慈的
   🔹 charitable donation 慈善捐款

8. **clockwise** [`klɑk͵waɪz] adv. 順時鐘地
   ⑱ counterclockwise
   clockwise [`klɑk͵waɪz] adj. 順時鐘的
   ⑱ counterclockwise

9. **conquest** [`kɑŋkwɛst] n. [U] 征服 <of>;[C] 占領地

10. **cracker** [`krækɚ] n. [C] 薄脆餅乾;鞭炮

11. **decisive** [dɪ`saɪsɪv] adj. 決定性的;果斷的 ⑱ indecisive
    🔹 decisive factor/victory 決定性因素 / 勝利

12. **definitive** [dɪ`fɪnətɪv] adj. 最終的;最完整的
    🔹 definitive agreement 最終的共識 |
    definitive work 最完整的作品

13. **discard** [dɪs`kɑrd] v. 丟棄，遺棄 ⑯ throw away

discard [`dɪskɑrd] n. [C] 被遺棄的人或事物

---

14. **discomfort** [dɪs`kʌmfɚt] n. [U] 不適，些微的疼痛；不安；[C] 令人不舒服的事物
    discomfort [dɪs`kʌmfɚt] v. 使不舒服

---

15. **dwelling** [`dwɛlɪŋ] n. [C] 住所
    🔹 single-family dwelling 獨戶住宅

---

16. **flaw** [flɔ] n. [C] 缺陷 <in> 同 defect；瑕疵 <in>
    🔹 character flaw 性格上的缺陷
    flaw [flɔ] v. 使有瑕疵

---

17. **gleam** [glim] n. [C] 微光 <of>；光澤，光芒 <of>
    🔹 a gleam of hope 一絲希望
    gleam [glim] v. 閃爍，閃閃發光 <with>

---

18. **jingle** [`dʒɪŋgl̩] n. [sing.] 叮噹聲；[C] 廣告歌曲
    jingle [`dʒɪŋgl̩] v. (使) 發出叮噹聲

---

19. **lighten** [`laɪtn̩] v. 減輕 反 increase；緩和 (氣氛、情緒等)
    🔹 lighten the burden/load 減輕負擔｜lighten up 放輕鬆

---

20. **momentum** [mo`mɛntəm] n. [U] 動力
    🔹 lose momentum 失去動力

---

21. **probe** [prob] n. [C] 探查，調查 <into>
    🔹 space probe 太空探測器

---

22. **selective** [sə`lɛktɪv] adj. 選擇 (性) 的；仔細挑選的，精挑細選的 <about>

---

23. **simplicity** [sɪm`plɪsətɪ] n. [U] 簡單；簡樸

24. **sociable** [`soʃəbl̩] adj. 好交際的，善於社交的 反 unsociable

25. **trillion** [`trɪljən] n. [C] 兆

●———————————◆———————————●

Unit 17

1. **acne** [`æknɪ] n. [U] 痤瘡，粉刺，青春痘
   💡 develop/get acne 長粉刺或青春痘

2. **altitude** [`æltə,tjud] n. [C][U] 標高，海拔
   💡 at high/low altitudes 在高 / 低海拔地區

3. **applaud** [ə`plɔd] v. 鼓掌 同 clap；讚賞 <for>

4. **bass** [bes] n. [C] 男低音歌手；低音吉他
   bass [bes] adj. 低音的

5. **brink** [brɪŋk] n. [sing.] 邊緣 (the ～) <of>

6. **caterpillar** [`kætə,pɪlə] n. [C] 毛蟲

7. **checkup** [`tʃɛk,ʌp] n. [C] 健康檢查

8. **clone** [klon] n. [C] 複製 (品)
   clone [klon] v. 複製

9. **conscientious** [,kɑnʃɪ`ɛnʃəs] adj. 負責盡職的

10. **cram** [kræm] v. 把…塞進 <into>；死記硬背 <for>

(crammed | crammed | cramming)

11. **deplete** [dɪ`plit] v. 使大量減少，消耗

12. **disciple** [dɪ`saɪpl̩] n. [C] 信徒，追隨者 <of>

13. **disciplinary** [`dɪsəplɪ‚nɛrɪ] adj. 懲戒的

14. **distress** [dɪ`strɛs] n. [U] 痛苦，苦惱
   distress [dɪ`strɛs] v. 使痛苦，使苦惱
   distressed [dɪ`strɛst] adj. 痛苦的，苦惱的，憂傷的 <at, by>

15. **encyclopedia** [ɪn‚saɪklə`pidɪə] n. [C] 百科全書

16. **garment** [`gɑrmənt] n. [C] (一件) 衣服

17. **glitter** [`glɪtɚ] n. [U] 閃爍；魅力
   glitter [`glɪtɚ] v. 閃閃發光；閃爍 <with>
   glittering [`glɪtərɪŋ] adj. 閃爍的；成功的

18. **joyous** [`dʒɔɪəs] adj. 喜悅的，歡樂的

19. **mainland** [`men‚lænd] n. [sing.] 國土的主體 (the ~)

20. **monotony** [mə`nɑtənɪ] n. [U] 單調，無聊 <of>
   🏮 break the monotony 打破單調
   monotonous [mə`nɑtənəs] adj. 單調乏味的

21. **procession** [prə`sɛʃən] n. [C][U] 行列
   🏮 funeral procession 送葬隊伍

22. **sharpen** [`ʃɑrpən] v. 使鋒利；加強，改善

💡 sharpen up 改進，改善

23. **sloppy** [ˋslɑpɪ] adj. 馬虎草率的 同 careless；寬鬆的 (sloppier | sloppiest)

24. **span** [spæn] n. [C] 一段時間 (usu. sing.)；全長
span [spæn] v. 持續，延續 (一段時間)；橫跨，橫越 (spanned | spanned | spanning)

25. **upright** [ˋʌp͵raɪt] adv. 挺直地
upright [ˋʌp͵raɪt] adj. 直立的；正直的
upright [ˋʌp͵raɪt] n. [C] 直立之物

●━━━━━━━━━━━━━━━━━━━━━━━━━━━━━━━━●

Unit 18

1. **acre** [ˋekɚ] n. [C] 英畝

2. **ambiguity** [͵æmbɪˋgjuətɪ] n. [C][U] 模稜兩可；模稜兩可或含混不清的事物 (pl. ambiguities)

3. **approximate** [əˋprɑksəmɪt] adj. 大約的，大概的 反 exact
approximate [əˋprɑksə͵met] v. 接近 <to>
approximately [əˋprɑksəmɪtlɪ] adv. 大約，大概 同 roughly

4. **batter** [ˋbætɚ] n. [C] (棒球) 打擊手
batter [ˋbætɚ] v. 連續猛擊，用力撞擊
battered [ˋbætɚd] adj. 破舊的

5. **brochure** [broˋʃʊr] n. [C] 小冊子

6. **cavity** [ˋkævətɪ] n. [C] (牙齒) 蛀洞 (pl. cavities)

7. **chirp** [tʃɝp] n. [C] 鳥或蟲的叫聲
   chirp [tʃɝp] v. 發出啁啾聲，鳴叫，啼叫

8. **closure** [ˋkloʒɚ] n. [C][U] 關閉，停業 <of>

9. **conserve** [kənˋsɝv] v. 節約；保護 ⑩ preserve
   conserve [ˋkɑnsɝv] n. [C][U] 蜜餞

10. **cramp** [kræmp] n. [C][U] 痙攣，抽筋
    cramp [kræmp] v. 限制

11. **deprive** [dɪˋpraɪv] v. 從⋯奪去 <of>

12. **disclosure** [dɪsˋkloʒɚ] n. [U] 揭露 <of>；[C] 揭發的事
    實 <of>

13. **disturbance** [dɪˋstɝbəns] n. [C][U] 干擾 <to>；混亂，
    不安

14. **endeavor** [ɪnˋdɛvɚ] n. [C][U] 努力，嘗試 <to>
    endeavor [ɪnˋdɛvɚ] v. 努力 <to>

15. **esteem** [əˋstim] n. [U] 敬重
    ♥ be held in high/low esteem 備受 / 不受敬重
    esteem [əˋstim] v. 敬重

16. **hacker** [ˋhækɚ] n. [C] 電腦入侵者，電腦駭客
    hack [hæk] v. 駭入 <into>；砍，劈 <off, down>

17. **itch** [ɪtʃ] n. [C] 癢 (usu. sing.)
    itch [ɪtʃ] v. 發癢
    itchy [`ɪtʃɪ] adj. (令人) 發癢的

18. **lavish** [`lævɪʃ] adj. 奢華的;慷慨大方的 <with, in>

19. **marginal** [`mɑrdʒɪnl] adj. 些微的 反 significant
    🟡 of marginal interest 只有少數人感興趣的
    marginally [`mɑrdʒɪnəlɪ] adv. 些微地 同 slightly 反
    significantly

20. **morale** [mə`ræl] n. [U] 士氣
    🟡 high/low morale 士氣高昂 / 低落

21. **proficiency** [prə`fɪʃənsɪ] n. [U] 精通,熟練 <in>

22. **slang** [slæŋ] n. [U] 俚語 <for>
    slang [slæŋ] v. 辱罵

23. **sparrow** [`spæro] n. [C] 麻雀

24. **supplement** [`sʌpləmənt] n. [C] 補充物;增刊,副刊
    supplement [`sʌplə,mɛnt] v. 補充 , 增補 , 補貼 <by,
    with>
    supplemental [,sʌplə`mɛntl] adj. 補 充 的 (also
    supplementary)

25. **upward** [`ʌp,wəd] adj. 向上的,往上的 反 downward
    upward [`ʌp,wəd] adv. 向上地,往上地 (also upwards)

Unit 19

1. **adaptation** [ˌædəpˈteʃən] n. [C] 改編 <of>;[U] 適應 <to>

2. **amplify** [ˈæmpləˌfaɪ] v. 擴大,增強;詳述
   amplifier [ˈæmpləˌfaɪɚ] n. [C] 擴音器
   amplification [ˌæmpləfəˈkeʃən] n. [U] 闡述

3. **archaeology** [ˌɑrkɪˈɑlədʒɪ] n. [U] 考古學 (also archeology)

4. **beautify** [ˈbjutəˌfaɪ] v. 美化

5. **broil** [brɔɪl] v. 燒烤 圓 grill

6. **celery** [ˈsɛlərɪ] n. [U] 芹菜
   ♥ a stalk/stick of celery 一根芹菜

7. **coalition** [ˌkoəˈlɪʃən] n. [C][U] 聯盟
   ♥ coalition government 聯合政府

8. **commonplace** [ˈkɑmənˌples] adj. 常見的
   commonplace [ˈkɑmənˌples] n. [C] 司空見慣的事 (usu. sing.)

9. **consolation** [ˌkɑnsəˈleʃən] n. [C][U] 安慰,慰藉 <for, to>

10. **crater** [ˈkretɚ] n. [C] 火山口;坑洞
    crater [ˈkretɚ] v. 使形成坑洞

11. **descent** [dɪˈsɛnt] n. [C][U] 下降 圍 ascent ; [U] 血統 <of, from>

12. **discreet** [dɪˋskrit] adj. 言行謹慎的 ⊗ indiscreet

13. **dwell** [dwɛl] v. 居住 <in> (dwelt, dwelled | dwelt, dwelled | dwelling)
    🍀 dwell on sth 老是想著，一直在說
    dweller [ˋdwɛlɚ] n. [C] 居民

14. **enroll** [ɪnˋrol] v. 註冊，登記 <in, on, at>
    enrollment [ɪnˋrolmənt] n. [C][U] 註冊 (人數)

15. **hail** [hel] n. [U] 冰雹；[sing.] 一陣
    hail [hel] v. 下冰雹；呼喊；歡呼
    🍀 be hailed as sth 被譽為…

16. **heighten** [ˋhaɪtn̩] v. 提高，增加 ⊜ intensify

17. **kindle** [ˋkɪndl̩] v. 點燃，激起 (熱情等)
    🍀 kindle sb's enthusiasm/interest 激起熱情 / 興趣

18. **layman** [ˋlemən] n. [C] 外行人 ⊗ expert
    🍀 in layman's terms 以一般用語來說

19. **monetary** [ˋmʌnəˌtɛrɪ] adj. 貨幣的，金融的
    🍀 monetary policy 貨幣政策

20. **nationalism** [ˋnæʃənəˌlɪzəm] n. [U] 民族主義

21. **provincial** [prəˋvɪnʃəl] adj. 省的；地方的
    provincial [prəˋvɪnʃəl] n. [C] 鄉下人

22. **slaughter** [ˋslɔtɚ] n. [U] 屠殺；宰殺
    🍀 like a lamb to the slaughter 如同待宰羔羊，任人宰割

slaughter [`slɔtɚ] v. 屠殺；宰殺；輕鬆擊敗

23. **spiral** [`spaɪrəl] adj. 螺旋狀的
spiral [`spaɪrəl] n. [C] 螺旋 (狀)
spiral [`spaɪrəl] v. 呈螺旋狀上升或下墜；上漲

24. **swarm** [swɔrm] n. [C] (昆蟲或人的) 一大群 <of>
swarm [swɔrm] v. 成群移動；擠滿 <with>

25. **underway** [,ʌndɚ`we] adv. 進行中，發生中 (also under way)

Unit 20

1. **administer** [əd`mɪnəstɚ] v. 管理；給與，施用，使接受 <to> (also administrate)
   💡 administer first aid/punishment 施行急救 / 懲罰

2. **analogy** [ə`nælədʒɪ] n. [C][U] 類比，比較 <between, with> (pl. analogies)
   💡 by analogy with 以…作比擬

3. **archive** [`ɑrkaɪv] n. [C] 檔案；檔案室

4. **beep** [bip] n. [C] 嗶聲
   beep [bip] v. 發出嗶嗶聲

5. **brook** [brʊk] n. [C] 小河

6. **cellular** [`sɛljələ] adj. 與手機或通訊系統相關的

7. **coastline** [ˋkostˌlaɪn] n. [C] 海岸線 <along, around>
   💡 a stretch of coastline 一段海岸線

8. **comprehensive** [ˌkɑmprɪˋhɛnsɪv] adj. 全面的，詳盡的
   同 thorough
   💡 comprehensive insurance 綜合保險，全險

9. **console** [ˋkɑnsol] n. [C] (電子設備或機器的) 操控臺
   console [kənˋsol] v. 安慰 <with>

10. **crocodile** [ˋkrɑkəˌdaɪl] n. [C] 鱷魚
    💡 crocodile tears 假慈悲

11. **despise** [dɪˋspaɪz] v. 鄙視，厭惡 <for>

12. **disgrace** [dɪsˋgres] n. [U] 恥辱；[sing.] 丟臉或不名譽的事
    💡 in disgrace 丟臉地
    disgrace [dɪsˋgres] v. 使蒙羞
    disgraceful [dɪsˋgresfəl] adj. 可恥的，丟臉的

13. **edible** [ˋɛdəbl] adj. 可食用的 反 inedible

14. **escort** [ˋɛskɔrt] n. [C][U] 護衛 (者) <under, with>
    escort [ɪˋskɔrt] v. 護送；陪同；陪伴 (異性) 參加社交活動

15. **heroin** [ˋhɛroɪn] n. [U] 海洛因
    💡 heroin addict 吸食海洛因成癮者

16. **lengthy** [ˋlɛŋθɪ] adj. 冗長的，漫長的 (lengthier |
    lengthiest)

17. **literal** [ˋlɪtərəl] adj. 字面的；逐字翻譯的

literally [ˈlɪtərəlɪ] **adv.** 確實地；逐字翻譯地

18. **medieval** [ˌmidɪˈivl̩] **adj.** 中世紀的

19. **mortal** [ˈmɔrtl̩] **adj.** 不免一死的 反 immortal；致命的
mortal [ˈmɔrtl̩] **n.** [C] 凡人，普通人

20. **notable** [ˈnotəbl̩] **adj.** 顯著的，著名的 <for>
💡 notable achievement 顯著的成就
notable [ˈnotəbl̩] **n.** [C] 名人，顯要人物
notably [ˈnotəblɪ] **adv.** 明顯地；尤其，特別是

21. **radiant** [ˈredɪənt] **adj.** 洋溢著幸福的，容光煥發的 <with>；有射線的，輻射 (狀) 的
radiant [ˈredɪənt] **n.** [C] (輻射) 光源或熱源，發光體

22. **slum** [slʌm] **n.** [C] 貧民區，貧民窟
slum [slʌm] **v.** 造訪貧民窟；過簡樸生活，屈就於品質較差的環境 (slummed | slummed | slumming)

23. **stationary** [ˈsteʃəˌnɛrɪ] **adj.** 靜止不動的

24. **textile** [ˈtɛkstaɪl] **n.** [C] 紡織品；[pl.] 紡織業 (～s)
textile [ˈtɛkstaɪl] **adj.** 紡織的

25. **urgency** [ˈɝdʒənsɪ] **n.** [U] 緊迫

Unit 21 ⛵

1. **dismay** [dɪsˈme] **n.** [U] 驚慌
💡 to sb's dismay 令⋯驚慌的是

dismay [dɪs`me] v. 使驚慌害怕
dismayed [dɪs`med] adj. 感到震驚的 <by, at>

2. **editorial** [ˌɛdə`torɪəl] adj. 編輯的
   editorial [ˌɛdə`torɪəl] n. [C] 社論

3. **expire** [ɪk`spaɪr] v. 到期，終止

4. **formidable** [`fɔrmɪdəbl] adj. 令人敬畏的
   💡 formidable task/obstacle 令人敬畏的<u>任務</u> / <u>障礙</u>

5. **goalkeeper** [`gol,kipə] n. [C] 守門員

6. **hierarchy** [`haɪə,rɑrki] n. [C] （管理）階層 (pl. hierarchies)

7. **indignant** [ɪn`dɪgnənt] adj. 憤慨的 <at, about>
   indignation [ˌɪndɪg`neʃən] n. [U] 憤慨

8. **isle** [aɪl] n. [C] 小島

9. **lieutenant** [lu`tɛnənt] n. [C] 中尉

10. **magnify** [`mægnə,faɪ] v. 擴大

11. **motto** [`mɑto] n. [C] 座右銘 (pl. mottoes, mottos)

12. **oblige** [ə`blaɪdʒ] v. 使有義務，迫使

13. **outset** [`aut,sɛt] n. [sing.] 開端

14. **perish** [`pɛrɪʃ] v. 死亡，喪生
    perishable [`pɛrɪʃəbl] adj. 易腐敗的
    perishing [`pɛrɪʃɪŋ] adj. 非常寒冷的

15. **precedent** [`prɛsədənt] n. [C][U] 先例，前例
💡 set a precedent 開先例｜break with precedent 打破先例

16. **purify** [`pjʊrə͵faɪ] v. 淨化，使純淨

17. **reign** [ren] n. [C] (君主的) 統治 (期間)
reign [ren] v. (君主) 統治

18. **rivalry** [`raɪvḷrɪ] n. [C][U] 競爭 ⓢ competition (pl. rivalries)

19. **shabby** [`ʃæbɪ] adj. 破舊的；寒酸的 (shabbier｜shabbiest)

20. **socialism** [`soʃə͵lɪzəm] n. [U] 社會主義

21. **statute** [`stætʃut] n. [C][U] 法規

22. **superiority** [sə͵pɪrɪ`ɔrətɪ] n. [U] 優越 <of, in, over>

23. **tiresome** [`taɪrsəm] adj. 煩人的，令人厭煩的

24. **unification** [͵junəfə`keʃən] n. [U] 統一

25. **violinist** [͵vaɪə`lɪnɪst] n. [C] 小提琴家

Unit 22

1. **disposable** [dɪ`spozəbl̩] adj. 用完即丟的
disposable [dɪ`spozəbl̩] n. [C] 用完即丟的產品 (usu. pl.)

2. **electrician** [ɪ͵lɛk`trɪʃən] n. [C] 電工

3. **extract** [ˈɛkstrækt] n. [C][U] 濃縮物，提取物 <from>
   extract [ɪkˈstrækt] v. 提取，精煉 <from>；摘錄 <from>

4. **formulate** [ˈfɔrmjəˌlet] v. 明確地闡述

5. **goodwill** [ˌɡʊdˈwɪl] n. [U] 友好，友善

6. **hijack** [ˈhaɪˌdʒæk] v. 劫持 (飛機等)
   hijack [ˈhaɪˌdʒæk] n. [C][U] 劫持事件
   hijacker [ˈhaɪˌdʒækə] n. [C] 劫機犯
   hijacking [ˈhaɪˌdʒækɪŋ] n. [C][U] 劫持事件

7. **industrialize** [ɪnˈdʌstrɪəˌlaɪz] v. 使工業化

8. **ivy** [ˈaɪvɪ] n. [C][U] 常春藤 (pl. ivies)

9. **limp** [lɪmp] n. [C] 跛行
   limp [lɪmp] v. 跛行，一拐一拐地行走
   limp [lɪmp] adj. 疲憊無力的

10. **majesty** [ˈmædʒɪstɪ] n. [U] 雄偉

11. **mound** [maʊnd] n. [C] 堆
    mound [maʊnd] v. 堆起，堆積

12. **obsess** [əbˈsɛs] v. 使著迷

13. **outskirts** [ˈaʊtˌskɝts] n. [pl.] 郊區 (the ～)

14. **persevere** [ˌpɝsəˈvɪr] v. 堅持 <with, in>
    perseverance [ˌpɝsəˈvɪrəns] n. [U] 毅力，不屈不撓
    persevering [ˌpɝsəˈvɪrɪŋ] adj. 不屈不撓的

15. **precision** [prɪˋsɪʒən] n. [U] 精確 ⑩ accuracy

16. **purity** [ˋpjʊrətɪ] n. [U] 潔淨，純淨；純潔

17. **rejoice** [rɪˋdʒɔɪs] v. 高興，喜悅 <at, in, over>

18. **roam** [rom] v. 閒逛，漫步 <around>
    roam [rom] n. [sing.] 漫遊

19. **shaver** [ˋʃevə] n. [C] 電動刮鬍刀

20. **socialist** [ˋsoʃəlɪst] n. [C] 社會主義者
    socialist [ˋsoʃəlɪst] adj. 社會主義的

21. **stepchild** [ˋstɛp͵tʃaɪld] n. [C] 繼子，繼女 (pl. stepchildren)

22. **superstitious** [͵supəˋstɪʃəs] adj. 迷信的

23. **token** [ˋtokən] n. [C] 象徵，代表；代幣

24. **unify** [ˋjunə͵faɪ] v. 統一 ⑰ divide

25. **vocation** [voˋkeʃən] n. [C][U] 職業，志業；使命

Unit 23

1. **disposal** [dɪˋspozl̩] n. [U] 處理 <of>
   💡 at sb's disposal 供…使用，由…支配

2. **elevate** [ˋɛlə͵vet] v. 舉起，抬高，提高 ⑩ raise；提升，晉升 <to> ⑩ promote

3. **extracurricular** [ˌɛkstrəkəˈrɪkjələ˞] adj. 課外的

4. **forsake** [fə˞ˈsek] v. 遺棄 同 abandon ; 放棄 同 give up (forsook | forsaken | forsaking)

5. **gorilla** [gəˈrɪlə] n. [C] 大猩猩

6. **hoarse** [hors] adj. (聲音) 沙啞的 (hoarser | hoarsest)

7. **infectious** [ɪnˈfɛkʃəs] adj. 傳染性的

8. **janitor** [ˈdʒænətə˞] n. [C] 管理員

9. **liner** [ˈlaɪnə˞] n. [C] 客輪，遊輪

10. **manuscript** [ˈmænjəˌskrɪpt] n. [C] 手稿，原稿

11. **mourn** [morn] v. 哀悼 <for> 同 grieve
    mourning [ˈmornɪŋ] n. [U] 哀悼 同 grief
    💡 in mourning 服喪

12. **obstinate** [ˈɑbstənɪt] adj. 固執的 同 stubborn
    obstinately [ˈɑbstənɪtlɪ] adv. 固執地

13. **overdo** [ˌovə˞ˈdu] v. 過度 (overdid | overdone | overdoing)
    overdone [ˌovə˞ˈdʌn] adj. 烹煮過久的 反 underdone

14. **persistence** [pə˞ˈsɪstəns] n. [U] 堅持

15. **predecessor** [ˈprɛdɪˌsɛsə˞] n. [C] 前任 ; (機器等改良前的) 舊款，前一代，前身

16. **quake** [kwek] v. 發抖 <with> 同 tremble

quake [kwek] n. [C] 地震 ⑩ earthquake

17. **relay** [ˋrile] n. [C] 接替的團隊
 🕯 relay race 接力賽 | relay station 中繼站
 relay [rɪˋle] v. 轉播

18. **rotate** [ˋrotet] v. 旋轉 ⑩ revolve；輪流

19. **shortcoming** [ˋʃɔrtˌkʌmɪŋ] n. [C] 缺點 (usu. pl.) ⑩ defect

20. **socialize** [ˋsoʃəˌlaɪz] v. 交際 <with>

21. **stepfather** [ˋstɛpˌfɑðɚ] n. [C] 繼父

22. **suppress** [səˋprɛs] v. 鎮壓 ⑩ quash；壓抑

23. **torrent** [ˋtɔrənt] n. [C] 急流；(言詞等的) 迸發，連發
 🕯 in torrents (雨) 傾盆地 |
 a torrent of abuse/criticism 恣意地謾罵 / 批評

24. **unveil** [ʌnˋvel] v. (首次) 推出，發表 (新產品等)

25. **vocational** [voˋkeʃənḷ] adj. 職業的
 🕯 vocational training/education 職業訓練 / 教育

Unit 24

1. **dispose** [dɪˋspoz] v. 丟棄 <of>

2. **emigrant** [ˋɛməɡrənt] n. [C] (移居他國的) 移民

3. **eyelash** [ˋaɪ͵læʃ] n. [C] 睫毛 (usu. pl.) (also lash)
   💡 flutter sb's eyelashes 拋媚眼

---

4. **forthcoming** [͵fɔrθˋkʌmɪŋ] adj. 即將到來或出現的

---

5. **gospel** [ˋgɑspḷ] n. [U] 信條，信念；[sing.] 福音 (usu. the ~)

---

6. **homosexual** [͵homəˋsɛkʃʊəl] adj. 同性戀的
   homosexual [͵homəˋsɛkʃʊəl] n. [C] 同性戀者

---

7. **inhabitant** [ɪnˋhæbətənt] n. [C] 居民；棲息的動物

---

8. **jasmine** [ˋdʒæsmɪn] n. [C][U] 茉莉花

---

9. **lining** [ˋlaɪnɪŋ] n. [C] 內襯

---

10. **maple** [ˋmepḷ] n. [C][U] 楓樹
    💡 maple syrup 楓糖漿

---

11. **mournful** [ˋmornfḷ] adj. 哀傷的 同 melancholy
    mournfully [ˋmornfəlɪ] adv. 哀傷地

---

12. **occurrence** [əˋkɝəns] n. [C] 發生的事

---

13. **overhear** [͵ovɚˋhɪr] v. 無意間聽到 (overheard | overheard | overhearing)

---

14. **petrol** [ˋpɛtrəl] n. [U] 汽油 同 gasoline

---

15. **prehistoric** [͵prihɪsˋtɔrɪk] adj. 史前時代的
    prehistory [priˋhɪstrɪ] n. [U] 史前時代

---

16. **qualification** [͵kwɑləfəˋkeʃən] n. [C][U] 資格，條件

17. **reliance** [rɪ`laɪəns] n. [U] 依賴，信賴 <on>

18. **rotation** [ro`teʃən] n. [C][U] 旋轉；輪流

19. **shortsighted** [`ʃɔrt`saɪtɪd] adj. 目光短淺的，缺乏遠見的；近視的 ⑩ nearsighted

20. **sociology** [,soʃɪ`ɑlədʒɪ] n. [U] 社會學

21. **stepmother** [`stɛp,mʌðɚ] n. [C] 繼母

22. **surge** [sɝdʒ] n. [C] (數量) 急升，遽增 <in>；(人潮) 湧現 <of>

　💡 a surge of excitement/jealousy 一陣興奮 / 嫉妒

　surge [sɝdʒ] v. 湧現

23. **trademark** [`tred,mɑrk] n. [C] 商標；特徵

24. **uprising** [`ʌp,raɪzɪŋ] n. [C] 暴動，造反 ⑩ rebellion

25. **vowel** [`vaʊəl] n. [C] 母音

Unit 25

1. **dissent** [dɪ`sɛnt] n. [U] 不同意，異議

2. **emigrate** [`ɛmə,gret] v. 移居他國

3. **eyesight** [`aɪ,saɪt] n. [U] 視力 ⑩ vision

4. **fowl** [faʊl] n. [C][U] 家禽 (pl. fowl, fowls)

5. **grapefruit** [`grep,frut] n. [C] 葡萄柚

6. **honorary** [ˋɑnəˏrɛrɪ] adj. 榮譽的

7. **injustice** [ɪnˋdʒʌstɪs] n. [C][U] 不公平 反 justice

8. **jockey** [ˋdʒɑkɪ] n. [C] (職業的) 賽馬騎師 (pl. jockeys)
   🍋 DJ = disc jockey (電臺音樂節目或舞會等的) 主持人
   jockey [ˋdʒɑkɪ] v. 運用手段謀取

9. **liter** [ˋlitɚ] n. [C] 公升 (abbr. l)

10. **mar** [mɑr] v. 弄糟，破壞 同 spoil, ruin (marred |
    marred | marring)

11. **mow** [mo] v. 割草 (mowed | mowed, mown | mowing)

12. **octopus** [ˋɑktəpəs] n. [C] 章魚 (pl. octopuses, octopi)

13. **overlap** [ˋovɚˏlæp] n. [C][U] 重疊或相同之處
    <between>
    overlap [ˏovɚˋlæp] v. 重疊或有共同之處 <with>
    (overlapped | overlapped | overlapping)
    overlapping [ˏovɚˋlæpɪŋ] adj. 重疊的或相同的

14. **petroleum** [pəˋtrolɪəm] n. [U] 石油

15. **premiere** [prɪˋmɪr] n. [C] 首映 (會)

16. **radioactive** [ˏredɪoˋæktɪv] adj. 放射性的，有輻射的

17. **reliant** [rɪˋlaɪənt] adj. 依靠的，依賴的 同 dependent

18. **rubbish** [ˋrʌbɪʃ] n. [U] 垃圾；廢話

19. **shred** [ʃrɛd] n. [C] 碎片 (usu. pl.) 同 scrap

♥ in shreds 破碎的；嚴重受損的

shred [ʃrɛd] v. 弄碎，使支離破碎 (shredded | shredded | shredding)

20. **solemn** [`sɑləm] adj. 莊嚴的 ⑩ serious
   ♥ solemn promise 鄭重的承諾

21. **strait** [stret] n. [C] 海峽

22. **surgical** [`sɝdʒɪkl̩] adj. 手術的，外科手術的

23. **transmit** [træns`mɪt] v. 傳送；傳播 (疾病等) (transmitted | transmitted | transmitting)

24. **usher** [`ʌʃɚ] v. 引導，接待 <in, into>
   usher [`ʌʃɚ] n. [C] 帶位員

25. **wag** [wæg] v. 搖擺或搖動 (尾巴、手指等) (wagged | wagged | wagging)
   wag [wæg] n. [C] 搖擺，搖動 (usu. sing.)

Unit 26

1. **distraction** [dɪ`strækʃən] n. [C][U] 令人分心或分散注意力的事物；[C] 娛樂，消遣
   ♥ drive sb to distraction 使心煩意亂

2. **emigration** [ˌɛmə`greʃən] n. [C][U] 移居他國 <from, to>

3. **faction** [`fækʃən] n. [C] 派系

4. **fracture** [ˋfræktʃɚ] n. [C] 骨折
   fracture [ˋfræktʃɚ] v. (使) 骨折 ；(使)(團體) 分裂 同
   split

5. **groan** [gron] n. [C] (因疼痛、不悅等的) 呻吟聲 同 moan
   groan [gron] v. (因疼痛、不悅等而) 呻吟 同 moan；發
   出嘎吱聲 同 moan
   💡 moan and groan 抱怨連連

6. **hospitality** [͵hɑspɪˋtælətɪ] n. [U] 殷勤待客

7. **inland** [ˋɪnlənd] adj. 內陸的
   inland [ˋɪn͵lænd] adv. 向內陸，在內陸
   inland [ˋɪn͵lænd] n. [U] 內陸 (the ～)

8. **jolly** [ˋdʒɑlɪ] adj. (令人) 愉快的 (jollier | jolliest)
   jolly [ˋdʒɑlɪ] adv. 很，非常
   jolly [ˋdʒɑlɪ] v. 好言好語地勸說或鼓勵
   jolly [ˋdʒɑlɪ] n. [C] 玩樂，歡樂 (pl. jollies)
   💡 get sb's jollies (常指從不好的事物中) 得到樂趣

9. **literate** [ˋlɪtərɪt] adj. 有讀寫能力的 反 illiterate；精通的，
   很懂的
   💡 be politically/musically literate 很懂政治的 / 很會演
   奏樂器的
   literate [ˋlɪtərɪt] n. [C] 識字的人

10. **mastery** [ˋmæstərɪ] n. [U] 精通，熟練 <of> ；控制 <of,
    over>

11. **muse** [mjuz] n. [C] 給與靈感的人或事物，靈感的來源
   🔟 inspiration

12. **offshore** [`ɔf`ʃor] adj. 離岸的，海上的；近海的
   💡 offshore oil field 海上油田｜
   offshore/onshore oil reserves 海上／陸上石油儲備

13. **overwork** [`ovɚ,wɝk] n. [U] 工作過度
   overwork [,ovɚ`wɝk] v. (使) 過度工作

14. **pharmacist** [`fɑrməsɪst] n. [C] 藥劑師

15. **preside** [prɪ`zaɪd] v. 主持，擔任主席 <at, over>

16. **radish** [`rædɪʃ] n. [C] 櫻桃蘿蔔

17. **relic** [`rɛlɪk] n. [C] 遺跡，遺物；遺風，遺俗

18. **rugged** [`rʌgɪd] adj. 崎嶇的，起伏不平的；(長相) 粗獷
   而好看的
   💡 rugged ground 凹凸不平的地面｜
   rugged features 粗獷的容貌
   ruggedly [`rʌgɪdlɪ] adv. 崎嶇不平地；粗獷地

19. **shriek** [ʃrik] n. [C] 尖叫聲 <of> 🔟 scream；尖銳刺耳的
   聲音
   shriek [ʃrik] v. 尖叫 🔟 scream；尖叫著說 🔟 scream
   💡 shriek abuse at sb 對⋯尖聲叫罵

20. **solitude** [`sɑlə,tjud] n. [U] 獨處

21. **stray** [stre] adj. 走失的，流浪的；偏離的

stray [stre] v. 迷路，走失；偏離

stray [stre] n. [C] 流浪的動物

22. **surpass** [sə`pæs] v. 勝過，超過

💡 surpass sb's expectations 超過⋯的預期 |
surpass sb's understanding 超過⋯的理解範圍

23. **transplant** [`træns,plænt] n. [C][U] 移植

💡 kidney/liver/corneal/bone marrow transplant
腎臟 / 肝臟 / 角膜 / 骨髓移植

transplant [træns`plænt] v. 移植

24. **utensil** [ju`tɛnsḷ] n. [C] (廚房等家庭) 用具

25. **walnut** [`wɔlnʌt] n. [C] 胡桃，核桃

Unit 27

1. **divert** [də`vɝt] v. 使轉向，使改道 <from>；轉移 (注意力等) <from>

2. **endowment** [ɪn`daʊmənt] n. [C][U] 資助，捐款，捐贈

3. **Fahrenheit** [`færən,haɪt] n. [U] 華氏 (溫標)，華氏溫度

Fahrenheit [`færən,haɪt] adj. 華氏的

4. **fragrant** [`fregrənt] adj. 芳香的

5. **growl** [graʊl] n. [C] 低吼聲，咆哮聲

growl [graʊl] v. 低吼，咆哮 <at>

6. **hospitalize** [`hɑspɪtə,laɪz] v. 送醫治療，使住院治療

7. **innumerable** [ɪ`njumərəb!] adj. 無數的，數不清的，很多的

8. **junction** [`dʒʌŋkʃən] n. [C] (公路、鐵路、河流等的) 交會點，交叉口 ⑤ intersection

9. **livestock** [`laɪv,stak] n. [pl.] 家畜，牲畜

10. **mediate** [`midɪ,et] v. 調停，調解 <between>；藉調解找到解決辦法，達成或促成 (協議等) ⑤ negotiate
    mediation [,midɪ`eʃən] n. [U] 調停，調解
    mediator [`midɪ,etɚ] n. [C] 調停者，調解者

11. **mustache** [`mʌstæʃ] n. [C] (長在上唇上方的) 鬍子，八字鬍

12. **operative** [`apərətɪv] adj. 運作中的，有效的 ⑤ functional ⑥ inoperative
    💡 be fully operative again 全面恢復運作

13. **ozone** [`ozon] n. [U] 臭氧
    💡 ozone layer 臭氧層

14. **pickpocket** [`pɪk,pakɪt] n. [C] 扒手

15. **prestige** [prɛs`tiʒ] n. [U] 聲望，名聲
    prestigious [prɛs`tɪdʒəs] adj. 有聲望的，有名望的

16. **rash** [ræʃ] n. [C] 疹子 (usu. sing.)；[sing.] (壞事等的) 接連發生 ⑤ spate

💡 diaper/nettle/heat rash 尿布疹 / 蕁麻疹 / 痱子
rash [ræʃ] adj. 輕率的，草率的，魯莽的 (同) reckless
rashly [`ræʃlɪ] adv. 輕率地，草率地，魯莽地
rashness [`ræʃnəs] n. [U] 輕率，草率，魯莽

17. **reminiscent** [ˌrɛmə`nɪsənt] adj. 令人想起…的 <of>

18. **ruthless** [`ruθlɪs] adj. 冷酷無情的，殘忍的

19. **shrub** [ʃrʌb] n. [C] 灌木

20. **sovereign** [`savrɪn] adj. 有主權的，獨立自主的；至高無上的
sovereign [`savrɪn] n. [C] 君主，元首

21. **stroll** [strol] n. [C] 閒逛，散步
stroll [strol] v. 閒逛，散步

22. **suspense** [sə`spɛns] n. [U] 懸疑

23. **treasury** [`trɛʒərɪ] n. [C] 國庫；寶庫
💡 the Treasury 財政部

24. **utter** [`ʌtə] adj. 全然的，完全的，極度的
utter [`ʌtə] v. 說；發出聲音

25. **ward** [wɔrd] n. [C] 病房；受監護人
💡 surgical/maternity/isolation ward 外科 / 婦產科 / 隔離病房
ward [wɔrd] v. 抵禦，避開 <off>

Unit 28

1. **dividend** [ˋdɪvəˌdɛnd] n. [C] 股息，股利

2. **endurance** [ɪnˋdjʊrəns] n. [U] 耐力
   - beyond endurance 難以忍受，忍無可忍

3. **falter** [ˋfɔltɚ] v. 躊躇，猶豫，動搖；說話結結巴巴，支支吾吾

4. **freak** [frik] n. [C] 怪人，怪物 同 weirdo；狂熱的愛好者，…狂，…迷
   - fitness/computer/movie freak 健身狂 / 電腦迷 / 電影迷
   freak [frik] v. (使) 震驚，(使) 大驚失色，(使) 非常激動 <out>
   freak [frik] adj. 異常的，怪異的，詭異的
   - freak weather conditions 異常的天氣狀況

5. **grumble** [ˋgrʌmbl̩] v. 抱怨 <about, at> 同 moan
   grumble [ˋgrʌmbl̩] n. [C] 抱怨 (聲)

6. **hostel** [ˋhɑstl̩] n. [C] (廉價) 旅社

7. **insistence** [ɪnˋsɪstəns] n. [U] 堅持 <on>
   - at sb's insistence 由於…的堅持
   insistent [ɪnˋsɪstənt] adj. 堅持的 <on>

8. **kin** [kɪn] n. [pl.] 親戚，親屬
   - next of kin (直系血親等) 最近的親屬 | distant/close kin 遠親 / 近親 | be no kin to sb 和…不是親屬

kin [kɪn] adj. 有血緣關係的

9. **locker** [`lɑkɚ] n. [C] (可上鎖的) 儲物櫃，置物櫃

10. **meditate** [`mɛdə,tet] v. 沉思 <on, upon>

11. **mute** [mjut] adj. 沉默的 ⓢ silent；啞的 ⓢ dumb
    (muter｜mutest)
    mute [mjut] v. 減弱，減低 (聲音)
    mute [mjut] n. [C] 弱音器；啞巴 (pl. mutes)
    💡 mute button (遙控器、電話等的) 靜音鍵

12. **oppress** [ə`prɛs] v. 壓迫；使鬱悶，使心情沉重
    oppressive [ə`prɛsɪv] adj. 壓迫的，殘暴的；令人鬱悶
    的，令人難受的；悶熱的

13. **packet** [`pækɪt] n. [C] 小包，小袋
    💡 a packet of ketchup/mustard/seeds 一小包番茄醬 / 芥
    末醬 / 種子

14. **pilgrim** [`pɪlgrɪm] n. [C] 朝聖者，香客

15. **privatize** [`praɪvə,taɪz] v. 使 (國營企業等) 民營化，使私
    有化

16. **ratify** [`rɛtə,faɪ] v. 批准，使正式生效

17. **reptile** [`rɛptaɪl] n. [C] 爬蟲類動物；卑鄙的人
    reptile [`rɛptaɪl] adj. 爬蟲類的

18. **salute** [sə`lut] n. [C][U] 敬禮
    💡 take/return a salute 接受敬禮 / 回禮｜

21-gun salute 二十一響禮炮 |

in salute 致敬

salute [sə`lut] v. 敬禮

---

19. **shuffle** [`ʃʌfl̩] v. 拖著腳走路；(因厭煩、不安等) 把腳動來動去，坐立不安

💡 shuffle the cards/deck 洗牌

---

20. **spectacle** [`spɛktəkl̩] n. [C] 奇觀；壯觀

💡 make a spectacle of oneself 使自己出醜

spectacles [`spɛktəkl̩z] n. [pl.] 眼鏡

💡 a pair of spectacles 一副眼鏡

---

21. **stun** [stʌn] v. 使不省人事，使昏厥；使震驚，使大吃一驚 <at, by> (stunned | stunned | stunning)

stunning [`stʌnɪŋ] adj. 驚人的，令人震驚的；非常出色的，令人印象深刻的

---

22. **swamp** [swɑmp] n. [C][U] 沼澤，溼地

swamp [swɑmp] v. 使不堪負荷 <by, with>；淹沒 <by>

---

23. **trifle** [`traɪfl̩] n. [C] 瑣事，小事

trifle [`traɪfl̩] v. 玩弄 <with>；虛度 (光陰)，浪費 (時間)

---

24. **vaccine** [væk`sin] n. [C][U] 疫苗

---

25. **warrant** [`wɔrənt] n. [C] (逮捕令、搜索令等) 執行令，授權令，令狀

💡 arrest/search warrant 逮捕令 / 搜索令

Unit 29

1. **doom** [dum] n. [U] 厄運，劫數

   💡 doom and gloom 絕望 | meet sb's doom 喪生 |
   spell doom for sth 意味著⋯的滅亡，使滅亡或終結

   doom [dum] v. 注定 (失敗等) <to>

2. **enhance** [ɪn`hæns] v. 提升 (品質等)

   enhancement [ɪn`hænsmənt] n. [C][U] (品質等的) 提升

3. **familiarity** [fə,mɪlɪ`ærətɪ] n. [U] 熟悉 <with>；親切

4. **freeway** [`fri,we] n. [C] 高速公路

5. **hamper** [`hæmpɚ] v. 妨礙，阻礙 🔁 hinder

6. **hover** [`hʌvɚ] v. 盤旋

   hover [`hʌvɚ] n. [sing.] 盤旋

7. **instinctive** [ɪn`stɪŋktɪv] adj. 本能的，直覺的，天生的

   💡 instinctive reaction 本能反應，直覺反應

8. **knowledgeable** [`nɑlɪdʒəbl] adj. 知識豐富的 <about>

9. **lodge** [lɑdʒ] n. [C] 小屋

   lodge [lɑdʒ] v. 卡住 <in> 🔁 dislodge；正式提出 (申訴等)

   💡 lodge a protest/claim 提出抗議 / 索賠 |
   lodge an appeal 提出上訴

   lodging [`lɑdʒɪŋ] n. [U] 寄宿 (處)；[C] 出租的房間
   (usu. pl.)

💡 full board and lodging 食宿全包

10. **meditation** [ˌmɛdə`teʃən] n. [C][U] 沉思，冥想
💡 deep/lost in meditation 陷入沉思

11. **nag** [næg] v. 嘮叨，碎碎念 <at> (nagged｜nagged｜nagging)
💡 nag at sb 對⋯嘮叨｜nag sb about sth 嘮叨⋯的⋯
nag [næg] n. [C] 嘮叨的人
nagging [`nægɪŋ] adj. (問題、病痛等) 煩擾不休的；嘮叨的，喋喋不休的
💡 nagging pain/toothache/doubt 煩擾不休的疼痛 / 牙痛 / 疑慮

12. **oppression** [ə`prɛʃən] n. [U] 壓迫

13. **paddle** [`pædl̩] n. [C] 槳
paddle [`pædl̩] v. 用槳划船

14. **pinch** [pɪntʃ] n. [C] 一小撮，少量 <of>；捏，掐，擰，夾
💡 take sth with a pinch of salt 對⋯持保留態度，存疑，半信半疑｜feel the pinch 手頭拮据，手頭緊
pinch [pɪntʃ] v. 捏，掐，擰，夾

15. **prohibition** [ˌproə`bɪʃən] n. [C] 禁令 <against, on>；[U] 禁止 <of>

16. **reap** [rip] v. 收割 (農作物)；獲得 (報酬等)
💡 reap the benefits/rewards of sth 因⋯獲益

17. **resent** [rɪ`zɛnt] v. 憤恨，憎恨，怨恨

resentment [rɪˋzɛntmənt] n. [U] 憤恨，憎恨，怨恨

18. **salvage** [ˋsælvɪdʒ] v. 搶救 (財物等) <from>

19. **shutter** [ˋʃʌtɚ] n. [C] (常設有百葉孔的) 護窗板，窗戶的活動遮板 (usu. pl.)；(照相機的) 快門
    shutter [ˋʃʌtɚ] v. 關上護窗板

20. **splendor** [ˋsplɛndɚ] n. [U] 壯麗，輝煌，富麗堂皇

21. **stutter** [ˋstʌtɚ] n. [sing.] 結巴，口吃 டⒾ stammer
    stutter [ˋstʌtɚ] v. 結結巴巴地說 டⒾ stammer

22. **symmetry** [ˋsɪmɪtrɪ] n. [U] 對稱 ⒻⒻ asymmetry
    symmetrical [sɪˋmɛtrɪk!] adj. 對稱的 (also symmetric) ⒻⒻ asymmetrical

23. **tropic** [ˋtrɑpɪk] n. [C] 回歸線；熱帶 (地區) (usu. pl.)
    💡 the Tropic of Capricorn 南回歸線
    tropic [ˋtrɑpɪk] adj. 熱帶 (地區) 的 டⒾ tropical

24. **vanity** [ˋvænətɪ] n. [U] 虛榮 (心)

25. **warranty** [ˋwɔrəntɪ] n. [C] (商品的) 保證書，保固單 (pl. warranties)
    💡 come with a <u>one-year/three-year</u> warranty 保固一年 / 三年 | under warranty 在保固期內

Unit 30

1. **dormitory** [ˋdɔrməˌtorɪ] n. [C] 學生宿舍 (also dorm)

(pl. dormitories)

2. **enlighten** [ɪn`laɪtn̩] v. 啟發
   enlightenment [ɪn`laɪtn̩mənt] n. [U] 啟發

3. **feasible** [`fizəbl̩] adj. 可實行的，行得通的，可行的

4. **friction** [`frɪkʃən] n. [U] (物體的) 摩擦； [C][U] (人際的) 摩擦，不和 <between> 同 tension
   💡 cause/create friction 導致衝突

5. **handicap** [`hændɪˌkæp] n. [C] 身心障礙 同 disability；
   阻礙，障礙 同 obstacle
   handicap [`hændɪˌkæp] v. 阻礙，妨礙，使處於不利狀況 (handicapped | handicapped | handicapping)

6. **humiliate** [hju`mɪlɪˌet] v. 使蒙羞，使丟臉，羞辱
   humiliated [hju`mɪlɪˌetɪd] adj. 丟臉的，難堪的，屈辱的
   humiliation [hjuˌmɪlɪ`eʃən] n. [C][U] 丟臉，難堪，屈辱

7. **intake** [`ɪnˌtek] n. [C][U] 攝取 (量)
   💡 sharp/sudden intake of breath 猛吸一口氣，倒抽一口氣

8. **lad** [læd] n. [C] 小伙子，少男

9. **lofty** [`lɔftɪ] adj. (地位、理想等) 崇高的 (loftier | loftiest)

10. **melancholy** [`mɛlənˌkɑlɪ] n. [U] 憂鬱，憂傷
    melancholy [`mɛlənˌkɑlɪ] adj. 憂鬱的，憂傷的

11. **narrate** [`næˌret] v. 敘述 同 relate

narration [nə`reʃən] n. [C][U] 敘述；旁白

12. **ordeal** [ɔr`dil] n. [C] 苦難，磨難 <of>
   💡 face/undergo the ordeal of sth 面對 / 經歷…的磨難

13. **paperback** [`pepɚˌbæk] n. [C][U] 平裝書，平裝本

14. **plague** [pleg] n. [C][U] 瘟疫
   💡 a plague of rats/locusts 鼠害 / 蝗災

15. **propel** [prə`pɛl] v. 推動，推進；驅使，促使 <to, into>
   (propelled | propelled | propelling)
   propeller [prə`pɛlɚ] n. [C] 螺旋槳

16. **reckon** [`rɛkən] v. 猜想，覺得；認為，視為
   💡 be reckoned (to be) sth 被認為是…，被視為… |
   reckon on sth 指望…，盼望… |
   reckon with/without sth 有將 / 未將…列入考慮
   reckoning [`rɛkənɪŋ] n. [C][U] 計算，估計

17. **restoration** [ˌrɛstə`reʃən] n. [C][U] 恢復 <of>；修復 <of>

18. **savage** [`sævɪdʒ] adj. 猛烈的 (反) mild；凶殘的，野蠻的
   💡 savage dog 惡犬 | savage tribe 野蠻部落
   savage [`sævɪdʒ] n. [C] 凶殘的人，野蠻的人
   savage [`sævɪdʒ] v. 攻擊

19. **simplify** [`sɪmpləˌfaɪ] v. 簡化，使變簡單

20. **spokesperson** [`spoksˌpɝsn̩] n. [C] 發言人 <for>
   spokesman [`spoksmən] n. [C] (男) 發言人 <for>

spokeswoman [ˋspoks͵wʊmən] n. [C] (女) 發言人

21. **stylish** [ˋstaɪlɪʃ] adj. 時髦的

22. **sympathize** [ˋsɪmpə͵θaɪz] v. 同情 <with>

23. **trout** [traʊt] n. [C][U] 鱒魚 (pl. trout, trouts)

24. **vapor** [ˋvepɚ] n. [C][U] 蒸氣
    🔹 water vapor 水蒸氣

25. **waterproof** [ˋwɔtɚ͵pruf] adj. 防水的
    🔹 waterproof watch/boots 防水手錶 / 靴子
    waterproof [ˋwɔtɚ͵pruf] v. 使防水，將 (布料等) 作防水處理

Unit 31

1. **doze** [doz] v. 小睡
   🔹 doze off 打盹，打瞌睡
   doze [doz] n. [sing.] 小睡

2. **equalize** [ˋikwə͵laɪz] v. 使平等，使均等，使相等

3. **feeble** [ˋfibl̩] adj. 虛弱的；微弱的 (feebler | feeblest)
   🔹 feeble excuse/joke 站不住腳的藉口 / 乾巴巴的笑話

4. **fume** [fjum] v. 發怒，發火，發脾氣 <at, about, over>
   fume [fjum] n. [C] 廢氣，臭氣 (usu. pl.)

5. **handicraft** [ˋhændɪ͵kræft] n. [C] 手工藝 (usu. pl.)；手工藝品 (usu. pl.)

6. **hunch** [hʌntʃ] n. [C] 直覺
   💡 act on/follow/play a hunch 憑直覺行動
   hunch [hʌntʃ] v. 弓背，弓著身子，彎腰駝背，拱肩縮背

7. **interpreter** [ɪnˋtɝprɪtɚ] n. [C] 口譯員

8. **landlady** [ˋlænd͵ledɪ] n. [C] 女房東，女地主

9. **logo** [ˋlogo] n. [C] 商標 (pl. logos)

10. **mentality** [mɛnˋtælətɪ] n. [C] 心態 (usu. sing.) (pl. mentalities)
    💡 criminal/get-rich-quick mentality 犯罪 / 一步登天的心態

11. **narrator** [ˋnæretɚ] n. [C] 敘述者

12. **orderly** [ˋɔrdɚlɪ] adj. 井然有序的，有規律的 反 disorderly
    💡 in an orderly fashion 井然有序地
    orderly [ˋɔrdɚlɪ] n. [C] (醫院病房) 雜役，勤務員 (pl. orderlies)

13. **paralyze** [ˋpærə͵laɪz] v. 使癱瘓
    paralyzed [ˋpærə͵laɪzd] adj. 癱瘓的
    💡 paralyzed from the waist/neck down 腰部 / 頸部以下癱瘓 | paralyzed with/by fear 嚇得無法動彈，嚇呆了

14. **plantation** [plæn`teʃən] n. [C] (熱帶地區的) 大農場，種植園，種植場

💡 coffee/rubber/sugar/cotton plantation 咖啡 / 橡膠 / 蔗糖 / 棉花園

15. **prosecute** [`prɑsɪ,kjut] v. 起訴 <for>；繼續進行 (戰爭等)，將⋯執行到底

prosecutor [`prɑsɪ,kjutɚ] n. [C] 檢察官

16. **reconcile** [`rɛkən,saɪl] v. 使和解 <with>；調和，使一致 <with>

💡 reconcile oneself to sth 與 (現實等) 妥協，接受 (現實等)

17. **restrain** [rɪ`stren] v. 抑制，克制，制止 <from>

18. **scrape** [skrep] v. 擦傷，刮壞；刮除，削去

💡 scrape through sth 勉強通過 (考試等) |
scrape by (on sth) (靠⋯) 糊口，勉強維持生計

scrape [skrep] n. [C] 擦傷；(自己造成的) 困境，麻煩；[sing.] 摩擦聲

19. **simultaneous** [,saɪml̩`tenɪəs] adj. 同時的

simultaneously [,saɪml̩`tenɪəslɪ] adv. 同時地

20. **sportsman** [`sportsmən] n. [C] 運動員

sportswoman [`sports,wumən] n. [C] 女運動員

21. **subordinate** [sə`bɔrdṇɪt] adj. 次要的 <to> 同 secondary

💡 subordinate clause 從屬子句

subordinate [sə`bɔrdṇɪt] n. [C] 下屬

subordinate [sə`bɔrdn͵et] v. 使居於次要地位

22. **symphony** [`sɪmfənɪ] n. [C] 交響樂 (pl. symphonies)

23. **trustee** [trʌs`ti] n. [C] 受託人

24. **velvet** [`vɛlvɪt] n. [U] 天鵝絨
velvet [`vɛlvɪt] adj. 天鵝絨 (製) 的

25. **wharf** [wɔrf] n. [C] 碼頭 (pl. wharfs, wharves)
wharf [wɔrf] v. 將 (船) 停靠於碼頭

Unit 32

1. **draught** [dræft] n. [C] (吹過房間的) 冷風 ⓢ draft

2. **equate** [ɪ`kwet] v. 將…視為同等，等同視之，相提並論 <with>

3. **feminine** [`fɛmənɪn] adj. 女性的，女性特有的，有女性特質的
🍃 traditional feminine role 傳統的女性角色
feminine [`fɛmənɪn] n. [sing.] 女性 (the ～)；[C] (某些語言中的) 陰性詞彙

4. **fury** [`fjʊrɪ] n. [U][sing.] 狂怒，暴怒 ⓢ rage
🍃 in a fury 盛怒之下

5. **harass** [hə`ræs] v. 煩擾，騷擾
🍃 sexually harass sb 對…性騷擾

harassment [hə`ræsmənt] n. [U] 煩擾，騷擾

💡 racial harassment 種族騷擾

---

6. **hurdle** [`hɝdl̩] n. [C] 障礙，困難 同 obstacle；(跨欄等的) 欄架

💡 clear a hurdle 克服困難 ; 成功跨欄 | the 100-meter/ 400-meter hurdles 一百 / 四百公尺跨欄賽跑

hurdle [`hɝdl̩] v. (奔跑著) 跨越，跳越 (欄架、籬笆等)

---

7. **intersection** [ˏɪntɚ`sɛkʃən] n. [C][U] 交叉 (口)，交叉 (點)

💡 at a busy intersection 在繁忙的交叉路口

---

8. **landslide** [`lænd͵slaɪd] n. [C] 山崩，坍方

---

9. **lonesome** [`lonsəm] adj. 寂寞的 同 lonely

---

10. **mermaid** [`mɝ͵med] n. [C] 美人魚

---

11. **navigation** [ˏnævə`geʃən] n. [U] 導航；航行

---

12. **organizer** [`ɔrgə͵naɪzɚ] n. [C] 組織者，籌辦者，主辦者 (pl. organizers)

---

13. **parliament** [`pɑrləmənt] n. [C][U] 國會，議會

💡 dissolve parliament 解散國會

---

14. **plow** [plaʊ] n. [C] 犁

💡 under the plow (田地) 用於耕作的

plow [plaʊ] v. 犁 (田)，耕 (地)

💡 plow through sth 費力地穿越或通過… ; 費力地閱讀… | plow into sb/sth (車等) 撞上…

---

15. **prospective** [prəˈspɛktɪv] adj. 可能的，有望的 圓 potential

16. **redundancy** [rɪˈdʌndənsɪ] n. [U] 冗贅

17. **restraint** [rɪˈstrent] n. [C][U] 克制，抑制，限制
    💡 be placed/kept under restraint 受到限制 |
    without restraint 自由地，無所顧忌地 |
    impose restraints on sth 對…加以限制

18. **scroll** [skrol] n. [C] 卷軸；渦卷形的圖案或裝飾
    💡 roll up/unroll a scroll 捲起 / 展開卷軸
    scroll [skrol] v. 使電腦頁面上下轉動 <up, down, through>

19. **skim** [skɪm] v. 撈掉，撇去 <off, from>；擦過，掠過；瀏覽 <over, through> 圓 scan (skimmed | skimmed | skimming)
    skim [skɪm] n. [sing.] 瀏覽；(從液體表面撈掉的) 浮油等薄層
    💡 skim milk 脫脂牛奶

20. **sportsmanship** [ˈsportsmənˌʃɪp] n. [U] 運動家精神

21. **subscribe** [səbˈskraɪb] v. 訂閱 <to>；贊同 <to>

22. **syrup** [ˈsɪrəp] n. [C][U] 糖漿
    💡 cough syrup 止咳糖漿

23. **tuck** [tʌk] v. 把…塞入

tuck [tʌk] n. [C] (衣物上的) 褶子

24. **veterinarian** [ˌvɛtrəˋnɛrɪən] n. [C] 獸醫 (also vet)

25. **whiskey** [ˋwɪskɪ] n. [C][U] 威士忌 (also whisky) (pl. whiskeys, whiskies)

Unit 33

1. **dresser** [ˋdrɛsɚ] n. [C] 有抽屜的衣櫃 同 chest of drawers；衣著…的人
   💡 smart/stylish/sloppy dresser 衣著時髦有型 / 邋遢的人

2. **evacuate** [ɪˋvækjuˌet] v. (使) 撤離 <from>

3. **fiancé** [fiˋɑnse] n. [C] 未婚夫 (also fiance)

4. **fuse** [fjuz] n. [C] 保險絲；導火線，引信 (also fuze)
   fuse [fjuz] v. 融合，結合 <into>

5. **harden** [ˋhɑrdn̩] v. (使) 變硬，(使) 硬化 反 soften；(使) 變得強硬或冷酷 反 soften

6. **hypocrite** [ˋhɪpəˌkrɪt] n. [C] 偽善者，偽君子
   hypocrisy [hɪˋpɑkrəsɪ] n. [C][U] 偽善，虛偽 反 sincerity (pl. hypocrisies)

7. **intervene** [ˌɪntɚˋvin] v. 干涉，干預，介入 <in>

8. **latitude** [ˋlætəˌtjud] n. [C][U] 緯度 (abbr. lat.)；[U] 自由

Level 6 Unit 33 **561**

💡 at a latitude of 23 degrees north/23 degrees north latitude 在北緯 23 度 | high/low/northern/southern latitudes 高緯度 / 低緯度 / 北緯 / 南緯地區

9. **longitude** [`lɑndʒə,tjud] n. [C][U] 經度 (abbr. long.)

10. **migrant** [`maɪgrənt] n. [C] 移居者，移民；候鳥等遷徙動物

    migrant [`maɪgrənt] adj. 遷徙的，移居的

    💡 migrant bird 候鳥

11. **nearsighted** [`nɪr`saɪtɪd] adj. 近視的

12. **orthodox** [`ɔrθə,dɑks] adj. 被普遍接受的，傳統的，正統的，正規的 ⓥ unorthodox

13. **pastime** [`pæs,taɪm] n. [C] 消遣，娛樂

14. **pony** [`ponɪ] n. [C] 小型馬，矮種馬 (pl. ponies)

15. **proverb** [`prɑvɝb] n. [C] 諺語

16. **reef** [rif] n. [C] 暗礁，礁石

    💡 coral reef 珊瑚礁

17. **retort** [rɪ`tɔrt] n. [C] 回嘴，反駁

    retort [rɪ`tɔrt] v. 回嘴，反駁

18. **scrutiny** [`skrutənɪ] n. [U] 仔細檢查，嚴格審查，詳細調查

19. **slash** [slæʃ] v. 揮砍，劈砍，將⋯劃出深長的切口；大幅削減

slash [slæʃ] n. [C] 深長的切口
💡 slash (mark) 斜線

20. **spur** [spɝ] v. 用馬刺驅策馬；激勵 <on> (spurred |
spurred | spurring)
spur [spɝ] n. [C] 馬刺；激勵 <to>
💡 on the spur of the moment 一時興起 |
win/earn sb's spurs 功成名就，揚名立萬

21. **subsidize** [`sʌbsə,daɪz] v. 補貼，補助，資助

22. **tan** [tæn] n. [C][U] 日曬後的膚色，古銅色，棕褐色
(usu. sing.) 同 suntan
💡 get a tan 將皮膚曬成古銅色或棕褐色
tan [tæn] adj. 古銅色的，棕褐色的 (tanner | tannest)
tan [tæn] v. (使) 曬黑，(使) 曬成古銅色或棕褐色
(tanned | tanned | tanning)

23. **turmoil** [`tɝmɔɪl] n. [U][sing.] 混亂
💡 in (a) turmoil 處於混亂狀態

24. **veto** [`vito] n. [C][U] 否決 (權) <on> (pl. vetoes)
💡 exercise the veto 行使否決權
veto [`vito] v. 否決

25. **wholesale** [`hol,sel] adj. 批發的
💡 wholesale dealer 批發商
wholesale [`hol,sel] adv. 批發地
wholesale [`hol,sel] n. [U] 批發

wholesale [`hol,sel] v. 批發販售
wholesaler [`hol,selə] n. [C] 批發商

Unit 34

1. **dressing** [`drɛsɪŋ] n. [C][U] (沙拉等的) 調味醬 (also salad dressing)；[C] (保護傷口的) 敷料
   💡 dressing room 後臺更衣室

2. **evergreen** [`ɛvə,grin] adj. (植物) 常綠的
   evergreen [`ɛvə,grin] n. [C] 常綠植物

3. **fin** [fɪn] n. [C] 鰭

4. **fuss** [fʌs] n. [sing.] 過度緊張，小題大作，大驚小怪
   💡 make a fuss about sth 對…小題大作 |
   make a fuss over sb 對…關愛備至或過分關愛 |
   a fuss about nothing 無謂的小題大作，庸人自擾
   fuss [fʌs] v. 過度緊張，小題大作，大驚小怪
   💡 fuss over sb 對…關愛備至或過分關愛

5. **harmonica** [hɑr`mɑnɪkə] n. [C] 口琴

6. **iceberg** [`aɪs,bɝg] n. [C] 冰山
   💡 the tip of the iceberg 冰山一角

7. **intimacy** [`ɪntəməsɪ] n. [C][U] 親密，親近

8. **layout** [`le,aʊt] n. [C] (建築等的) 設計，格局；(書籍等

的) 版面設計

9. **lotion** [`loʃən] n. [C][U] 乳液

10. **miscellaneous** [ˌmɪsə`lenɪəs] adj. 各式各樣的

11. **nostril** [`nɑstrəl] n. [C] 鼻孔

12. **ounce** [aʊns] n. [C] 盎司 (abbr. oz.)
   - An ounce of prevention is worth a pound of cure.
     【諺】預防勝於治療。 |
     an ounce of common sense/truth 一點點常識 / 事實 |
     every ounce of courage/strength 全部的勇氣 / 力氣

13. **patriotic** [ˌpetrɪ`ɑtɪk] adj. 愛國的

14. **populate** [`pɑpjəˌlet] v. 居住於，生活於

15. **provisional** [prə`vɪʒənl̩] adj. 暫時的，臨時的 (同) temporary

16. **referee** [ˌrɛfə`ri] n. [C] 裁判
    referee [ˌrɛfə`ri] v. 當裁判

17. **revelation** [ˌrɛvə`leʃən] n. [C][U] (出乎意料的) 發現或揭露

18. **seagull** [`sigəl] n. [C] 海鷗 (also gull)
    - a flock of seagulls 一群海鷗

19. **slay** [sle] v. 殺 (slew | slain | slaying)

20. **stabilize** [`stebəˌlaɪz] v. (使) 穩定

21. **succession** [sək`sɛʃən] n. [U] 繼承 <to>；[sing.] 連續，一連串

   💡 in succession 連續地，接連地

22. **tedious** [`tidɪəs] adj. 冗長乏味的 📖 boring

23. **twilight** [`twaɪˌlaɪt] n. [U] 黃昏，薄暮；[sing.] 衰退期，晚期 (the ～)

   💡 the twilight years 晚年，暮年

24. **vibrate** [`vaɪbret] v. 震動

25. **wholesome** [`holsəm] adj. 有益 (身心) 健康的

   💡 wholesome entertainment 有益身心健康的娛樂 | wholesome food 健康食品

Unit 35

1. **dual** [`djuəl] adj. 雙重的，兩個的

   💡 dual citizenship/nationality 雙重國籍 | dual purpose 雙重用途或目的

2. **evoke** [ɪ`vok] v. 喚起或引起 (記憶、感情等)，使人想起

   💡 evoke sympathy 引起同情

3. **finite** [`faɪnaɪt] adj. 有限的 📖 infinite

   💡 finite resources 有限的資源 | a finite number of possibilities/choices 為數有限的可能 / 選擇

4. **gallop** [ˋgæləp] n. [sing.] 奔馳，飛奔
   💡 at a gallop 快速地
   gallop [ˋgæləp] v. 騎馬奔馳；飛奔，疾馳

5. **headphones** [ˋhɛd͵fonz] n. [pl.] (頭戴式) 耳機
   💡 a pair/set of headphones 一副耳機

6. **imminent** [ˋɪmənənt] adj. (尤指壞事) 即將發生的，即將來臨的
   💡 imminent disaster/threat 迫在眉睫的災難 / 威脅 |
   in imminent danger of extinction/collapse 瀕臨滅絕 / 崩潰的危險

7. **intonation** [͵ɪntoˋneʃən] n. [C][U] 語調

8. **lease** [lis] n. [C] 租約 <on>
   💡 take out a lease on sth 租下… |
   the lease runs out/expires 租約到期

9. **lottery** [ˋlɑtərɪ] n. [C] 彩券 (pl. lotteries)
   💡 a lottery ticket 彩券 |
   play the lottery/buy lottery tickets 買彩券

10. **mistress** [ˋmɪstrɪs] n. [C] 女主人；情婦

11. **novice** [ˋnɑvɪs] n. [C] 初學者，新手 <at, in> 同 beginner
    💡 novice driver/writer/pilot/teacher 新手駕駛 / 作家 / 飛行員 / 教師

12. **outing** [`aʊtɪŋ] n. [C] 出遊，遠足 <to>
   💡 school/class/family outing 校外教學 / 班遊 / 家庭遠足

13. **pebble** [`pɛbl̩] n. [C] 小圓石，鵝卵石

14. **porter** [`portɚ] n. [C] 行李員，搬運工

15. **psychiatry** [saɪ`kaɪətrɪ] n. [U] 精神病學

16. **referendum** [ˌrɛfə`rɛndəm] n. [C][U] 公民投票 <on>
   (pl. referenda, referendums)
   💡 hold a referendum on sth 就⋯舉行公民投票

17. **revival** [rɪ`vaɪvl̩] n. [C][U] 復興，再度流行

18. **seduce** [sɪ`djus] v. 引誘，誘惑；誘姦，勾引
   seduction [sɪ`dʌkʃən] n. [C][U] 誘惑
   seductive [sɪ`dʌktɪv] adj. 誘人的

19. **slump** [slʌmp] n. [C] 暴跌 <in>；(經濟不景氣、運動員低潮等) 表現低落的時期
   💡 in a slump 處於蕭條期或低潮期
   slump [slʌmp] v. 沉重地落下或倒下；暴跌

20. **stagger** [`stægɚ] v. 搖搖晃晃，蹣跚，跟蹌 🔄 stumble；使震驚，使驚愕
   stagger [`stægɚ] n. [C] 搖晃，蹣跚 (usu. sing.)
   staggered [`stægɚd] adj. 震驚的，驚愕的 🔄 amazed
   💡 staggered at/by sth 對⋯感到震驚
   staggering [`stægərɪŋ] adj. 令人吃驚的，驚人的 🔄 amazing

21. **successive** [sək`sɛsɪv] adj. 連續的，接連的 同 consecutive

  🌑 three/four successive victories 三 / 四連勝 ｜ the third/fourth successive victory 第三 / 四次連勝 ｜ successive governments 歷屆政府

22. **teller** [`tɛlɚ] n. [C] 銀行出納員；選舉計票員；講述者

23. **twinkle** [`twɪŋkl̩] n. [C] 閃爍，閃耀，發亮 (usu. sing.)
   twinkle [`twɪŋkl̩] v. 閃爍，閃耀，發亮

  🌑 sb's eyes twinkle with excitement/amusement 興奮 / 開心地雙眼發亮

24. **vibration** [vaɪ`breʃən] n. [C][U] 震動

25. **widow** [`wɪdo] n. [C] 寡婦
   widower [`wɪdəwɚ] n. [C] 鰥夫

Unit 36

1. **dubious** [`djubɪəs] adj. 可疑的，不可靠的 同 suspicious；懷疑的 <about> 同 doubtful

  🌑 dubious character 可疑人物

2. **excel** [ɪk`sɛl] v. 擅長 <in, at> (excelled ｜ excelled ｜ excelling)

  🌑 excel oneself 超越自我，勝過平時

3. **fireproof** [`faɪr͵pruf] adj. 防火的

4. **gangster** [ˋgæŋstɚ] n. [C] 犯罪集團成員，幫派分子
   🍃 gangster movie 幫派電影

5. **hearty** [ˋhɑrtɪ] adj. 熱情的，熱誠的，誠摯的；豐盛的
   (heartier | heartiest)
   🍃 hearty greeting/handshake 熱情的問候 / 握手 |
   hearty congratulations 真誠的祝賀 | hearty laugh 開
   懷大笑 | hearty meal/appetite/eater 豐盛的餐點 / 好
   胃口 / 吃很多的人

6. **implicit** [ɪmˋplɪsɪt] adj. 不言明的，含蓄的 反 explicit；
   毫無疑問的，絕對的 同 absolute
   🍃 have implicit faith/trust in sth 對…絕對信任

7. **intrigue** [ɪnˋtrig] n. [C][U] 密謀，陰謀
   intrigue [ɪnˋtrig] v. 激發興趣或好奇心

8. **legislator** [ˋlɛdʒɪs͵letɚ] n. [C] 立法者，立法委員

9. **lotus** [ˋlotəs] n. [C] 蓮花，荷花 (pl. lotuses, lotus)

10. **modernize** [ˋmɑdɚ͵naɪz] v. (使) 現代化

11. **nucleus** [ˋnjuklɪəs] n. [C] 核心 <of>；原子核
    (pl. nuclei)

12. **outlaw** [ˋaʊt͵lɔ] n. [C] 不法之徒
    outlaw [ˋaʊt͵lɔ] v. 禁止，宣布為非法 同 ban

13. **peek** [pik] n. [C] 一瞥 (usu. sing.)
    🍃 have/take a peek 看一眼 | a quick peek 匆匆一瞥

peek [pik] v. 偷看

14. **posture** [ˋpɑstʃɚ] n. [C][U] 姿勢，姿態；態度，立場 (usu. sing.)

 posture [ˋpɑstʃɚ] v. 裝模作樣

 💡 political posturing 政治作秀

15. **psychic** [ˋsaɪkɪk] adj. 有特異功能的，通靈的

 💡 psychic powers 特異功能

16. **refine** [rɪˋfaɪn] v. 精煉；使精進，改良，改善

 refinement [rɪˋfaɪnmənt] n. [C][U] 改良，改善，改進；[U] 文雅，有教養

 refined [rɪˋfaɪnd] adj. 文雅的，有教養的；精煉的，精製的 ⓡ unrefined

 💡 refined oil/sugar 精煉油 / 精製糖

 refinery [rɪˋfaɪnərɪ] n. [C] 精煉廠，精製廠 (pl. refineries)

 💡 oil/sugar refinery 煉油廠 / 製糖廠

17. **revive** [rɪˋvaɪv] v. (使) 復興；(使) 甦醒，(使) 復甦

18. **serene** [səˋrin] adj. 平靜的，寧靜的

 serenity [səˋrɛnətɪ] n. [U] 平靜，寧靜

19. **sly** [slaɪ] adj. 狡猾的 ⓢ cunning (slyer, slier | slyest, sliest)

 💡 on the sly 偷偷地

20. **staple** [ˋstepl̩] n. [C] 主要產物；主食或基本食物；釘書針

staple [`stepl̩] v. 用釘書針固定
stapler [`steplɚ] n. [C] 釘書機

21. **suffocate** [`sʌfə‚ket] v. (使) 窒息而死，(使) 悶死；呼吸困難，難以呼吸

22. **tempo** [`tɛmpo] n. [C][U] (樂曲的) 速度，節拍 (pl. tempos, tempi)；(生活等的) 節奏，步調 (pl. tempos)

23. **unanimous** [ju`nænəməs] adj. 一致同意的，無異議的

24. **victor** [`vɪktɚ] n. [C] 優勝者

25. **withhold** [wɪθ`hold] v. 拒絕給與，拒絕提供 <from> (withheld | withheld | withholding)

● ━━━━━━━━━━━━━ ◆ ━━━━━━━━━━━━━ ●

Unit 37

1. **duration** [djʊ`reʃən] n. [U] 持續期間
   ♀ for the duration of sth 在…期間

2. **exempt** [ɪg`zɛmpt] adj. 被免除的，被豁免的 <from>
   ♀ exempt from military service/certain exams 免役 / 免試

3. **fishery** [`fɪʃərɪ] n. [C] 漁場 (pl. fisheries)
   ♀ tuna/salmon fishery 鮪魚 / 鮭魚漁場 |
   freshwater/saltwater fishery 淡水 / 鹹水漁場 |
   coastal/inshore/deep-sea fishery 沿海 / 近海 / 深海漁場

4. **gauge** [gedʒ] n. [C] (燃油、瓦斯等的) 計量表，測量儀器

💡 temperature/rain gauge 溫度 / 雨量計

gauge [gedʒ] v. 評估，判斷；測量

💡 gauge sb's mood/reaction 評估…的心情 / 反應

5. **hedge** [hɛdʒ] n. [C] 樹籬；避免經濟損失等的方式，防範措施 <against>

hedge [hɛdʒ] v. 迴避問題，閃爍其詞；(以樹籬) 圍住

6. **imposing** [ɪm`pozɪŋ] adj. 宏偉的

7. **intrude** [ɪn`trud] v. 侵入，侵擾 <on, into>

💡 intrude on/into sb's private life/personal freedom 侵犯…的私生活 / 個人自由

8. **lesbian** [`lɛzbɪən] adj. 女同性戀者的

9. **loudspeaker** [`laʊd͵spikɚ] n. [C] 擴音器

10. **monarch** [`mɑnɚk] n. [C] 君主

monarchy [`mɑnɚkɪ] n. [U] 君主政體 ; [C] 君主國家 (pl. monarchies)

11. **nude** [njud] adj. 裸體的 同 naked

💡 nude model 裸體模特兒

nude [njud] n. [C] 裸體畫

💡 in the nude 裸體地，一絲不掛地

12. **outlook** [`aʊt͵lʊk] n. [C] 景觀，景色；前景，展望 (usu. sing.) <for>；[C][U] 看法，觀點 (usu. sing.) <on>

13. **pending** [`pɛndɪŋ] adj. 未定的，待決的，即將發生的

💡 pending case 懸案

14. **potent** [`potn̩t] adj. 強大的，強效的，強而有力的
    💡 potent painkiller/weapon/argument 強效止痛藥 / 強大的武器 / 有力的論點

15. **psychotherapy** [ˌsaɪkoˋθɛrəpɪ] n. [U] 心理治療

16. **reflective** [rɪˋflɛktɪv] adj. 反射的，反光的；反映出⋯的 <of>；深思的，沉思的 同 thoughtful

17. **revolt** [rɪˋvolt] n. [C][U] 反抗 <against> 同 rebellion
    revolt [rɪˋvolt] v. 反抗 <against> 同 rebel；使反感，使厭惡
    revolting [rɪˋvoltɪŋ] adj. 令人反感的，令人作嘔的 同 disgusting

18. **sergeant** [ˋsɑrdʒənt] n. [C] 中士

19. **smuggle** [ˋsmʌgl̩] v. 走私
    smuggler [ˋsmʌglɚ] n. [C] 走私者

20. **starvation** [stɑrˋveʃən] n. [U] 挨餓，飢餓

21. **suitcase** [ˋsutˌkes] n. [C] 行李箱

22. **terrace** [ˋtɛrɪs] n. [C] 平臺
    terrace [ˋtɛrɪs] v. 使成梯田，使成階地
    terraced [ˋtɛrɪst] adj. 梯田形的，階地狀的

23. **unconditional** [ˌʌnkənˋdɪʃən!] adj. 無條件的，無限制的
    💡 unconditional love 毫無保留的愛

24. **vigor** [ˋvɪgɚ] n. [U] 活力，精力 🔘 vitality

25. **woe** [wo] n. [U] 悲痛；[pl.] 苦難 (～s)

●━━━━━━━━━━━◆━━━━━━━━━━━●

Unit 38

1. **dusk** [dʌsk] n. [U] 黃昏 🔘 twilight
   💡 at dusk 在黃昏時刻

2. **exert** [ɪgˋzɝt] v. 運用或行使 (權力等)，施加 (影響力等)
   💡 exert oneself 盡力，努力

3. **flourish** [ˋflɝɪʃ] v. 繁榮，興盛 🔘 thrive；茁壯成長，茂盛 🔘 thrive
   flourish [ˋflɝɪʃ] n. [C] 誇張或引人注目的動作 (usu. sing.)

4. **glamour** [ˋglæmɚ] n. [U] 魅力

5. **hemisphere** [ˋhɛməs͵fɪr] n. [C] (地球等天體的) 半球；腦半球
   💡 the left/right hemisphere of the brain 左 / 右半腦

6. **imprison** [ɪmˋprɪzn̩] v. 使入獄，關押，監禁
   imprisonment [ɪmˋprɪzn̩mənt] n. [U] 入獄，關押，監禁
   💡 life imprisonment 終身監禁

7. **inventory** [ˋɪnvən͵torɪ] n. [C][U] 存貨，庫存 🔘 stock (pl. inventories)
   inventory [ˋɪnvən͵torɪ] v. 列出清單

8. **lessen** [ˈlɛsn̩] v. 減少，減輕，減低 ⑯ diminish, reduce

9. **lucrative** [ˈlukrətɪv] adj. 有利潤的，賺錢的，有利可圖的 ⑯ profitable

10. **monstrous** [ˈmɑnstrəs] adj. (像怪獸般) 龐大而駭人的，巨大的；凶殘或醜惡的，駭人聽聞的
    💡 monstrous crime/lie 凶殘或駭人聽聞的罪行 / 漫天大謊

11. **nurture** [ˈnɝtʃɚ] v. 培養
    nurture [ˈnɝtʃɚ] n. [U] 培養，養育，教養

12. **outrage** [ˈaʊt͵redʒ] n. [U] 憤怒，憤慨
    outrage [ˈaʊt͵redʒ] v. 激怒

13. **peninsula** [pəˈnɪnsələ] n. [C] 半島
    💡 the Korean/Arabian Peninsula 朝鮮 / 阿拉伯半島

14. **poultry** [ˈpoltrɪ] n. [pl.] 家禽；[U] 家禽的肉
    💡 poultry farming 家禽養殖業

15. **publicize** [ˈpʌblɪ͵saɪz] v. 宣傳，宣揚
    💡 be much/well/highly/widely publicized 廣為宣傳的

16. **refreshments** [rɪˈfrɛʃmənts] n. [pl.] 點心，茶點 (also refreshment)

17. **revolve** [rɪˈvɑlv] v. (使) 旋轉，(使) 轉動 <around>；圍繞著…打轉，以…為中心或重心 <around>
    💡 revolving door 旋轉門

18. **serial** [ˈsɪrɪəl] adj. 連續的，連環的，一連串的

🍁 serial novel/number 連載小說 / 編號或序號

19. **sneaker** [`snikɚ] n. [C] (膠底) 運動鞋 (usu. pl.)

20. **statesman** [`stetsmən] n. [C] 政治家
statesmanship [`stetsmən͵ʃɪp] n. [U] 政治才能

21. **summon** [`sʌmən] v. 召喚，傳喚；鼓起 (勇氣等) <up>
🍁 summon a meeting/conference 召開會議

22. **thermometer** [θɚ`mamətɚ] n. [C] 溫度計

23. **underestimate** [͵ʌndɚ`ɛstə͵met] v. 低估
underestimate [͵ʌndɚ`ɛstəmɪt] n. [C] 低估

24. **villa** [`vɪlə] n. [C] 別墅

25. **wrestle** [`rɛsl] v. 摔角，將…摔倒或壓制在地 <with>；
奮力對付，努力處理 <with>
wrestle [`rɛsl] n. [sing.] 奮鬥，掙扎

Unit 39

1. **dwarf** [dwɔrf] n. [C] (童話中的) 小矮人；侏儒 (pl. dwarfs, dwarves)
dwarf [dwɔrf] v. 使顯得矮小
dwarf [dwɔrf] adj. 矮小的

2. **expenditure** [ɪk`spɛndɪtʃɚ] n. [C][U] 花費，支出，開銷 <on>

3. **flunk** [flʌŋk] v. 考試不及格
   💡 flunk a test/an exam 考試不及格 |
   flunk out (因課業成績不及格) 遭到退學
   flunk [flʌŋk] n. [C][U] 不及格 (的成績)

---

4. **glide** [glaɪd] v. 滑動，滑行；滑翔
   glide [glaɪd] n. [sing.] 滑行或滑翔

---

5. **heroic** [hə`roɪk] adj. 英雄的，英勇的
   heroics [hɪ`roɪks] n. [pl.] 英雄表現，英勇事蹟

---

6. **incline** [ɪn`klaɪn] v. (使) 傾向；(使) 傾斜
   incline [`ɪn,klaɪn] n. [C] 斜坡，斜面
   💡 gentle/slight/steep incline 緩 / 陡坡

---

7. **ironic** [aɪ`rɑnɪk] adj. 嘲諷的，諷刺的 (also ironical)
   💡 ironic smile/remark 嘲諷的微笑 / 言語
   ironically [aɪ`rɑnɪklɪ] adv. 嘲諷地

---

8. **lethal** [`liθəl] adj. 致命的 同 fatal, deadly

---

9. **lure** [lʊr] n. [C] 誘惑 (力) (usu. sing.)
   lure [lʊr] v. 誘惑 <to, into, away from>

---

10. **moody** [`mudɪ] adj. 喜怒無常的，情緒多變的 (moodier | moodiest)

---

11. **oasis** [o`esɪs] n. [C] 綠洲；舒適宜人的地方 (pl. oases)

---

12. **outrageous** [aʊt`redʒəs] adj. 駭人聽聞的，令人難以接受的，離譜的

outrageously [aʊt`redʒəslɪ] adv. 離譜地

13. **perch** [pɝtʃ] n. [C] 高處
    perch [pɝtʃ] v. 棲息

14. **preach** [pritʃ] v. 傳教，講道；倡導，勸說
    💡 preach the gospel 傳福音｜
       preach at/to sb about sth 向…嘮叨勸戒…

15. **puff** [pʌf] n. [C] 一口氣；蓬鬆的東西
    💡 powder/cream puff 粉撲 / 奶油泡芙
    puff [pʌf] v. 抽菸 <on, at>；噴出 (蒸汽等)
    💡 puff out sb's cheeks 鼓起兩頰

16. **refute** [rɪ`fjut] v. 反駁，駁斥

17. **rigorous** [`rɪgərəs] adj. 嚴謹的，嚴格的

18. **sermon** [`sɝmən] n. [C] 布道，講道；(令人厭煩的) 說
    教

19. **sneaky** [`snikɪ] adj. 偷偷摸摸的，鬼鬼祟祟的
    (sneakier｜sneakiest)

20. **stationery** [`steʃən͵ɛrɪ] n. [U] 文具

21. **superficial** [͵supɚ`fɪʃəl] adj. 表面的，表皮的；膚淺的

22. **tilt** [tɪlt] n. [C][U] 傾斜，歪斜 (usu. sing.)
    💡 (at) full tilt 全速地
    tilt [tɪlt] v. (使) 傾斜，(使) 歪斜 ⑩ tip；(使) 傾向，(使)
    偏向 <toward>

23. **underpass** [ˋʌndɚ͵pæs] n. [C] 地下道

24. **vine** [vaɪn] n. [C] 藤本植物或攀緣植物 (的藤蔓)

25. **wrinkle** [ˋrɪŋkl̩] n. [C] (皮膚的) 皺紋；(布料等的) 皺褶 (usu. pl.) 同 crease
    wrinkle [ˋrɪŋkl̩] v. (使) 起皺紋 <up>；(使) 起皺褶 同 crease

    💡 wrinkle sb's brow 皺眉

Unit 40

1. **expiration** [͵ɛkspəˋreʃən] n. [U] 到期，期滿
    💡 expiration date 到期日，有效使用期限

2. **foe** [fo] n. [C] 敵人

3. **gloom** [glum] n. [U][sing.] 陰暗；憂鬱 同 depression
    gloom [glum] v. (使) 憂鬱，(使) 消沉

4. **heterosexual** [͵hɛtərəˋsɛkʃʊəl] adj. 異性戀的
    heterosexual [͵hɛtərəˋsɛkʃʊəl] n. [C] 異性戀者

5. **incur** [ɪnˋkɝ] v. 招致，引起，遭受 (incurred | incurred | incurring)

6. **irritable** [ˋɪrətəbl̩] adj. 易怒的，煩躁的 同 bad-tempered；(器官等) 敏感的

7. **liable** [ˋlaɪəbl] adj. 要負法律責任的 <for>；可能…的，容易 (遭受)…的 <to>
   🔹 be liable for a debt 有義務償付債務

---

8. **madam** [ˋmædəm] n. [C] 太太，小姐，女士 圓 ma'am

---

9. **motherhood** [ˋmʌðə͵hʊd] n. [U] 母親身分

---

10. **oatmeal** [ˋot͵mil] n. [U] 燕麥片，燕麥粉，燕麥粥
    🔹 oatmeal bread/cookie 燕麥麵包 / 餅乾

---

11. **peril** [ˋpɛrəl] n. [C][U] (重大的) 危險
    peril [ˋpɛrəl] v. 將 (性命等) 置於危險之中 (periled, perilled | periled, perilled | periling, perilling)
    perilous [ˋpɛrələs] adj. 非常危險的

---

12. **precede** [priˋsid] v. 在…之前
    precedence [ˋprɛsədəns] n. [U] 優先 <over> 圓 priority

---

13. **punctual** [ˋpʌŋktʃʊəl] adj. 準時的
    punctually [ˋpʌŋktʃʊəlɪ] adv. 準時地

---

14. **rehabilitate** [͵riəˋbɪlə͵tet] v. 使康復或恢復正常生活；修復

---

15. **ripple** [ˋrɪpl] n. [C] 漣漪
    🔹 a ripple of laughter/applause/excitement 一陣笑聲 / 掌聲 / 騷動
    ripple [ˋrɪpl] v. (使) 起漣漪

---

16. **setback** [ˋsɛt͵bæk] n. [C] 阻礙，挫折 <to, for, in>
    🔹 suffer/receive/experience a setback 遭遇挫折

17. **snore** [snor] v. 打鼾

    snore [snor] n. [C] 鼾聲

18. **stature** [ˋstætʃɚ] n. [U] 身高 (同) height；名望，聲譽 (同) reputation

    💡 gain/grow/rise in stature 聲望提高

19. **superintendent** [ˌsupɚɪnˋtɛndənt] n. [C] 主管，負責人

20. **tiptoe** [ˋtɪpˌto] n. [C][U] 腳尖

    💡 stand/walk on tiptoe(s) 踮起腳尖站立 / 走路

    tiptoe [ˋtɪpˌto] v. 踮著腳尖走

21. **vineyard** [ˋvɪnjɚd] n. [C] 葡萄園

22. **yearn** [jɝn] v. 渴望 <for, to> (同) long

23. **yogurt** [ˋjogɚt] n. [C][U] 優酪乳，優格

24. **zoom** [zum] v. 激增 (同) escalate；快速移動，疾駛而過

    💡 zoom in/out (鏡頭) 拉近 / 遠

    zoom [zum] n. [C] 變焦鏡頭 (also zoom lens)

A

a 2
abandon 313
abandoned 313
abbreviate 504
abbreviation 505
abide 507
abiding 507
ability 13
able 25
abnormal 389
aboard 203
abolish 389
abolition 389
aboriginal 496
aborigine 496
abortion 392
abound 509
about 25
above 7
abroad 90
abrupt 394
abruptly 394
absence 152
absent 181
absolute 303
absolutely 303
absorb 305
abstract 315
abstraction 511
absurd 396
absurdity 396

absurdly 396
abundance 502
abundant 413
abuse 384
abusive 384
academic 330
academy 513
accelerate 399
acceleration 399
accent 317
accept 134
acceptable 240
acceptance 319
access 319
accessible 410
accessory 514
accident 109
accidental 321
accidentally 321
acclaim 505
accommodate 392
accommodation · 401
accompany 372
accomplish 323
accomplishment ·323
accord 403
accordance 507
accordingly 515
account 137
accountable 509
accountant 353
accounting ·······405

accumulate 494
accumulation 511
accuracy 325
accurate 243
accusation 517
accuse 355
accustom 519
accustomed ······519
ache 273
achieve 201
achievement ···· 201
acid 327
acknowledge 386
acknowledgement
.............................386
acne 522
acquaint 407
acquaintance ···· 357
acquire 333
acquisition ········410
acre 524
across ···············25
act 21
action ················67
active ···············111
activist ············413
activity ············ 128
actor ·················· 92
actress ··············· 92
actual ···············156
acute ···············394
adapt ·············· 335

adaptable 335
adaptation 527
add 67
addict 359
addiction 517
addictive 359
addition 144
additional 223
additionally 223
address 113
adequacy 308
adequate 308
adequately 308
adjust 317
adjustment 317
administer 529
administration 396
administrative 413
administrator 415
admirable 374
admiral 488
admiration 377
admire 206
admission 311
admit 173
adolescence 513
adolescent 389
adopt 313
adoption 313
adorable 418
adoration 418
adore 418
adult 158
advance 137

advanced 216
advantage 214
adventure 204
adventurous 204
adverse 421
advertise 206
advertisement 207
advertising 207
advice 115
advise 218
adviser 275
advisory 490
advocacy 392
advocate 392
aesthetic 515
affair 183
affect 139
affection 394
affectionate 517
affiliate 492
affirm 494
afford 204
affordable 204
afraid 69
after 22
afternoon 67
afterward 209
again 56
against 128
age 34
agency 315
agenda 424
agent 330
aggression 426

aggressive 337
ago 25
agonize 428
agony 428
agree 71
agreeable 379
agreement 71
agricultural 396
agriculture 220
ahead 160
aid 154
aim 156
air 51
air conditioner 51
aircraft 139
airline 209
airplane 67
airport 13
airtight 519
airway 496
aisle 430
alarm 141
album 185
alcohol 325
alcoholic 399
alert 293
algebra 498
alien 384
alienate 500
alienation 500
align 502
alike 144
alive 118
all 37

allege ············· 505	amateur ··········· 381	anger ··············· 142
allergic ··········· 401	amaze ············· 285	angle ··············· 177
allergy ··········· 399	amazed ············· 285	angry ················· 4
alley ··············· 277	amazement ······· 285	animal ··············· 22
alliance ··········· 386	amazing ············ 285	animate ··········· 515
alligator ··········· 507	ambassador ······· 288	animated ·········· 515
allocate ··········· 389	ambiguity ········· 524	animation ········· 515
allocation ········· 389	ambiguous ········· 363	ankle ··············· 187
allow ················· 57	ambition ··········· 211	anniversary ······· 293
allowance ········· 361	ambitious ········· 365	announce ··········· 214
ally ················· 392	ambulance ········· 290	announcement ··· 214
almond ············· 280	amend ············· 399	annoy ··············· 370
almost ··············· 37	amid ··············· 511	annoyance ········· 488
alone ··············· 130	among ············· 120	annoying ··········· 370
along ················· 7	amount ············· 132	annual ··············· 303
alongside ·········· 394	ample ··············· 401	anonymous ······· 405
aloud ··············· 175	amplification ···· 527	anonymously ···· 405
alphabet ··········· 283	amplifier ··········· 527	another ··············· 54
alphabetic ········· 283	amplify ············ 527	answer ··············· 86
already ············· 16	amuse ··············· 368	ant ····················· 69
also ·················· 48	amused ············· 368	anthem ············· 500
alter ················ 415	amusement ······· 368	antibiotic ··········· 490
alteration ········· 416	amusing ············ 368	anticipate ········· 407
alternate ··········· 396	an ····················· 2	anticipation ······· 517
alternately ········ 396	analogy ············· 529	antique ··············· 410
alternation ········ 396	analysis ············· 295	antonym ············· 519
alternative ········ 337	analyst ············· 403	anxiety ············· 338
alternatively ····· 337	analytical ········· 513	anxious ··········· 207
although ············ 51	analyze ············· 340	any ····················· 39
altitude ············· 522	ancestor ············ 333	anybody ············· 95
altogether ········· 162	anchor ············· 507	anyhow ············· 248
aluminum ········· 509	ancient ············· 118	anyone ··············· 95
always ··············· 37	and ··················· 16	anything ············· 69
am ···················· 57	angel ··············· 246	anytime ············· 179

Index **585**

anyway ·········· 181
anywhere ········ 142
apart ·············· 211
apartment ········ 69
ape ················ 183
apologize ········ 250
apology ·········· 372
apparent ·········· 335
apparently ······· 335
appeal ············ 201
appealing ········ 201
appear ············ 7
appearance ······ 120
appetite ·········· 158
applaud ·········· 522
applause ·········· 401
apple ·············· 71
appliance ········ 403
applicable ········ 492
applicant ········· 374
application ······· 306
apply ············· 160
appoint ··········· 342
appointment ····· 342
appreciate ········ 162
appreciation ····· 317
apprentice ······· 496
approach ········· 135
appropriate ······ 297
approval ·········· 293
approve ·········· 212
approximate ····· 524
approximately ··· 524
apron ············· 214

apt ··················· 413
aptitude ··········· 413
aquarium ········· 345
arch ················ 377
archaeology ····· 527
architect ·········· 431
architecture ······ 396
archive ············ 529
area ················ 34
arena ·············· 416
argue ·············· 185
argument ········· 185
arise ··············· 379
arithmetic ········ 488
arm ················· 69
armed ············· 216
arms ··············· 295
army ··············· 123
around ············ 51
arouse ············· 403
arrange ··········· 147
arrangement ····· 147
array ·············· 405
arrest ·············· 223
arrival ············· 189
arrive ············· 73
arrogance ········ 408
arrogant ·········· 408
arrow ············· 187
art ·················· 13
article ············· 149
articulate ········· 418
articulation ······ 418
artificial ·········· 295

artist ·············· 164
artistic ··········· 333
as ·················· 28
ascend ············ 490
ash ················· 218
ashamed ·········· 319
aside ·············· 214
ask ················· 60
asleep ············· 144
aspect ············· 319
aspire ············· 492
aspirin ············ 381
ass ················· 421
assassinate ······· 494
assassination ····· 494
assault ············ 424
assemble ·········· 340
assembly ·········· 342
assert ············· 426
assertion ·········· 426
assertive ·········· 426
assess ············· 410
assessment ······· 410
asset ·············· 405
assign ············· 345
assignment ······· 345
assist ············· 252
assistance ········ 321
assistant ·········· 255
associate ·········· 338
association ········ 297
assume ············ 216
assumption ······· 429
assurance ········· 347

assure ·············· 347
asthma ············· 496
astonish ··········· 431
astonished ········ 431
astonishing ······· 431
astonishment ····· 431
astray ·············· 498
astronaut ·········· 494
astronomer ······· 500
astronomy ········ 509
at ····················· 13
athlete ·············· 225
athletic ············· 300
athletics ··········· 408
atmosphere ······· 303
atom ················· 349
atomic ·············· 351
attach ·············· 353
attachment ······· 353
attack ·············· 16
attain ·············· 502
attainment ········ 502
attempt ············ 144
attend ·············· 109
attendance ········ 436
attendant ·········· 496
attention ··········· 139
attic ················· 438
attitude ············ 216
attorney ··········· 441
attract ·············· 201
attraction ·········· 306
attractive ·········· 220
attribute ··········· 418

auction ············· 444
audience ··········· 218
audio ··············· 355
audiovisual ······· 355
audit ················ 505
auditorium ········ 507
aunt ················· 71
authentic ·········· 293
author ·············· 142
authority ··········· 323
authorize ·········· 446
authorized ········ 446
autobiography ··· 357
autograph ········· 349
automatic ········· 219
automobile ······· 257
autonomy ········· 449
available ·········· 149
avenue ············· 259
average ············ 111
avert ··············· 509
aviation ············ 511
avoid ··············· 118
await ··············· 359
awake ·············· 227
awaken ············· 261
award ·············· 196
aware ·············· 209
away ··············· 16
awe ················· 408
awesome ·········· 498
awful ··············· 223
awfully ············ 223
awhile ············· 513

awkward ········· 225
awkwardly ········225

B

baby ················· 4
bachelor ··········· 500
back ················· 4
backbone ··········515
background ·······204
backpack ··········· 189
backward ········· 152
backyard ·········· 451
bacon ··············· 221
bacteria ············ 230
bad ·················· 28
badge ··············· 517
badly ··············· 225
badminton ········ 154
bag ·················· 75
baggage ··········· 263
bait ·················· 266
bake ················· 156
bakery ·············· 164
balance ············· 147
balcony ············ 158
bald ················· 361
ball ·················· 73
ballet ··············· 364
balloon ············· 160
ballot ··············· 454
bamboo ············ 198
ban ·················· 410
banana ············· 71
band ················· 75

bandage ·········· 365
bang ················ 228
bank ················ 18
banker ············· 228
bankrupt ··········321
bankruptcy ······ 321
banner ············· 458
banquet ············ 498
bar ················· 167
barbarian ········· 519
barbaric ···········520
barbecue ········· 163
barber ············· 165
bare ················ 230
barely ············· 233
bargain ··········· 351
bark ················147
barn ················268
barrel ··············271
barren ············· 413
barrier ············353
base ················111
baseball ··········· 71
basement ········· 223
basic ·············· 105
basics ············· 167
basin ···············368
basis ··············· 149
basket ·············· 73
basketball ········· 73
bass ················ 522
bat ···················· 75
batch ··············· 461
bath ················· 76

bathe ··············· 169
bathroom ··········· 88
batter ··············· 524
battered ··········524
battery ············· 300
battle ··············· 105
bay ················· 230
be ···················· 39
beach ··············· 76
bead ··············· 273
beam ··············· 228
bean ················97
bear ················ 64
beard ··············· 171
beast ···············275
beat ················ 167
beautiful ··········· 10
beautify ···········527
beauty ············· 113
because ············· 42
become ·············· 2
bed ················· 77
bedroom ··········· 77
bee ················ 80
beef ················99
beep ············· 529
beer ················ 173
beetle ·············233
before ············· 48
beforehand ······· 490
beg ················175
beggar ············· 370
begin ···············67
beginner ··········177

beginning ·········· 67
behalf ············· 416
behave ············· 107
behavior ··········· 300
behind ············· 10
being ·············· 111
belief ··············113
believable ········· 28
believe ············· 28
bell ················· 82
belong ············· 80
belongings ······· 416
beloved ············ 413
below ············· 69
belt ················· 84
bench ·············· 82
bend ··············· 192
beneath ············ 225
beneficial ········· 418
beneficially ······418
beneficiary ······· 418
benefit ············· 207
berry ···············277
beside ·············· 78
besides ············· 231
best ················· 57
bet ··················280
betray ············· 464
betrayal ············464
betrayer ·········464
better ············· 132
between ············· 16
beverage ·········· 502
beware ············· 416

beyond 107
bias 466
bicycle 71
bid 421
big 48
bilateral 488
bill 109
billion 107
bin 372
bind 228
biography 374
biological 418
biologist 325
biology 325
bird 73
birth 149
biscuit 169
bit 105
bite 73
bitter 231
bizarre 469
black 22
blackboard 152
blade 355
blame 169
blank 154
blanket 107
blast 421
blaze 490
bleach 492
bleed 283
blend 295
bless 285
blessing 357

blind 76
blink 359
block 84
blond 494
blonde 494
blood 135
bloody 231
bloom 377
blossom 361
blot 496
blouse 288
blow 101
blue 13
blunt 498
blur 471
blush 474
board 171
boast 379
boat 86
bodily 500
body 28
bodyguard 418
boil 179
bold 235
bolt 476
bomb 237
bombard 237
bond 328
bone 173
bonus 479
book 37
bookcase 290
booklet 505
bookstore 181

boom 424
boost 384
boot 246
booth 481
border 109
bore 233
bored 60
boredom 483
boring 86
born 22
borrow 88
bosom 502
boss 88
both 7
bother 115
bottle 78
bottom 90
boulevard 505
bounce 364
bound 421
boundary 485
bow 90
bowl 80
bowling 235
box 80
boxer 424
boxing 507
boy 54
boycott 509
brace 511
bracelet 381
brain 147
brake 233
branch 156

brand ·············· 111
brass ··············· 248
brassiere ·········· 513
brave ··············· 92
bravery ··········· 250
bread ··············· 16
breadth ············ 507
break ··············· 18
breakdown ········ 515
breakfast ·········· 62
breakthrough ···· 424
breakup ··········· 517
breast ·············· 238
breath ············· 212
breathe ··········· 240
breed ·············· 303
breeding ········· 303
breeze ············· 243
bribe ··············· 520
bribery ··········· 520
brick ··············· 240
bride ··············· 201
bridegroom ······· 340
bridge ············· 31
brief ··············· 158
briefcase ········· 436
bright ············· 62
brilliant ··········· 111
bring ··············· 45
brink ··············· 522
broad ············· 175
broadcast ········· 235
broaden ··········· 511
brochure ·········· 525

broil ··············· 527
broke ············· 297
bronze ············ 438
brook ············· 529
broom ············· 342
broth ············· 488
brother ··········· 95
brotherhood ····· 490
brown ············· 82
browse ··········· 389
bruise ············· 427
brunch ··········· 253
brush ············· 177
brutal ············· 298
bubble ············ 196
bucket ············ 198
bud ··············· 255
budget ············ 209
buffalo ··········· 257
buffet ············· 259
bug ··············· 5
build ············· 13
building ·········· 130
bulb ··············· 261
bulk ··············· 441
bulky ············· 509
bull ··············· 264
bullet ············· 266
bulletin ··········· 345
bully ············· 427
bump ············· 243
bun ··············· 183
bunch ············· 269
bundle ··········· 271

burden ··········· 185
bureau ··········· 427
bureaucracy ······ 444
bureaucrat ········ 492
burglar ··········· 347
burial ············· 429
burn ··············· 160
burst ············· 187
bury ··············· 273
bus ··············· 64
bush ··············· 238
business ··········· 51
businessman ····· 179
busy ··············· 76
but ··············· 28
butcher ··········· 446
butter ············· 82
butterfly ·········· 93
button ············· 95
buy ··············· 10
buzz ············· 275
by ··············· 45
bypass ··········· 494

C

cabbage ··········· 190
cabin ············· 201
cabinet ··········· 306
cable ············· 216
café ··············· 192
cafeteria ·········· 240
caffeine ··········· 511
cage ············· 163
cake ············· 97

calcium ············ 429	caption ············ 505	casualty ············ 517
calculate ··········· 366	captive ············ 501	cat ·················· 71
calculation ········ 368	captivity ··········· 507	catalogue ··········· 353
calculator ········· 496	capture ············ 238	catastrophe ········ 515
calendar ············ 171	car ················· 31	catastrophic ······· 515
call ·················· 8	carbon ············· 386	catch ··············· 78
calligraphy ········ 498	card ················ 69	categorization ····· 308
calm ··············· 113	cardboard ········· 509	categorize ·········· 308
calorie ············· 370	cardinal ············ 511	category ············ 308
camel ·············· 152	care ················ 54	cater ··············· 520
camera ············· 25	career ············· 221	caterer ············· 520
camp ··············· 99	carefree ··········· 513	caterpillar ········· 522
campaign ·········· 328	careful ············· 78	cathedral ·········· 429
campus ············· 204	caretaker ·········· 503	cattle ·············· 223
can ················· 57	cargo ·············· 303	cause ·············· 109
canal ··············· 449	carnival ············ 455	caution ············· 416
cancel ············· 165	carpenter ·········· 204	cautious ············ 431
cancer ············· 123	carpet ············· 280	cave ··············· 196
candidate ·········· 372	carriage ············ 283	cavity ·············· 525
candle ············· 154	carrier ············· 306	cease ··············· 375
cane ··············· 349	carrot ············· 101	ceiling ············· 160
canoe ·············· 300	carry ··············· 57	celebrate ··········· 84
canvas ············· 451	cart ················ 285	celebration ········ 308
canyon ············· 277	carton ············· 513	celebrity ··········· 389
cap ················· 67	cartoon ············ 156	celery ············· 527
capability ········· 431	carve ·············· 326	cell ················ 181
capable ············ 212	case ················ 16	cellphone ··········· 84
capacity ··········· 330	cash ··············· 149	cellular ············ 529
cape ··············· 501	cashier ············· 515	Celsius ············ 488
capital ············· 116	casino ············· 458	cement ············· 490
capitalism ········· 323	cast ················ 288	cemetery ·········· 461
capitalist ·········· 351	castle ············· 158	census ············· 492
capsule ············ 503	casual ············· 207	cent ················ 60
captain ············ 235	casually ············ 207	center ·············· 10

centimeter ········ 163
central ············ 132
century ············ 116
ceramic ············ 494
cereal ·············· 183
ceremony ········ 392
certain ·············· 48
certainly ············ 49
certainty ··········464
certificate ········ 384
certificated ······ 384
certified ·········· 497
certify ············497
chain ·············· 118
chair ·············· 86
chairman ········ 517
chairperson ······517
chairwoman ·····518
chalk ·············· 165
challenge ········109
chamber ·········· 377
champagne ······ 498
champion ········ 290
championship ··· 379
chance ············64
change ············ 10
changeable ········ 10
channel ············ 105
chant ·············· 505
chaos ·············· 387
chaotic ············387
chapel ············467
chapter ············185
character ········· 173

characteristic ···· 381
characterization · 469
characterize ······ 469
charge ·············118
charitable ········ 520
charity ············ 308
charm ············ 246
charming ········ 246
chart ·············· 187
chase ·············· 167
chat ·············· 209
cheap ·············· 97
cheat ·············169
check ············ 18
checkup ·········· 522
cheek ············· 198
cheer ·············· 167
cheerful ············201
cheese ············ 62
chef ·············· 431
chemical ········· 125
chemist ············ 501
chemistry ········ 355
cherish ············357
cherry ············ 212
chess ············· 171
chest ············214
chestnut ········· 503
chew ·············359
chicken ············ 86
chief ············· 120
child ············· 13
childhood ········ 125
childish ············ 173

chili ················505
chill ················204
chilly ··············207
chimney ············248
chimpanzee ····· 513
chin ················250
china ·············· 105
chip ················253
chirp ················525
chocolate ············ 28
choice ·············· 19
choir ················389
choke ·············361
cholesterol ·······507
choose ·············· 2
chop ················ 255
chopstick ··········175
chord ·············· 472
chore ·············· 474
chorus ··············340
chronic ············ 476
chubby ··············384
chunk ·············· 479
chunky ··············479
church ················ 2
cigar ················507
cigarette ············257
cinema ··············259
circle ················99
circuit ··············392
circular ············ 311
circulate ············364
circulation ········ 330
circumstance ····333

circus ·············· 262
cite ················· 481
citizen ············· 214
citizenship ······· 483
city ················· 34
civic ··············· 485
civil ··············· 235
civilian ············ 342
civilization ······· 313
civilize ············· 509
civilized ·········· 509
claim ·············· 111
clam ··············· 512
clap ··············· 177
clarify ············· 345
clarity ············· 394
clash ·············· 366
clasp ·············· 513
class ··············· 5
classic ············· 190
classical ··········· 123
classification ····· 315
classify ··········· 368
classmate ········· 169
clause ············· 384
claw ··············· 370
clay ··············· 264
clean ··············· 11
cleaner ············· 240
clear ··············· 5
clearance ········· 515
clerk ··············· 65
clever ············· 179
click ··············· 171

client ·············· 216
cliff ··············· 347
climate ············· 135
climax ············· 518
climb ··············· 88
cling ··············· 387
clinic ············· 219
clinical ··········· 436
clip ··············· 243
clock ············· 101
clockwise ········· 520
clone ············· 522
close ··············· 13
closet ············· 266
closure ··········· 525
cloth ············· 181
clothe ············· 269
clothes ············· 80
clothing ··········· 128
cloud ··············· 67
cloudy ············· 183
clown ············· 221
club ··············· 88
clue ··············· 209
clumsy ············· 328
cluster ············· 439
coach ············· 204
coal ··············· 192
coalition ··········· 527
coarse ············· 317
coast ············· 113
coastline ·········· 530
coat ··············· 91
cocaine ············· 397

cock ··············· 271
cockroach ········· 152
cocktail ··········· 273
cocoa ············· 185
coconut ············· 275
code ··············· 321
coffee ············· 40
coffin ············· 399
cognitive ········· 421
coherent ··········· 441
coin ··············· 123
coincide ··········· 444
coincidence ······ 444
coincident ········· 444
coincidental ······ 444
Coke ············· 187
cola ··············· 187
cold ··············· 22
collaboration ····· 446
collapse ··········· 311
collar ············· 277
colleague ········· 313
collect ············· 93
collection ········· 225
collective ········· 449
collectively ······ 449
collector ··········· 452
college ············· 130
collide ············· 510
collision ··········· 509
colloquial ········· 488
colonial ··········· 389
colonize ··········· 280
colony ············· 280

color ·············· 37
colorful ············ 207
column ············ 212
columnist ········· 455
comb ············· 190
combat ············458
combination ·······330
combine ··········· 154
come ·············· 51
comedian ········· 461
comedy ············ 319
comet ············· 490
comfort ············ 210
comfortable ········91
comic ·············· 120
comma ············283
command ········· 125
commander ·······372
comment ··········· 333
commentary ·······464
commentator ······467
commerce ········· 321
commercial ········114
commission ········ 401
commit ············ 349
commitment ······ 392
committee ········· 240
commodity ········ 403
common ············ 54
commonplace ··· 527
commonwealth ··492
communicate ···· 196
communication · 303
communicative ··494

communism ······ 405
communist ········ 408
community ······· 298
commute ··········· 410
commuter ········· 469
compact ··········· 472
companion ·········351
company ··········· 147
comparable ······· 394
comparative ······· 512
compare ··········· 156
comparison ········219
compass ··········· 513
compassion ········387
compassionate ···474
compatible ········413
compel ·············477
compensate ········397
compensation ····479
compete ··········· 214
competence ······ 416
competent ········ 481
competition ······· 308
competitive ······· 315
competitor ········· 375
compile ············· 497
complain ··········· 223
complaint ·········· 214
complement ······ 498
complementary · 498
complete ··········· 128
complex ············ 116
complexion ·······501
complexity ······· 399

compliance ········ 483
complicate ········· 377
complicated ······ 377
complication ····· 485
compliment ······ 436
comply ············· 439
component ········418
compose ············353
composer ·········· 355
composition ······ 335
compound ········· 418
comprehend ······ 421
comprehensible · 422
comprehension ·· 421
comprehensive ·· 530
comprise ··········· 441
compromise ······ 390
compulsory ·······444
compute ············ 503
computer ·············2
computerization ·505
computerize ······ 505
comrade ············ 507
conceal ············· 392
concede ············· 446
conceivable ······· 449
conceive ············· 449
concentrate ······· 323
concentration ···· 335
concept ············· 338
conception ········· 452
concern ············· 175
concerning ········326
concert ·············· 216

concession ·······510	congresswoman ·518	constraint ········472
concise ···········512	connect ···········198	construct ·········335
conclude ·········158	connection ·······125	construction ······306
conclusion ·······201	conquer ···········345	constructive ······301
concrete ···········333	conquest ···········520	consult ···········317
condemn ··········455	conscience ········328	consultant ········351
condense ·········513	conscientious ····522	consultation ······474
condition ·········130	conscious ·········231	consume ···········338
conduct ···········424	consciousness ···231	consumer ·········303
conductor ········379	consecutive ······427	consumption ······392
cone ··············225	consensus ·········467	contact ···········147
confederation ····515	consent ···········394	contagious ········401
conference ········357	consequence ·····338	contain ···········116
confess ···········381	consequent ·······347	container ·········295
confession ········458	consequently ·····347	contaminate ······429
confidence ········293	conservation ·····397	contamination ···429
confident ·········123	conservative ·····330	contemplate ······431
confidential ······392	conserve ···········525	contemplation ···431
confine ···········461	consider ···········133	contemporary ····410
confirm ···········228	considerable ·····201	contempt ·········477
conflict ···········107	considerate ·······399	contend ···········384
conform ···········424	consideration ····177	content ···········335
confront ·········464	consist ···········293	contention ········492
confrontation ····424	consistent ·········333	contentment ·····335
confuse ···········286	consolation ·······527	contest ···········306
confused ·········286	console ···········530	contestant ·········494
confusing ·········286	consonant ·········488	context ···········293
confusion ·········340	conspiracy ·········490	continent ·········288
congratulate ······343	conspire ···········490	continental ·······479
congratulation	constant ···········217	continual ·········353
················192, 343	constantly ·········217	continue ···········116
congress ···········359	constitute ·········362	continuity ·········497
congressional ····359	constitution ·······349	continuous ········295
congressman ·····518	constitutional ····469	contract ···········179

contractor ········ 481
contradict ········ 498
contradiction ····· 483
contradictory ···· 483
contrary ·········· 319
contrast ·········· 311
contribute ········ 298
contribution ······ 295
control ··········· 150
controller ········ 290
controversial ····· 403
controversy ······· 485
convene ·········· 501
convenience ······ 364
convenient ········ 93
convention ········ 311
conventional ····· 298
conversation ····· 118
converse ·········· 366
conversion ········ 436
convert ··········· 394
convey ············ 321
convict ··········· 439
conviction ········ 387
convince ·········· 301
convinced ········· 301
convincing ········ 301
cook ·············· 80
cooker ············ 246
cookie ············ 22
cool ·············· 95
cooperate ········· 298
cooperation ······· 301
cooperative ······· 301

coordinate ········ 390
coordination ····· 390
coordinator ······· 390
cope ·············· 323
copper ············ 355
copy ·············· 60
copyright ········· 397
coral ············· 488
cord ·············· 357
core ·············· 405
corn ·············· 152
corner ············ 62
corporate ········· 392
corporation ······· 394
corpse ············ 503
correct ··········· 82
correlation ········ 441
correspond ········ 368
correspondence · 515
correspondent ··· 397
corridor ··········· 444
corrupt ··········· 446
corruption ········ 449
cosmetic ·········· 505
cosmetics ········· 507
cost ·············· 8
costly ············ 219
costume ··········· 370
cottage ··········· 360
cotton ············ 243
couch ············· 73
cough ············· 248
council ··········· 304
counsel ··········· 452

counselor ········· 455
count ············· 97
countable ········· 250
counter ··········· 372
counterpart ······· 510
country ··········· 14
countryside ······· 173
county ············ 196
couple ············ 116
coupon ············ 512
courage ··········· 161
courageous ······· 375
course ············ 22
court ············· 147
courteous ········· 399
courtesy ··········· 377
courtyard ········· 488
cousin ············ 69
cover ············· 84
coverage ·········· 408
cow ·············· 99
coward ··········· 362
cowardly ·········· 513
cowboy ············ 154
cozy ·············· 515
crab ·············· 253
crack ············· 379
crackdown ········· 518
cracker ··········· 520
cradle ············ 212
craft ············· 382
cram ············· 522
cramp ············· 525
crane ············· 255

crash ·············· 233
crater ·············· 527
crawl ·············· 257
crayon ············ 156
crazy ················ 86
cream ············· 163
create ············· 137
creation ··········· 313
creative ·········· 204
creativity ········· 293
creator ············ 260
creature ··········· 217
credibility ········ 458
credible ··········· 518
credit ·············· 214
creek ·············· 461
creep ·············· 364
crew ··············· 219
cricket ············ 221
crime ············· 181
criminal ·········· 221
cripple ············ 464
crisis ·············· 150
crispy ············· 205
criterion ·········· 467
critic ·············· 366
critical ············ 304
criticism ·········· 306
criticize ··········· 340
crocodile ········· 530
crop ··············· 219
cross ··············· 65
crossing ·········· 488
crow ·············· 159

crowd ············· 120
crown ············· 217
crucial ············ 419
crude ············· 469
cruel ·············· 262
cruelty ············ 304
cruise ············· 411
crunch ············ 368
crunchy ··········· 368
crush ············· 370
crutch ············ 490
cry ················· 71
crystal ············ 472
cub ················ 492
cube ··············· 373
cucumber ········· 495
cue ················ 375
cuisine ············ 399
cultivate ·········· 497
cultural ··········· 135
culture ············ 135
cumulative ········ 490
cunning ··········· 377
cup ················ 67
cupboard ········· 235
curb ·············· 499
cure ··············· 165
curfew ············ 501
curiosity ·········· 306
curious ··········· 128
curl ··············· 380
currency ·········· 427
current ············ 123
curriculum ········ 401

curry ·············· 503
curse ············· 338
curtain ············ 175
curve ·············· 343
cushion ··········· 341
custody ··········· 474
custom ············ 183
customary ········ 505
customer ·········· 105
customs ···········477
cut ················· 16
cute ················ 76
cycle ·············· 130
cynical ············ 493

D

daily ·············· 111
dairy ·············· 198
dam ··············· 264
damage ··········· 150
damp ············· 345
dance ·············· 67
dancer ············177
danger ············ 118
dangerous ········· 69
dare ··············· 266
dark ················ 5
darling ··········· 269
dash ·············· 271
data ··············· 137
database ··········· 273
date ··············· 70
daughter ·········· 91
dawn ·············· 275

day ·················· 43
dazzle ············· 507
dazzling ··········· 508
dead ················ 72
deadline ··········· 347
deadly ············· 429
deaf ··············· 161
deafen ············· 510
deal ··············· 11
dealer ············· 238
dear ··············· 78
death ·············· 19
debate ············· 167
debris ············· 401
debt ··············· 163
debut ············· 479
decade ············ 207
decay ············· 481
deceive ··········· 483
decent ············ 403
decide ············· 74
decision ·········· 135
decisive ··········· 520
deck ··············· 240
declaration ········ 406
declare ··········· 309
decline ··········· 431
decorate ·········· 223
decoration ········ 349
decrease ·········· 223
dedicate ·········· 485
dedication ········ 495
deduct ············ 512
deed ·············· 277

deem ·············· 513
deep ·············· 11
deepen ············ 280
deer ·············· 114
default ··········· 516
defeat ············ 311
defect ············ 490
defend ············ 313
defendant ········ 436
defense ··········· 315
defensible ········ 343
defensive ·········· 317
defiance ·········· 518
deficit ············ 408
define ············ 101
definite ··········· 306
definitely ········· 306
definition ········· 201
definitive ········· 520
defy ·············· 439
degree ············ 107
delay ············· 179
delegate ·········· 442
delegation ········ 444
deliberate ········ 447
deliberately ······ 447
delicacy ·········· 324
delicate ·········· 323
delicately ········ 324
delicious ········· 107
delight ··········· 309
delightful ········· 345
deliver ··········· 133
delivery ·········· 128

demand ··········· 335
demanding ········ 336
democracy ········ 226
democrat ········· 449
democratic ········ 205
demonstrate ······ 319
demonstration ··· 347
denial ············ 452
dense ············· 321
density ··········· 413
dental ············ 497
dentist ············ 170
deny ·············· 165
depart ············ 351
department ······· 135
departure ········· 353
depend ··········· 185
dependence ······· 309
dependent ········ 309
depict ············ 411
depiction ········· 411
deplete ··········· 523
deploy ············ 455
deposit ··········· 228
depress ··········· 458
depressed ········· 458
depressing ········ 458
depression ········ 295
deprive ··········· 525
depth ············· 167
deputy ············ 461
derive ············ 413
descend ··········· 464
descendant ········ 464

descent ·········· 527
describe ·········· 121
description ······· 187
descriptive ······· 399
desert ············· 190
deserve ··········· 311
design ············· 150
designer ·········· 223
desirable ········· 243
desire ············· 226
desk ··············· 80
despair ··········· 467
desperate ········· 309
desperately ······ 309
desperation ······ 309
despise ··········· 530
despite ··········· 317
dessert ··········· 283
destination ······· 416
destined ·········· 499
destiny ··········· 469
destroy ··········· 219
destruction ······· 324
destructive ······· 416
detach ············ 488
detail ············· 170
detain ············ 491
detect ············ 226
detective ········· 313
detention ········· 493
deter ············· 495
detergent ········· 497
determination ···· 349
determine ········ 228

determined ······ 228
develop ··········· 126
development ···· 126
device ············· 333
devil ·············· 286
devise ············· 355
devote ············· 358
devoted ··········· 358
devotion ·········· 427
devour ············ 499
dew ··············· 351
diabetes ··········· 516
diabetic ··········· 516
diagnose ··········· 472
diagnosis ·········· 419
diagram ··········· 360
dial ··············· 171
dialect ············· 474
dialogue ·········· 173
diameter ·········· 477
diamond ·········· 109
diaper ············· 479
diary ·············· 175
dictate ············ 501
dictation ·········· 503
dictator ··········· 506
dictatorship ······ 508
dictionary ········· 82
die ··············· 76
diesel ············· 510
diet ··············· 109
differ ············· 315
difference ········· 119
different ··········· 16

differentiate ····· 501
difficult ·········· 54
difficulty ········· 119
dig ··············· 88
digest ············· 326
digestion ·········· 481
digital ············· 295
dignity ············ 354
dilemma ·········· 422
diligence ········· 356
diligent ··········· 317
dim ··············· 288
dime ·············· 231
dimension ········ 483
diminish ·········· 424
dine ·············· 196
dinner ············ 95
dinosaur ·········· 198
dip ··············· 201
diploma ··········· 362
diplomacy ········ 512
diplomat ·········· 358
diplomatic ········ 486
direct ············· 109
direction ··········· 112
directive ··········· 514
director ··········· 137
directory ·········· 436
dirt ··············· 205
dirty ·············· 84
disability ·········· 298
disable ············ 516
disabled ·········· 516
disadvantage ····· 364

disagree ··········· 177
disagreement ···· 177
disappear ··········139
disappoint ········ 360
disappointed ····· 360
disappointing ···· 360
disappointment ··360
disapproval ······439
disapprove ·······439
disaster ············ 326
disastrous ········ 503
disbelief ···········518
discard ············· 520
discharge ·········506
disciple ············ 523
disciplinary ······523
discipline ········· 320
disclose ············442
disclosure ········ 525
discomfort ········ 521
disconnect ········ 444
discount ············ 290
discourage ········ 362
discouraged ····· 362
discouragement · 362
discouraging ····· 362
discourse ·········447
discover ············ 130
discovery ········· 121
discreet ············ 528
discriminate ······ 419
discrimination ··· 394
discuss ············· 142
discussion ········ 144

disease ············· 137
disgrace ··········· 530
disgraceful ·······530
disguise ············321
disgust ············· 366
disgusted ·········· 366
disgusting ········· 366
dish ················· 93
dishonest ·········· 207
dishonesty ········ 207
disk ················· 246
dislike ·············210
dismay ············· 531
dismayed ··········532
dismiss ············· 324
dismissal ··········· 324
disorder ············311
disorderly ········· 311
dispensable ······508
dispense ··········· 510
display ············· 123
disposable ········ 533
disposal ···········535
dispose ············· 537
dispute ············· 328
disrupt ············· 450
dissent ············· 539
dissolve ············427
distance ············133
distant ·············179
distinct ············330
distinction ········ 422
distinctive ········ 427
distinguish ·······311

distinguished ···· 313
distract ·············425
distracted ········· 425
distraction ········ 541
distress ············· 523
distressed ········· 523
distribute ·········333
distribution ······· 315
district ············· 326
disturb ············· 368
disturbance ······· 525
ditch ················· 248
dive ················· 212
diverse ············· 318
diversify ············512
diversion ··········· 514
diversity ··········· 338
divert ················544
divide ················ 181
dividend ············547
divine ··············· 364
division ············· 172
divorce ············· 366
dizzy ················· 250
do ··················· 34
dock ················· 253
doctor ··············· 14
doctrine ············452
document ········· 429
documentary ····· 455
dodge ··············· 368
dog ··················· 43
doll ··················· 74
dollar ··············· 78

dolphin ············ 255
domain ············ 458
dome ··············· 461
domestic ·········· 173
dominant ·········· 320
dominate ·········· 371
donate ············· 464
donation ··········· 429
donkey ············· 233
donor ·············· 467
doom ··············· 550
door ················ 14
doorway ··········· 470
dormitory ········· 552
dose ················ 210
dot ················· 123
double ············· 183
doubt ·············· 175
doubtful ··········· 214
dough ············· 472
doughnut ·········· 257
dove ··············· 185
down ··············· 40
download ········· 133
downstairs ········ 181
downtown ········· 212
downward ········· 516
doze ··············· 555
dozen ············· 91
draft ··············· 371
drag ··············· 260
dragon ············· 177
dragonfly ········· 262
drain ··············· 215

drama ············· 188
dramatic ··········· 221
drastic ············· 493
drastically ········ 493
draught ··········· 558
draw ··············· 93
drawer ············· 184
drawing ··········· 179
dread ·············· 373
dreadful ··········· 427
dream ············· 16
dress ··············· 86
dresser ············· 561
dressing ··········· 564
drift ··············· 373
drill ··············· 328
drink ··············· 37
drip ················ 264
drive ··············· 8
driver ·············· 72
driveway ········· 474
drop ················ 19
drought ··········· 384
drown ············· 266
drowsy ············· 375
drug ··············· 192
drugstore ········· 269
drum ··············· 60
drunk ············· 207
dry ················· 11
dryer ·············· 185
dual ··············· 566
dubious ··········· 569
duck ··············· 62

duckling ··········· 62
due ················· 142
dull ················ 188
dumb ·············· 271
dump ·············· 217
dumpling ········· 273
durable ············ 315
duration ··········· 572
during ············· 51
dusk ··············· 575
dust ················ 276
dusty ·············· 375
duty ················ 190
dwarf ·············· 577
dwell ·············· 528
dweller ············· 528
dwelling ··········· 521
dye ················· 378
dynamic ··········· 331
dynasty ··········· 318

E

each ················ 25
eager ·············· 235
eagle ··············· 190
ear ················· 76
early ··············· 57
earn ················ 181
earnest ············· 336
earphone ········· 380
earring ············· 192
earth ··············· 29
earthquake ········ 192
ease ················ 112

east ···················· 22
eastern ············· 152
easy ·················· 25
eat ······················8
eccentric ·········· 503
echo ················· 278
eclipse ············· 518
ecological ········403
ecologist ·········· 387
ecology ············· 387
economic ········· 313
economical ······ 378
economics ········ 301
economist ········382
economy ··········· 328
ecosystem ········ 406
edge ················· 147
edible ··············· 530
edit ··················219
edition ············· 152
editor ··············· 238
editorial ··········· 532
educate ············· 221
education ········· 121
educational ······ 221
effect ··············· 126
effective ··········· 135
efficiency ········· 320
efficient ··········· 210
efficiently ·········210
effort ··············· 137
egg ····················· 52
ego ··················477
either ··············· 25

elaborate ········· 390
elastic ············· 338
elbow ·············· 280
elder ················ 154
elderly ············· 231
elect ················ 283
election ············ 223
electric ············152
electrical ········· 155
electrician ········ 533
electricity ········ 217
electronic ········· 241
electronics ······· 333
elegance ··········· 380
elegant ············· 380
element ············· 286
elementary ········322
elephant ·············95
elevate ············· 535
elevator ············· 226
eligible ············· 431
eliminate ········· 324
elimination ······· 324
eloquent ··········· 429
eloquently ········ 429
else ·················· 82
elsewhere ········· 336
email ················78
embarrass ········· 382
embarrassed ······382
embarrassing ···· 382
embarrassment ·· 382
embassy ············ 341
embrace ············ 431

emerge ············341
emergency ········244
emigrant ··········537
emigrate ············539
emigration ········541
emission ···········479
emotion ············150
emotional ········ 212
emperor ·········· 288
emphasis ··········· 322
emphasize ······· 114
empire ············· 343
employ ············· 157
employee ········· 155
employer ·········· 159
employment ······157
empty ·············· 161
enable ············· 196
enclose ············ 343
enclosure ··········343
encounter ········ 338
encourage ········116
encouragement ··116
encyclopedia ····523
end ·················· 40
endanger ·········· 345
endeavor ·········· 525
ending ············· 105
endorse ············· 481
endorsement ····· 481
endowment ······544
endurance ········547
endure ············· 293
enduring ···········293

enemy ············· 107
energetic ········· 290
energy ············ 114
enforce ··········· 347
enforcement ····· 347
engage ············ 223
engaged ·········· 224
engagement ······ 224
engine ············· 157
engineer ··········· 89
engineering ·······324
enhance ···········550
enhancement ····550
enjoy ················29
enjoyable ········ 226
enjoyment ········· 29
enlarge ············349
enlargement ······350
enlighten ·········553
enlightenment ···553
enormous ········ 326
enough ············· 37
enrich ············· 488
enrichment ······· 488
enroll ················528
enrollment ·······528
ensure ············· 331
enter ················ 84
enterprise ········ 484
entertain ········· 345
entertainment ···· 345
enthusiasm ······· 293
enthusiastic ·······486
entire ··············· 121

entitle ············· 436
entity ··············· 439
entrance ··········· 163
entrepreneur ····· 442
entry ·············228
envelope ············80
envious ············· 445
environment ····· 123
environmental ··· 137
envision ··········· 447
envy ················ 246
epidemic ········· 397
episode ············· 450
equal ··············· 157
equality ··········· 296
equalize ··········· 555
equate ············· 558
equation ··········· 384
equip ··············· 347
equipment ········ 348
equity ············· 452
equivalent ········ 385
era ···················326
erase ···············199
eraser ··············· 82
erect ··············· 455
errand ············· 387
error ················65
erupt ················458
eruption ··········· 458
escalate ············· 461
escalator ···········461
escape ·············114
escort ···············530

especially ········· 105
essay ··············· 159
essence ············ 401
essential ·········· 298
establish ··········298
establishment ···· 298
estate ·············· 464
esteem ············· 525
estimate ··········· 301
ethnic ·············· 301
eternal ············· 390
eternally ··········· 390
eternity ··········· 488
ethic ··············· 467
ethical ·············470
ethnic ·············· 301
evacuate ··········· 561
evaluate ··········· 328
evaluation ········ 350
eve ··················· 161
even ···················29
evening ············· 67
event ·············· 121
eventual ··········· 304
eventually ········ 304
ever ·················· 31
evergreen ········· 564
every ················17
everybody ·········· 54
everyone ············· 54
everything ········· 78
evidence ············306
evident ·············306
evidently ·········· 307
evil ··················135

evoke ·············· 566
evolution ·········· 431
evolve ············· 392
exact ··············· 163
exaggerate ········ 351
exaggeration ····· 395
examination ······ 184
examine ··········· 185
examinee ·········· 491
examiner ·········· 491
example ············ 22
exceed ············· 397
excel ··············· 569
excellence ········· 229
excellent ··········· 14
except ·············· 95
exception ········· 309
exceptional ······· 387
excerpt ············· 493
excess ············· 495
excessive ·········· 385
exchange ·········· 233
excite ·············· 165
excited ············· 74
excitement ········ 165
exciting ············ 70
exclaim ············ 472
exclude ············ 474
excluding ········· 474
exclusion ·········· 497
exclusive ·········· 477
excuse ············· 167
execute ············ 403
execution ········· 479

executive ········· 387
exempt ············· 572
exercise ············ 17
exert ··············· 575
exhaust ············ 354
exhausted ········· 354
exhaustion ········ 354
exhibit ············· 311
exhibition ········· 219
exile ··············· 481
exist ··············· 170
existence ·········· 137
exit ················· 188
exotic ·············· 390
expand ············· 328
expansion ········· 356
expect ············· 97
expectation ······· 221
expedition ········· 400
expenditure ······· 577
expense ············ 172
expensive ········· 29
experience ········· 17
experienced ······· 17
experiment ········ 224
experimental ····· 296
expert ············· 139
expertise ·········· 402
expiration ········· 580
expire ·············· 532
explain ············· 14
explanation ······· 351
explicit ············· 403
explode ············ 202

exploit ············· 484
exploration ······· 486
explore ············· 236
explosion ·········· 331
explosive ·········· 312
export ············· 231
expose ············· 333
exposure ·········· 313
express ············· 128
expression ········· 126
expressive ········· 221
extend ············· 354
extension ·········· 408
extensive ·········· 392
extent ············· 315
exterior ············ 436
external ············ 395
externals ·········· 395
extinct ············· 406
extinction ········· 406
extra ··············· 119
extract ············· 534
extracurricular ··· 536
extraordinary ···· 390
extreme ············ 205
extremely ········· 205
eye ················· 19
eyebrow ··········· 165
eyelash ············ 538
eyelid ············· 518
eyesight ··········· 539

F

fable ··············· 493

fabric ·············· 411	far ················· 26	feeble ············· 555
fabulous ·········· 439	fare ················ 234	feed ················· 93
face ················ 25	farewell ··········· 358	feedback ·········· 336
facial ············· 331	farm ················ 78	feel ················· 40
facilitate ········· 397	farmer ············· 91	feeling ············ 142
facility ··········· 318	farther ············· 236	fellow ············· 177
fact ················ 57	fascinate ··········· 445	female ············· 140
faction ············ 541	fascinated ········· 445	feminine ··········· 558
factor ············· 140	fascinating ········ 445	fence ·············· 238
factory ············ 76	fascination ········ 499	ferry ·············· 362
faculty ············ 442	fashion ············ 144	fertile ············· 366
fade ··············· 207	fashionable ······· 236	fertility ··········· 501
Fahrenheit ········ 544	fast ················ 2	fertilizer ·········· 503
fail ················ 98	fasten ·············· 298	festival ············ 72
failure ············ 142	fat ················· 22	fetch ·············· 301
faint ·············· 248	fatal ··············· 360	fever ·············· 190
fair ··············· 140	fate ················ 174	few ················ 58
fairly ············· 231	father ·············· 40	fiancé ············· 561
fairy ·············· 233	fatigue ············· 400	fiber ·············· 414
faith ·············· 224	faucet ············· 253	fiction ············ 304
faithful ··········· 356	fault ··············· 175	field ·············· 107
fake ··············· 251	favor ·············· 110	fierce ············· 368
fall ················ 34	favorable ·········· 360	fiercely ··········· 369
false ·············· 192	favorite ··········· 126	fight ·············· 31
falter ············· 547	fax ················ 362	fighter ············ 241
fame ·············· 333	fear ················ 128	figure ············· 121
familiar ··········· 229	fearful ············· 226	file ················ 34
familiarity ········ 550	feasible ··········· 553	fill ················ 74
family ············· 19	feast ·············· 364	filter ············· 447
famous ············ 46	feather ············· 255	fin ················ 564
fan ················ 98	feature ············· 142	final ·············· 112
fancy ············· 210	federal ············· 408	finally ············ 29
fantastic ·········· 320	federation ·········· 408	finance ············ 364
fantasy ············ 358	fee ················ 159	financial ·········· 326

financially ········ 326
find ···················· 26
fine ···················· 99
finger ················· 95
finish ················ 101
finite ················566
fire ···················· 80
firecracker ········ 506
fireman ············· 168
fireplace ··········· 371
fireproof ·········· 569
firewoman ········· 168
firework ············ 258
firm ·················· 123
first ···················· 5
fiscal ················ 450
fish ···················· 11
fisherman ········· 170
fishery ··············· 572
fist ···················· 244
fit ····················· 126
fix ····················· 114
flag ··················· 172
flake ················· 508
flame ················ 260
flash ················· 212
flashlight ·········· 262
flat ··················· 145
flatter ···············373
flattery ·············· 373
flavor ················215
flaw ·················521
flea ··················375
flee ···················366

fleet ···················452
fleeting ············· 452
flesh ················· 264
flexibility ········· 411
flexible ············· 307
flight ··············· 116
flip ··················· 390
float ················· 247
flock ················· 249
flood ················215
floor ················· 100
flour ················· 266
flourish ············· 575
flow ················· 174
flower ··············· 76
flu ···················· 147
fluency ············· 455
fluent ··············· 369
fluently ············· 369
fluid ················· 414
flunk ················578
flush ················· 378
flute ················· 269
fly ···················· 87
foam ················380
focus ················ 124
foe ··················· 580
fog ··················· 180
foggy ················271
fold ················· 217
folk ················· 129
folklore ············· 510
follow ··············· 17
follower ············ 273

following ········· 105
fond ················· 229
food ·················· 29
fool ················· 102
foolish ············· 176
foot ···················60
football ············· 150
for ···················· 19
forbid ·············· 382
forbidden ········· 382
force ················119
forecast ············ 322
foreign ············· 82
foreigner ···········84
forest ··············· 145
forever ············· 219
forge ················416
forget ··············· 80
forgive ············· 178
fork ·················· 82
form ················· 131
formal ···············148
format ···············402
formation ········· 334
former ············· 126
formidable ········532
formula ············· 324
formulate ········· 534
forsake ·············536
fort ··················· 326
forth ··············· 182
forthcoming ····· 538
fortify ············· 506
fortunate ········· 371

fortunately ········· 371
fortune ············· 207
forum ·············· 458
forward ············ 116
fossil ·············· 309
foster ·············· 461
foul ················ 404
found ·············· 114
foundation ········· 339
founder ············ 336
fountain ··········· 251
fowl ··············· 539
fox ················· 192
fraction ··········· 464
fracture ··········· 542
fragile ············· 293
fragment ·········· 467
fragrance ·········· 495
fragrant ··········· 544
frame ·············· 312
framework ········· 470
franchise ·········· 422
frank ·············· 221
frankly ············ 221
frantic ············ 497
fraud ·············· 472
freak ·············· 547
free ················ 54
freedom ··········· 152
freeway ··········· 550
freeze ············· 253
freezer ············ 276
freight ············ 474
frequency ········· 341

frequent ··········· 215
fresh ··············· 43
freshman ·········· 343
friction ············ 553
friend ············· 80
friendly ·········· 19
friendship ········ 155
fries ··············· 157
fright ············· 278
frighten ·········· 280
frightened ········ 280
frightening ······· 281
frog ··············· 87
from ··············· 43
front ··············· 29
frontier ·········· 477
frost ············· 345
frown ············· 348
fruit ·············· 19
frustrate ·········· 373
frustrated ········· 373
frustrating ········ 373
frustration ········ 375
fry ················· 159
fuel ··············· 238
fulfill ············· 313
fulfillment ········ 314
full ················ 23
fume ·············· 555
fun ················ 31
function ··········· 112
functional ········· 328
fund ·············· 241
fundamental ······ 339

funeral ············ 378
funny ·············· 78
fur ················ 217
furious ············ 331
furnish ············ 350
furniture ·········· 105
further ············ 121
furthermore ······ 315
fury ··············· 558
fuse ··············· 561
fuss ··············· 564
future ············· 31

G

gain ··············· 129
galaxy ············· 479
gallery ············ 296
gallon ············· 283
gallop ············· 567
gamble ············ 286
game ·············· 58
gang ·············· 288
gangster ·········· 570
gap ··············· 224
garage ············· 290
garbage ··········· 184
garden ············· 98
gardener ·········· 161
garlic ············· 180
garment ··········· 523
gas ················ 247
gasoline ··········· 247
gasp ·············· 481
gate ··············· 100

gather ·············· 107
gathering ········· 406
gauge ············· 572
gay ··············· 512
gaze ··············· 352
gear ··············· 354
gender ············ 314
gene ··············· 298
general ············ 131
generate ··········· 408
generation ········ 315
generator ·········· 484
generosity ········ 334
generous ·········· 110
genetic ············ 404
genetically ········ 404
geneticist ········· 404
genetics ··········· 486
genius ············· 304
genre ·············· 411
gentle ············· 182
gentleman ········· 186
genuine ··········· 336
genuinely ········· 336
geographical ····· 514
geographically ·· 514
geography ········ 256
geometric ········· 516
geometry ·········· 516
germ ·············· 356
gesture ············ 226
get ················· 43
ghost ·············· 89
giant ·············· 89

gift ················ 84
gifted ············· 380
gigantic ·········· 358
giggle ············· 360
ginger ············· 362
giraffe ············ 131
girl ··············· 91
give ··············· 17
glacier ············ 493
glad ··············· 91
glamorous ········ 518
glamour ·········· 575
glance ············· 258
glare ·············· 414
glass ·············· 34
glasses ············ 60
gleam ············· 521
glide ·············· 578
glimpse ··········· 382
glitter ············· 523
glittering ········· 523
global ············· 210
globe ············· 341
gloom ············· 580
gloomy ··········· 437
glorious ··········· 364
glory ············· 260
glove ············· 102
glow ·············· 262
glue ··············· 112
go ················· 58
goal ··············· 150
goalkeeper ········ 532
goat ··············· 184

god ················ 37
goddess ··········· 37
gold ··············· 131
golden ············ 129
golf ··············· 264
good ··············· 11
goodbye ··········· 60
goods ············· 318
goodwill ·········· 534
goose ············· 163
gorgeous ········· 439
gorilla ············ 536
gospel ············ 538
gossip ············· 266
govern ············ 188
government ······ 110
governor ·········· 249
gown ············· 366
grab ·············· 231
grace ············· 307
graceful ·········· 369
gracious ·········· 371
grade ············· 82
gradual ··········· 186
graduate ·········· 229
graduation ········ 336
grain ·············· 190
gram ·············· 188
grammar ·········· 343
grammatical ······ 346
grand ············· 165
grandfather ······· 62
grandmother ······ 80
grant ············· 442

grape ·············· 190
grapefruit ········ 539
graph ·············· 348
graphic ············ 392
grasp ·············· 251
grass ·············· 26
grasshopper ····· 269
grassy ············· 253
grateful ············ 339
gratitude ·········350
grave ·············· 352
gravity ············· 445
gray ·············· 93
graze ············· 499
grease ············· 501
greasy ············· 354
great ············· 43
greed ············· 447
greedy ············· 271
green ·············31
greenhouse ······ 256
greet ············· 119
greeting ···········373
grief ············· 375
grieve ············· 450
grill ············· 452
grim ············· 393
grin ············· 258
grind ············· 356
grip ············· 455
groan ············· 542
grocery ············ 260
gross ·············419
ground ············· 34

group ··············· 17
grow ············· 32
growl ············· 544
growth ············· 124
grumble ··········· 547
guarantee ········· 309
guard ············· 114
guardian ·········· 378
guava ············· 192
guess ············· 65
guest ············· 152
guidance ········· 234
guide ············· 133
guideline ········· 459
guilt ············· 380
guilty ············· 302
guitar ············· 96
gulf ············· 312
gum ············· 262
gun ············· 152
gut ············· 462
guy ············· 98
gymnasium ······· 155

H

habit ············· 82
habitat ············· 422
habitual ············294
hack ············· 525
hacker ············525
hail ············· 528
hair ············· 46
haircut ············ 155
hairdo ············· 46

hairdresser ········264
hairstyle ············ 46
half ············· 34
hall ············· 157
hallway ············ 267
halt ·············358
ham ············· 100
hamburger ········· 157
hammer ············269
hamper ············ 550
hand ············· 35
handful ············ 231
handicap ··········· 553
handicraft ········· 556
handkerchief ·····271
handle ············· 117
handsome ········· 159
handwriting ······ 296
handy ············· 273
hang ············· 84
hanger ············· 276
happen ············· 87
happy ············· 38
harass ············· 558
harassment ······· 559
harbor ············· 217
hard ············· 11
harden ············· 561
hardly ············· 119
hardship ··········· 299
hardware ········· 382
harm ············· 244
harmful ············ 238
harmonica ········· 564

harmonious ······294
harmony ·········294
harness ········ 503
harsh ············· 314
harvest ·········273
haste ·············360
hasten ············ 362
hasty ············278
hat ·················102
hatch ············· 281
hate ················· 68
hateful ············ 283
hatred ············· 341
haul ·············464
haunt ············ 506
have ·············49
hawk ············· 343
hay ················· 276
hazard ············467
hazardous ········467
he ··················· 8
head ·············26
headache ········· 70
headline ·········286
headphones ······567
headquarters ····· 288
heal ·············234
health ··············· 2
healthful ··········508
healthy ············· 38
heap ·············290
hear ················· 29
hearing ············· 29
heart ················· 14

hearty ············· 570
heat ··············· 58
heater ········ 247
heaven ········· 159
heavy ········ 40
hedge ·············573
heel ············· 278
height ············· 100
heighten ········· 528
heir ············· 470
helicopter ········346
hell ·············249
hello ············· 89
helmet ············ 251
help ···············5
helpful ············ 91
hemisphere ······575
hen ··············· 102
hence ············· 395
her ················· 55
herb ·············473
herbal ············· 473
herd ·············364
here ················· 32
heritage ············400
hero ·············168
heroic ············· 578
heroics ············· 578
heroin ············· 530
heroine ············ 168
hers ················· 55
herself ············· 55
hesitate ············ 236
hesitation ········ 315

heterosexual ····· 580
hide ················· 17
hierarchy ·········532
high ················· 32
highlight ········· 406
highly ············· 138
highway ·········161
hijack ············· 534
hijacker ·········534
hijacking ········· 534
hike ················· 161
hill ·················72
him ················· 8
himself ············· 8
hint ············· 253
hip ············· 163
hippopotamus ··· 163
hire ············· 281
his ·················8
historian ·········256
historic ············ 283
historical ········· 135
history ············· 17
hit ·················93
hive ············· 348
hoarse ············· 536
hobby ·············63
hockey ············· 475
hold ················· 26
holder ············· 286
hole ················· 165
holiday ············· 94
hollow ············· 196
holy ·············258

home ·················· 2
homeland ········ 350
homesick ········· 288
hometown ········ 219
homework ········· 60
homosexual ······ 538
honest ··············· 96
honesty ············ 290
honey ················ 63
honeymoon ······· 352
honor ··············· 234
honorable ········· 477
honorary ·········· 540
hook ················· 366
hooked ············· 366
hop ·················· 170
hope ················· 20
hopeful ············· 247
horizon ············· 354
horizontal ········· 425
hormone ··········· 479
horn ················· 260
horrible ············· 249
horrified ··········· 356
horrify ············· 356
horrifying ········· 356
horror ·············· 251
horse ················ 96
hose ················ 358
hospitable ········· 489
hospital ············ 60
hospitality ········ 542
hospitalize ········ 545
host ················· 133

hostage ··········· 482
hostel ·············· 547
hostess ············ 133
hostile ············· 409
hostilities ········· 484
hostility ··········· 484
hot ················· 85
hotel ················ 85
hour ················ 63
hourly ············· 262
house ··············· 5
household ········· 296
householder ······ 296
housekeeper ······ 264
housewife ········· 65
housework ········ 360
housing ············ 427
hover ·············· 550
how ················· 46
however ··········· 12
howl ··············· 411
hug ················· 267
huge ················ 105
hum ················ 269
human ············· 124
humanity ·········· 302
humble ············ 131
humid ············· 253
humidity ·········· 362
humiliate ·········· 553
humiliated ········ 553
humiliation ······· 553
humor ·············· 219
humorous ········· 238

hunch ·············· 556
hundred ··········· 87
hunger ············· 256
hungry ············· 87
hunt ················ 161
hunter ············· 172
hurdle ············· 559
hurricane ·········· 364
hurry ·············· 165
hurt ················ 98
husband ··········· 87
hush ··············· 366
hut ················· 271
hybrid ············· 491
hydrogen ·········· 369
hygiene ············ 493
hypocrisy ········· 561
hypocrite ·········· 561
hypothesis ········ 429

I

I ····················· 68
ice ·················· 58
iceberg ············ 564
icon ················ 486
icy ················· 258
idea ················ 32
ideal ················ 133
identical ·········· 304
identification ···· 371
identify ··········· 339
identity ··········· 124
ideology ··········· 437
idiom ··············· 373

idiot ·············· 439
idiotic ············ 439
idle ··············· 375
idol ··············· 378
if ················· 52
ignorance ········· 307
ignorant ·········· 380
ignore ············· 174
ill ················ 163
illuminate ········· 495
illumination ······· 495
illusion ··········· 442
illustrate ·········· 309
illustration ········ 369
image ············· 138
imaginary ········· 382
imagination ······· 199
imaginative ········ 341
imagine ··········· 135
imitate ············ 371
imitation ·········· 343
immediate ········· 241
immediately ······· 241
immense ··········· 416
immensely ········· 416
immigrant ········· 312
immigrate ········· 346
immigration ······· 348
imminent ·········· 567
immune ············ 397
immunity ·········· 397
impact ············ 315
imperative ········· 510
imperial ·········· 495

imperialism ······· 495
implement ········· 416
implication ········ 445
implicit ··········· 570
imply ············· 373
import ············ 260
importance ········ 108
important ·········· 20
impose ············ 350
imposing ·········· 573
impress ··········· 226
impression ········· 352
impressive ········· 176
imprison ··········· 575
imprisonment ······ 575
improve ··········· 138
improvement ······· 138
impulse ··········· 431
impulsive ·········· 432
impulsively ········· 432
in ················ 14
incentive ·········· 419
inch ·············· 70
incident ··········· 299
incidental ········· 299
incidentally ········ 299
incline ············ 578
include ··········· 110
including ·········· 314
inclusive ·········· 512
income ············ 168
incorporate ········ 385
increase ··········· 140
incredible ········· 318

incur ············· 580
indeed ············ 140
independence ······ 165
independent ······· 121
index ············· 422
indicate ··········· 178
indication ········· 375
indifference ······· 497
indifferent ········· 395
indigenous ········· 419
indignant ·········· 532
indignation ········ 532
indispensable ······ 402
indispensably ······ 402
individual ········· 133
indoor ············ 262
indoors ··········· 236
induce ············ 499
indulge ··········· 447
indulgence ········· 447
indulgent ·········· 447
industrial ········· 241
industrialize ······· 534
industry ··········· 114
inevitable ········· 450
inevitably ········· 450
infant ············· 314
infect ············· 387
infection ·········· 320
infectious ········· 536
infer ·············· 501
inferior ··········· 244
infinite ··········· 391
inflation ·········· 378

inflict ·············· 503
influence ········· 135
influential ········ 304
inform ············ 196
information ······ 215
informative ······ 322
infrastructure ···· 422
ingredient ········ 316
inhabit ············ 506
inhabitant ········ 538
inherent ··········· 452
inherit ············· 456
inheritance ········ 456
initial ·············· 294
initiate ············ 425
initiation ·········· 425
initiative ·········· 459
inject ·············· 462
injection ·········· 465
injure ·············· 354
injured ············ 354
injury ·············· 231
injustice ·········· 540
ink ·················· 168
inland ············· 542
inn ·················· 273
inner ··············· 264
inning ············· 467
innocence ········· 380
innocent ··········· 267
innovate ··········· 470
innovation ········ 470
innovative ········ 400
innumerable ····· 545

input ··············· 382
inquire ············ 508
inquiry ············ 473
insane ············· 475
insect ·············· 89
insert ············· 341
inside ············· 38
insight ············ 427
insist ·············· 168
insistence ········ 547
insistent ·········· 547
inspect ············ 276
inspection ········ 356
inspector ·········· 278
inspiration ········ 324
inspire ············ 318
inspiring ··········· 318
install ············· 302
installation ········ 477
instance ··········· 112
instant ············· 121
instead ············ 117
instinct ············ 320
instinctive ········ 550
institute ··········· 425
institution ········· 429
instruct ············ 322
instruction ········ 124
instructor ·········· 324
instrument ········ 124
insult ·············· 358
insurance ·········· 318
insure ············· 318
intact ············· 432

intake ············· 553
integrate ··········· 479
integration ········ 482
integrity ·········· 484
intellect ··········· 514
intellectual ········ 326
intelligence ······· 294
intelligent ········· 199
intend ············· 360
intended ··········· 360
intense ············ 296
intensify ··········· 486
intensity ·········· 328
intensive ·········· 331
intent ·············· 385
intention ··········· 307
interact ············ 310
interaction ········ 326
interest ············ 35
interested ·········· 23
interesting ········· 38
interfere ··········· 329
interference ······· 387
interior ············· 393
intermediate ······· 362
internal ············ 170
international ····· 138
Internet ············ 170
interpret ··········· 304
interpretation ···· 395
interpreter ········ 556
interrupt ··········· 281
interruption ········ 365
intersection ········ 559

interval ············ 437
intervene ········· 561
intervention ····· 439
interview ·········· 65
intimacy ··········· 564
intimate ············334
intimidate ········ 516
intimidated ······· 516
intimidating ····· 516
into ···················· 38
intonation ········· 567
intrigue ············ 570
introduce ·········· 106
introduction ······ 126
intrude ············· 573
intruder ············ 510
intuition ··········· 343
invade ···············336
invaluable ········ 512
invariably ········· 514
invasion ··········· 339
invent ··············· 202
invention ·········· 336
inventor ············ 205
inventory ··········575
invest ··············· 312
investigate ········ 238
investigation ····· 314
investigator ·······442
investment ········ 312
invitation ·········283
invite ··············· 68
inviting ············· 68
involve ············· 316

involved ············316
involvement ······316
iron ·················· 126
ironic ···············578
ironically ··········578
irony ················445
irritable ············ 580
irritate ·············516
island ··············· 29
isle ··················· 532
isolate ·············· 366
isolated ············ 367
isolation ··········· 318
issue ················· 322
it ······················ 26
itch ···················526
itchy ················· 526
item ·················· 74
its ····················· 26
itself ················· 26
ivory ················286
ivy ··················· 534

jealousy ··········· 369
jeans ················· 89
jeep ·················247
jelly ················· 276
jet ···················· 249
jewel ················ 207
jewelry ············ 210
jingle ···············521
job ···················· 5
jockey ·············· 540
jog ··················· 172
join ··················98
joint ················· 174
joke ·················· 79
jolly ················· 542
journal ············· 180
journalism ········ 447
journalist ··········427
journey ············· 202
joy ··················· 100
joyful ··············· 278
joyous ·············· 523
judge ················ 126
judgment ··········172
judicial ············· 450
jug ··················· 452
juice ················· 81
juicy ················251
jump ················· 91
junction ············ 545
jungle ··············· 253
junior ··············· 281
junk ················· 205
jury ················· 456

J

jacket ··············· 76
jade ················· 518
jail ··················· 269
jam ·················· 170
janitor ··············536
jar ···················· 288
jasmine ············· 538
jaw ··················291
jazz ·················· 271
jealous ············· 273

just ·················· 23
justice ············· 182
justify ············· 429
juvenile ·········· 397

K

kangaroo ········· 283
keen ················· 299
keenly ············· 299
keenness ·········· 299
keep ················· 20
keeper ············· 176
ketchup ··········· 178
kettle ············· 371
key ·················· 65
keyboard ········· 286
kick ················· 82
kid ·················· 72
kidnap ············· 391
kidnapper ········· 391
kidney ············· 241
kill ················· 26
killer ················· 27
kilogram ········· 180
kilometer ········· 288
kin ·················· 547
kind ················· 40
kindergarten ····· 291
kindle ············· 528
king ················· 70
kingdom ··········· 222
kiss ················· 74
kit ·················· 244
kitchen ············· 72

kite ·················· 76
knee ················· 102
kneel ··············· 374
knife ················· 2
knight ············· 256
knit ················· 196
knob ················· 307
knock ················· 85
knot ················· 258
know ················· 20
knowledge ········· 43
knowledgeable ·· 550
known ··············· 20
koala ··············· 260

L

label ················· 213
labor ················· 320
laboratory ········· 296
lace ················· 262
lack ················· 142
lad ··················· 553
ladder ············· 247
lady ················· 174
ladybug ············ 182
lag ··················· 375
lake ················· 63
lamb ················· 184
lamp ················· 79
land ················· 29
landlady ··········· 556
landlord ··········· 459
landmark ········· 378
landscape ········· 302

landslide ··········· 559
lane ················· 186
language ············· 40
lantern ············· 188
lap ·················· 176
large ················· 41
largely ············· 322
laser ················· 462
last ·················· 35
late ·················· 32
lately ··············· 249
later ················· 2
latest ··············· 129
latitude ············· 561
latter ··············· 131
laugh ················· 65
laughter ············ 264
launch ············· 294
laundry ············· 267
lavish ··············· 526
law ················· 145
lawful ············· 380
lawmaker ········· 465
lawn ················· 215
lawsuit ············· 432
lawyer ············· 81
lay ·················· 178
layer ················· 402
layman ············· 528
layout ············· 564
lazy ················· 91
lead ················· 74
leader ··············· 94
leadership ········· 184

leaf ············· 129	lesbian ············· 573	likelihood ········ 404
league ············· 467	less ···················· 43	likely ············· 119
leak ················· 199	lessen ············· 576	likewise ·········· 416
lean ················· 382	lesson ···············96	lily ················· 276
leap ················· 251	lest ················· 402	limb ················· 208
learn ················· 38	let ···················35	limit ············· 127
learned ············320	lethal ············· 578	limitation ········ 354
learning ············202	letter ··············· 89	limp ················· 534
lease ············· 567	lettuce ············258	line ················· 44
least ················· 49	level ················43	linen ················· 356
leather ············· 229	liability ············· 475	liner ················· 536
leave ················· 23	liable ············· 581	linger ············493
lecture ············· 346	liar ················· 343	lining ············538
lecturer ············· 348	liberal ············· 131	link ················· 140
left ···············35	liberate ············· 489	lion ···················· 70
leg ···················· 68	liberation ·········491	lip ···················83
legacy ············· 470	liberty ············· 217	lipstick ·············348
legal ················· 138	librarian ············· 352	liquid ············· 135
legend ············310	library ············· 38	liquor ············350
legendary ········ 393	license ············· 296	list ···················· 38
legislation ········ 400	lick ···················260	listen ···············96
legislative ········473	lid ···················· 192	listener ·············153
legislator ········· 570	lie ···················· 94	liter ················· 540
legitimate ········ 414	lieutenant ········ 532	literacy ············· 497
leisure ·············253	life ···················20	literal ············530
leisurely ··········341	lifeguard ········· 346	literally ············· 531
lemon ·············87	lifelong ············· 518	literary ············· 324
lemonade ········ 256	lifetime ············· 269	literate ············· 542
lend ················· 186	lift ···················· 180	literature ········· 314
length ············· 133	light ················· 5	litter ················· 205
lengthen ········· 350	lighten ············· 521	little ················· 12
lengthy ············· 530	lighthouse ········ 272	live ···················· 27
lens ················· 190	lightning ·········· 274	lively ············· 278
leopard ············· 202	like ···················· 55	liver ················· 188

livestock ·········· 545
living ················ 27
lizard ··············· 495
load ················· 182
loaf ················· 262
loan ················· 352
lobby ··············· 281
lobster ············· 354
local ················ 140
locate ··············264
location ············236
lock ················· 283
locker ·············· 548
lodge ··············· 550
lodging ············· 550
lofty ················ 553
log ·················· 267
logic ················ 358
logical ············· 360
logo ················556
lollipop ············ 286
lone ················· 184
lonely ···············89
lonesome ·········559
long ·················· 38
longevity ········· 497
longitude ·········· 562
look ·················· 23
loop ················385
loose ···············269
loosely ·············269
loosen ············· 363
lord ················· 289
lose ·················91

loser ··············· 272
loss ················· 129
lot ····················· 6
lotion ··············· 565
lottery ············· 567
lotus ··············· 570
loud ················· 100
loudspeaker ····· 573
lounge ············· 477
lousy ··············· 331
love ·················· 38
lovely ···············85
lover ··············· 220
low ··················· 44
lower ·············· 148
loyal ··············· 356
loyally ············· 356
loyalty ············· 365
luck ················· 190
lucky ···············76
lucrative ··········576
luggage ············ 208
lullaby ············· 499
lump ················479
lunar ··············· 499
lunch ···············98
lung ················· 222
lure ················· 578
lush ················· 502
luxurious ········· 334
luxury ············· 367

M

machine ············30

machinery ········ 299
mad ·················· 60
madam ·············581
magazine ·········145
magic ················63
magical ············ 210
magician ·········· 291
magnet ············247
magnetic ·········· 326
magnificence ···· 312
magnificent ······ 312
magnificently ····312
magnify ··········· 532
maid ················· 249
maiden ············504
mail ·················· 79
main ················· 23
mainland ·········· 523
mainly ·············23
mainstream ······406
maintain ··········· 142
maintenance ····· 387
majestic ··········· 506
majestically ······ 506
majesty ············ 534
major ·············· 114
majority ··········· 224
make ··············· 14
makeup ············ 302
male ················ 117
mall ················· 274
mammal ··········· 395
man ················· 23
manage ············ 138

management ····· 138
manager ··········· 108
mandate ··········· 482
mango ············· 186
manifest ··········· 404
manifestation ···· 404
manipulate ········ 398
manipulation ·····398
manipulative ····· 398
manipulator ······ 398
mankind ··········· 276
manner ············· 155
manners ············ 155
mansion ··········· 409
manual ·············329
manufacture ······336
manufacturer ···· 304
manuscript ·······536
many ··················41
map ···················· 81
maple ············· 538
mar ··············· 540
marathon ········· 339
marble ············· 251
march ··············· 224
margin ············· 294
marginal ···········526
marginally ········ 526
marine ············· 387
mark ················· 72
marker ············· 254
market ··············41
marriage ···········110
married ············· 98

marry ················188
martial ············· 508
marvel ············· 508
marvelous ········ 278
masculine ········· 484
masculinity ······484
mask ··············157
mass ··············· 148
massage ··········· 486
massive ············406
massively ········· 406
master ·············135
masterpiece ····· 437
mastery ············ 542
mat ··················159
match ············· 143
mate ················· 138
material ············119
mathematical ···· 256
mathematics ····· 100
matter ··············· 41
mattress ··········· 439
mature ············· 129
maturity ··········· 296
maximum ········· 299
may ·················· 27
maybe ··············102
mayor ··············· 224
me ···················· 68
meadow ··········· 281
meal ················· 102
mean ················· 17
meaning ··········· 133
meaningful ······· 284

means ············· 106
meantime ········· 442
meanwhile ·······226
measurable ······· 358
measure ····· 131, 299
measurement ···· 131
meat ··················32
mechanic ·········360
mechanical ······· 369
mechanically ···· 369
mechanics ········ 360
mechanism ······· 400
medal ············· 213
media ············· 35
mediate ············ 545
mediation ········· 545
mediator ···········545
medical ············· 117
medication ·······391
medicine ·············68
medieval ··········· 531
meditate ··········· 548
meditation ········ 551
medium ······· 61, 215
meet ··················83
meeting ············· 61
melancholy ·······553
melody ············· 140
melon ············· 258
melt ··················260
member ············· 27
membership ······· 190
memorable ······· 363
memorial ···········304

memorize ········ 365	midst ············· 411	miraculous ·······512
memory ········· 117	mightily ·········· 229	mirror ············· 178
mend ············· 262	mighty ············ 229	miscellaneous ··· 565
mental ············ 234	migrant ··········· 562	mischief ··········· 378
mentality ········· 556	migrate ··········· 414	mischievous ······514
mention ··········· 193	migration ········· 414	mischievously ··· 514
mentor ············ 445	mild ··············· 320	miserable ········ 312
menu ·············· 91	mildly ············· 320	miserably ········ 312
merchandise ····· 489	mile ··············· 174	misery ············ 289
merchant ········· 371	milestone ········· 402	misfortune ········ 382
mercy ············· 367	military ············ 145	mislead ··········· 341
mere ·············· 369	milk ··············· 65	misleading ········341
merely ············ 369	mill ··············· 376	miss ··············· 94
merge ············· 447	miller ············· 376	missile ············· 272
merger ············ 447	million ············· 41	missing ············ 226
merit ·············307	millionaire ········374	mission ············ 210
mermaid ··········559	mimic ············· 491	missionary ········459
merry ············· 264	mind ··············· 6	mist ··············· 291
mess ·············· 267	mine ············· 68, 87	mistake ············ 70
message ·········· 150	miner ············· 378	mistress ··········· 567
messenger ········ 310	mineral ··········· 380	misty ·············· 291
messy ············· 371	mingle ············· 510	misunderstand ··· 344
metal ············· 133	miniature ··········404	misunderstanding
metaphor ········· 393	minimal ··········· 453	························344
metaphorical ····· 393	minimize ·········· 456	mix ··············· 153
meter ············· 172	minimum ········· 331	mixture ············ 143
method ··········· 136	minister ···········314	moan ·············· 462
metro ············· 154	ministry ··········· 376	mob ··············· 274
metropolitan ····· 450	minor ···········140	mobile ············· 244
microphone ······ 269	minority ··········· 176	mobilize ··········· 516
microscope ······· 374	mint ··············· 419	mock ·············· 398
microwave ········217	minus ············· 286	mockery ··········· 398
middle ············· 2	minute ············· 63	mode ·············· 465
midnight ········· 161	miracle ············ 220	model ············· 150

moderate ·········· 307
modern ············· 27
modernization ··· 519
modernize ········ 570
modest ············· 316
modestly ·········· 316
modesty ··········· 346
modification ····· 406
modify ············· 406
moist ··············· 247
moisture ·········· 229
molecular ········· 468
molecule ·········· 468
moment ············ 100
momentum ········ 521
monarch ··········· 573
monarchy ········· 573
monetary ·········· 528
money ·············· 23
monitor ············ 314
monk ··············· 276
monkey ············ 89
monopoly ········· 400
monotonous ····· 523
monotony ········· 523
monster ············ 278
monstrous ········ 576
month ·············· 94
monthly ··········· 281
monument ········ 318
mood ··············· 193
moody ············· 578
moon ··············· 63
mop ················· 163

moral ··············· 232
morale ············· 526
morality ··········· 470
more ················ 17
moreover ·········· 329
morning ············ 41
mortal ·············· 531
mortality ·········· 473
mortgage ·········· 475
mosquito ·········· 238
most ················ 32
mostly ············· 196
motel ··············· 222
moth ··············· 284
mother ············· 18
motherhood ······ 581
motion ············· 155
motivate ··········· 380
motivation ········ 302
motive ············· 477
motor ·············· 213
motorcycle ······· 157
motto ·············· 532
mound ············· 534
mount ············· 409
mountain ·········· 41
mountainous ····· 382
mourn ············· 536
mournful ·········· 538
mournfully ······· 538
mourning ········· 536
mouse ············· 68
mouth ············· 44
move ··············· 30

movement ········· 30
movie ·············· 39
mow ··············· 540
Mr. ················· 91
Mrs. ················ 94
Ms. ················· 96
much ··············· 35
mud ················ 98
muddy ············· 341
mug ················ 165
mule ··············· 348
multiple ··········· 310
multiply ··········· 249
mumble ··········· 479
municipal ········· 482
murder ············· 224
murderer ·········· 350
murmur ············ 352
muscle ············· 241
muscular ·········· 404
muse ··············· 543
museum ··········· 44
mushroom ········ 251
music ·············· 27
musical ············ 143
musician ·········· 138
must ··············· 20
mustache ·········· 545
mustard ··········· 484
mute ··············· 548
mutual ············· 334
mutually ··········· 334
my ················· 68
myself ············· 68

mysterious ········· 320

mysteriously ····· 320

mystery ··········· 254

myth ··············· 486

mythical ··········· 486

mythology ········· 486

N

nag ··············· 551

nagging ··········· 551

nail ··············· 140

naive ············· 416

naively ··········· 416

naked ············· 226

name ··············· 46

namely ··········· 336

nap ··············· 256

napkin ··········· 287

narrate ··········· 553

narration ········· 554

narrative ·········437

narrator ··········· 556

narrow ··········· 153

nastily ···········411

nasty ···········411

nation ··········· 112

national ··········· 41

nationalism ·······528

nationality ········ 344

native ············· 226

natural ············· 119

nature ··············· 8

naughty ············· 168

navigate ··········· 493

navigation ········· 559

navy ················· 258

near ··················6

nearby ············· 143

nearly ············· 143

nearsighted ······· 562

neat ··············· 289

neatly ············· 289

necessary ········· 131

necessity ··········· 229

neck ···················65

necklace ············· 170

necktie ············· 291

need ··············· 14

needle ············· 172

needless ············· 15

needy ············· 316

negative ··········· 138

neglect ············· 318

negotiate ··········· 346

negotiation ······· 439

neighbor ············· 174

neighborhood ····215

neither ············· 148

nephew ············· 176

nerve ············· 178

nervous ············· 106

nest ··············· 247

net ···················68

network ············· 114

neutral ············· 414

never ···············36

nevertheless ····· 312

new ··············· 52

newlywed ········· 52

news ················· 27

newscast ············· 27

newspaper ········· 32

next ················· 20

nice ················· 100

nickel ············· 489

nickname ········· 234

niece ················· 180

night ················· 20

nightmare ········· 348

no ···················49

noble ············· 354

nobody ············· 70

nod ·················182

noise ················· 74

noisily ············· 74

noisy ················· 70

nominate ··········· 442

nomination ······· 445

nominee ············· 447

none ················· 150

nonprofit ··········· 395

nonsense ··········· 356

noodle ············· 184

noon ··············· 96

nor ··············· 108

norm ···········417

normal ············· 208

normally ········· 208

north ················· 8

northern ··········· 117

nose ················· 76

nostril ············· 565

not ···················· 3
notable ·············· 531
notably ············· 531
note ·················· 72
notebook ··········· 159
nothing ·············· 46
notice ··············· 102
noticeable ·········· 422
noticeably ········· 422
notification ········ 450
notify ··············· 450
notion ·············· 453
notorious ··········· 489
notoriously ········ 489
nourish ············· 491
nourishing ········· 491
nourishment ······· 491
novel ··············· 133
novelist ············· 232
novice ·············· 567
now ·················· 8
nowadays ··········· 302
nowhere ············ 419
nuclear ············· 350
nucleus ············· 570
nude ················ 573
number ············· 30
numerous ··········· 305
nun ················· 249
nurse ··············· 102
nursery ············· 358
nurture ············· 576
nut ·················· 186
nutrient ············ 456

nutrition ··········· 429
nutritious ·········· 360

O

oak ················· 251
oasis ··············· 578
oath ················ 493
oatmeal ············ 581
obedience ·········· 363
obedient ··········· 365
obediently ········· 365
obey ··············· 161
object ·············· 145
objection ·········· 322
objective ·········· 316
obligation ········· 422
obligatory ········· 422
oblige ·············· 532
obscure ············ 425
obscurity ·········· 425
observation ······· 305
observe ············ 234
observer ··········· 459
obsess ············· 534
obstacle ··········· 367
obstinate ·········· 536
obstinately ········ 536
obtain ············· 352
obvious ············ 110
occasion ··········· 232
occasional ········· 307
occasionally ······· 307
occupation ········· 314
occupied ··········· 320

occupy ············· 320
occur ·············· 145
occurrence ········ 538
ocean ·············· 112
o'clock ············· 63
octopus ············ 540
odd ················ 236
odds ··············· 462
odor ··············· 495
of ·················· 12
off ·················· 49
offend ············· 369
offense ············ 310
offensive ·········· 371
offensively ········ 371
offer ··············· 148
offering ··········· 420
office ·············· 49
officer ············· 65
official ············· 112
offshore ··········· 543
offspring ·········· 495
often ·············· 58
oil ·················· 44
O.K. ··············· 61
old ················· 32
olive ·············· 385
omit ··············· 254
on ·················· 39
once ··············· 44
ongoing ··········· 218
onion ·············· 238
online ············· 46
only ················ 8

onto ················ 236
open ················ 24
opera ············· 339
operate ··········· 145
operation ········· 229
operational ······· 465
operationally ····· 465
operative ········· 545
operator ··········· 188
opinion ············ 136
opponent ········· 423
opportunity ······· 199
oppose ············ 312
opposite ·········· 241
opposition ········ 406
oppress ··········· 548
oppression ········ 551
oppressive ········ 548
opt ················ 425
optimism ·········· 468
optimist ··········· 468
optimistic ········· 234
option ············· 354
optional ··········· 427
or ················· 52
oral ··············· 238
orange ············ 72
orbit ·············· 356
orchard ··········· 470
orchestra ········· 358
ordeal ············· 554
order ·············· 30
orderly ············ 556
ordinary ·········· 155

organ ············· 164
organic ··········· 244
organism ·········· 427
organization ······ 117
organize ·········· 236
organized ········· 236
organizer ········· 559
orient ············· 491
oriental ··········· 497
orientation ········ 374
origin ············· 119
original ··········· 239
originality ········ 473
originate ·········· 499
ornament ·········· 502
orphan ············ 376
orphanage ········· 493
orthodox ·········· 562
other ·············· 58
otherwise ········· 322
ounce ············· 565
our ··············· 42
ours ·············· 42
ourselves ········· 42
out ··············· 15
outbreak ·········· 495
outcome ·········· 322
outdoor ··········· 244
outdoors ·········· 256
outer ············· 220
outfit ············· 475
outgoing ·········· 502
outing ············· 568
outlaw ············ 570

outlet ············· 477
outline ············ 260
outlook ··········· 573
outnumber ········ 497
output ············· 430
outrage ··········· 576
outrageous ········ 578
outrageously ······ 579
outright ··········· 497
outset ············· 532
outside ············ 52
outsider ··········· 480
outskirts ·········· 534
outstanding ······· 324
outward ··········· 495
outwardly ········· 495
oval ··············· 378
oven ·············· 258
over ··············· 3
overall ············ 406
overcoat ·········· 380
overcome ········· 294
overdo ············ 536
overdone ·········· 536
overflow ·········· 504
overhead ·········· 482
overhear ·········· 538
overlap ··········· 540
overlapping ······· 540
overlook ·········· 314
overnight ········· 316
overseas ·········· 262
oversee ··········· 432
overtake ·········· 385

overthrow ·········· 324
overturn ············ 388
overwhelm ········ 484
overwhelming ··· 484
overwhelmingly ·484
overwork ··········543
owe ················· 264
owl ·················261
own ··················· 58
owner ·············· 148
ownership ········ 197
ox ···················· 262
oxygen ············· 296
oyster ·············· 499
ozone ·············· 545

P

pace ················· 318
pack ··················· 72
package ············· 74
packet ·············· 548
pad ·················· 267
paddle ·············· 551
page ··················· 74
pain ················· 127
painful ············· 180
paint ·················· 76
painter ············· 242
painting ···········119
pair ··················· 77
pajamas ············191
pal ··················265
palace ············· 244
pale ················· 166

palm ················· 202
pan ·················· 193
pancake ············267
panda ·············· 157
panel ··············· 361
panic ··············· 239
pants ················· 98
papaya ············· 153
paper ················· 12
paperback ········554
parachute ········· 383
parade ············· 270
paradise ··········· 222
paradox ············499
paragraph ········· 294
parallel ············ 391
paralyze ··········· 556
paralyzed ········· 556
parcel ·············· 272
pardon ············· 168
parent ················66
parents ·············· 66
park ···················· 9
parliament ········ 559
parrot ·············· 274
part ···················46
partial ············· 341
participant ········ 393
participate ········ 148
participation ···· 326
particle ··········· 486
particular ········· 110
partly ·············· 430
partner ············· 159

partnership ······· 344
party ················· 85
pass ··················· 41
passage ············· 197
passenger ········· 276
passion ············· 199
passionate ········ 395
passionately ····· 395
passive ············· 320
passport ············ 278
password ··········· 155
past ·················· 49
pasta ················· 346
paste ················· 161
pastime ············· 562
pastry ·············· 437
pat ··················· 270
patch ··············· 440
patent ·············· 443
path ················· 164
pathetic ············ 445
patience ············ 197
patient ············· 140
patriot ············· 506
patriotic ··········· 565
patrol ··············· 432
patron ·············· 448
patronage ········· 448
patronize ·········· 448
pattern ············· 150
pause ··············· 242
pave ················· 281
pavement ········· 281
paw ················· 348

pay 49	pepper 252	personality 151
payment 49	per 106	personnel 388
pea 284	perceive 400	perspective 456
peace 121	percent 320	persuade 197
peaceful 157	percentage 302	persuasion 365
peach 159	perceptible 400	persuasive 318
peacock 502	perception 400	persuasively 318
peak 114	perceptive 400	pessimism 459
peanut 287	perch 579	pessimist 459
pear 161	perfect 106	pessimistic 323
pearl 289	perfection 363	pest 367
peasant 398	perform 208	pesticide 367
pebble 568	performance 236	pet 41
peculiar 329	performer 409	petition 404
peculiarly 329	perfume 352	petrol 538
pedal 450	perhaps 87	petroleum 540
pedestrian 453	peril 581	petty 462
peek 570	perilous 581	pharmacist 543
peel 291	period 131	pharmacy 508
peep 350	perish 532	phase 465
peer 316	perishable 532	phenomenon 310
pen 68	perishing 532	philosopher 354
penalty 299	permanent 322	philosophical 320
pencil 100	permissible 510	philosophically 320
pending 573	permission 202	philosophy 319
penetrate 398	permit 272	photograph 102
penetrating 398	perseverance 534	photographer 274
penetration 398	persevere 534	photographic 468
penguin 247	persevering 534	photography 324
peninsula 576	persist 402	phrase 138
penniless 249	persistence 536	physical 310
penny 249	persistent 504	physically 310
pension 385	person 3	physician 369
people 12	personal 124	physicist 356

physics	371	
pianist	502	
piano	61	
pick	46	
pickle	358	
pickpocket	545	
pickup	470	
picnic	63	
picture	36	
pie	70	
piece	52	
pier	473	
pig	89	
pigeon	254	
pile	199	
pilgrim	548	
pill	256	
pillar	475	
pillow	164	
pilot	242	
pimple	504	
pin	79	
pinch	551	
pine	276	
pineapple	205	
pink	72	
pint	258	
pioneer	361	
pipe	74	
pipeline	477	
pirate	480	
pit	261	
pitch	278	
pitcher	406	

pitiful	282
pity	281
pizza	166
place	3
placement	482
plague	554
plain	151
plan	33
planet	81
plant	47
plantation	557
plastic	210
plate	79
platform	168
play	27
player	39
playful	263
playground	170
playwright	510
plea	409
plead	391
pleading	391
pleadingly	391
pleasant	108
please	68
pleasure	81
pledge	412
plentiful	363
plenty	245
plot	324
plow	559
plug	265
plum	365
plumber	367

plunge	414
plural	484
plus	166
pm	77
pneumonia	512
pocket	83
poem	182
poet	170
poetic	417
poetically	417
poetry	168
point	44
poison	172
poisonous	369
poke	486
polar	506
pole	220
police	70
policeman	170
policy	184
polish	331
polite	66
politely	66
politeness	66
political	222
politically	222
politician	267
politics	224
poll	270
pollute	202
pollution	224
pond	79
ponder	514
pony	562

pool ·················· 74
poor ·················· 12
pop ··················· 121
popcorn ············· 72
popular ··············36
popularity ········· 329
populate ··········· 565
population ········· 122
porcelain ·········· 272
porch ··············· 437
pork ················· 172
port ················· 110
portable ············ 323
porter ··············· 568
portfolio ··········· 393
portion ·············· 274
portrait ············· 284
portray ············· 326
pose ················· 117
position ············ 141
positive ············ 134
possess ············· 334
possession ········· 329
possibility ········· 120
possible ············· 52
post ················· 136
postage ············· 374
postcard ··········· 172
poster ··············· 276
postpone ··········· 279
postponement ··· 279
posture ············· 571
pot ··················· 77
potato ··············· 79

potent ·············· 574
potential ··········· 325
potentially ········· 325
pottery ············· 282
poultry ············· 576
pound ·············· 174
pour ················· 287
poverty ············· 197
powder ············· 284
power ···············45
powerful ··········· 143
practical ··········· 199
practically ······· 199
practice ············· 42
practitioner ······· 440
praise ··············· 186
pray ················· 174
prayer ·············· 176
preach ·············· 579
precaution ········· 420
precede ············· 581
precedence ········ 581
precedent ·········· 533
precious ··········· 205
precise ············· 331
precisely ·········· 332
precision ··········· 535
predator ············ 443
predecessor ······· 536
predict ············· 305
predictable ········ 305
prediction ········· 371
prefer ··············· 124
preference ········· 402

pregnancy ········ 374
pregnant ··········· 376
prehistoric ········ 538
prehistory ········· 538
prejudice ··········· 423
prejudiced ········· 423
preliminary ········ 425
premature ········· 395
prematurely ······· 395
premier ············· 445
premiere ··········· 540
premise ············ 448
premium ··········· 450
preparation ······· 236
prepare ············· 81
prescribe ··········· 453
prescription ······· 398
presence ··········· 202
present ············· 75
presentation ······· 376
preservation ······· 378
preservative ······ 325
preserve ··········· 325
preside ············· 543
presidency ········· 400
president ··········· 131
presidential ······· 432
press ················ 178
pressure ············ 138
prestige ············· 545
prestigious ········· 545
presumably ······· 428
presume ··········· 456
presumption ······ 456

pretend ··········· 289
pretty ················· 79
prevail ·············· 459
prevailing ········· 459
prevent ············· 222
prevention ········ 334
preventive ········ 506
preview ············· 516
previous ··········· 205
previously ········ 205
prey ················· 412
price ················· 96
priceless ··········· 519
pride ················· 108
priest ················ 176
primary ············· 112
prime ················ 307
primitive ··········· 326
prince ··············· 174
princess ············ 174
principal ··········· 188
principle ··········· 178
print ················· 176
printer ·············· 180
prior ················· 414
priority ············· 378
prison ··············· 141
prisoner ············ 178
privacy ············· 329
private ·············· 115
privatize ··········· 548
privilege ··········· 327
privileged ········· 327
prize ················· 112

probability ········ 206
probable ··········· 206
probably ············ 36
probe ··············· 521
problem ············· 33
procedure ·········· 336
proceed ············· 380
process ············· 199
procession ········· 523
proclaim ··········· 462
produce ············· 145
producer ··········· 287
product ············· 213
production ········· 127
productive ········· 310
productivity ······ 402
profession ········· 312
professional ····· 339
professor ··········· 230
proficiency ······· 526
profile ············· 402
profit ················ 208
profitable ········· 339
profound ··········· 465
profoundly ········ 465
program ············· 47
programmer ······ 47
progress ············ 106
progressive ······· 430
prohibit ··········· 468
prohibition ········ 551
project ············· 134
projection ········· 470
prolong ············· 432

prolonged ········· 432
prominent ········· 327
prominently ······ 327
promise ············· 191
promising ········· 314
promote ············· 227
promotion ········· 336
prompt ············· 316
promptly ··········· 316
prone ··············· 473
pronounce ········· 289
pronunciation ···· 381
proof ··············· 208
propaganda ······· 475
propel ··············· 554
propeller ··········· 554
proper ··············· 127
property ············ 239
prophet ············· 478
proportion ········· 480
proposal ············ 339
propose ············· 117
prose ··············· 508
prosecute ··········· 557
prosecution ······· 482
prosecutor ········· 557
prospect ············ 425
prospective ······· 560
prosper ············· 383
prosperity ········· 383
prosperous ········· 341
protect ············· 146
protection ········· 239
protective ········· 180

protein ·············· 294
protest ·············· 294
prototype ········· 508
proud ··············· 83
prove ··············· 122
proverb ············· 562
provide ············· 134
province ············ 484
provincial ········· 528
provision ··········· 385
provisional ········ 565
provoke ············· 404
psychiatry ········· 568
psychic ············· 571
psychological ···· 297
psychologist ····· 300
psychology ········ 342
psychotherapy ··· 574
pub ··················· 291
public ················ 30
publication ········ 329
publicity ··········· 344
publicize ·········· 576
publish ············· 344
publisher ·········· 302
pudding ············· 182
puff ·················· 579
pull ·················· 85
pulse ················ 404
pump ················ 247
pumpkin ············ 184
punch ··············· 249
punctual ··········· 581
punctually ········· 581

punish ·············· 182
punishment ······· 182
pupil ················ 180
puppet ············· 199
puppy ·············· 108
purchase ··········· 402
pure ················· 211
purify ·············· 533
purity ··············· 535
purple ·············· 186
purpose ············· 113
purse ··············· 211
pursue ·············· 319
pursuit ············· 321
push ················· 87
put ··················· 47
puzzle ·············· 182
pyramid ············ 407

Q

quake ··············· 536
qualification ····· 538
qualified ··········· 388
qualify ············· 388
quality ············· 106
quantity ············ 184
quarrel ············· 305
quarrelsome ······ 305
quarter ············· 89
queen ··············· 85
queer ··············· 252
quest ··············· 391
question ············ 61
questionnaire ···· 409

quick ··············· 81
quiet ················ 91
quilt ················ 346
quit ················· 202
quite ················ 55
quiver ·············· 486
quiz ················· 188
quota ··············· 437
quotation ·········· 297
quote ··············· 254

R

rabbit ··············· 81
race ················· 58
racial ··············· 227
racism ············· 440
rack ················· 443
radar ··············· 346
radiant ············· 531
radiate ············· 510
radiation ··········· 445
radical ············· 404
radically ·········· 405
radio ················ 98
radioactive ········ 540
radish ·············· 543
radius ·············· 489
rag ·················· 256
rage ················· 348
ragged ············· 393
raid ················· 448
rail ·················· 407
railing ············· 407
railroad ············ 186

rain · · · · · · · · · · · · · · · 100
rainbow · · · · · · · · · · · · 83
raincoat · · · · · · · · · · · 191
rainfall · · · · · · · · · · · · 321
rainy · · · · · · · · · · · · · · 94
raise · · · · · · · · · · · · · · 50
raisin · · · · · · · · · · · · · 348
rally · · · · · · · · · · · · · · 450
ranch · · · · · · · · · · · · · 453
rancher · · · · · · · · · · · 453
random · · · · · · · · · · · 412
randomly · · · · · · · · · 412
range · · · · · · · · · · · · · 148
rank · · · · · · · · · · · · · · 291
rap · · · · · · · · · · · · · · · 491
rapid · · · · · · · · · · · · · 106
rare · · · · · · · · · · · · · · 143
rash · · · · · · · · · · · · · · 545
rashly · · · · · · · · · · · · 546
rashness · · · · · · · · · · 546
rat · · · · · · · · · · · · · · · 184
rate · · · · · · · · · · · · · · 232
rather · · · · · · · · · · · · 148
ratify · · · · · · · · · · · · · 548
ratio · · · · · · · · · · · · · 428
rational · · · · · · · · · · · 457
rattle · · · · · · · · · · · · · 459
raw · · · · · · · · · · · · · · 247
ray · · · · · · · · · · · · · · · 259
razor · · · · · · · · · · · · · 213
reach · · · · · · · · · · · · · 50
react · · · · · · · · · · · · · 232
reaction · · · · · · · · · · 234
read · · · · · · · · · · · · · · 63

reader · · · · · · · · · · · · · 63
ready · · · · · · · · · · · · · 45
real · · · · · · · · · · · · · · 15
realism · · · · · · · · · · · 463
realistic · · · · · · · · · · 332
reality · · · · · · · · · · · · 124
realization · · · · · · · · 493
realize · · · · · · · · · · · · 110
really · · · · · · · · · · · · · 50
realm · · · · · · · · · · · · · 465
reap · · · · · · · · · · · · · · 551
rear · · · · · · · · · · · · · · 395
reason · · · · · · · · · · · · 30
reasonable · · · · · · · · 242
reassure · · · · · · · · · · 468
rebel · · · · · · · · · · · · · 307
rebellion · · · · · · · · · · 470
rebellious · · · · · · · · · 470
rebelliously · · · · · · · 470
recall · · · · · · · · · · · · · 310
receipt · · · · · · · · · · · · 250
receive · · · · · · · · · · · 115
receiver · · · · · · · · · · · 252
recent · · · · · · · · · · · · 129
reception · · · · · · · · · · 350
receptionist · · · · · · · 350
recession · · · · · · · · · 425
recipe · · · · · · · · · · · · 334
recipient · · · · · · · · · · 473
recital · · · · · · · · · · · · 409
recite · · · · · · · · · · · · · 409
reckless · · · · · · · · · · 495
recklessly · · · · · · · · 496
reckon · · · · · · · · · · · · 554

reckoning · · · · · · · · 554
recognition · · · · · · · 323
recognize · · · · · · · · · 232
recommend · · · · · · · 430
recommendation · 398
reconcile · · · · · · · · · 557
record · · · · · · · · · · · · 136
recorder · · · · · · · · · · 261
recover · · · · · · · · · · · 127
recovery · · · · · · · · · · 312
recreation · · · · · · · · 352
recreational · · · · · · 497
recruit · · · · · · · · · · · 475
recruitment · · · · · · 475
rectangle · · · · · · · · · 263
recycle · · · · · · · · · · · 355
red · · · · · · · · · · · · · · · 18
reduce · · · · · · · · · · · · 245
reduction · · · · · · · · · 323
redundancy · · · · · · · 560
reef · · · · · · · · · · · · · · 562
refer · · · · · · · · · · · · · 312
referee · · · · · · · · · · · 565
reference · · · · · · · · · 300
referendum · · · · · · · 568
refine · · · · · · · · · · · · 571
refined · · · · · · · · · · · 571
refinement · · · · · · · 571
refinery · · · · · · · · · · 571
reflect · · · · · · · · · · · · 302
reflection · · · · · · · · · 350
reflective · · · · · · · · · 574
reform · · · · · · · · · · · · 305
reformation · · · · · · 305

refresh ·········· 512
refreshments ····· 576
refrigerator ······ 186
refuge ············ 412
refugee ·········· 307
refund ············ 356
refundable ······· 357
refusal ··········· 314
refuse ············ 108
refute ············ 579
regard ············ 110
regarding ········ 329
regardless ········ 407
regime ··········· 478
region ············ 106
regional ········· 215
register ·········· 352
registration ······ 355
regret ············ 265
regular ··········· 120
regulate ·········· 357
regulation ········ 358
rehabilitate ······ 581
rehearsal ········· 400
rehearse ·········· 499
reign ············· 533
reinforce ········· 480
reinforcement ··· 480
reject ············· 193
rejection ·········· 359
rejoice ··········· 535
relate ············· 193
relation ··········· 188
relationship ······ 113

relative ··········· 66
relatively ········· 66
relax ············· 218
relaxation ········ 361
relay ············· 537
release ··········· 208
relentless ········· 502
relevant ·········· 361
reliable ·········· 236
reliance ·········· 539
reliant ··········· 540
relic ············· 543
relief ············· 254
relieve ··········· 316
relieved ·········· 317
religion ·········· 113
religious ········· 245
reluctant ········· 310
reluctantly ······· 310
rely ·············· 230
remain ··········· 211
remainder ········ 504
remark ··········· 363
remarkable ······· 336
remarkably ······· 337
remedy ··········· 340
remember ········· 68
remembrance ····· 68
remind ··········· 220
reminder ········· 402
reminiscent ······ 546
remote ··········· 213
removal ·········· 405
remove ··········· 146

render ············ 482
renew ············ 319
renowned ········· 514
rent ·············· 153
rental ············ 484
repair ············ 191
repay ············· 486
repayment ········ 486
repeat ············ 85
repetition ········· 365
replace ··········· 197
replacement ····· 197
reply ············· 153
report ············ 47
reporter ·········· 87
represent ········· 234
representation ··· 313
representative ····206
reproduce ········ 506
reproduction ····· 506
reptile ··········· 548
republic ·········· 213
republican ········ 437
reputation ········ 321
request ··········· 236
require ··········· 146
requirement ······ 146
rescue ············ 367
research ·········· 297
researcher ········ 294
resemblance ······ 440
resemble ········· 323
resent ············ 551
resentment ······· 552

reservation ⋯⋯⋯314
reserve ⋯⋯⋯⋯222
reserved ⋯⋯⋯⋯222
reservoir ⋯⋯⋯⋯407
reside ⋯⋯⋯⋯⋯508
residence ⋯⋯⋯415
resident ⋯⋯⋯⋯443
residential ⋯⋯⋯445
resign ⋯⋯⋯⋯⋯325
resignation ⋯⋯⋯363
resist ⋯⋯⋯⋯⋯257
resistance ⋯⋯⋯297
resistant ⋯⋯⋯⋯512
resolute ⋯⋯⋯⋯325
resolutely ⋯⋯⋯325
resolution ⋯⋯⋯325
resolve ⋯⋯⋯⋯369
resort ⋯⋯⋯⋯⋯417
resource ⋯⋯⋯⋯239
respect ⋯⋯⋯⋯151
respectable ⋯⋯⋯371
respectably ⋯⋯⋯372
respectful ⋯⋯⋯365
respectfully ⋯⋯365
respective ⋯⋯⋯510
respectively ⋯⋯511
respond ⋯⋯⋯⋯155
respondent ⋯⋯⋯448
response ⋯⋯⋯⋯245
responsibility ⋯⋯208
responsible ⋯⋯⋯129
rest ⋯⋯⋯⋯⋯⋯39
restaurant ⋯⋯⋯52
restoration ⋯⋯⋯554

restore ⋯⋯⋯⋯367
restrain ⋯⋯⋯⋯557
restraint ⋯⋯⋯560
restrict ⋯⋯⋯⋯267
restriction ⋯⋯⋯317
restroom ⋯⋯⋯155
result ⋯⋯⋯⋯⋯151
resume ⋯⋯⋯⋯451
retail ⋯⋯⋯⋯⋯453
retailer ⋯⋯⋯⋯453
retain ⋯⋯⋯⋯325
retire ⋯⋯⋯⋯⋯369
retired ⋯⋯⋯⋯370
retirement ⋯⋯⋯369
retort ⋯⋯⋯⋯⋯562
retreat ⋯⋯⋯⋯319
retrieval ⋯⋯⋯511
retrieve ⋯⋯⋯⋯511
return ⋯⋯⋯⋯⋯122
reunion ⋯⋯⋯⋯374
reveal ⋯⋯⋯⋯⋯215
revelation ⋯⋯⋯565
revenge ⋯⋯⋯⋯376
revenue ⋯⋯⋯⋯409
reversal ⋯⋯⋯⋯412
reverse ⋯⋯⋯⋯412
review ⋯⋯⋯⋯193
revise ⋯⋯⋯⋯⋯321
revision ⋯⋯⋯⋯378
revival ⋯⋯⋯⋯568
revive ⋯⋯⋯⋯⋯571
revolt ⋯⋯⋯⋯⋯574
revolting ⋯⋯⋯574
revolution ⋯⋯⋯319

revolutionary ⋯⋯372
revolve ⋯⋯⋯⋯576
reward ⋯⋯⋯⋯327
rhetoric ⋯⋯⋯⋯457
rhetorical ⋯⋯⋯457
rhyme ⋯⋯⋯⋯381
rhythm ⋯⋯⋯⋯327
rhythmic ⋯⋯⋯327
rhythmically ⋯⋯327
rib ⋯⋯⋯⋯⋯⋯460
ribbon ⋯⋯⋯⋯270
rice ⋯⋯⋯⋯⋯⋯87
rich ⋯⋯⋯⋯⋯⋯47
riches ⋯⋯⋯⋯157
rid ⋯⋯⋯⋯⋯⋯242
riddle ⋯⋯⋯⋯383
ride ⋯⋯⋯⋯⋯83
ridge ⋯⋯⋯⋯463
ridicule ⋯⋯⋯⋯415
ridiculous ⋯⋯⋯415
rifle ⋯⋯⋯⋯⋯465
right ⋯⋯⋯⋯⋯6
rigid ⋯⋯⋯⋯⋯417
rigidly ⋯⋯⋯⋯417
rigorous ⋯⋯⋯579
rim ⋯⋯⋯⋯⋯⋯468
ring ⋯⋯⋯⋯⋯96
riot ⋯⋯⋯⋯⋯⋯420
riotous ⋯⋯⋯⋯420
rip ⋯⋯⋯⋯⋯⋯470
ripe ⋯⋯⋯⋯⋯259
ripple ⋯⋯⋯⋯581
rise ⋯⋯⋯⋯⋯42
risk ⋯⋯⋯⋯⋯197

risky ················· 432
ritual ················ 420
rival ················· 423
rivalry ··············· 533
river ················· 50
road ················· 15
roam ················· 535
roar ················· 272
roast ················· 274
rob ················· 276
robber ··············· 342
robbery ··········· 279
robe ················· 282
robot ················· 89
robust ··············· 512
rock ················· 45
rocket ··············· 284
rocky ··············· 153
rod ················· 473
role ················· 120
roll ················· 92
romance ··········· 374
romantic ··········· 287
roof ················· 155
room ················· 103
rooster ············· 159
root ················· 98
rope ················· 100
rose ················· 85
rot ················· 261
rotate ··············· 537
rotation ··········· 539
rotten ··············· 289
rough ··············· 197

roughly ··········· 218
round ················· 70
route ················· 300
routine ············· 224
row ················· 68
royal ················· 124
royalty ······· 125, 514
rub ················· 189
rubber ··············· 131
rubbish ··········· 540
rude ················· 162
rug ················· 291
rugged ··············· 543
ruggedly ··········· 543
ruin ················· 323
rule ················· 71
ruler ················· 73
rumor ··············· 263
run ················· 12
runner ··············· 157
rural ················· 329
rush ················· 247
rust ················· 227
rusty ··············· 344
ruthless ··········· 546

S

sack ················· 250
sacred ··············· 476
sacrifice ··········· 376
sad ················· 103
saddle ··············· 478
saddler ············· 478
safe ················· 42

safeguard ··········· 42
safety ··············· 108
sail ················· 191
sailor ··············· 164
saint ················· 415
sake ················· 211
salad ················· 75
salary ··············· 208
sale ················· 61
salesman ··········· 166
salesperson ······· 166
saleswoman ······· 166
salmon ··············· 480
salon ··············· 423
salt ················· 18
salty ··············· 193
salute ··············· 548
salvage ··········· 552
same ················· 55
sample ··············· 157
sand ················· 127
sandal ··············· 426
sandwich ··········· 159
sanitation ········· 516
satellite ··········· 302
satisfaction ······· 332
satisfactory ······· 265
satisfy ··············· 153
sauce ··············· 252
saucer ··············· 254
sausage ··········· 257
savage ··········· 554
save ················· 45
saving ··············· 268

savings ·············· 45
saw ················· 117
say ···················45
scale ··············· 259
scan ················482
scandal ············ 428
scandalous ·······428
scar ················· 484
scarce ·············· 230
scarcely ············334
scare ··············· 115
scared ·············· 162
scarf ················ 261
scary ···············211
scatter ············· 270
scattered ···········270
scenario ··········· 486
scene ··············· 155
scenery ············ 325
scenic ·············· 517
scent ···············415
schedule ··········· 110
scheme ············· 426
scholar ············· 272
scholarship ······· 232
school ·············· 20
schooling ···········21
science ·············· 52
scientific ··········· 234
scientist ············232
scissors ············ 263
scold ···············346
scoop ··············· 327
scooter ············· 168

scope ·············· 437
score ··············· 159
scorn ·············· 519
scornful ············519
scout ··············· 265
scramble ········· 440
scrap ···············443
scrape ··············557
scratch ············· 329
scream ············· 234
screen ············· 164
screw ············· 268
screwdriver ······512
script ············· 445
scroll ············· 560
scrub ············· 270
scrutiny ············562
sculptor ···········519
sculpture ········· 330
sea ····················· 6
seafood ············ 171
seagull ············· 565
seal ················· 274
search ············· 148
season ············· 45
seat ················· 63
second ·············39
secondary ········ 166
secret ··············· 151
secretary ············ 94
section ············· 162
sector ··············448
secure ············· 337
security ············ 213

seduce ············· 568
seduction ··········568
seductive ··········568
see ····················· 6
seed ················· 47
seek ················115
seem ··············· 117
seesaw ············· 172
segment ·········· 428
seize ················· 379
seldom ············· 118
select ··············· 174
selection ··········164
selective ··········521
self ················· 110
selfish ············· 158
sell ··················· 47
semester ·········· 213
seminar ············ 451
senate ············· 454
senator ············· 453
send ················· 61
senior ············· 234
sensation ·········· 430
sensational ·······430
sense ············· 106
sensible ···········277
sensitive ··········113
sensitivity ········432
sensor ············· 457
sentence ············ 52
sentiment ········· 430
sentimental ······· 460
separate ············120

separation ……… 272
sequence ……… 385
serene ……… 571
serenity ……… 571
sergeant ……… 574
serial ……… 576
series ……… 395
serious ……… 24
seriously ……… 24
sermon ……… 579
servant ……… 176
serve ……… 139
server ……… 463
service ……… 50
serving ……… 514
session ……… 465
set ……… 52
setback ……… 581
setting ……… 417
settle ……… 166
settlement ……… 166
settler ……… 348
several ……… 30
severe ……… 295
severely ……… 295
sew ……… 350
sewing ……… 350
sex ……… 113
sexual ……… 274
sexy ……… 277
shabby ……… 533
shade ……… 352
shadow ……… 279
shady ……… 355

shake ……… 77
shall ……… 96
shallow ……… 282
shame ……… 168
shameful ……… 381
shampoo ……… 215
shape ……… 55
share ……… 53
shareholder ……… 468
shark ……… 178
sharp ……… 77
sharpen ……… 523
shatter ……… 471
shattering ……… 471
shave ……… 357
shaver ……… 535
she ……… 55
shed ……… 432
sheep ……… 66
sheer ……… 473
sheet ……… 160
shelf ……… 115
shell ……… 180
shelter ……… 327
shepherd ……… 284
sheriff ……… 476
shield ……… 478
shift ……… 383
shine ……… 162
shiny ……… 287
ship ……… 50
shirt ……… 89
shiver ……… 480
shock ……… 169

shoe ……… 92
shoot ……… 118
shop ……… 92
shopkeeper ……… 182
shore ……… 184
short ……… 47
shortage ……… 388
shortcoming ……… 537
shorten ……… 289
shortly ……… 213
shorts ……… 79
shortsighted ……… 539
shot ……… 122
shoulder ……… 81
shout ……… 99
shove ……… 482
shovel ……… 291
show ……… 15
shower ……… 100
shred ……… 540
shriek ……… 543
shrimp ……… 248
shrink ……… 279
shrub ……… 546
shrug ……… 485
shuffle ……… 549
shut ……… 186
shutter ……… 552
shuttle ……… 487
shy ……… 171
sibling ……… 437
sick ……… 73
side ……… 50
sidewalk ……… 172

siege ·············· 440	sit ·············· 87	slight ············· 332
sigh ·············· 282	site ·············· 332	slim ·············· 85
sight ·············· 75	situation ··········· 199	slip ·············· 166
sightseeing ······ 359	size ·············· 53	slipper ············· 191
sign ·············· 55	skate ············· 254	slippery ············ 291
signal ············218	skeleton ··········· 391	slogan ············· 363
signature ········· 332	skeptical ··········517	slope ·············268
significance ····· 305	sketch ············· 344	sloppy ············524
significant ······· 211	ski ·············· 257	slot ··············445
silence ············ 171	skill ·············· 176	slow ·············· 3
silent ············· 120	skilled ············173	slum ·············· 531
silk ·············· 220	skillful ············ 259	slump ············· 568
silly ·············· 189	skim ············· 560	sly ··············571
silver ············· 174	skin ·············· 106	small ·············· 9
similar ············ 125	skinny ············237	smart ············94
similarity ········237	skip ·············· 287	smash ············· 448
simple ············· 55	skirt ·············· 69	smell ·············· 9
simplicity ········ 522	skull ············· 385	smile ·············· 79
simplify ··········· 554	sky ·············· 90	smog ············· 451
simply ············ 148	skyscraper ········ 346	smoke ············· 71
simultaneous ·····557	slam ············· 443	smooth ············ 122
simultaneously ·· 557	slang ·············526	smuggle ············ 574
sin ··············· 250	slap ·············· 388	smuggler ··········· 574
since ············· 47	slash ············· 562	snack ············· 129
sincere ············ 284	slaughter ·········· 528	snail ·············· 169
sincerity ··········· 361	slave ············· 289	snake ············· 92
sing ·············· 59	slavery ············391	snap ·············· 270
singer ············· 83	slay ············· 565	snatch ············· 454
single ············108	sleep ············· 77	sneak ············· 386
singular ··········· 342	sleepy ············· 164	sneaker ············· 577
sink ············· 215	sleeve ············· 261	sneaky ············· 579
sip ··············· 252	slender ············· 263	sneeze ············· 519
sir ·············· 83	slice ············· 265	sniff ·············· 457
sister ·············103	slide ············· 178	snore ············· 582

snow ················· 81
snowy ··············· 193
so ····················· 33
soak ················· 393
soap ················· 153
soar ················· 460
sob ··················· 463
sober ··············· 388
soccer ············· 125
sociable ··········· 522
social ··············· 141
socialism ········· 533
socialist ··········· 535
socialize ·········· 537
society ············· 108
sociology ········· 539
sock ················· 156
socket ············· 365
soda ················· 158
sofa ··················· 61
soft ··················· 174
soften ············· 465
software ··········· 334
soil ··················· 176
solar ··············· 334
soldier ············· 96
sole ················· 468
solely ··············· 468
solemn ············· 541
solid ················· 239
solidarity ········· 489
solitary ············· 499
solitude ············· 543
solo ················· 471

solution ············· 134
solve ··············· 125
some ················· 47
somebody ········· 50
someday ··········· 248
somehow ········· 239
someone ··········· 50
something ········· 36
sometime ········· 272
sometimes ········· 55
somewhat ········· 180
somewhere ········· 63
son ··················· 94
song ················· 50
soon ················· 15
soothe ············· 491
sophisticated ····· 395
sophomore ········· 473
sore ················· 66
sorrow ············· 222
sorrowful ········· 493
sorry ················· 69
sort ················· 129
soul ················· 182
sound ··············· 53
soup ················· 73
sour ················· 184
source ············· 129
south ················· 55
southern ··········· 132
souvenir ··········· 398
sovereign ········· 546
sovereignty ······· 476
sow ················· 417

soybean ············· 171
space ··············· 56
spacecraft ········· 496
spacious ··········· 478
spade ··············· 367
spaghetti ········· 250
span ················· 524
spare ··············· 337
spark ··············· 308
sparkle ············· 480
sparrow ············· 526
speak ··············· 79
speaker ············· 120
spear ··············· 348
special ··············· 39
specialist ········· 400
specialize ········· 482
specialty ··········· 403
species ············· 317
specific ············· 245
specify ············· 485
specimen ··········· 405
spectacle ········· 549
spectacles ········· 549
spectacular ······· 407
spectator ··········· 487
spectrum ··········· 438
speculate ··········· 440
speculation ······· 440
speech ············· 141
speed ··············· 143
spell ················· 71
spelling ············· 127
spend ················· 48

sphere ……………443	spray ……………287	stapler ……………572
spice ……………275	spread ……………146	star ……………99
spicy ……………393	spring ……………94	stare ……………242
spider ……………129	sprinkle ……………370	start ……………21
spill ……………252	sprinkler …………370	startle ……………478
spin ……………254	spur ……………563	startling …………478
spinach …………277	spy ……………289	starvation ………574
spine ……………446	squad ……………454	starve ……………250
spiral ……………529	square ……………88	state ……………143
spirit ……………127	squash ……………457	statement ………143
spiritual …………340	squat ……………460	statesman ………577
spit ……………279	squeeze …………224	statesmanship …577
spite ……………242	squirrel …………291	station ……………101
splash ……………282	stab ……………342	stationary ………531
splendid …………351	stability …………463	stationery ………579
splendor …………552	stabilize …………565	statistic …………372
split ……………340	stable ……………239	statistical ………391
spoil ……………284	stack ……………466	statue ……………242
spokesman ………554	stadium …………227	stature ……………582
spokesperson ……554	staff ……………202	status ……………332
spokeswoman ……555	stage ……………151	statute ……………533
sponge ……………395	stagger …………568	stay ……………59
sponsor …………409	staggered ………568	steady ……………245
sponsorship ……448	staggering ………568	steak ……………189
spontaneous ……497	stain ……………468	steal ……………257
spontaneously …497	stair ……………73	steam ……………259
spoon ……………173	stake ……………471	steel ……………134
sport ……………136	stale ……………248	steep ……………261
sportsman ………557	stall ……………473	steer ……………480
sportsmanship …560	stamp ……………160	stem ……………344
sportswoman ……557	stance ……………476	step ……………141
spot ……………186	stand ……………96	stepchild …………535
spotlight …………500	standard …………139	stepfather ………537
spouse ……………451	staple ……………571	stepmother ………539

stereo ················· 374
stereotype ··· 482, 483
stew ················· 485
stick ················· 130
sticky ················· 197
stiff ················· 263
still ················· 48
stimulate ··········· 393
stimulation ········ 502
stimulus ··········· 487
sting ················· 252
stingy ··········· 353
stink ················· 438
stir ················· 245
stitch ················· 254
stock ·················409
stocking ··········· 355
stomach ············ 197
stomachache ····· 174
stone ················· 149
stool ················· 200
stop ················· 53
storage ············· 386
store ·················50
storm ················· 191
stormy ············· 257
story ················· 24
stove ·················230
straight ············· 83
straighten ········· 441
straightforward ··420
strain ················· 412
strained ············· 412
strait ················· 541

strand ··············· 443
strange ··············· 90
stranger ············· 162
strangle ············· 489
strap ················· 396
strategic ············· 446
strategy ············· 200
straw ················· 203
strawberry ········ 164
stray ················· 543
stream ················· 176
street ················· 81
strength ············· 245
strengthen ········ 295
stress ················· 136
stretch ················· 178
strict ················· 178
stride ················· 491
strike ················· 193
striking ············· 423
string ················· 85
strip ················· 206
stripe ················· 376
striped ············· 376
strive ················· 346
stroke ················· 349
stroll ················· 546
strong ················· 45
structural ··········· 426
structure ············· 208
struggle ············· 180
stubborn ············· 206
student ············· 18
studio ················· 265

study ················· 12
stuff ················· 208
stumble ············· 398
stun ················· 549
stunning ············· 549
stupid ················· 75
sturdy ············· 417
stutter ············· 552
style ················· 115
stylish ············· 555
subject ················· 6
subjective ········· 493
submarine ········ 334
submission ······· 448
submit ············· 448
subordinate ······· 557
subscribe ··········· 560
subscription ······ 504
subsequent ········420
subsequently ·····420
subsidize ··········· 563
subsidy ············· 451
substance ········· 232
substantial ········ 454
substitute ···········400
substitution ·······400
subtle ················· 398
subtract ············· 259
suburb ············· 261
suburban ··········· 415
subway ············· 153
succeed ············· 180
success ············· 122
successful ··········· 21

Index   639

succession ········· 566
successive ········· 569
successor ·········457
such ················ 108
suck ················ 263
sudden ············· 166
sue ················· 351
suffer ···············216
suffering ········· 216
sufficient ········· 220
suffocate ········· 572
sugar ···············63
suggest ············ 106
suggestion ········ 357
suicide ············· 211
suit ················· 182
suitable ··········· 132
suitcase ············ 574
suite ··············· 460
sum ················· 265
summarize ········379
summary ·········· 268
summit ············· 213
summon ··········· 577
sun ················· 21
sunny ··············· 59
super ··············· 134
superb ·············401
superficial ········ 579
superintendent ···582
superior ············235
superiority ········ 533
supermarket ······· 75
superstition ········417

superstitious ····· 535
supervise ········· 463
supervision ······ 428
supervisor ········ 420
supper ············· 169
supplement ······· 526
supplemental ···· 526
supply ············· 151
support ············ 127
suppose ············ 156
supposedly ······· 423
suppress ··········· 537
supreme ··········· 466
sure ················· 56
surf ················· 171
surface ············· 108
surge ··············· 539
surgeon ············ 381
surgery ············ 310
surgical ············ 541
surname ··········· 496
surpass ············544
surplus ············· 468
surprise ············ 97
surprised ··········· 99
surrender ········· 383
surround ··········· 270
surrounding ······ 270
surroundings ····· 297
surveillance ······ 403
survey ············· 237
survival ············ 136
survive ············· 143
survivor ··········· 272

suspect ·············216
suspend ············471
suspense ··········· 546
suspension ·········504
suspicion ··········· 268
suspicious ········· 337
sustain ············· 426
sustainable ·······473
swallow ··········· 173
swamp ············· 549
swan ················ 275
swap ················476
swarm ·············529
sway ···············359
swear ··············· 270
sweat ··············· 277
sweater ············· 175
sweep ············· 158
sweet ················ 85
swell ···············279
swift ················ 282
swim ················ 160
swimsuit ··········· 176
swing ···············162
switch ············· 122
sword ············· 272
syllable ············ 342
symbol ············· 110
symbolic ··········· 428
symbolize ·········498
symmetrical ······ 552
symmetry ········· 552
sympathetic ······ 340
sympathize ······· 555

sympathy ········ 295
symphony ········ 558
symptom ········· 478
syndrome ········ 430
synonym ········· 506
synthesis ········ 509
synthesize ······· 509
synthetic ········· 508
syrup ············· 560
system ··········· 143
systematic ······· 361

T

table ·············· 88
tablet ············· 200
tackle ············· 480
tactic ············· 405
tactical ··········· 405
tag ················ 275
tail ··············· 92
tailor ············· 284
take ··············· 39
tale ··············· 179
talent ············· 218
talented ·········· 218
talk ··············· 3
talkative ········· 277
tall ··············· 94
tame ············· 287
tan ··············· 563
tangerine ········ 289
tangle ············ 483
tank ·············· 279
tap ··············· 203

tape ············· 77
target ············ 125
task ·············· 130
taste ············· 59
tasty ············· 218
tax ··············· 127
taxi ·············· 79
tea ··············· 15
teach ············· 99
teacher ··········· 56
team ············· 9
teapot ············ 181
tear ·············· 183
tease ············· 291
technical ········· 222
technician ········ 344
technique ········ 206
technological ····· 363
technology ······· 132
tedious ··········· 566
teenage ·········· 248
teenager ········· 101
teens ············· 139
telecommunications
················· 500
telegraph ········· 353
telephone ········ 103
telescope ········· 365
television ········· 3
tell ··············· 6
teller ············· 569
temper ··········· 250
temperature ····· 139
temple ··········· 88

tempo ············ 572
temporary ········ 198
tempt ············· 485
temptation ······· 433
tenant ············ 511
tend ·············· 230
tendency ········· 313
tender ············ 252
tennis ············ 97
tense ············· 346
tension ··········· 355
tent ·············· 255
tentative ········· 513
term ············· 141
terminal ·········· 407
terrace ··········· 574
terraced ·········· 574
terrible ··········· 81
terrific ··········· 257
terrify ··········· 487
terrifying ········· 487
territory ·········· 225
terror ············ 357
terrorism ········· 184
terrorist ········· 164
test ·············· 33
testify ··········· 438
text ·············· 183
textbook ········· 166
textile ··········· 531
texture ··········· 409
than ············· 45
thank ············· 103
thankful ·········· 259

that ·················· 24
the ·················· 3
theater ············· 99
theft ··············· 430
their ················ 33
theirs ··············· 33
them ················ 33
theme ·············· 325
themselves ········· 33
then ················ 59
theology ··········· 441
theoretical ········ 386
theoretically ······· 386
theory ············· 227
therapist ··········· 444
therapy ············ 403
there ··············· 3
thereafter ·········· 514
thereby ············ 446
therefore ·········· 108
thermometer ····· 577
these ·············· 50
thesis ·············· 449
they ················ 33
thick ··············· 90
thicken ············· 90
thief ··············· 185
thigh ··············· 451
thin ················ 53
thing ··············· 9
think ··············· 36
third ················ 48
thirst ··············· 261
thirsty ············· 187

this ·················· 6
thorough ········· 367
thoroughly ········ 367
those ·············· 48
though ············· 50
thought ··········· 134
thoughtful ········ 370
thousand ··········· 61
thread ············· 263
threat ············· 200
threaten ··········· 220
threshold ·········· 454
thrill ··············· 457
thriller ············· 460
thrive ············· 388
throat ·············· 77
throne ············· 463
through ············· 9
throughout ········ 130
throw ··············· 90
thrust ············· 466
thumb ············· 265
thunder ··········· 189
thus ··············· 106
tick ················ 468
ticket ··············· 83
tickle ············· 349
tide ················ 230
tidy ················ 85
tie ················· 92
tiger ················ 94
tight ··············· 211
tighten ············· 268
tile ················ 471

till ················· 169
tilt ················· 579
timber ············· 271
time ················ 31
timetable ········· 351
timid ·············· 353
tin ················· 473
tiny ··············· 111
tip ··················97
tiptoe ············· 582
tire ················ 191
tired ··············· 99
tiresome ·········· 533
tissue ············· 185
title ··············· 141
to ··················· 9
toast ·············· 193
tobacco ··········· 272
today ·············· 53
toe ················ 101
tofu ··············· 171
together ··········· 48
toilet ·············· 88
token ············· 535
tolerable ·········· 297
tolerance ·········· 372
tolerant ··········· 355
tolerate ··········· 374
toll ··············· 391
tomato ············ 101
tomb ·············· 357
tomorrow ········· 103
ton ················ 275
tone ·············· 146

tongue ··············· 187
tonight ·············· 90
too ······················ 33
tool ················· 103
tooth ················ 61
toothache ········· 154
toothbrush ········ 130
top ······················ 3
topic ················ 66
torch ················ 476
torment ············· 393
tornado ············· 517
torrent ··············· 537
tortoise ············· 337
torture ··············· 376
toss ·················· 239
total ················· 101
touch ················ 69
tough ················ 243
tour ·················· 143
tourism ············· 218
tourist ·············· 200
tournament ······· 478
tow ·················· 282
toward ············· 132
towel ················ 92
tower ················ 222
town ················ 56
toxic ················ 412
toy ·················· 92
trace ················ 246
track ················ 187
trade ················ 144
trademark ········· 539

trader ················ 277
tradition ··········· 113
traditional ········· 115
traffic ··············· 59
tragedy ············· 300
tragic ··············· 302
trail ················· 279
train ··················· 4
trainer ················ 4
trait ················· 415
traitor ·············· 481
transaction ········ 412
transcript ·········· 519
transfer ············· 314
transform ········· 305
transformation ···396
transit ·············· 483
transition ·········· 485
translate ··········· 359
translation ········ 359
translator ·········· 361
transmission ····· 423
transmit ···········541
transparent ·······415
transplant ········· 544
transport ··········285
transportation ···332
trap ················· 156
trash ················ 146
trauma ············· 399
traumatic ········· 399
travel ··············· 115
traveler ············· 220
tray ················· 282

treasure ············· 189
treasury ············· 546
treat ················· 95
treatment ··········· 95
treaty ··············· 487
tree ····················· 7
trek ················· 489
tremble ············· 308
tremendous ······· 379
trend ················ 232
trial ················· 173
triangle ············· 191
tribal ················330
tribe ················ 285
tribute ·············· 409
trick ················ 194
tricky ·············· 287
trifle ··············· 549
trigger ··············417
trillion ············· 522
trim ················· 438
trip ····················· 7
triple ················441
triumph ············· 310
triumphant ········ 311
trivial ··············· 420
troop ················287
trophy ··············444
tropic ··············552
tropical ············· 220
trouble ············· 61
troublesome ······ 363
trout ················ 555
truck ··············· 95

true ·············· 194
trumpet ·········· 289
trunk ············· 225
trust ············· 146
trustee ············ 558
truth ············· 154
truthful ·········· 292
try ················ 56
T-shirt ············ 97
tub ··············· 248
tube ·············· 158
tuck ·············· 560
tug ··············· 289
tuition ············ 446
tumble ··········· 361
tumor ············· 449
tuna ·············· 451
tune ·············· 209
tunnel ············ 250
turmoil ··········· 563
turn ················ 4
turtle ············· 160
tutor ············· 292
twice ············· 83
twig ·············· 365
twilight ··········· 566
twin ·············· 248
twinkle ··········· 569
twist ············· 227
type ··············· 9
typhoon ··········· 120
typical ··········· 132

U

ugly ·············· 162
ultimate ·········· 401
umbrella ·········· 156
unanimous ········ 572
uncle ············· 99
unconditional ···· 574
uncover ··········· 454
under ············· 51
underestimate ··· 577
undergo ··········· 423
undergraduate ··· 457
underground ····· 153
underline ········· 460
underlying ········ 252
undermine ········ 403
underneath ········ 492
underpass ········· 580
understand ········ 56
undertake ········· 463
underway ········· 529
underwear ········ 230
undo ·············· 466
undoubtedly ······ 426
unemployed ······ 469
unemployment ·· 469
unfold ············ 471
unification ······· 533
uniform ··········· 101
unify ·············· 535
union ············· 233
unique ··········· 218
unit ·············· 132
unite ············· 250

unity ············· 255
universal ········· 300
universe ·········· 134
university ········· 111
unless ············· 132
unlock ············ 474
unprecedented ··· 405
until ·············· 33
unveil ············ 537
up ················· 21
update ············ 407
upgrade ··········· 476
upload ············ 175
upon ·············· 122
upper ············· 149
upright ··········· 524
uprising ··········· 539
upset ············· 189
upstairs ··········· 164
upward ··········· 526
urban ············· 222
urge ·············· 381
urgency ··········· 531
urgent ············ 313
us ················· 42
usage ············· 383
use ················ 7
used ·············· 111
useful ············· 64
useless ··········· 64
user ·············· 141
usher ············· 541
usual ············· 134
usually ··········· 56

utensil ············· 544	veil ················· 489	villa ················· 577
utility ·············· 478	vein ················· 485	village ············· 151
utilize ············· 481	velvet ············· 558	villain ············· 494
utter ··············· 546	vendor ············· 412	vine ················· 580
	venture ············ 426	vinegar ············ 454
V	venue ·············· 487	vineyard ··········· 582
vacancy ··········· 342	verbal ············· 407	violate ············· 344
vacant ············· 235	verdict ············ 438	violation ··········· 347
vacation ··········· 144	versatile ·········· 492	violence ··········· 213
vaccine ··········· 549	verse ·············· 255	violent ············· 237
vacuum ··········· 405	version ············ 389	violet ·············· 259
vague ············· 409	versus ············· 441	violin ·············· 103
vaguely ··········· 410	vertical ··········· 444	violinist ··········· 533
vain ··············· 367	very ················ 15	virgin ·············· 514
valid ·············· 428	vessel ············· 303	virtual ············· 433
validity ··········· 428	vest ··············· 257	virtually ··········· 433
valley ············· 158	veteran ············ 446	virtue ·············· 370
valuable ·········· 146	veterinarian ······ 561	virus ·············· 335
value ············· 125	veto ··············· 563	visa ················ 457
van ················ 198	via ················· 413	visible ············· 240
vanilla ············ 489	viable ············· 415	vision ············· 200
vanish ············ 198	vibrate ············ 566	visit ··············· 59
vanity ············· 552	vibration ·········· 569	visitor ············· 64
vapor ············· 555	vice ··············· 502	visual ············· 327
variable ·········· 483	vicious ············ 417	visualize ·········· 327
variation ·········· 430	victim ············· 235	vital ··············· 365
variety ············ 225	victor ············· 572	vitality ··········· 496
various ············ 206	victory ············ 160	vitamin ··········· 243
vary ··············· 237	video ·············· 81	vivid ·············· 211
vase ·············· 252	view ··············· 149	vocabulary ········ 246
vast ··············· 317	viewer ············· 449	vocal ············· 433
vegetable ········· 80	viewpoint ········· 451	vocation ·········· 535
vegetarian ······· 363	vigor ·············· 575	vocational ········ 537
vehicle ············ 235	vigorous ·········· 494	voice ·············· 62

volcanic ·········· 386
volcano ·········· 386
volleyball ········ 261
volume ·········· 200
voluntary ········ 349
volunteer ········ 332
vomit ············ 460
vote ············· 166
voter ············ 263
voucher ·········· 463
vow ············· 466
vowel ············ 539
voyage ··········· 367
vulnerable ······· 420

W

wag ············· 541
wage ············ 257
wagon ··········· 266
waist ············ 146
wait ············· 97
waiter ··········· 169
waitress ········· 169
wake ············· 66
waken ··········· 372
walk ············· 103
wall ············· 99
wallet ··········· 171
walnut ··········· 544
wander ··········· 268
want ············· 9
war ············· 127
ward ············· 546
wardrobe ········· 498

warehouse ······· 469
warm ············· 9
warmth ··········· 259
warn ············· 203
warning ··········· 203
warrant ·········· 549
warranty ········· 552
warrior ·········· 471
wary ············· 474
wash ············· 162
waste ············ 127
watch ············ 64
water ············ 27
waterfall ········· 261
watermelon ······· 173
waterproof ······· 555
wave ············· 62
wax ············· 271
way ············· 12
we ············· 42
weak ············· 64
weaken ··········· 272
weakness ········· 64
wealth ··········· 164
wealthy ·········· 222
weapon ··········· 263
wear ············· 10
weary ············ 500
weather ·········· 7
weave ············ 266
web ············· 227
website ··········· 337
wed ············· 275
wedding ·········· 177

weed ············· 277
week ············· 13
weekday ·········· 175
weekend ·········· 83
weekly ··········· 198
weep ············· 279
weigh ············ 167
weight ··········· 118
weird ············ 476
welcome ·········· 101
welfare ·········· 351
well ············· 4
west ············· 59
western ·········· 136
wet ············· 66
whale ············ 177
wharf ············ 558
what ············· 21
whatever ········· 149
whatsoever ······· 423
wheat ············ 214
wheel ············ 169
wheelchair ······· 428
when ············· 24
whenever ········· 109
where ············ 24
whereabouts ····· 426
whereas ·········· 428
wherever ········· 191
whether ·········· 51
which ············ 56
while ············ 56
whine ············ 478
whip ············· 282

whiskey ·········· 561
whisper ··········· 179
whistle ············ 216
white ···············15
who ···············18
whoever ··········· 179
whole ············· 136
wholesale ········ 563
wholesaler ········ 564
wholesome ······· 566
whom ············· 139
whose ·············· 71
why ···············42
wicked ············· 285
wide ···············13
widen ············· 288
widespread ······· 430
widow ············· 569
widower ··········· 569
width ············· 181
wife ···············86
wig ···············481
wild ···············122
wilderness ········ 483
wildlife ············ 410
will ···············10
willing ············ 107
win ···············73
wind ···············53
window ············· 86
windshield ········485
windy ············· 183
wine ············· 181
wing ············· 185

wink ················ 374
wipe ················ 268
wire ················ 109
wisdom ············ 271
wise ················ 104
wish ················ 104
wit ················ 377
witch ············· 379
with ················ 36
withdraw ········· 353
withdrawal ······· 353
wither ············· 487
withhold ··········572
within ············· 146
without ············ 31
witness ············ 370
witty ················430
wizard ············· 379
woe ················ 575
wolf ················ 171
woman ·············· 4
wonder ············· 149
wonderful ········· 64
wood ················ 134
wooden ············· 141
woodpecker ······· 502
wool ················ 187
word ················ 53
work ················ 33
workbook ········· 173
worker ············· 88
workforce ········504
workout ··········· 381
workplace ········ 372

workshop ········· 433
world ················ 13
worm ················ 189
worry ················ 62
worse ··············· 151
worship ············389
worst ··············· 194
worth ··············· 154
worthwhile ······· 487
worthy ············· 386
wound ············· 191
wrap ················ 272
wreck ············· 383
wrestle ············· 577
wrinkle ············· 580
wrist ················ 290
write ················ 64
writer ················ 13
wrong ·············· 75

Y

yacht ················ 487
yam ················ 194
yard ················ 66
yawn ················ 383
yeah ················ 104
year ················ 36
yearly ··············· 200
yearn ················ 582
yell ··················292
yellow ··············· 66
yes ··················· 104
yesterday ··········· 90
yet ··················· 33

yield ·············· 389

yoga ·············· 506

yogurt ············ 582

yolk ·············· 240

you ··············· 36

young ············· 27

youngster ········ 292

your ·············· 36

yours ············· 36

yourself ·········· 36

yourselves ········ 37

youth ············· 137

youthful ·········· 383

Z

zebra ············· 156

zero ·············· 69

zipper ············ 292

zone ············· 203

zoo ·············· 67

zoom ············· 582

PLUS

學習完一個回次後，
可以在該回次的☑打勾。
一起培養實力延伸字彙力吧！

PLUS	①②③④⑤⑥⑦⑧⑨⑩

Congratulations!

Unit 1

1. **ace** [es] n. [C] 一流的發球
   ace [es] adj. 一流的

2. **artifact** [ˋɑrtɪˌfækt] n. [C] 人工製品 (also artefact)

3. **barefoot** [ˋbɛrˌfʊt] adv. 赤腳地

4. **chatter** [ˋtʃætɚ] v. 喋喋不休 圓 jabber；(機器、牙齒等) 咯咯作響，顫動
   chatter [ˋtʃætɚ] n. [U] 閒聊

5. **clench** [klɛntʃ] v. 咬緊；握緊 圓 grasp

6. **crook** [krʊk] n. [C] 彎曲處 圓 bend
   crook [krʊk] v. 使彎曲 圓 bend 反 straighten
   crooked [ˋkrʊkɪd] adj. 彎曲的 圓 bent 反 straight；欺詐的 圓 dishonest 反 honest

7. **dissuade** [dɪˋswed] v. 勸阻 <from> 圓 deter 反 persuade

8. **doorstep** [ˋdɔrˌstɛp] n. [C] 門口的臺階
   ♥ on one's doorstep 在某人住家附近

9. **ebb** [ɛb] n. [C] 退潮 (usu. sing.)
   ♥ the ebb and flow 潮起潮落；(人生、事業等的) 盛衰
   ebb [ɛb] v. 衰退 <away> 圓 decline 反 grow

10. **expel** [ɪkˋspɛl] v. 驅逐 <from> 圓 dismiss 反 accept
    (expelled | expelled | expelling)

11. **fret** [frɛt] v. 苦惱 <about, over> 圓 worry (fretted | fretted | fretting)

12. **hairdo** [ˈhɛr,du] n. [C] 髮型 圓 hairstyle

13. **hereafter** [hɪrˈæftɚ] adv. 從今以後 圓 from now on
hereafter [hɪrˈæftɚ] n. [sing.] 來世 (the ~) 圓 afterlife

14. **incidental** [ˌɪnsəˈdɛntl̩] adj. 附帶的 <to>

15. **nonviolent** [nɑnˈvaɪələnt] adj. 非暴力的
nonviolence [nɑnˈvaɪələns] n. [U] 非暴力 (主義)，消極反抗

16. **preface** [ˈprɛfəs] v. 為…作序文，為…作開場 <with>

17. **prune** [prun] v. 修剪 <back> 圓 trim；刪除，刪減 <back> 圓 eliminate

18. **retaliate** [rɪˈtælɪ,et] v. 報復 <by, against> 圓 revenge
retaliation [rɪ,tælɪˈeʃən] n. [U] 報復 <against, for> 圓 revenge

19. **spire** [spaɪr] n. [C] 尖頂 圓 steeple

20. **streak** [strik] n. [C] 條紋 圓 stripe；傾向
  ♥ a streak of lightning 一道閃電 | a cruel/mean/jealous/romantic streak | 性格殘暴 / 卑鄙 / 善妒 / 浪漫
streak [strik] v. 在…留下條紋；疾馳

21. **tempest** [ˈtɛmpɪst] n. [C] 暴風雨 圓 storm

22. **trot** [trɑt] n. [C] 騎馬疾行；[sing.] 奔走，小跑步
trot [trɑt] v. 快步走，急速前進 <along> (trotted | trotted | trotting)

23. **uphold** [ʌpˋhold] v. 支持，維護 ⑮ support (upheld | upheld | upholding)

24. **victorious** [vɪkˋtorɪəs] adj. 獲勝的 <in, over> ⑮ triumphant

25. **zinc** [zɪŋk] n. [U] 鋅

Unit 2

1. **arctic** [ˋɑrktɪk] adj. 北極的 (also Arctic)；
極寒的 ⑮ frigid
Arctic [ˋɑrktɪk] n. [U] 北極區 (the ～)

2. **asylum** [əˋsaɪləm] n. [U] (政治的) 庇護 ⑮ shelter
💡 grant sb asylum 給予…庇護

3. **barometer** [bəˋrɑmətɚ] n. [C] 氣壓計；變化指標 <of>

4. **carbohydrate** [ˌkɑrboˋhaɪdret] n. [C][U] 碳水化合物，醣類

5. **check-in** [ˋtʃɛkˌɪn] n. [U] (機場、旅館等的) 報到 (手續)；[C] (機場、旅館的) 報到處
checkout [ˋtʃɛkˌaʊt] n. [C] 收銀臺；[U] (旅館等的) 退房，結帳離開

6. **commence** [kə`mɛns] v. 開始 同 begin 反 end

7. **deficiency** [dɪ`fɪʃənsɪ] n. [C][U] 不足 <in, of> 同 lack 反 sufficiency；缺陷 <in> 同 flaw

   deficient [dɪ`fɪʃənt] adj. 缺乏的 <in> 同 inadequate；有缺陷的 <in> 同 defective
   💡 mentally deficient 智能不足的

8. **distort** [dɪs`tɔrt] v. 扭曲 (聲音、圖像等)；曲解事實 同 misrepresent

9. **ecstasy** [`ɛkstəsɪ] n. [C][U] 欣喜若狂

10. **expertise** [ˌɛkspɚ`tiz] n. [U] 專門的知識技術 <in>

11. **exquisite** [`ɛkskwɪzɪt] adj. (品味等) 敏銳的，有鑑賞力的；(工藝等) 精美的，細緻的 同 delicate

12. **generalize** [`dʒɛnərəlˌaɪz] v. 概括而論 <about> 同 conclude；歸納 <from>

13. **heavenly** [`hɛvənlɪ] adj. 天堂的 同 divine；極好的 同 wonderful 反 awful
    💡 heavenly Father 天父，上帝

14. **oar** [or] n. [C] 槳

15. **prick** [prɪk] v. 刺，戳洞 同 puncture；刺痛
    💡 prick one's conscience 使某人良心不安

16. **quarrelsome** [`kwɔrəlsəm] adj. 好爭吵的 同 argumentative 反 agreeable

17. **reel** [ril] n. [C] 一卷
    reel [ril] v. 用捲軸捲；蹣跚 圓 stagger

---

18. **ruby** [`rubɪ] n. [C] 紅寶石
    ruby [`rubɪ] adj. 紅寶石色的

---

19. **smack** [smæk] v. 拍打，掌摑 圓 slap；(看到食物而) 咂嘴
    smack [smæk] n. [C] 摑掌，猛擊 圓 slap；咂嘴，大聲親
    吻

---

20. **stump** [stʌmp] n. [C] 樹樁
    💡 the stump of a candle/tooth/tree 蠟燭頭 / 斷齒根 /
    樹樁
    stump [stʌmp] v. 使困惑 圓 bewilder

---

21. **thrift** [θrɪft] n. [U] 節儉
    thrifty [`θrɪftɪ] adj. 節儉的 圓 economical

---

22. **topple** [`tɑpl] v. 傾倒 圓 overturn；推翻 圓 overthrow

---

23. **umpire** [`ʌmpaɪr] n. [C] (棒球、網球、板球等的) 裁判
    umpire [`ʌmpaɪr] v. 裁判

---

24. **urine** [`jurɪn] n. [U] 尿液

---

25. **utmost** [`ʌt͵most] adj. 極度的 (the ～) 圓 ultimate
    utmost [`ʌt͵most] n. [sing.] 最大限度
    💡 to the utmost of one's ability 盡某人能力的極限

Unit 3

1. **armor** [ˈɑrmɚ] n. [U] 盔甲

2. **beckon** [ˈbɛkən] v. 示意 <to> 同 signal；吸引 <to> 同 attract

3. **besiege** [bɪˈsidʒ] v. 包圍；(以問題等) 煩擾 <with> 同 bombard

4. **brisk** [brɪsk] adj. 敏捷的，輕快的 同 quick；涼爽的 同 refreshing
   briskly [ˈbrɪsklɪ] adv. 敏捷地，輕快地

5. **clan** [klæn] n. [C] 宗族，大家族；同黨，團體 同 group

6. **clutch** [klʌtʃ] v. 緊握 <at> 同 grip 反 loosen
   clutch [klʌtʃ] n. [C] 離合器；[pl.] 抓住，掌控 同 control

7. **degrade** [dɪˈgred] v. 貶損 同 debase；使惡化 反 improve

8. **distrust** [dɪsˈtrʌst] n. [U] [sing.] 不信任 <of> 同 mistrust 反 trust
   distrust [dɪsˈtrʌst] v. 不信任 同 mistrust 反 trust

9. **elite** [ɪˈlit] n. [C] 精英

10. **fad** [fæd] n. [C] 一時性的流行 同 fashion

11. **famine** [ˈfæmɪn] n. [C][U] 饑荒

12. **glisten** [ˋglɪsn̩] v. (潮溼或具光澤的表面) 閃閃發光 <with> 同 gleam

13. **heed** [hid] v. 注意，留心 同 mind 反 neglect
    heed [hid] n. [U] 注意，留心 <of, to> 同 attention
    反 disregard

14. **mellow** [ˋmɛlo] adj. 醇熟的 同 full-flavored
    mellow [ˋmɛlo] v. (使) 成熟 同 mature

15. **outdo** [aʊtˋdu] v. 勝過，超越 <in> (outdid | outdone | outdoing) 同 excel

16. **pierce** [pɪrs] v. 穿洞 同 puncture
    piercing [ˋpɪrsɪŋ] adj. (眼光) 銳利的 同 penetrating

17. **query** [ˋkwɪrɪ] n. [C] 疑問，質疑 同 question 反 answer
    query [ˋkwɪrɪ] v. 詢問 同 inquire；懷疑 同 doubt

18. **rumble** [ˋrʌmbl̩] v. 咕嚕咕嚕作響；隆隆作響
    rumble [ˋrʌmbl̩] n. [C] 隆隆聲

19. **safeguard** [ˋsef͵gɑrd] n. [C] 保護物，保護裝置 <against> 同 protection
    safeguard [ˋsef͵gɑrd] v. 保護 <against, from>
    同 protect 反 endanger

20. **smother** [ˋsmʌðɚ] v. 使窒息 同 suffocate；抑制 (感情等) 同 suppress
    💡 smother anger/irritation/self-pity/giggles/jealousy
    壓抑怒氣 / 憤怒 / 自憐 / 竊笑 / 嫉妒

21. **stunt** [stʌnt] v. 阻礙生長，妨礙發展
    stunt [stʌnt] n. [C] 特技 ⑥ trick
    💡 stunt <u>man</u>/<u>woman</u> 特技<u>男</u> / <u>女</u>演員；<u>男</u> / <u>女</u>替身 |
    pull a stunt 耍噱頭，耍花招

22. **substitution** [ˌsʌbstə`tjuʃən] n. [C][U] 代替；代換

23. **throb** [θrɑb] v. 抽動，跳動 <with> ⑥ beat (throbbed |
    throbbed | throbbing)
    throb [θrɑb] n. [C] 跳動，搏動

24. **understandable** [ˌʌndɚ`stændəbḷ] adj. 可以理解的

25. **valiant** [`væljənt] adj. 勇敢的 ⑥ brave

Unit 4

1. **auxiliary** [ɔg`zɪljərɪ] adj. 備用的 ⑥ supplementary
   ⑤ chief

2. **bazaar** [bə`zɑr] n. [C] 市集 ⑥ market

3. **bleak** [blik] adj. 荒涼的 ⑥ barren；黯淡的 ⑥ depressing

4. **caress** [kə`rɛs] v. 撫摸 ⑥ stroke
   caress [kə`rɛs] n. [C] 撫摸

5. **cocoon** [kə`kun] n. [C] 繭 <of>
   cocoon [kə`kun] v. (為保護而) 把…裹起來 <from, in>
   ⑥ protect

6. **commemorate** [kə`mɛmə,ret] v. 慶祝 圓 celebrate；
紀念 圓 memorialize
commemoration [kə,mɛmə`reʃən] n. [C][U] 紀念，
紀念儀式

7. **denounce** [dɪ`naʊns] v. 譴責 <as> 圓 condemn
圓 praise；告發，指控 <as, to> 圓 accuse

8. **dosage** [`dosɪdʒ] n. [C] 一劑的藥量 (usu. sing.)

9. **dreary** [`drɪrɪ] adj. 沉悶的，乏味的 圓 gloomy
圓 cheerful
drearily [`drɪrɪlɪ] adv. 沉悶地

10. **federation** [,fɛdə`reʃən] n. [C] 聯盟 圓 league；聯邦

11. **flare** [flɛr] v. 火光閃耀 <up> 圓 blaze；突然發怒 <up>
圓 explode
flare [flɛr] n. [C] 火光閃耀 圓 blaze

12. **grope** [grop] v. 摸索 <for> 圓 feel about；搜尋 <for>
圓 search

13. **herald** [`hɛrəld] n. [C] 預兆 圓 sign
herald [`hɛrəld] v. 預告⋯的來臨；宣告 <as>
圓 announce

14. **hysterical** [hɪs`tɛrɪk!] adj. 歇斯底里的，異常激動的
圓 calm

15. **militant** [`mɪlətənt] adj. 好戰的，好鬥的 圓 aggressive

16. **oversleep** [`ovɚ`slip] v. 睡過頭 (overslept | overslept | oversleeping)

17. **ransom** [`rænsəm] n. [C][U] 勒贖金
    ransom [`rænsəm] v. (支付贖金) 贖回

18. **rustle** [`rʌsl̩] v. (使) 沙沙作響
    rustle [`rʌsl̩] n. [sing.] 沙沙聲

19. **salvation** [sæl`veʃən] n. [U] 救贖；救星

20. **shun** [ʃʌn] v. 迴避 同 avoid；避免 同 avoid (shunned | shunned | shunning)

21. **snare** [snɛr] n. [C] 陷阱 同 trap；(騙人的) 圈套 同 trick
    snare [snɛr] v. 用陷阱捕捉 同 trap

22. **tariff** [`tærɪf] n. [C] 關稅 <on>；價目表
    💡 impose a tariff 徵收關稅 |
    raise/increase the tariff 增加關稅

23. **tranquil** [`træŋkwɪl] adj. 平靜的，平穩的 同 peaceful
    tranquilize [`træŋkwɪˌlaɪz] v. 使鎮靜，使麻醉 同 soothe
    tranquilizer [`træŋkwɪˌlaɪzɚ] n. [C] 鎮定劑

24. **validity** [və`lɪdətɪ] n. [U] 正當性；有效性

25. **wade** [wed] v. 涉水渡過 <across, through>

Unit 5

1. **ambush** [`æmbʊʃ] v. 埋伏襲擊 🔁 entrap
   ambush [`æmbʊʃ] n. [C][U] 埋伏 🔁 trap
   💡 lie/wait in ambush 埋伏

2. **blizzard** [`blɪzɚd] n. [C] 暴風雪 🔁 snowstorm

3. **blunder** [`blʌndɚ] n. [C] 愚蠢的大錯 🔁 error
   blunder [`blʌndɚ] v. 跌跌撞撞地走 🔁 stumble；
   (因愚蠢或粗心而) 犯錯

4. **charcoal** [`tʃɑr‚kol] n. [U] 木炭；炭筆
   💡 a stick/piece of charcoal 一根 / 一塊木炭

5. **coil** [kɔɪl] n. [C] 捲曲之物
   coil [kɔɪl] v. 纏繞 🔁 wind

6. **companionship** [kəm`pænjən‚ʃɪp] n. [U] 情誼

7. **disgraceful** [dɪs`gresfəl] adj. 可恥的 🔁 shameful
   🔄 honorable

8. **dissident** [`dɪsədənt] adj. 持異議的，反政府的

9. **eloquence** [`ɛləkwəns] n. [U] 口才 🔁 rhetoric
   eloquent [`ɛləkwənt] adj. 口才好的 🔁 rhetorical

10. **fiddle** [`fɪdl] n. [C] 小提琴 🔁 violin
    fiddle [`fɪdl] v. (無目的地) 撥弄，把玩 <with>

11. **flick** [flɪk] n. [C] (快速的) 輕打，輕彈，輕擺 🔁 flip

flick [flɪk] v. (快速地) 輕打，輕觸 圓 flip；輕彈，輕拂

12. **hardy** [`hɑrdɪ] adj. 強壯的 圓 strong 圓 weak

13. **incense** [`ɪnsɛns] n. [U] (尤指宗教儀式中的) 香，薰香
    💡 a stick of incense 一炷香
    incense [ɪn`sɛns] v. 激怒 圓 irritate

14. **nuisance** [`njusṇs] n. [C] 令人討厭的東西 (usu. sing.)
    圓 annoyance
    💡 make a nuisance of oneself 惹人討厭

15. **peck** [pɛk] v. 啄 (食) <at>；輕吻 <on>
    peck [pɛk] n. [C] 輕吻

16. **ravage** [`rævɪdʒ] v. 毀壞 圓 ruin
    ravages [`rævɪdʒɪz] n. [pl.] 損壞 (the ～) <of>
    圓 devastation
    💡 the ravages of war/time/disease
    戰爭 / 歲月 / 疾病的摧殘

17. **rhythmic** [`rɪðmɪk] adj. 有節奏的 (also rhythmical)

18. **saloon** [sə`lun] n. [C] (尤指昔日美國西部的) 酒館 圓 bar

19. **sanction** [`sæŋkʃən] n. [C] 制裁 (usu. pl.) <against>
    圓 punishment；[U] 認可，批准 圓 permission
    圓 disapproval
    💡 give sanction to sb/sth 認可…
    sanction [`sæŋkʃən] v. 認可，批准 圓 approve
    圓 disapprove

20. **shudder** [ˈʃʌdə] v. 發抖 ⑰ quiver；搖動 ⑰ shake
    shudder [ˈʃʌdə] n. [C] 發抖 ⑰ shiver

21. **sneer** [snɪr] v. 譏笑 <at> ⑰ mock
    sneer [snɪr] n. [C] 譏笑

22. **tart** [tɑrt] n. [C] 塔，餡餅
    tart [tɑrt] adj. 酸的

23. **tread** [trɛd] v. 行走 ⑰ walk；踩踏 <on> ⑰ step on
    (trod, treaded | trodden, trod | treading)
    💡 tread water 踩水；原地踏步，沒有進步
    tread [trɛd] n. [sing.] 腳步聲；[C][U] (鞋底、輪胎的)
    紋路

24. **verge** [vɝdʒ] n. [C] 邊緣 ⑰ brink
    💡 on the verge of sth 瀕臨…；將要…
    verge [vɝdʒ] v. 緊鄰 <on> ⑰ border；接近 (某狀態)
    <on>

25. **wail** [wel] v. 痛哭，嚎啕大哭，哀號
    wail [wel] n. [C] 嗚聲；痛哭 (聲)，哀號 (聲)

Unit 6

1. **amiable** [ˈemɪəbḷ] adj. 和藹可親的 ⑰ friendly
   ⑰ hostile

2. **bog** [bɑg] v. 使陷入泥沼 <down>；使落入困境

(bogged | bogged | bogging)

3. **bombard** [bɑm`bɑrd] v. (連續) 砲轟 ⓢ bomb；(以大量問題、要求等) 困擾某人 <with> ⓢ assault

4. **chuckle** [`tʃʌkl̩] v. 咯咯竊笑 ⓢ giggle
   chuckle [`tʃʌkl̩] n. [C] 咯咯竊笑 ⓢ giggle

5. **conceit** [kən`sit] n. [U] 自負 ⓢ arrogance ⓐ humility
   conceited [kən`sitɪd] adj. 自負的 ⓢ arrogant ⓐ humble

6. **confer** [kən`fɝ] v. 交換意見 <with> ⓢ discuss；授予 <on, upon> ⓢ grant ⓐ deprive (conferred | conferred | conferring)

7. **deteriorate** [dɪ`tɪrɪə͵ret] v. 惡化 ⓢ worsen ⓐ improve

8. **drawback** [`drɔ͵bæk] n. [C] 缺點 <of, to> ⓢ defect ⓐ advantage

9. **embark** [ɪm`bɑrk] v. 登船，登機 ⓢ board ⓐ disembark；著手從事 <on, upon> ⓢ launch

10. **flap** [flæp] v. 擺動 ⓢ flutter；拍打，拍動
    flap [flæp] n. [C] (一面固定的) 下垂物；輕拍 ⓢ flutter
    💡 tent flap 帳棚門罩

11. **flicker** [`flɪkɚ] v. 閃爍 ⓢ sparkle；(表情、想法等) 閃現 <across, on>
    flicker [`flɪkɚ] n. [C] 閃爍 ⓢ spark；(希望、情緒等的) 閃現 <of>

12. **humanitarian** [hjuˌmænəˈtɛrɪən] adj. 人道主義的
    ⓢ humane

13. **inward** [ˈɪnwəd] adj. 內部的，向內的；內心的 ⓢ inner
    💡 inward satisfaction/panic/relief
    發自內心的滿足 / 慌張 / 安心

14. **peddle** [ˈpɛdl̩] v. 沿街兜售 ⓢ hawk；傳播 (思想等)

15. **pesticide** [ˈpɛstəˌsaɪd] n. [C][U] 殺蟲劑 ⓢ insecticide

16. **pious** [ˈpaɪəs] adj. 虔誠的 ⓢ religious ⓐ impious
    piously [ˈpaɪəslɪ] adv. 虔誠地

17. **redundant** [rɪˈdʌndənt] adj. 累贅的，冗餘的
    ⓢ excessive ⓐ essential

18. **rite** [raɪt] n. [C] 儀式 ⓢ ceremony

19. **sanctuary** [ˈsæŋktʃʊˌɛrɪ] n. [C][U] 避難所，庇護
    ⓢ refuge；[C] 禁獵區 ⓢ reserve
    💡 find/seek sanctuary 尋求庇護

20. **simmer** [ˈsɪmə] v. 用小火煮 ⓢ stew；內心充滿 (情緒
    等) <with>
    💡 simmer down 平靜下來
    simmer [ˈsɪmə] n. [sing.] 用小火煮

21. **sprawl** [sprɔl] v. 四肢攤開地躺；延伸 ⓢ extend
    sprawl [sprɔl] n. [sing.] (尤指城市雜亂的) 延伸

22. **taunt** [tɔnt] n. [C] 嘲弄 ⓢ mockery
    taunt [tɔnt] v. 嘲弄 <about, with> ⓢ tease

23. **tremor** [ˋtrɛmɚ] n. [C] (輕微的) 震動 ⓢ quake；顫抖
    ⓢ tremble

24. **victimize** [ˋvɪktɪˌmaɪz] v. 使犧牲，使受害，欺凌

25. **whirl** [hwɝl] v. 旋轉 <around> ⓢ rotate
    whirl [hwɝl] n. [C] 旋轉 (usu. sing.) ⓢ spin；
    [sing.] 混亂，騷動

Unit 7

1. **anecdote** [ˋænɪkˌdot] n. [C][U] 軼事 ⓢ tale

2. **bout** [baʊt] n. [C] (拳擊、摔角的) 比賽 ⓢ match；
   (疾病的) 發作 <of, with>

3. **braid** [bred] n. [C] 髮辮，辮子
   braid [bred] v. 綁辮子

4. **clamp** [klæmp] v. (用工具) 夾緊 <together> ⓢ fasten
   ⓐ loosen；強行實施 <on> ⓢ impose
   💡 clamp down on sth 強力取締…
   clamp [klæmp] n. [C] 夾鉗

5. **constituent** [kənˋstɪtʃʊənt] adj. 組成的 ⓢ component
   constituent [kənˋstɪtʃʊənt] n. [C] 成分 <of>
   ⓢ component

6. **counterclockwise** [ˌkaʊntɚ`klɑkˌwaɪz] adv. 逆時針地
(反) clockwise

7. **devalue** [di`vælju] v. 貶低價值 (反) enhance

8. **displease** [dɪs`pliz] v. 使不悅 (同) annoy (反) please
displeased [dɪs`plizd] adj. 不滿的 <with, at> (反) pleased

9. **enact** [ɪn`ækt] v. 制定法規 (同) legislate
enactment [ɪn`æktmənt] n. [U] 制定 (同) legislation

10. **fling** [flɪŋ] v. 猛扔 (同) hurl；猛然移動 (身體、手臂等)
(flung | flung | flinging)

11. **foil** [fɔɪl] v. 阻撓 (同) hinder
foil [fɔɪl] n. [C] 襯托物，陪襯 <for, to> (同) complement；
[U] 箔
🔹 gold foil 金箔 | aluminum foil 鋁箔

12. **installment** [ɪn`stɔlmənt] n. [C] 分期付款
🔹 installment plan 分期付款計畫

13. **jeer** [dʒɪr] v. 嘲笑，嘲弄 <at> (同) sneer
jeer [dʒɪr] n. [C] 嘲弄，嘲笑 (usu. pl.) (同) taunt

14. **massacre** [`mæsəkɚ] v. 屠殺 (同) slaughter

15. **peg** [pɛg] n. [C] (衣物的) 掛勾；(固定物體的) 釘，栓，
樁 (同) pin
🔹 tent/wooden peg 營釘 / 木釘

peg [pɛg] v. 用釘子固定 <down> (pegged | pegged | pegging)

16. **pollutant** [pə`lutənt] n. [C] 汙染物

17. **relish** [`rɛlɪʃ] n. [C][U] 佐料；[U] 享受 <with> 同 enjoyment
relish [`rɛlɪʃ] v. 享受，喜歡 同 enjoy 反 dislike

18. **ridicule** [`rɪdɪ‚kjul] n. [U] 嘲笑 同 mockery
♥ hold sb/sth up to ridicule 嘲笑⋯
ridicule [`rɪdɪ‚kjul] v. 嘲笑 同 mock

19. **sane** [sen] adj. 神智正常的 反 insane；合理的，明智的 同 rational 反 irrational

20. **snort** [snɔrt] v. (表示不屑而) 發出哼聲
snort [snɔrt] n. [C] (表不認同等的) 哼聲

21. **stammer** [`stæmɚ] v. 結巴 同 stutter
stammer [`stæmɚ] n. [C] 結巴 (usu. sing.) 同 stutter

22. **terminate** [`tɝmə‚net] v. 終結 同 stop 反 start

23. **trespass** [`trɛspəs] v. 侵入 (私有土地) <on> 同 invade；濫用，占用 <on>
trespass [`trɛspəs] n. [C][U] (對私有土地的) 侵入 同 invasion

24. **visualize** [`vɪʒʊəl‚aɪz] v. 想像，在心中描繪 同 imagine

25. **whisk** [hwɪsk] v. 攪拌；迅速帶走 <off, away>
    whisk [hwɪsk] n. [C] 攪拌器

Unit 8

1. **antenna** [æn`tɛnə] n. [C] 天線 (pl. antennas, antennae)；(昆蟲等的) 觸角 (pl. antennae)

2. **brew** [bru] v. 釀造 (啤酒)；醞釀著，即將發生
   brew [bru] n. [C][U] 釀造的酒

3. **brooch** [brotʃ] n. [C] 胸針 同 pin

4. **contemplation** [ˌkantəm`pleʃən] n. [U] 深思
   同 reflection

5. **corps** [kɔr] n. [C] 部隊，兵團 同 crew (pl. corps)

6. **crouch** [krautʃ] v. 蹲伏 <down> 同 squat
   crouch [krautʃ] n. [sing.] 蹲伏 同 squat

7. **designate** [`dɛzɪgˌnet] v. 任命 <as, to> 同 appoint；指定 <as, for> 同 specify
   designate [`dɛzɪgnɪt] adj. 已任命但尚未就職的

8. **disregard** [ˌdɪsrɪ`gard] v. 不理會，無視 同 ignore
   disregard [ˌdɪsrɪ`gard] n. [U] 漠視，無視 <for, of>

9. **enclosure** [ɪn`kloʒɚ] n. [C] (以籬笆、牆等圍繞的) 圈地；(信或包裹的) 附件

10. **flutter** [ˋflʌtɚ] v. (旗子等) 飄動 (同) flap；(心臟因緊張或興奮而) 快速跳動

    flutter [ˋflʌtɚ] n. [sing.] 緊張，慌亂

11. **gobble** [ˋgɑb!] v. 狼吞虎嚥 <up, down> (同) devour；併吞 <up>

    💡 gobble up sth 快速消耗…

12. **irritation** [ˏɪrəˋteʃən] n. [U] 惱怒 (同) annoyance；[C] 惱人的事物

13. **lame** [lem] adj. 跛的 (同) disabled；缺少說服力的

    💡 lame duck (因表現不佳而) 需要協助的人

14. **lament** [ləˋmɛnt] v. 表達悲痛，感到惋惜 (同) mourn

15. **mouthpiece** [ˋmaʊθˏpis] n. [C] (電話的) 話筒，(樂器的) 吹嘴；代言人，發言人 (同) spokesperson

16. **plight** [plaɪt] n. [C] 困境 (usu. sing.) (同) difficulty

17. **pluck** [plʌk] v. 拔 (毛) (同) pull out；撥彈 (琴弦) <at>

18. **repress** [rɪˋprɛs] v. 壓抑 (同) restrain (反) release；鎮壓 (同) suppress

    repressed [rɪˋprɛst] adj. 被壓抑的 (同) suppressed

    repressive [rɪˋprɛsɪv] adj. 壓迫性的，壓制的

    repression [rɪˋprɛʃən] n. [U] 壓迫；壓抑 (同) oppression

19. **shrewd** [ʃrud] adj. 精明的，聰明的 (同) wise

20. **sprint** [sprɪnt] n. [C] 短距離賽跑；[sing.] 全速衝刺 同 dash

    sprint [sprɪnt] v. 全力衝刺 同 dash

21. **stout** [staʊt] adj. 堅固的 同 strong；肥壯的，粗壯的 同 fat 反 skinny

22. **toil** [tɔɪl] n. [U] 辛勞 同 hard work

    toil [tɔɪl] v. 努力，辛苦工作 同 work hard；艱難緩慢地行進

23. **triumphant** [traɪˋʌmfənt] adj. 勝利的 同 victorious；得意的

24. **vogue** [voɡ] n. [C][U] 流行 (usu. sing.) <for> 同 fashion

25. **wring** [rɪŋ] v. 擰，擠 <out> 同 twist；扭轉，搓揉 (wrung | wrung | wringing)

    💡 wring sb's neck (氣到想要) 扭斷…的脖子

Unit 9

1. **antibody** [ˋæntɪˌbɑdɪ] n. [C] 抗體

2. **brood** [brud] n. [C] (小雞、小鳥等的) 一窩

   brood [brud] v. 沉思，憂思 <over, about> 同 worry

3. **buckle** [ˋbʌkl̩] n. [C] 扣環

   buckle [ˋbʌkl̩] v. 扣住　💡 buckle up 繫上安全帶

4. **cleanse** [klɛnz] v. 清潔 同 clean 反 dirty；使純淨，滌淨 <of, from> 同 purge

5. **cordial** [ˋkɔrdʒəl] adj. 熱誠的，誠懇的 同 friendly

6. **crunch** [krʌntʃ] v. (發出嘎吱聲地) 咀嚼 <on>
   crunch [krʌntʃ] n. [sing.] (咀嚼、踩踏發出的) 嘎吱聲
   crunchy [ˋkrʌntʃɪ] adj. (食物) 酥脆的 同 crisp

7. **dismantle** [dɪsˋmæntl] v. 拆卸 (機械等)
   同 disassemble；撤除 (組織、制度等)

8. **drizzle** [ˋdrɪzl] n. [U] [sing.] 毛毛雨 同 sprinkle
   drizzle [ˋdrɪzl] v. 下毛毛雨 同 sprinkle

9. **erode** [ɪˋrod] v. 侵蝕，腐蝕 同 destroy
   erosion [ɪˋroʒən] n. [U] 侵蝕，腐蝕；逐漸削弱

10. **foresee** [fɔrˋsi] v. 預見，預測 (foresaw │ foreseen │ foreseeing) 同 foretell

11. **gorge** [gɔrdʒ] n. [C] 峽谷 同 canyon
    💡 Taroko Gorge 太魯閣峽谷
    gorge [gɔrdʒ] v. 狼吞虎嚥地吃 <on> 同 gobble

12. **ingenuity** [ˌɪndʒəˋnuətɪ] n. [U] 獨創力

13. **lyric** [ˋlɪrɪk] n. [C] 抒情詩；[pl.] 歌詞

14. **menace** [ˋmɛnɪs] n. [C][U] 威脅 同 threat
    menace [ˋmɛnɪs] v. 威脅 同 endanger
    menacing [ˋmɛnɪsɪŋ] adj. 威脅的 同 threatening

15. **pact** [pækt] n. [C] 協定，合約 <with> 同 treaty

16. **picturesque** [ˌpɪktʃəˈrɛsk] adj. 美麗如畫的 同 beautiful

17. **pocketbook** [ˈpɑkɪtˌbʊk] n. [C] (女用) 手提包 同 handbag

18. **resolute** [ˈrɛzəˌlut] adj. 堅決的 同 persistent 反 irresolute
    resolutely [ˈrɛzəˌlutlɪ] adv. 堅決地

19. **sewer** [ˈsuɚ] n. [C] 下水道

20. **stern** [stɝn] adj. 嚴厲的，嚴肅的 同 strict

21. **tact** [tækt] n. [U] 周全，得體，圓滑 同 diplomacy
    tactful [ˈtæktfəl] adj. 周全的，得體的，圓滑的 同 diplomatic 反 tactless

22. **tramp** [træmp] n. [sing.] 沉重的腳步聲；[C] 流浪漢 同 hobo
    tramp [træmp] v. 以沉重的腳步走 同 stomp

23. **unpack** [ʌnˈpæk] v. 打開 (行李等) 反 pack

24. **vulgar** [ˈvʌlgɚ] adj. 低俗的 同 crude

25. **yarn** [jɑrn] n. [U] 紗線

Unit 10

1. **artery** [`ɑrtərɪ] n. [C] 動脈

2. **brute** [brut] n. [C] 殘忍又野蠻的人 同 savage
   brute [brut] adj. 粗野的 同 savage
   brutish [`brutɪʃ] adj. 殘忍的 同 brutal

3. **cellar** [`sɛlɚ] n. [C] 地窖，地下室 同 basement

4. **cosmopolitan** [ˌkɑzmə`pɑlətn̩] adj. 世界性的，國際性的
   同 international；見多識廣的 同 worldly

5. **covet** [`kʌvɪt] v. 覬覦 同 yearn for

6. **dart** [dɑrt] n. [C] 飛鏢；[sing.] 猛衝 同 dash
   dart [dɑrt] v. 猛衝 同 dash；投射 (視線等) <at>
   darts [dɑrts] n. [U] 擲鏢遊戲

7. **dispatch** [dɪ`spætʃ] v. 發送 (信、文件等) 同 transmit；
   派遣 <to> 同 send
   dispatch [dɪ`spætʃ] n. [U] 發送，派遣

8. **dynamite** [`daɪnəˌmaɪt] n. [U] 炸藥 同 explosive
   dynamite [`daɪnəˌmaɪt] v. 用炸藥爆破

9. **emphatic** [ɪm`fætɪk] adj. (語氣) 強調的 <about, that>
   同 assertive

10. **frail** [frel] adj. 脆弱的 同 fragile 反 firm；虛弱的
    同 feeble 反 healthy

11. **glee** [gli] n. [U] (因成功、勝利等而產生的) 喜悅，快樂
   (同) joy (反) sadness

12. **gulp** [gʌlp] v. 大口地吞食 <down> (同) swallow
   (反) nibble；抑制 <back>
   gulp [gʌlp] n. [C] 一大口 (的量)

13. **magnitude** [ˋmægnə͵tjud] n. [U] 規模 (同) size；
   [C] (地震等的) 規模

14. **materialism** [məˋtɪrɪəl͵ɪzəm] n. [U] 物質主義

15. **migrate** [ˋmaɪgret] v. (動物依季節而) 遷移；移居
   <from, to> (同) emigrate

16. **poach** [potʃ] v. 盜獵 (同) hunt illegally；水煮 (荷包蛋、
   魚、肉等) (同) simmer
   poacher [ˋpotʃɚ] n. [C] 盜獵者

17. **prop** [prɑp] n. [C] 支撐物 (同) support；道具 (usu. pl.)
   🔔 stage props 舞臺道具
   prop [prɑp] v. 支撐 <on, against> (同) support

18. **recur** [rɪˋkɝ] v. 再發生 (同) reappear <to>；重複出現
   recurrence [rɪˋkɝəns] n. [C][U] 再發生 <of>；
   重複出現 <of>
   recurrent [rɪˋkɝənt] adj. 頻頻發生的 (同) frequent

19. **signify** [ˋsɪgnə͵faɪ] v. 表示 (同) convey；意指 <that>
   (同) mean

20. **stoop** [stup] v. 俯身 <down>；彎腰駝背
    stoop [stup] n. [sing.] 駝背；[C] 門前臺階

21. **temperament** [`tɛmprəmənt] n. [C][U] 氣質 同 nature；
    性情 同 mood
    temperamental [ˌtɛmprə`mɛnt!] adj. 喜怒無常的
    同 moody

22. **trample** [`træmp!] v. 踩壞，踐踏 <on> 同 stamp；
    蔑視 (權利等) <on>

23. **upbringing** [`ʌpˌbrɪŋɪŋ] n. [C] 養育，教養 (usu. sing.)

24. **withstand** [wɪθ`stænd] v. 抵 抗 (withstood |
    withstood | withstanding) 同 resist

25. **yeast** [jist] n. [U] 酵母 (菌)

NOTE

A

ace ················· 650
ambush ············ 660
amiable ··········· 662
anecdote ··········665
antenna ··········· 668
antibody ··········670
arctic ············· 652
Arctic ············· 652
armor ·············655
artery ············· 673
artifact ··········· 650
asylum ············ 652
auxiliary ·········657

B

barefoot ·········· 650
barometer ········ 652
bazaar ············· 657
beckon ············ 655
besiege ···········655
bleak ············· 657
blizzard ··········· 660
blunder ··········· 660
bog ···············663
bombard ········· 663
bout ·············· 665
braid ·············· 665
brew ·············· 668
brisk ·············· 655
briskly ··········· 655
brooch ··········· 668

brood ············· 670
brute ············· 673
brutish ··········· 673
buckle ············ 670

C

carbohydrate ···· 652
caress ············· 657
cellar ············· 673
charcoal ·········· 660
chatter ··········· 650
check-in ·········· 652
checkout ········· 652
chuckle ··········· 663
clamp ············· 665
clan ·············· 655
cleanse ··········· 671
clench ············· 650
clutch ············· 655
cocoon ············ 657
coil ··············· 660
commemorate ·· 658
commemoration 658
commence ······· 653
companionship · 660
conceit ··········· 663
conceited ········· 663
confer ············· 663
constituent ······ 665
contemplation ·· 668
cordial ··········· 671
corps ············· 668

cosmopolitan ··· 673
counterclockwise
··················· 666
covet ············· 673
crook ············· 650
crooked ··········· 650
crouch ············ 668
crunch ············ 671
crunchy ··········· 671

D

dart ··············· 673
darts ·············· 673
deficiency ········653
deficient ·········· 653
denounce ········· 658
degrade ··········· 655
designate ········· 668
deteriorate ······· 663
devalue ··········· 666
disgraceful ·······660
dismantle ········· 671
dispatch ·········· 673
displease ·········· 666
displeased ········666
disregard ·········· 668
dissident ··········660
dissuade ·········· 650
distort ············· 653
distrust ···········655
doorstep ·········· 650
dosage ············ 658

drawback ········ 663
drearily ·········· 658
dreary ··········· 658
drizzle ··········· 671
dynamite ········ 673

E

ebb ················ 650
ecstasy ··········· 653
elite ··············· 655
eloquence ········ 660
eloquent ·········· 660
embark ··········· 663
emphatic ········· 673
enact ·············· 666
enactment ········ 666
enclosure ········· 668
erode ·············· 671
erosion ··········· 671
expel ·············· 650
expertise ········· 653
exquisite ········· 653

F

fad ················· 655
famine ············ 655
federation ········ 658
fiddle ············· 660
flap ················ 663
flare ··············· 658
flick ··········660,661
flicker ············· 663
fling ··············· 666
flutter ············· 669

foil ················· 666
foresee ··········· 671
frail ··············· 673
fret ················ 651

G

generalize ········ 653
glee ··············· 674
glisten ············ 656
gobble ············ 669
gorge ············· 671
grope ············· 658
gulp ··············· 674

H

hairdo ············ 651
hardy ············· 661
heavenly ········· 653
heed ·············· 656
herald ············ 658
hereafter ········· 651
humanitarian ····664
hysterical ········ 658

I

incense ··········· 661
incidental ········ 651
ingenuity ········· 671
installment ·······666
inward ············ 664
irritation ·········· 669

J

jeer ··············· 666

L

lame ··············· 669
lament ··········· 669
lyric ··············· 671

M

magnitude ······· 674
massacre ········· 666
materialism ······674
mellow ············ 656
menace ··········· 671
menacing ········· 671
migrate ··········· 674
militant ··········· 658
mouthpiece ······ 669

N

nonviolence ······ 651
nonviolent ········ 651
nuisance ·········· 661

O

oar ················· 653
outdo ············· 656
oversleep ········· 659

P

pact ··············· 672
peck ··············· 661
peddle ············ 664
peg ···········666,667
pesticide ·········· 664
picturesque ······ 672
pierce ············· 656

piercing ·········· 656
pious ············· 664
piously ··········· 664
plight ············· 669
pluck ············· 669
poach ············· 674
poacher ··········· 674
pocketbook ······ 672
pollutant ········· 667
preface ··········· 651
prick ············· 653
prop ·············· 674
prune ············· 651

Q

quarrelsome ····· 653
query ············· 656

R

ransom ··········· 659
ravage ············ 661
ravages ··········· 661
recur ············· 674
recurrence ······· 674
recurrent ········· 674
redundant ········ 664
reel ·············· 654
relish ············ 667
repress ··········· 669
repressed ········· 669
repression ········ 669
repressive ········ 669
resolute ·········· 672
resolutely ······· 672

retaliate ·········· 651
retaliation ······· 651
rhythmic ········· 661
ridicule ·········· 667
rite ··············· 664
ruby ·············· 654
rumble ············ 656
rustle ············ 659

S

safeguard ········ 656
saloon ············ 661
salvation ········· 659
sanction ·········· 661
sanctuary ········· 664
sane ·············· 667
sewer ············· 672
shrewd ··········· 669
shudder ··········· 662
shun ·············· 659
signify ··········· 674
simmer ··········· 664
smack ············· 654
smother ··········· 656
snare ············· 659
sneer ············· 662
snort ············· 667
spire ············· 651
sprawl ············ 664
sprint ············ 670
stammer ·········· 667
stern ············· 672
stoop ············· 675
stout ············· 670

streak ············ 651
stump ············· 654
stunt ············· 657
substitution ····· 657

T

tact ·············· 672
tactful ··········· 672
tariff ············· 659
tart ··············· 662
taunt ············· 665
temperament ···· 675
temperamental · 675
tempest ·········· 651
terminate ········· 667
thrift ············· 654
thrifty ············ 654
throb ············· 657
toil ··············· 670
topple ············ 654
tramp ············· 672
trample ··········· 675
tranquil ·········· 659
tranquilize ······· 659
tranquilizer ······ 659
tread ············· 662
tremor ············ 665
trespass ··········· 667
triumphant ······· 670
trot ··············· 652

U

umpire ············ 654
understandable · 657

unpack ··········· 672
upbringing ······· 675
uphold ··········· 652
urine ············· 654
utmost ··········· 654

V

valiant ··········· 657
validity ··········· 659
verge ············· 662
victimize ········· 665
victorious ········ 652
visualize ········· 667
vogue ············· 670
vulgar ············· 672

W

wade ············· 659
wail ············· 662
whirl ············· 665
whisk ············· 668
withstand ········ 675
wring ············· 670

Y

yarn ············· 672
yeast ············· 675

Z

zinc ············· 652

學測英文字彙力 6000 PLUS 隨身讀

彙 整	三民英語編輯小組
責任編輯	陳妍妍
美術編輯	古嘉琳

發 行 人	劉振強
出 版 者	三民書局股份有限公司
地 址	臺北市復興北路 386 號 (復北門市)
	臺北市重慶南路一段 61 號 (重南門市)
電 話	(02)25006600
網 址	三民網路書店 https://www.sanmin.com.tw

出版日期	初版一刷 2023 年 8 月
書籍編號	S872660
I S B N	978-957-14-7614-8

三民書局